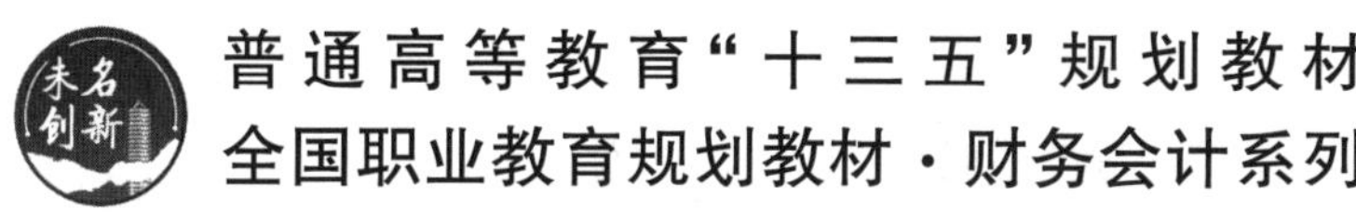

普通高等教育“十三五”规划教材
全国职业教育规划教材·财务会计系列

税务核算与申报

主　编　史新浩　邵　丽
副主编　张永文　张立娟

北京大学出版社
PEKING UNIVERSITY PRESS

内 容 简 介

本书以截稿日的税收法规新政、增值税会计处理规定、所得税会计准则等为依据，比较完整系统地介绍了税收法律法规规定、应纳税额计算、涉税经济业务账务处理、纳税申报表填制和税款缴纳等内容。书中选取一般性工业、商业和服务业企业为会计主体，以其营业活动中经常发生的税种为项目内容，介绍常见涉税业务的会计核算与纳税申报，排除了非常用的税种和难理解、非常见的涉税经济业务，突出税种的普适性和应用性。

本书删除了营业税，充实了增值税，整合了附加税，完善了企业所得税，修订了个人所得税。将税务核算科目设置、税务登记、发票管理等内容整合为项目一。将城市维护建设税、教育费附加、水利建设基金整合为项目四。

书中设计的“基本知识目标”和“工作能力目标”有利于明确各项目学习的针对性，提高学习的有效性。每个任务中设计了“选项辨析”“业务解析”“实务操作”等不同类型的大量题目，重在对疑难和重要知识点进行解读。

本书与《〈税务核算与申报〉习题及实训》配合使用，将学生的理论知识学习与实践能力训练融为一体，能够满足“理实一体化”和“教学做一体化”的教学改革需要，有利于提高教师的课堂教学质量和学生的学习效果。本书适合高职高专院校会计、审计、统计、税务、财务管理等专业作为教材使用，也可用作成人高校、五年制高职财经类专业的教材，还可用作初级、中级会计专业技术资格考试的学习参考用书。

图书在版编目（CIP）数据

税务核算与申报/史新浩，邵丽主编．—北京：北京大学出版社，2019.8

全国职业教育规划教材・财务会计系列

ISBN 978-7-301-30342-9

Ⅰ．①税…　Ⅱ．①史…②邵…　Ⅲ．①企业管理–税收会计–职业教育–教材　Ⅳ．①F275.4

中国版本图书馆 CIP 数据核字（2019）第 034767 号

书　　名　税务核算与申报
SHUIWU HESUAN YU SHENBAO
著作责任者　史新浩　邵　丽　主编
策 划 编 辑　李　玥
责 任 编 辑　李　玥
标 准 书 号　ISBN 978-7-301-30342-9
出 版 发 行　北京大学出版社
地　　址　北京市海淀区成府路 205 号　100871
网　　址　http://www.pup.cn　　新浪微博：@北京大学出版社
电 子 信 箱　zyjy@pup.cn
电　　话　邮购部 010-62752015　发行部 010-62750672　编辑部 010-62704142
印 刷 者　天津中印联印务有限公司
经 销 者　新华书店
787 毫米 ×1092 毫米　16 开本　23.75 印张　599 千字
2019 年 8 月第 1 版　2019 年 8 月第 1 次印刷
定　　价　56.00 元

前　言

高等职业院校毕业生的主要就业去向是中小微企业，而这些企业的管理者最为关注的是作为现金流出量的税款，这既涉及企业运营成本，又涉及企业税务风险。因此，企业管理层尤为看重会计人员的税务工作能力。

企业会计人员的税务工作能力包括税务核算能力和纳税申报能力，这两种能力是对企业会计人员的现实要求。税务核算是指会计人员对企业涉税经济业务的确认、计量、记录和报告，包括各税种应纳税额的计算、各项涉税经济业务的账务处理等内容。纳税申报是指企业会计人员依据税收法规规定和税务核算的会计信息，对纳税申报表的准确填制、按期申报及税款缴纳等工作，其核心工作是准确填制纳税申报表。

纵观当前职业院校使用的有关教材，要么只侧重对税收法律法规条文的罗列、阐述，却缺少对纳税申报表填制的介绍，要么只侧重介绍应纳税额的计算、纳税申报表的填制，却缺少对涉税经济业务会计核算的介绍。这些不足导致相关教材不能完整、准确地阐述企业涉税业务的会计处理，不利于全面培养学生的税务核算能力和纳税申报能力。

本书将企业涉税经济业务的会计核算与纳税申报结合起来进行阐述，全面介绍了税收法律法规规定、如何计算应纳税额、如何进行涉税业务账务处理、如何填制纳税申报表、如何缴纳税款等内容，弥补了有关教材的上述不足。

本书具有以下特色：

1. 内容最新、与时俱进

财政部《增值税会计处理规定》自 2016 年 12 月起实行。《关于全面推开营业税改征增值税试点的通知》自 2016 年 5 月 1 日起施行。废止了《营业税暂行条例》，修改后的《增值税暂行条例》自 2017 年 11 月起施行。《关于统一增值税小规模纳税人标准的通知》自 2018 年 5 月 1 日起施行。《关于深化增值税改革有关政策的公告》和《关于深化增值税改革有关事项的公告》自 2019 年 4 月 1 日起施行。《关于调整增值税纳税申报有关事项的公告》自 2019 年 5 月 1 日起施行。

《中华人民共和国企业所得税年度纳税申报表（A 类，2017 年版）》自 2017 年度汇算清缴纳税申报起开始施行。《中华人民共和国企业所得税月（季）度预缴纳税申报表（A 类，2018 年版）》《中华人民共和国企业所得税月（季）度预缴和年度纳税申报表（B 类，2018 年版）》自 2018 年 7 月 1 日起施行。扩大了适用企业所得税优惠小型微利企业范围，完善了研究开发费用税前加计扣除政策，提高了企业研发费用税前加计扣除比例，扩大了适用固定资产加速折旧企业所得税政策范围，将技术先进型企业所得税优惠政策推广到全国，允许公益性捐赠支出三年内结转扣除，统一了企业职工教育经费税前扣除标准，修订了企业所得税优惠政策事项办理方法，部分企业所得税优惠政策及项目也发生了变化。

新《个人所得税法》自2019年1月起开始施行。消费税、城市维护建设税、教育费附加、房产税、印花税等也有新的变化，包括纳税申报表表样、涉税会计科目、优惠政策等。

上述税收法规新政、增值税会计处理规定以及所得税会计准则等，都在本书中得到了体现和应用。

2. 深浅适度、结构合理

本书选取实体经济中的一般性工业、商业和服务业企业为会计主体，以其营业活动中经常发生的税种为项目内容，介绍常见涉税业务的会计核算与纳税申报，突出了税种的普适性和应用性，深浅适度，易学易懂。删除了一般性企业非常用、非普适性的税种，如关税、土地增值税、资源税、环境保护税等；删除了非常见、难理解的涉税经济业务，如出口退（免）税、企业所得税特别纳税调整、企业重组的所得税处理等。

本书删除了营业税，充实了增值税，整合了附加税，完善了企业所得税，修订了个人所得税的相关内容。先介绍流转税及附加税的核算与申报，再介绍所得税的核算与申报，最后介绍其他小税种的核算与申报，优化了项目体系结构。由于城市维护建设税、教育费附加、水利建设基金等都是在增值税和消费税基础上附加征收的，因此将其整合后独立为一个项目，并安排在流转税之后、企业所得税之前。将税务核算科目设置、税务登记、发票管理等内容整合为一个项目。

本书与初级会计专业技术资格考试大纲相衔接，与培养税务核算能力、纳税申报能力和职业分析判断能力相衔接，有利于培养企业会计人员的税务工作水平和工作能力。

3. 项目导向、任务驱动

本书筛选了七个项目，每个项目下设计了税法知识认知、税额计算、会计核算、纳税申报等学习性工作任务。每个项目的开篇提炼总结了“基本知识目标”和“工作能力目标”。每个任务中，设计了“选项辨析”“业务解析”“实务操作”等不同类型的大量题目，对疑难和重要知识点进行解读，从而将理论知识学习与实践应用训练融为一体，有利于理解接受、吸收应用。

4. 学做一体、形式灵活

每个项目简明扼要地介绍税收法律法规，重点突出对企业税收实务应用的分析讲解。“基本知识目标”和“工作能力目标”的设计，有利于明确各项目学习的针对性，提高学习的有效性；“选项辨析”和“业务解析”有利于培养学生分析问题和解决问题的能力；“实务操作”有利于训练纳税申报的实践应用能力。各个教学环节的设计形式灵活、相辅相成，能够满足“理实一体、学做合一”的教学需要。

本书建议与《〈税务核算与申报〉习题及实训》（ISBN 978-7-301-30343-6）配套使用，有利于实施“教学做一体化”和“理实一体化”，并可有效提高课堂教学质量和学生学习效果。

本书由山东经贸职业学院教师编写，史新浩、邵丽担任主编，张永文、张立娟担任副主编。项目一、项目二、项目五由史新浩编写，项目三、项目七由邵丽编写，项目四由张永文编写，项目六由张立娟编写。

书中难免有不足之处，欢迎各位专家、教师和广大读者不吝指正。

编　者
2019年7月

目　　录

项目一　税务核算与申报认知

项目二　增值税核算与申报

项目三　消费税核算与申报

项目四　附加税核算与申报

项目五　企业所得税核算与申报

项目六　个人所得税核算与申报

项目七　其他税种核算与申报

项目一 | 税务核算与申报认知

【本项目基本知识目标】

- 了解我国目前的税收体系、税收分类、税收制度构成要素。
- 了解税法关于企业账簿、凭证管理的要求。
- 了解企业税务核算与申报工作的基本流程。
- 熟悉增值税一般纳税人登记的条件、程序。
- 掌握企业税务核算需要设置的会计科目及其核算内容。
- 掌握企业设立税务登记、变更税务登记、注销税务登记的规定和管理要求。
- 掌握增值税发票的种类、规定和管理要求。

【本项目工作能力目标】

- 能够熟练完成企业设立税务登记、变更税务登记、注销税务登记的资料准备，并准确填写各种登记表。
- 能够准确填写《增值税一般纳税人登记表》，熟练完成登记工作。
- 能够准确填写《纳税人税种登记表》，熟练完成企业税种认定登记工作。
- 能够按照税法的规定，正确领购、开具各类增值税发票。
- 能够正确选择和运用涉税会计科目进行核算。

任务 1-1　税收知识认知

一、我国目前的税收体系

我国目前的税种主要有增值税、消费税、企业所得税、个人所得税、关税、房产税、车船税、车辆购置税、契税、印花税、资源税、城镇土地使用税、城市维护建设税与教育费附加、耕地占用税、土地增值税、烟叶税等。

尽管我国现行税收有上述种类，但并不是每个企业都要缴纳上述税种，不同类型的企业根据经营业务的不同，需要缴纳的税收种类有所不同。

工业企业应缴纳的税费一般包括：① 增值税；② 城市维护建设税；③ 企业所得税；④ 房产税；⑤ 城镇土地使用税；⑥ 车船税；⑦ 印花税；⑧ 教育费附加；⑨ 生产、委托加工烟、酒、化妆品、护肤护发品、贵重首饰及珠宝玉石、鞭炮、烟火、汽油、柴油、汽车轮胎、摩托车、小汽车等商品，要缴纳消费税；⑩ 开采原油、天然气、煤炭、其他非金属矿、黑色金属矿、有色金属矿、盐等产品，要缴纳资源税；⑪ 有偿转让国有土地使用权，地上的建筑物及其附着物，要缴纳土地增值税。

商品流通企业应缴纳的税费一般包括：① 增值税；② 城市维护建设税；③ 企业所得税；④ 房产税；⑤ 城镇土地使用税；⑥ 车船税；⑦ 印花税；⑧ 教育费附加；⑨ 有偿转让国有土地使用权，地上的建筑物及其附着物，要缴纳土地增值税。

服务业应缴纳的税费一般包括：① 增值税；② 城市维护建设税；③ 企业所得税；④ 房产税；⑤ 城镇土地使用税；⑥ 车船税；⑦ 印花税；⑧ 教育费附加；⑨ 广告企业还应缴纳文化事业建设费；⑩ 有偿转让国有土地使用权，地上的建筑物及其附着物，要缴纳土地增值税。

建筑企业应缴纳的税费一般包括：① 增值税；② 城市维护建设税；③ 企业所得税；④ 房产税；⑤ 城镇土地使用税；⑥ 车船税；⑦ 印花税；⑧ 教育费附加；⑨ 有偿转让国有土地使用权，地上的建筑物及其附着物，要缴纳土地增值税。

二、税收分类

（一）按征税对象性质分类

按征税对象性质分类，税收可分为以下几种。

1. 流转税

流转税是指以商品或劳务买卖的流转额为征税对象征收的各种税，包括增值税、消费税、关税等。

这些税种是在生产、流通、服务领域，按照纳税人取得的销售收入或营业收入等流转额征收，其特点是与商品生产、流通、消费有密切关系。

2. 所得税

所得税是指以所得额为征税对象征收的各种税。其中，所得额是指全部收入减除为取得收入耗费的各项成本费用后的余额，主要包括企业所得税、个人所得税等。

3. 财产税

财产税是指以纳税人拥有或支配的财产为征税对象征收的各种税，如房产税等。

4. 行为税

行为税是指以纳税人发生的某种行为为征税对象征收的各种税，如印花税、车船税、契税等。

5. 资源税

资源税是指以各种应税自然资源为征税对象征收的各种税，包括资源税和城镇土地使用税等。

6. 特定目的税

特定目的税是指为了达到某种特定目的，对特定对象和特定行为征收的一种税，包括车辆购置税、土地增值税、耕地占用税、城市维护建设税等。

（二）按计税依据分类

按计税依据分类，税收可分为从价税和从量税两种。

1. 从价税

从价税是指以征税对象的价值、价格、金额为标准，按一定百分比（税率）计征的税种，如增值税、个人所得税、房产税等。

一般而言，由于从价税的税额直接或间接与商品销售收入挂钩，因此可以随商品价格的变化而变化，适用范围很广。

2. 从量税

从量税是指以征税对象的一定数量单位（重量、件数、容积、面积、长度等）为标准，采用固定单位税额征收的税种，如资源税、车船税、城镇土地使用税等。

从量税的税额不随商品价格的增减而变动，单位商品税负固定，由于通货膨胀等因素的影响，税负实际上处于下降的趋势，因此从量税不能大范围使用。

（三）按税收与价格关系分类

按税收与价格关系分类，税收可分为价内税和价外税两种。

1. 价内税

价内税是指税金包含在商品价格中，作为价格构成部分的税种，如我国现行的消费税。

消费者在购买商品支付价款时，该价款中已经包含了商家需要向税务机关缴纳的税款，因为商品的定价是一种含税价格。

2. 价外税

价外税是指税金不包含在商品价格之中，价、税分列的税种，如增值税。增值税价格为不含税价格，买方在购买商品或服务时，除需要支付约定的价款外，还需支付按规定的税率计算出来的税款，这二者是分开记载的。

（四）按税收管理权限和收入的归属分类

按税收管理权限和收入的归属分类，税收可分为中央税、地方税和中央地方共享税3种。

中央税是指由中央政府负责征收管理，收入归中央政府支配使用的税种，如消费税、关税等。

地方税是指由地方政府负责征收管理，收入归地方政府支配使用的税种，如城市维护建设税、城镇土地使用税等。

中央地方共享税是指由中央和地方政府共同负责征收管理，收入由中央政府和地方政府按一定比例分享的税种，如增值税，中央分享50%，地方分享50%。

（五）按税收负担能否转嫁分类

按税收负担能否转嫁分类，税收可分为直接税和间接税两种。

1. 直接税

直接税是指纳税义务人同时是税收的实际负担人，纳税人不能或不便于把税收负担转嫁给别人的税种，如各种所得税、房产税等。

直接税的纳税人不仅在表面上有纳税义务，而且实际上也是税收承担者，即纳税人与负税人一致。

2. 间接税

间接税是指纳税义务人不是税收的实际负担人，纳税义务人能够通过提高价格或提高收费标准等方式把税收负担转嫁给别人的税种，如关税、消费税、增值税等。

间接税的纳税人虽然表面上负有纳税义务，但实际上已将自己的税款加于所销售商品的价格上而由消费者负担或用其他方式转嫁给别人，即纳税人与负税人不一致。

三、税收制度构成要素

（一）纳税义务人

纳税义务人简称纳税人，又称纳税主体，是指税法中规定的直接负有纳税义务的单位和个人。纳税人可以是自然人，也可以是法人。

（二）课税对象

课税对象又称征税对象，是指税法中规定的征税的目的物。通过规定课税对象，可以解决对什么征税的问题。课税对象是一种税区别于另一种税的主要标志，它体现着各种税的征税范围，其他要素的内容一般都是以课税对象为基础确定的。

纳税人同课税对象相比，课税对象是第一性的，凡是拥有课税对象或发生课税行为的单位或个人，才有可能成为纳税人。税率、纳税环节、减税免税等，也都是以课税对象为基础确定的。与课税对象有关的概念有计税依据、税源、税目等。

1. 计税依据

计税依据又称税基，是指税法中规定的据以计算各种应征税款的依据或标准。计税依据是课税对象的数量表现，如消费税的征税对象是应税消费品，其计税依据则是应税消费品的销售收入。

计税依据与课税对象反映的都是课税的客体，但两者要解决的问题不同，课税对象解决对什么征税的问题，计税依据则是在确定了课税对象之后，解决如何计量的问题。

2. 税源

税源是指税收的经济来源或最终出处，各种税有不同的经济来源。有的税种的课税对象与税源是一致的，如所得税的课税对象和税源都是纳税人的所得。有的税种的课税对象与税源不同，如财产税的课税对象是纳税人的财产，但税源往往是纳税人的收入。

3. 税目

税目是指课税对象的具体项目或课税对象的具体划分。税目规定了一个税种的征税范围，反映了征税的广度。一般来说，一个课税对象往往包括多个税目，如关税就有近百个税目，也有的课税对象十分简单，不再划分税目。

（三）税率

税率是指应纳税额与课税对象之间的比例，是计算税额的尺度，代表课税的深度。一般来说，税率可划分为比例税率、定额税率和累进税率三类。

1. 比例税率

比例税率是指对同一课税对象或同一税目，不论其数额大小，统一按一个比例征税，税额与课税对象呈正比例关系，如增值税税率。

2. 定额税率

定额税率也称固定税额，是指按课税对象的一定计量单位直接规定一个固定的税额，而不规定征收比例，如资源税税率。

3. 累进税率

累进税率是指按课税对象数额的大小，划分若干等级，每个等级由低到高规定相应的税率，课税对象的数额越大税率越高，数额越小则税率越低，如个人所得税税率。

（四）减税、免税

减税、免税是对某些纳税人或课税对象的鼓励或照顾措施。减税是减征部分应纳税款，免税是免征全部应纳税款。

减税、免税是在一定时期内给予纳税人的一种税收优惠，同时也是税收的统一性和灵活性相结合的具体体现。

（五）纳税环节

纳税环节是指税收法律、行政法规规定（以下简称“税法规定”）的征税对象从生产到消费的流转过程中应当缴纳税款的环节。例如，流转税在生产和流通环节纳税，所得税在分配环节纳税等。

（六）纳税期限

纳税期限是指纳税人向国家缴纳税款的法定期限。我国现行税制的纳税期限有以下 3 种形式。

1. 按期纳税

按期纳税即根据纳税义务的发生时间，通过确定纳税间隔期，实行按日纳税。纳税人的具体纳税间隔期限由主管税务机关根据情况分别核定。

2. 按次纳税

按次纳税即根据纳税行为的发生次数确定纳税期限，如车辆购置税、耕地占用税、个人所得税中的劳务报酬所得等均采取按次纳税。

3. 按年计征，分期预缴或缴纳

按年计征，分期预缴或缴纳，是指如企业所得税按规定的期限预缴税款，年度结束后汇算清缴，多退少补；房产税、城镇土地使用税实行按年计算、分期缴纳。分期预缴一般是按月或按季预缴。

任务 1-2　税务核算科目设置

一、账簿、凭证管理

（一）设置账簿的范围

（1）从事生产、经营的纳税人应自其领取营业执照或者发生纳税义务之日起 15 日内按照国家有关规定设置账簿。账簿包括总账、明细账、日记账及其他辅助性账簿。总账、日记账必须采用订本式。

（2）扣缴义务人应当自税法规定的扣缴义务发生之日起 10 日内，按照所代扣、代收的税种，分别设置代扣代缴、代收代缴税款账簿。

（3）纳税人、扣缴义务人会计制度健全，能够通过计算机正确、完整计算其收入和所得或者代扣代缴、代收代缴税款情况的，其计算机输出的完整的书面会计记录，可视同会计账簿。

（4）生产、经营规模小又确无建账能力的纳税人，可以聘请经批准从事会计代理记账业务的专业机构或者财会人员代为建账和办理账务。

（二）对纳税人财务会计制度及其处理办法的管理

从事生产、经营的纳税人应当自领取税务登记证件之日起 15 日内，将其财务、会计制度或者财务、会计处理办法报送主管税务机关备案。

纳税人使用计算机记账的，应当在使用前将会计电算化系统的会计核算软件、使用说明书及有关资料报送主管税务机关备案。

纳税人应当按照税务机关的要求安装、使用税控装置，并按照税务机关的规定报送有关数据和资料。

（三）账簿、凭证的保存和管理

账簿、记账凭证、报表、完税凭证、发票、出口凭证以及其他有关涉税资料应当合法、真实、完整。

账簿、记账凭证、报表、完税凭证、发票、出口凭证以及其他有关涉税资料应当保存10年；但是，法律、行政法规另有规定的除外。

【选项辨析 1-1】

下列选项中，符合账簿、凭证管理规定的有（　　）。

A. 账簿、记账凭证、报表、完税凭证、发票、出口凭证以及其他有关涉税资料应当保存5年

B. 从事生产、经营的纳税人应自其领取营业执照或发生纳税义务之日起15日内按照国家有关规定设置账簿

C. 生产、经营规模小又确无建账能力的纳税人，可以不设置账簿

D. 从事生产、经营的纳税人应当自领取税务登记证件之日起15日内，将其财务、会计制度或者财务、会计处理办法报送主管税务机关审批

二、税务核算会计科目的设置

在企业会计工作中，用以核算税收业务的会计科目有“应交税费”“税金及附加”“所得税费用”“递延所得税资产”“递延所得税负债”“以前年度损益调整”“其他收益”等。

（一）“应交税费”科目

“应交税费”科目按照不同税种进行明细核算，其中增值税设9个明细科目，其他税种各设一个明细科目。

1. 有关增值税的明细科目

增值税一般纳税人应在“应交税费”科目下设置“应交增值税”“未交增值税”“预交增值税”“待抵扣进项税额”“待认证进项税额”“待转销项税额”“简易计税”“转让金融商品应交增值税”“代扣代交增值税”等明细科目。

一般纳税人“应交增值税”明细账采用多栏式的账户结构，借方设置“进项税额”“销项税额抵减”“已交税金”“减免税款”“出口抵减内销产品应纳税额”“转出未交增值税”6个专栏，贷方设置“销项税额”“出口退税”“进项税额转出”“转出多交增值税”4个专栏，详见项目二“表2-7”。

小规模纳税人应在“应交税费”科目下设置“应交增值税”“转让金融商品应交增值税”“代扣代交增值税”3个明细科目，小规模纳税人的“应交增值税”明细科目不设置专栏。

关于增值税的明细核算科目核算内容及其账务处理，详见“任务2-3”。

2. 应交消费税

企业按照税法规定计算的应交消费税额，借记“税金及附加”科目，贷记本科目（应交消费税）。

3. 应交城市维护建设税、教育费附加、地方教育附加、地方水利建设基金

企业按照税法规定计算的应交城市维护建设税、教育费附加、地方教育附加、地方水利建设基金，借记“税金及附加”等科目，贷记本科目（应交城市维护建设税、教育费附加、地方教育附加、地方水利建设基金）。

4. 应交所得税

企业按照税法规定计算的应交所得税，借记“所得税费用”等科目，贷记本科目（应交所得税）。

5. 应交房产税、车船税、印花税、城镇土地使用税

企业按照税法规定计算的应交房产税、车船税、印花税、城镇土地使用税，借记“税金及附加”科目，贷记本科目（应交房产税、车船税、印花税、城镇土地使用税）。

6. 应交个人所得税

企业按照税法规定计算的应代扣代缴的职工个人所得税，借记“应付职工薪酬”科目，贷记本科目（应交个人所得税）。

7. 应交资源税

企业按照税法规定计算的应交资源税，借记“税金及附加”科目，贷记本科目（应交资源税）。

8. 应交土地增值税

企业转让的国有土地使用权连同地上建筑物及其附着物一并在“固定资产”或“在建工程”等科目核算的，转让时应交的土地增值税，借记“固定资产清理”科目，贷记本科目（应交土地增值税）。

房地产开发企业转让房地产计算应交的土地增值税，借记“税金及附加”科目，贷记本科目（应交土地增值税）。

（二）“税金及附加”科目

“税金及附加”科目核算企业经营活动发生的消费税、城市维护建设税、教育费附加、地方教育附加、地方水利建设基金、房产税、车船税、城镇土地使用税、印花税、资源税等相关税费。

企业按照税法规定计算确定的与经营活动相关的税费，借记本科目，贷记“应交税费”“银行存款”等科目。企业收到返还的消费税、城市维护建设税等原记入本科目的各

种税金，应按实际收到的金额借记“银行存款”科目，贷记本科目。期末，应将本科目余额转入“本年利润”科目。

（三）“所得税费用”科目

“所得税费用”科目核算企业根据所得税会计准则确认的应从当期利润总额中扣除的所得税费用。本科目应按“当期所得税费用”“递延所得税费用”进行明细核算。期末，应将本科目的余额转入“本年利润”科目。

（四）“递延所得税资产”科目

“递延所得税资产”科目核算企业根据所得税会计准则确认的可抵扣暂时性差异产生的所得税资产。根据税法规定可用以后年度税前利润弥补的亏损产生的所得税资产，也在本科目核算。本科目应当按照可抵扣暂时性差异等项目进行明细核算。

资产负债表日，企业根据所得税会计准则应予确认的递延所得税资产大于本科目余额的，借记本科目，贷记“所得税费用”“其他综合收益”等科目；应予确认的递延所得税资产小于本科目余额的，做相反的会计分录。

（五）“递延所得税负债”科目

“递延所得税负债”科目核算企业根据所得税准则确认的应纳税暂时性差异产生的所得税负债，本科目应当按照应纳税暂时性差异项目进行明细核算。

资产负债表日，企业根据所得税准则应予确认的递延所得税负债大于本科目余额的，借记“所得税费用”“其他综合收益”等科目，贷记本科目；应予确认的递延所得税负债小于本科目余额的，做相反的会计分录。

（六）“以前年度损益调整”科目

“以前年度损益调整”科目核算企业本年度发生的调整以前年度损益的事项，以及本年度发现的重要前期差错更正涉及调整以前年度损益的事项。

由于以前年度损益调整增加的所得税费用，借记本科目，贷记“应交税费——应交所得税”等科目；由于以前年度损益调整减少的所得税费用，做相反的会计分录。

（七）“其他收益”科目

“其他收益”科目核算总额法下与日常活动相关的政府补助，以及其他与日常活动相关且应直接记入本科目的项目。

对于享受加计抵减政策的生产、生活性服务业一般纳税人，实际缴纳增值税时，借记“应交税费——未交增值税”科目，贷记“银行存款”科目，按加计抵减金额贷记本科目。

对于小规模纳税人达到规定的免税条件，将有关应交增值税转入当期损益时，借记“应交税费——应交增值税”科目，贷记本科目。

对于个人所得税扣缴义务人取得的手续费收入，借记“银行存款”科目，贷记本科目。

【选项辨析 1-2】

企业经营活动中发生的下列税费，应在“税金及附加”科目中核算的有（　　）。

A. 房产税　　B. 城市维护建设税及教育费附加

C. 城镇土地使用税　　D. 车船税

三、税务核算的依据

企业发生的涉及税收业务的会计核算，其核算依据至少包括应纳税凭证和完税凭证两种。

（1）应纳税凭证。应纳税凭证包括纳税申报表以及自制的涉税原始凭证、外来涉税原始凭证等，是确定本期应纳、已纳和未纳税额以及正确计算应纳税额的依据。

（2）完税凭证。纳税人直接缴纳税款的，其完税凭证是税务机关填发的《税收缴款书》，企业缴税后以加盖收款专用章的“收据联”作为其完成纳税义务和账务处理的依据。纳税人采用电子缴税方式的，以开户行开具的“电子缴税付款凭证”作为完税单据进行会计核算。进出口货物缴纳的关税，应以海关填发的《海关进出口关税专用缴款书》作为纳税人的完税凭证，进行会计处理。

四、税务核算与申报工作流程

企业税务核算工作应当以我国最新税收法律法规、会计准则为依据，其基本工作流程如图 1-1 所示。

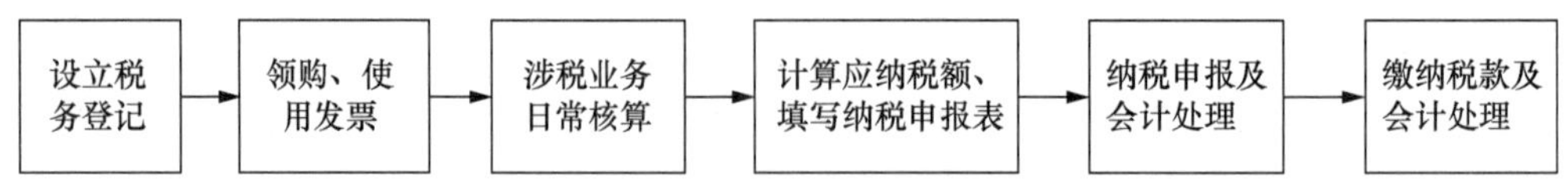

图 1-1　税务核算与申报基本工作流程

（一）设立税务登记

税务登记又称纳税登记，是指纳税人为依法履行纳税义务就有关纳税事宜依法向税务机关办理登记的一种法定手续。

它是税务机关对纳税人实施税收管理的首要环节和基础工作，是征纳双方法律关系成立的依据和证明，也是纳税人必须依法履行的义务。

（二）领购、使用发票

发票是指在购销商品、提供或者接受服务以及从事其他经营活动中，开具、收取的收付款凭证。

依法办理税务登记的单位和个人，在领取税务登记证件后，向主管税务机关申请领购发票。

（三）涉税业务日常核算

涉税业务日常核算是一项政策性、操作性很强的核算。在企业涉及税收业务的处理过程中，会计人员既要熟悉相关业务的涉税会计处理，又要依据税法的规定，依法进行税额计算。

（四）计算应纳税额、填写纳税申报表

从事税收实务工作的会计人员应当熟悉国家税收政策，明确企业应当缴纳哪些税种。在企业生产经营过程中，纳税人要根据日常涉税业务资料，按照纳税义务发生时间，整理涉税资料，根据税法政策正确计算每个税种的应纳税额，并填制纳税申报表。

（五）纳税申报及会计处理

纳税申报是指纳税人按照税法规定定期就计算缴纳税款的有关事项提出的书面报告，它是税款征收管理的一项重要制度，是纳税人履行纳税义务、界定纳税人法律责任的主要依据。

纳税人、扣缴义务人应当按照法律、行政法规或税务机关依法确定的申报期限如实办理纳税申报，并进行相应的会计处理。

（六）缴纳税款及会计处理

企业应当按照税法规定，按时缴纳税款，并正确进行会计处理。

任务 1-3　税务登记

税务登记是指纳税人为依法履行纳税义务就有关纳税事宜依法向税务机关办理登记的一种法定手续，它是整个税收征收管理的首要环节。

一、设立税务登记

（一）办理税务登记的范围

办理税务登记的范围为：企业，企业在外地设立的分支机构和从事生产、经营的场所，个体工商户和从事生产、经营的事业单位（以下统称“从事生产、经营的纳税人”），需向生产、经营所在地税务机关申报办理税务登记。

（二）办理设立税务登记的时限要求

办理设立税务登记的时限要求如下。

（1）从事生产、经营的纳税人领取工商营业执照的，应当自领取工商营业执照之日起30日内申报办理税务登记，税务机关发放税务登记证及副本。

（2）从事生产、经营的纳税人未办理工商营业执照但经有关部门批准设立的，应当自有关部门批准设立之日起30日内申报办理税务登记，税务机关发放税务登记证及副本。

（3）从事生产、经营的纳税人未办理工商营业执照也未经有关部门批准设立的，应当自纳税义务发生之日起30日内申报办理税务登记，税务机关发放临时税务登记证及副本。

（4）有独立的生产经营权、在财务上独立核算并定期向发包人或出租人上交承包费或租金的承包承租人，应当自承包承租合同签订之日起30日内，向其承包承租业务发生地税务机关申报办理税务登记，税务机关发放临时税务登记证及副本。

（5）境外企业在中国境内承包建筑、安装、装配、勘探工程和提供劳务的，应当自项目合同或协议签订之日起30日内，向项目所在地税务机关申报办理税务登记，税务机关发放临时税务登记证及副本。

（三）办理设立税务登记的程序

设立税务登记的基本程序为：纳税人到税务机关领取《税务登记表》，按要求填写完毕并准备好相关资料后提交税务机关，税务机关审核无误后核发税务登记证，如图1-2所示。

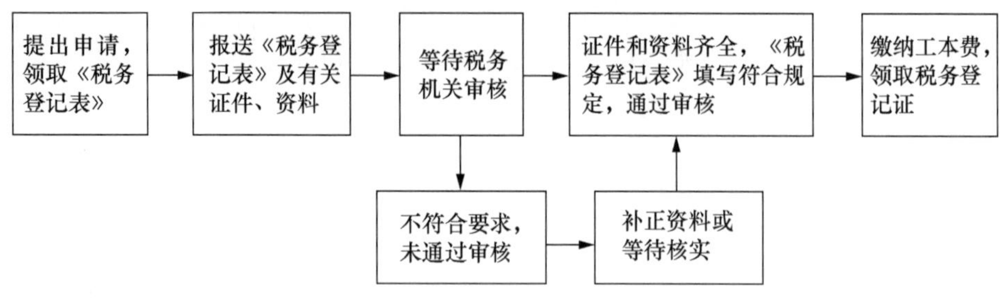

图1-2　设立税务登记程序

1. 提出申请

在设立税务登记的法定时限内，纳税人向税务机关提出登记申请并填写《申请税务登记报告书》，将填写完毕的报告书连同相关证件、资料提交税务机关，领取《税务登记表》。

纳税人在申报办理设立税务登记时，应当根据不同情况向税务机关如实提供以下证件和资料：① 工商营业执照或其他核准执业证件；② 有关合同、章程、协议书；③ 组织机构统一代码证书；④ 法定代表人或负责人或业主的居民身份证、护照或者其他合法证件；⑤ 其他需要提供的有关证件、资料，由省、自治区、直辖市税务机关确定。

2. 填报《税务登记表》

纳税人在申报办理税务登记时，应当如实填写《税务登记表》。纳税人填写完毕后，将《税务登记表》连同相关证件和资料送交税务登记窗口，办理税务登记。

《税务登记表》的主要内容包括：① 单位名称、法定代表人或业主姓名及其居民身份证、护照或者其他合法证件的号码；② 住所、经营地点；③ 登记类型；④ 核算方式；⑤ 生产经营方式；⑥ 生产经营范围；⑦ 注册资金（资本）、投资总额；⑧ 生产经营期限；⑨ 财务负责人、联系电话；⑩ 国家税务总局确定的其他有关事项。

《税务登记表》有3种，分别适用于单位纳税人（表1-1）、个体经营纳税人（表1-2）和临时税务登记纳税人（表1-3）。

表 1-1　税务登记表

（适用单位纳税人）

填表日期：2018 年 10 月 20 日

纳税人名称	山东蓝伊纸业有限公司			纳税人识别号	913702147243340269		
登记注册类型	私营有限责任公司			批准设立机关	青岛市城阳区工商局		
组织机构代码	913702147243340269			批准设立证明或文件号			
开业（设立）日期	2018 年 10 月 1 日	生产经营期限	20 年	证照名称	企业法人营业执照	证照号码	9137021472××××××××
注册地址	青岛市城阳区裕华路 3001 号			邮政编码	261011	联系电话	862 ××××
生产经营地址	青岛市城阳区裕华路 3001 号			邮政编码	261011	联系电话	862 ××××
核算方式	请选择对应项目打"√" ☑独立核算 □非独立核算				从业人数	40 人其中外籍人数__	
单位性质	请选择对应项目打"√" ☑企业 □事业单位 □社会团体 □民办非企业单位 □其他						
网站网址	www. sdlyzy. com			国标行业	□□ □□ □□ □□		
适用会计制度	请选择对应项目打"√" ☑企业会计制度 □小企业会计制度 □金融企业会计制度 □行政事业单位会计制度						
经营范围：各类生活纸张的生产与销售		请将法定代表人（负责人）身份证件复印件粘贴在此处（限于篇幅，此处略去法定代表人李芳的身份证复印件）					

项目 内容 联系人	姓名	身份证件		固定电话	移动电话	电子邮箱
		种类	号码			
法定代表人	李芳	居民身份证	37070219800606××××	862 ××××	1303021××××	mhlif@126. com
财务负责人	张丽	居民身份证	37070219830316××××	862 ××××	1303021××××	mhzhangl@126. com
办税人	王丽	居民身份证	37070219820926××××	862 ××××	1303021××××	mhwangl@126. com

税务代理人名称	纳税人识别号	联系电话	电子邮箱

注册资本或投资总额	币种	金额	币种	金额	币种	金额
300 万元	人民币	300 万元				

投资方名称	投资方经济性质	投资比例	证件种类	证件号码	国籍或地址
李芳	自然人	60%	居民身份证	37070219800606××××	城阳区锦都小区 1001 号
张芳	自然人	20%	居民身份证	37070219791106××××	城阳区锦都小区 1002 号
刘亮	自然人	20%	居民身份证	37070219851211××××	城阳区锦都小区 1003 号

续表

自然人投资比例	100%	外资投资比例		国有投资比例	
分支机构名称		注册地址		纳税人识别号	
总机构名称		纳税人识别号			
注册地址	经营范围				
法定代表人姓名		联系电话		注册地址邮政编码	
代扣代缴、代收代缴税款业务情况	代扣代缴、代收代缴税款业务内容		代扣代缴、代收代缴税种		
附报资料：					
经办人签章： 王丽 2018 年10 月20 日		法定代表人（负责人）签章： 李芳 2018 年10 月20 日		纳税人公章： 山东蓝伊纸业有限公司 2018 年10 月20 日	

表 1-2　税务登记表

（适用个体经营纳税人）

填表日期：

纳税人名称			纳税人识别号		
登记注册类型	请选择对应项目打“√”		□个体工商户	□个人合伙	
开业（设立）日期			批准设立机关		
生产经营期限		证照名称		证照号码	
注册地址		邮政编码		联系电话	
生产经营地址		邮政编码		联系电话	
合伙人数		雇工人数		其中固定工人数	
网站网址			国标行业	□□　□□　□□　□□	
业主姓名	国籍或户籍地	固定电话		移动电话	电子邮箱
身份证件名称		证件号码			
经营范围：	请将业主身份证或其他合法身份证件复印件粘贴在此处				
分店情况	分店名称	纳税人识别号		地址	电话

续表

合伙人投资情况	合伙人姓名	国籍或地址	身份证件名称	身份证件号码	投资金额（万元）	投资比例	分配比例

代扣代缴、代收代缴税款业务情况	代扣代缴、代收代缴税款业务内容	代扣代缴、代收代缴税种
附报资料：		
经办人签章：	业主签章：	

表 1-3　税务登记表

（适用临时税务登记纳税人）

填表日期：

纳税人名称		纳税人识别号					
类　型	请选择对应项目打“√”　□领取临时营业执照　□承包租赁经营　□境外企业承包工程或劳务						
组织机构代码		批准设立机关					
		批准设立文号					
开业（设立）日期		生产经营期限		证照名称		证照号码	
注册地址		邮政编码		联系电话			
生产经营地址		邮政编码		联系电话			
核算方式	请选择对应项目打“√”　□独立核算　□非独立核算						
从业人数		其中外籍人数		临时税务登记有效期			
单位性质	请选择对应项目打“√”□企业 □事业单位 □社会团体 □民办非企业单位 □其他						
网站网址		国标行业	□□　□□　□□　□□				
适用会计制度	请选择对应项目打“√”　□企业会计制度　□小企业会计制度　□金融企业会计制度　□行政事业单位会计制度						
经营范围：	请将法定代表人（负责人）身份证件复印件粘贴在此处						

续表

项目／内容／联系人	姓名	身份证件		固定电话	移动电话	电子邮箱
		种类	号码			
法定代表人						
财务负责人						
办税人						

税务代理人名称	纳税人识别号	联系电话	电子邮箱

注册资本或投资总额	币种	金额	币种	金额	币种	金额

投资方名称	投资方经济性质	投资比例	证件种类	证件号码	国籍或地址
自然人投资比例		外资投资比例		国有投资比例	

分支机构名称	注册地址	纳税人识别号

总机构名称		纳税人识别号	
注册地址	经营范围		

法定代表人姓名		联系电话		注册地址邮政编码	

代扣代缴、代收代缴税款业务情况	代扣代缴、代收代缴税款业务内容	代扣代缴、代收代缴税种

附报资料：		
经办人签章： ________年____月____日	法定代表人（负责人）签章： ________年____月____日	纳税人公章： ________年____月____日

3. 税务机关审核

纳税人提交的证件和资料齐全且《税务登记表》的填写内容符合规定的，税务机关应当日办理并发放税务登记证件。纳税人提交的证件和资料不齐全或税务登记表的填写内容不符合规定的，税务机关应当场通知其补正或重新填报。

4. 领取税务登记证

税务机关审核后批准予以登记的，应当在《税务登记表》上签章并注明受理日期、核准日期。纳税人领取税务登记证及其副本，并按规定缴付工本费。

（四）税务登记证件的管理

1. 税务登记证件的种类

税务登记证件分为两种，即税务登记证（正、副本）和临时税务登记证（正、副本）。扣缴税款登记证件包括扣缴税款登记证正本及其副本。

2. 税务登记证件的发放范围

下列纳税人核发税务登记证及其副本：① 从事生产、经营并领取工商营业执照的纳税人；② 从事生产、经营虽未办理工商营业执照但已经过有关部门批准设立的纳税人。

下列纳税人核发临时税务登记证及其副本：① 从事生产、经营未办理工商营业执照也未经有关部门批准设立的纳税人；② 有独立的生产经营权、在财务上独立核算并定期向发包人或者出租人上交承包费或租金的承包、承租人；③ 在中国境内承包建筑、安装、装配、勘探工程和提供劳务的境外企业。

3. 税务登记证件的内容

税务登记证件的主要内容包括：纳税人名称、税务登记代码、法定代表人或负责人、生产经营地址、登记类型、核算方式、生产经营范围（主营、兼营）、发证日期、证件有效期等。

4. 税务登记证件的使用范围

纳税人办理下列事项时，必须提供税务登记证件：① 开立银行账户，② 领购发票。

纳税人办理其他税务事项时，应当出示税务登记证件，经税务机关核准相关信息后办理手续。

【业务解析 1-1】

1. 业务资料

山东蓝伊纸业有限公司经山东省青岛市城阳区工商行政管理机关批准，于 2018 年 10 月 1 日取得企业法人营业执照，统一社会信用代码：913702147243340269，经营范围为各类生活纸张的生产与销售，经营期限为 20 年。法定代表人为李芳，从业人数为 40 人，注册地址为青岛市城阳区裕华路 3001 号，邮政编码 261011，电话为 862××××，注册资本为 300 万元人民币，开户银行为中国工商银行青岛市裕华路支行，账号为 030920040110 0708888，单位网址为 www. sdlyzy. com。

公司人员和投资者的基本情况，如表 1-4 和表 1-5 所示。

2. 工作要求

熟悉税务登记表的内容，根据业务资料填写《税务登记表》。

3. 解析过程

该公司填写完成的《税务登记表》，如表 1-1 所示。

表 1-4　法定代表人、财务人员、办税人员基本情况

项目	姓名	身份证件		固定电话	移动电话	电子邮箱
		种类	号码			
法定代表人	李芳	居民身份证	37070219800606××××	862××××	1393021××××	mhlif@126.com
财务负责人	张丽	居民身份证	37070219830316××××	862××××	1393021××××	mhzhangl@126.com
办税人	王丽	居民身份证	37070219820926××××	862××××	1393021××××	mhwangl@126.com

表 1-5　投资者基本情况

投资方姓名	证件种类	号码	地址	投资比例
李芳	居民身份证	37070219800606××××	城阳区锦都小区 1001 号	60%
张芳	居民身份证	37070219791106××××	城阳区锦都小区 1002 号	20%
刘亮	居民身份证	37070219851211××××	城阳区锦都小区 1003 号	20%

二、变更税务登记

变更税务登记是指纳税人办理设立税务登记后，因税务登记内容发生变化，向原税务登记机关申请将税务登记内容重新调整为与实际情况一致的一种税务登记。

（一）变更税务登记的适用范围

变更税务登记的适用范围包括：① 改变纳税人名称；② 改变法定代表人或负责人；③ 改变生产经营地址；④ 改变登记类型；⑤ 改变生产经营范围；⑥ 其他改变税务登记的内容事项。

（二）变更税务登记的时限要求

纳税人已在工商行政管理机关办理变更登记的，应当自工商行政管理机关变更登记之日起 30 日内，向原税务登记机关申报办理变更税务登记。

纳税人按照规定不需要在工商行政管理机关办理变更登记，或者其变更登记的内容与工商登记内容无关的，应当自税务登记内容实际发生变化之日起 30 日内，或者自有关机关批准或宣布变更之日起 30 日内，到原税务登记机关申报办理变更税务登记。

（三）办理变更税务登记的程序

1. 提出申请，提供资料

纳税人已在工商行政管理机关办理变更登记的，应向原税务登记机关如实提供下列证件、资料，申报办理变更税务登记：① 工商登记变更表及工商营业执照；② 纳税人变更登记内容的有关证明文件；③ 税务机关发放的原税务登记证件（登记证正、副本和《税务登记表》等）；④ 其他有关资料。

纳税人按照规定不需要在工商行政管理机关办理变更登记，或者其变更登记的内容与工商登记内容无关的，应当持下列证件到原税务登记机关申报办理变更税务登记：① 纳税人变更登记内容的有关证明文件；② 税务机关发放的原税务登记证件（登记证正、副本和《税务登记表》等）；③ 其他有关资料。

2. 填报《变更税务登记表》

纳税人应向主管税务机关领取《变更税务登记表》（表 1-6），如实填写变更登记事

项、变更前后的具体内容。

表 1-6　变更税务登记表

<table>
<tr><td colspan="2">纳税人名称</td><td>山东蓝伊纸业有限公司</td><td>纳税人识别号</td><td>913702147243340269</td></tr>
<tr><td colspan="5">变更登记事项</td></tr>
<tr><td>序号</td><td>变更项目</td><td>变更前内容</td><td>变更后内容</td><td>批准机关名称及文件</td></tr>
<tr><td>1</td><td>法定代表人</td><td>李芳</td><td>刘亮</td><td></td></tr>
<tr><td>2</td><td>注册资本</td><td>300 万元</td><td>500 万元</td><td></td></tr>
<tr><td></td><td></td><td></td><td></td><td></td></tr>
<tr><td></td><td></td><td></td><td></td><td></td></tr>
<tr><td colspan="5">送缴证件情况：</td></tr>
<tr><td colspan="2">纳税人：
经办人：王丽
2019 年 6 月 15 日</td><td colspan="2">法定代表人（负责人）：刘亮
2019 年 6 月 15 日</td><td>纳税人（签章）：
2019 年 6 月 15 日</td></tr>
<tr><td colspan="5">经办税务机关审核意见：</td></tr>
<tr><td colspan="2">经办人：
年　月　日</td><td colspan="2">负责人：
年　月　日</td><td>税务机关（签章）：
年　月　日</td></tr>
</table>

3. 受理

纳税人提交的有关变更登记的证件、资料齐全的，应如实填写《变更税务登记表》，符合规定的，税务机关应当日办理；不符合规定的，税务机关应通知其补正。

4. 证件发放

税务机关应当于受理当日办理变更税务登记。纳税人的《税务登记表》和税务登记证中的内容都发生变更的，税务机关按变更后的内容重新发放税务登记证件；纳税人《税务登记表》的内容发生变更而税务登记证中的内容未发生变更的，税务机关不重新发放税务登记证件。

【业务解析 1-2】①

1. 业务资料

沿用【业务解析 1-1】中的资料，山东蓝伊纸业有限公司变更法定代表人为刘亮，刘亮增加投资 200 万元，注册资本变为 500 万元，该公司已于 2019 年 5 月 31 日向原工商行政管理机关办理完毕变更登记。

2. 工作要求

熟悉《变更税务登记表》的内容，根据业务资料填写《变更税务登记表》。

3. 解析过程

2019 年 6 月 15 日，该公司填写完成的《变更税务登记表》，如表 1-6 所示。

---

① 在实际会计业务操作中，所有金额应至少保留小数点后 2 位有效数字（如 500 元应写作 500.00 元、45.2 元应写作 45.20 元），本书为阅读、计算方便，以及因图书版式限制，除个别原始凭证外，其他作省略处理。

三、注销税务登记

（一）注销税务登记的适用范围

注销税务登记的适用范围包括：① 纳税人发生解散、破产、撤销以及其他情形，依法终止纳税义务；② 纳税人被工商行政管理机关吊销营业执照或者被其他机关予以撤销登记；③ 纳税人因住所、经营地点变动，涉及改变税务登记机关；④ 境外企业在中国境内承包建筑、安装、装配、勘探工程和提供劳务的项目已经完工。

（二）注销税务登记的时限要求

纳税人应在向工商行政管理机关或者其他机关办理注销登记前，持有关证件和资料向原税务登记机关申报办理注销税务登记。

纳税人按规定不需要在工商行政管理机关或者其他机关办理注销登记的，应当自有关机关批准或者宣告终止之日起 15 日内，持有关证件和资料向原税务登记机关申报办理注销税务登记。

纳税人被工商行政管理机关吊销营业执照或者被其他机关予以撤销登记的，应自营业执照被吊销或者被撤销登记之日起 15 日内，向原税务登记机关申报办理注销税务登记。

境外企业在中国境内承包建筑、安装、装配、勘探工程和提供劳务的，应当在项目完工、离开中国前 15 日内，持有关证件和资料，向原税务登记机关申报办理注销税务登记。

（三）办理注销税务登记的程序

1. 提出申请，提供资料

纳税人办理注销税务登记时，应向原税务登记机关领取《注销税务登记申请审批表》（表 1-7），连同下列资料、证件报送税务机关：① 税务登记证的正、副本；② 上级主管部门批复文件或董事会决议及复印件；③ 工商营业执照被吊销的应提交工商行政管理部门发出的吊销决定及复印件。

表 1-7　注销税务登记申请审批表

<table>
<tr><td>纳税人名称</td><td></td><td>纳税人识别号</td><td></td></tr>
<tr><td>注销原因</td><td colspan="3"></td></tr>
<tr><td rowspan="3">附送资料</td><td></td><td colspan="2" rowspan="3"></td></tr>
<tr><td></td></tr>
<tr><td></td></tr>
<tr><td colspan="4">纳税人：
经办人：　　　　法定代表人（负责人）：　　　　纳税人（签章）
年　月　日　　　　年　月　日　　　　年　月　日</td></tr>
<tr><td colspan="4">以下由税务机关填写</td></tr>
<tr><td>受理时间</td><td colspan="3">经办人：　　　　负责人：
年　月　日　　　　年　月　日</td></tr>
</table>

续表

<table>
<tr><td>清缴税款、滞纳金、罚款情况</td><td colspan="5">经办人：　　　　　　负责人：
年　月　日　　　　　年　月　日</td></tr>
<tr><td>缴销发票情况</td><td colspan="5">经办人：　　　　　　负责人：
年　月　日　　　　　年　月　日</td></tr>
<tr><td>税务检查意见</td><td colspan="5">检查人员：　　　　　　负责人：
年　月　日　　　　　年　月　日</td></tr>
<tr><td rowspan="3">收缴税务证件情况</td><td>种类</td><td>税务登记证正本</td><td>税务登记证副本</td><td>临时税务登记证正本</td><td>临时税务登记证副本</td></tr>
<tr><td>收缴数量</td><td></td><td></td><td></td><td></td></tr>
<tr><td colspan="5">经办人：　　　　　　负责人：
年　月　日　　　　　年　月　日</td></tr>
<tr><td>批准意见</td><td colspan="5">部门负责人：　　　　　　税务机关（签章）
年　月　日　　　　　年　月　日</td></tr>
</table>

2. 填报《注销税务登记申请审批表》

纳税人应当如实填写《注销税务登记申请审批表》。由纳税人填写的项目主要包括：纳税人名称（含分支机构名称）、纳税人识别号、注销原因等。由税务机关填写的项目主要包括：清缴税款、滞纳金、罚款情况，缴销发票情况，税务检查意见，收缴税务证件情况等。

3. 受理、核准

税务机关检查证件资料是否齐全、合法、有效，《注销税务登记申请审批表》填写是否完整准确，印章是否齐全；纸质资料不全或填写内容不符合规定的，应当场一次性告知纳税人补正或重新填报；审核纳税人是否在规定时限内办理注销税务登记，如未按规定时限，则进行违法违章处理。

4. 领取通知书

通过以上审核，核准注销税务登记申请，税务机关在《注销税务登记申请审批表》上签署意见，纳税人领取由税务机关制作的《税务事项通知书》。

四、增值税纳税人登记

（一）增值税一般纳税人登记

1. 一般纳税人登记条件

增值税纳税人年应税销售额超过财政部、国家税务总局规定的小规模纳税人标准（以下简称“规定标准”）的，除另有规定外，应当向主管税务机关办理一般纳税人登记。

2018 年 4 月 30 日前，一般纳税人登记的规定标准，如图 1-3 所示。

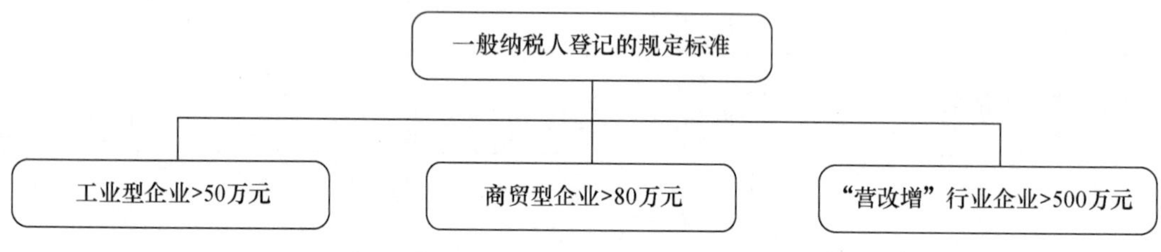

图 1-3　一般纳税人登记的规定标准

自 2018 年 5 月 1 日起，小规模纳税人标准统一为年应税销售额 500 万元及以下，不再区分企业类型。

应税行为有扣除项目的纳税人，其应税行为年应税销售额按未扣除之前的销售额计算。纳税人偶然发生的销售无形资产、转让不动产的销售额，不计入应税行为年应税销售额。

年应税销售额未超过规定标准的纳税人，会计核算健全，能够提供准确税务资料的，可以向主管税务机关办理一般纳税人登记。

下列纳税人不办理一般纳税人登记：① 按照政策规定，选择按照小规模纳税人纳税的；② 年应税销售额超过规定标准的其他个人。

2. 一般纳税人登记程序

纳税人应当向其机构所在地主管税务机关办理一般纳税人登记手续。办理一般纳税人登记的程序如下。

（1）纳税人向主管税务机关填报《增值税一般纳税人登记表》（表 1-8），如实填写固定生产经营场所等信息，并提供税务登记证件。

“固定生产经营场所”是指填写在《增值税一般纳税人登记表》“生产经营地址”栏次中的内容，“税务登记证件”包括纳税人领取的由工商行政管理部门或其他主管部门核发的加载法人和其他组织统一社会信用代码的相关证件。

（2）纳税人填报内容与税务登记信息一致的，主管税务机关当场登记。

（3）纳税人填报内容与税务登记信息不一致，或者不符合填列要求的，税务机关应当场告知纳税人需要补正的内容。

经税务机关核对后退还纳税人留存的《增值税一般纳税人登记表》，可以作为证明纳税人成为增值税一般纳税人的凭据。

纳税人登记为一般纳税人后，不得转为小规模纳税人，国家税务总局另有规定的除外。

纳税人自一般纳税人生效之日起，按照增值税一般计税方法计算应纳税额，并可以按照规定领用增值税专用发票，财政部、国家税务总局另有规定的除外。“生效之日”是指纳税人办理登记的当月 1 日或者次月 1 日，由纳税人在办理登记手续时自行选择。

表 1-8 增值税一般纳税人登记表

<table>
<tr><td>纳税人名称</td><td colspan="2"></td><td>社会信用代码
（纳税人识别号）</td><td colspan="2"></td></tr>
<tr><td>法定代表人
（负责人、业主）</td><td></td><td>证件名称及号码</td><td></td><td>联系电话</td><td></td></tr>
<tr><td>财务负责人</td><td></td><td>证件名称及号码</td><td></td><td>联系电话</td><td></td></tr>
<tr><td>办税人员</td><td></td><td>证件名称及号码</td><td></td><td>联系电话</td><td></td></tr>
<tr><td>税务登记日期</td><td colspan="5"></td></tr>
<tr><td>生产经营地址</td><td colspan="5"></td></tr>
<tr><td>注册地址</td><td colspan="5"></td></tr>
<tr><td colspan="6">纳税人类别：企业□ 非企业性单位□ 个体工商户□ 其他□</td></tr>
<tr><td colspan="6">主营业务类别：工业□ 商业□ 服务业□ 其他□</td></tr>
<tr><td colspan="6">会计核算健全：是□</td></tr>
<tr><td colspan="6">一般纳税人生效之日：当月 1 日□ 次月 1 日□</td></tr>
<tr><td colspan="6">纳税人（代理人）承诺：
会计核算健全，能够提供准确税务资料，上述各项内容真实、可靠、完整。如有虚假，愿意承担相关法律责任。
经办人： 法定代表人： 代理人： （签章）
年 月 日</td></tr>
<tr><td colspan="6">以下由税务机关填写</td></tr>
<tr><td colspan="2">税务机关受理情况</td><td colspan="4">受理人： 受理税务机关（章）
年 月 日</td></tr>
</table>

自 2018 年 8 月起，国家税务总局决定在全国范围内推广一般纳税人登记网上办理，从方便纳税人的角度，实现《增值税一般纳税人登记表》填报、信息核对等登记事项的网上办理。

3. 一般纳税人登记时限

纳税人在年应税销售额超过规定标准的月份（或季度）的所属申报期结束后 15 日内按照规定办理相关手续；未按规定时限办理的，主管税务机关应当在规定时限结束后 5 日内制作《税务事项通知书》，告知纳税人应当在 5 日内向主管税务机关办理相关手续；逾期仍不办理的，次月起按销售额依照增值税税率计算应纳税额，不得抵扣进项税额，直至纳税人办理相关手续为止。

（二）小规模纳税人登记

纳税人年应税销售额超过财政部、国家税务总局规定标准，且符合有关政策规定，选择按小规模纳税人纳税的，应当向主管税务机关提交书面说明（表1-9）。

除个体工商户以外的其他个人年应税销售额超过规定标准的，不需要向主管税务机关提交书面说明。

表1-9　选择按小规模纳税人纳税的情况说明

<table>
<tr><td>纳税人名称</td><td></td><td>社会信用代码
（纳税人识别号）</td><td></td></tr>
<tr><td colspan="2" rowspan="2">连续不超过12个月或4个季度的经营期内累计应税销售额</td><td colspan="2">货物劳务：　年　月至　年　月共　元</td></tr>
<tr><td colspan="2">应税行为：　年　月至　年　月共　元</td></tr>
<tr><td>情况说明</td><td colspan="3"></td></tr>
<tr><td colspan="4">纳税人（代理人）承诺：
上述各项内容真实、可靠、完整。如有虚假，愿意承担相关法律责任。
经办人：　法定代表人：　代理人：　（签章）
年　月　日</td></tr>
<tr><td colspan="4">以下由税务机关填写</td></tr>
<tr><td>税务机关受理情况</td><td colspan="3">受理人：　受理税务机关（章）
年　月　日</td></tr>
</table>

五、税种登记

（一）提出申请

纳税人应在领取《税务登记证》副本后和申报纳税之前，到主管税务机关的征收管理部门申请税种登记，填写《纳税人税种登记表》（表1-10）。纳税人如果变更税务登记的内容涉及税种、税目、税率变化的，应在变更税务登记之后重新申请税种登记，并附送申请报告。

（二）税务机关审核、确认

税务机关对纳税人报送的《纳税人税种登记表》及有关资料进行审核，也可根据实际情况派人到纳税人的生产经营现场调查之后，对纳税人适用的税种、税目、税率、纳税期限、纳税方法等做出确认，在《纳税人税种登记表》的有关栏目中注明，或者书面通知纳税人税种登记结果，以此作为办税的依据。

表 1-10　纳税人税种登记表

纳税人识别号：

纳税人名称：　　　　　　　　　　　　　　　　　　　　　　　　　法定代表人：

<table>
<tr><td colspan="4">一、增值税：</td></tr>
<tr><td rowspan="3">类别</td><td rowspan="2">货物或加工、修理修配</td><td>主营</td><td></td></tr>
<tr><td>兼营</td><td></td></tr>
<tr><td>销售服务、无形资产、不动产</td><td colspan="2">本栏目为单选。根据实际经营项目，在下列选项中勾选一项主营项目。
一、销售服务
交通运输服务
• 陆路运输：公路运输□ 缆车运输□ 索道运输□ 地铁运输□ 城市轻轨运输□ 铁路运输□ 其他陆路运输服务□
• 水路运输：程租□ 期租□
• 航空运输：航空运输服务□ 航空运输湿租业务□ 航天运输服务□
• 管道运输□
邮政服务
邮政普遍服务□ 邮政特殊服务□ 其他邮政服务□
电信服务
基础电信服务□ 增值电信服务□
建筑服务
工程服务□ 安装服务□ 修缮服务□ 装饰服务□ 其他建筑服务□
金融服务
贷款服务□ 直接收费金融服务□ 保险服务□ 金融商品转让□
现代服务
• 研发和技术服务：研发服务□ 合同能源管理服务□ 工程勘察勘探服务□ 专业技术服务□
• 信息技术服务：软件服务□ 电路设计及测试服务□ 信息系统服务□ 业务流程管理服务□ 信息系统增值服务□
• 文化创意服务：设计服务□ 知识产权服务□ 广告服务□ 会议展览服务□
• 物流辅助服务：航空服务□ 港口码头服务□ 货运客运场站服务□ 打捞救助服务□ 仓储服务□ 装卸搬运服务□ 收派服务□
• 租赁服务：不动产融资租赁□ 不动产经营租赁□ 有型动产融资租赁□ 有型动产经营租赁□
• 鉴证咨询服务：认证服务□ 鉴证服务□ 咨询服务□
• 广播影视服务：制作服务□ 发行服务□ 播映服务□
• 商务辅助服务：企业管理服务□ 经纪代理服务□ 人力资源服务□ 安全保护服务□
• 其他现代服务□
生活服务
文化体育服务□ 教育医疗服务□ 旅游娱乐服务□ 餐饮住宿服务□ 居民日常服务□ 其他生活服务□
二、销售无形资产
专利及非专利技术□ 商标使用权□ 著作权□ 商誉□ 自然资源使用权□ 其他权益性无形资产□
三、销售不动产
建筑物□ 构筑物□</td></tr>
</table>

续表

经营方式	1. 境内经营货物□ 2. 境内加工修理□ 3. 境内交通运输□ 4. 境内应税服务□ 5. 自营出口□ 6. 间接出口□ 7. 收购出口□ 8. 加工出口□		
备注：			
二、消费税：			
类别	1. 生产 □ 2. 委托加工 □ 3. 批发 □ 4. 零售 □	应税消费品名称	1. 烟□ 2. 酒及酒精□ 3. 化妆品□ 4. 贵重首饰及珠宝玉石□ 5. 鞭炮、烟火□ 6. 成品油□ 7. 汽车轮胎□ 8. 摩托车□ 9. 小汽车□ 10. 高尔夫球及球具□ 11. 高档手表□ 12. 游艇□ 13. 木制一次性筷子□ 14. 实木地板□ 15. 电池□ 16. 铅酸蓄电池□ 17. 涂料□
经营方式	1. 境内销售□ 2. 委托加工出口□ 3. 自营出口□ 4. 境内委托加工□		
备注：			
三、企业所得税：			
居民企业	征收方式：□查账征收 □核定征收 预缴期限：□按月预缴 □按季预缴 预缴方式：□据实预缴 □按上年度四分之一或十二分之一 □按税务机关认可的其他方式 纳税方式：□汇总纳税 □非汇总纳税		
非居民企业法定或申请纳税方式	1. 据实纳税□ 2. 按收入总额核定应纳税所得额计算纳税□ 3. 按经费支出换算收入计算纳税□ 4. 航空、海运企业纳税方式□ 5. 其他纳税方式□		
备注：			
四、城市维护建设税：1. 市区□ 2. 县城镇□ 3. 其他□			
五、教育费附加：			
六、地方教育附加：			
七、其他			

任务 1-4 发票管理

发票是指在购销商品、提供或者接受服务以及从事其他经营活动中，开具、收取的收付款凭证。它是财务收支的法定凭证，是会计核算的原始凭证，是税务检查的重要依据。

目前，企业可以使用的增值税发票主要有：增值税专用发票、增值税普通发票、增值税电子普通发票、增值税普通发票（卷票）、收费公路通行费增值税电子普通发票和机动车销售统一发票。

一、领购《发票领购簿》

依法办理税务登记的单位和个人，在领取税务登记证后，可以根据自己的需要申请领购发票。

纳税人初次领购发票的，应当填写《发票领购申请审批表》（表1-11），并向主管税务机关提供税务登记证件（正、副本）、经办人身份证明、按照国务院税务主管部门规定式样制作的发票专用章的印模，向主管税务机关办理发票领购手续。

表1-11　发票领购申请审批表

纳税人税务登记号：

纳税人电脑编码：

<table>
<tr><td>纳税人名称</td><td colspan="5"></td></tr>
<tr><td>主营范围</td><td colspan="5"></td></tr>
<tr><td>兼营范围</td><td colspan="5"></td></tr>
<tr><td>发票经办人姓名</td><td></td><td>身份证号码</td><td></td><td>电话</td><td></td></tr>
<tr><td>发票名称</td><td>编码申请数量</td><td>每月用量（本或份）</td><td>原核定用量</td><td colspan="2">（申请增减数量时填写）</td></tr>
<tr><td></td><td></td><td></td><td></td><td colspan="2"></td></tr>
<tr><td></td><td></td><td></td><td></td><td colspan="2"></td></tr>
<tr><td></td><td></td><td></td><td></td><td colspan="2"></td></tr>
<tr><td colspan="3">申请理由：
□初次申请领购发票
□经营范围变化，申请增减发票
申请人盖章（公章）
年　月　日</td><td colspan="2">申请人财务专用章或发票专用章印模</td><td></td></tr>
<tr><td colspan="6">以下由税务机关填写</td></tr>
<tr><td>保证形式</td><td></td><td>保证金额</td><td></td><td>保证期限</td><td></td></tr>
<tr><td>发票编码</td><td colspan="2">发票名称</td><td>供票方式</td><td>供票期限</td><td>每月（次）供票量</td></tr>
<tr><td></td><td colspan="2"></td><td></td><td></td><td></td></tr>
<tr><td></td><td colspan="2"></td><td></td><td></td><td></td></tr>
<tr><td></td><td colspan="2"></td><td></td><td></td><td></td></tr>
<tr><td>发票管理部门审批意见</td><td colspan="5">经办人：　　负责人：　　（盖章）
年　月　日</td></tr>
</table>

主管税务机关根据领购单位和个人的经营范围和规模，确认领购发票的种类、数量及领购方式，在5个工作日内发给《发票领购簿》（表1-12）。

表 1-12　发票领购簿

<table>
<tr><td colspan="9">纳税人识别号：
发票领购簿号码：
纳税人名称：　　　　　　　　纳税人（签章）
法定代表人（负责人）：
发票管理人：
税务机关（签章）
年　　月　　日</td></tr>
<tr><td rowspan="7">核准使用发票情况</td><td rowspan="3">发票种类</td><td rowspan="3">发票代码</td><td rowspan="3">发票名称</td><td rowspan="3">单位</td><td colspan="2">限购数量</td><td rowspan="2">备注</td></tr>
<tr><td colspan="2">每次限购/每月限购</td></tr>
<tr><td>数量</td><td>票面金额</td><td rowspan="4"></td></tr>
<tr><td></td><td></td><td></td><td></td><td></td><td></td></tr>
<tr><td></td><td></td><td></td><td></td><td></td><td></td></tr>
<tr><td></td><td></td><td></td><td></td><td></td><td></td></tr>
<tr><td colspan="3">购票方式：□批量供应　□验旧购新
□交旧购新　□其他</td><td colspan="4">需提供发票担保的，是否已经提供担保人或交纳保证金：□是　□否</td></tr>
</table>

发票领购记录

年		发票代码	发票名称	单位	数量	字轨	起讫号码	售票人	购票人
月	日								

发票缴销、挂失记录

年		发票代码	发票名称	缴销	挂失	单位	数量	字轨	起讫号码	经办人
月	日									

发票违章记录

从第二次购票起，纳税人凭税务机关核发的《发票领购簿》到发票窗口领购发票。纳税人凭《发票领购簿》向主管税务机关办理发票领用手续时，需要填写《纳税人领用发票票种核定表》（表 1-13）。

表 1-13　纳税人领用发票票种核定表

<table>
<tr><td colspan="2">纳税人识别号</td><td colspan="6"></td></tr>
<tr><td colspan="2">纳税人名称</td><td colspan="6"></td></tr>
<tr><td colspan="2">领票人</td><td colspan="2">联系电话</td><td colspan="2">身份证件类型</td><td colspan="2">身份证件号码</td></tr>
<tr><td colspan="2"></td><td colspan="2"></td><td colspan="2"></td><td colspan="2"></td></tr>
<tr><td colspan="2"></td><td colspan="2"></td><td colspan="2"></td><td colspan="2"></td></tr>
<tr><td>发票种类名称</td><td>发票票种核定操作类型</td><td>单位（数量）</td><td>每月最高领票数量</td><td>每次最高领票数量</td><td>持票最高数量</td><td>定额发票累计领票金额</td><td>领票方式</td></tr>
<tr><td></td><td></td><td></td><td></td><td></td><td></td><td></td><td></td></tr>
<tr><td></td><td></td><td></td><td></td><td></td><td></td><td></td><td></td></tr>
<tr><td></td><td></td><td></td><td></td><td></td><td></td><td></td><td></td></tr>
<tr><td></td><td></td><td></td><td></td><td></td><td></td><td></td><td></td></tr>
<tr><td colspan="8">纳税人（签章）
经办人：　　　　法定代表人（业主、负责人）：　　　　填表日期：　　　　年　月　日</td></tr>
<tr><td colspan="8">发票专用章印模：</td></tr>
</table>

二、增值税专用发票

增值税专用发票是一般纳税人销售货物、应税劳务、服务、无形资产或不动产而开具的发票，是购买方支付增值税额并可按增值税有关规定据以抵扣进项税额的凭证。

（一）领购专用设备

一般纳税人应通过增值税防伪税控系统使用专用发票，使用包括领购、开具、缴销、认证纸质专用发票及其相应的数据电文。防伪税控系统是指经国务院同意推行的，使用专用设备和通用设备、运用数字密码和电子存储技术管理专用发票的计算机管理系统。

专用设备是指金税卡、IC 卡、读卡器和其他设备。通用设备是指计算机、打印机、扫描器具和其他设备。防伪税控系统的具体发行工作由区县级税务机关负责。

（二）专用发票的初始发行

一般纳税人领购专用设备后，凭《发票领购簿》到主管税务机关办理初始发行。初始发行是指主管税务机关将一般纳税人的下列信息载入空白金税卡和 IC 卡的行为：① 企业名称；② 税务登记代码；③ 开票限额；④ 购票限量；⑤ 购票人员姓名、密码；⑥ 开票机数量；⑦ 国家税务总局规定的其他信息。

（三）专用发票的领购

一般纳税人凭《发票领购簿》、IC 卡和经办人身份证明领购专用发票。

一般纳税人如有下列情形之一者，不得领购使用增值税专用发票。

(1) 会计核算不健全，不能向税务机关准确提供增值税销项税额、进项税额、应纳税额数据及其他有关增值税税务资料的。

(2) 有《中华人民共和国税收征收管理法》规定的税收违法行为，拒不接受税务机关处理的。

（3）有下列行为之一，经税务机关责令限期改正而仍未改正的：① 虚开增值税专用发票；② 私自印制专用发票；③ 向税务机关以外的单位和个人买取专用发票；④ 借用他人专用发票；⑤ 未按规定开具专用发票；⑥ 未按规定保管专用发票和专用设备；⑦ 未按规定申请办理防伪税控系统变更发行；⑧ 未按规定接受税务机关检查。

（4）销售的货物全部属于免税项目者。

（5）一般纳税人经营商业零售的烟、酒、食品、服装、鞋帽（不包括劳保专用的部分）、化妆品等消费品不得开具专用发票。

【选项辨析 1-3】

下列选项中，增值税一般纳税人不得领购使用增值税专用发票的情形有（　　）。

A. 会计核算不健全　　B. 为他人代开专用发票

C. 未按规定保管专用发票　　D. 销售劳保专用品

E. 不能向税务机关准确提供有关增值税计税资料者

（四）专用发票的开具

增值税专用发票的样式，如表 1-14 所示。增值税专用发票包括三联票和六联票两种。三联票：第一联为记账联，第二联为抵扣联，第三联为发票联，三联的内容一致。六联票：第一联为记账联，第二联为抵扣联，第三联为发票联，第四联、第五联、第六联为副联。

表 1-14

山东增值税专用发票

发票联

NO 18794282

开票日期：2018 年 11 月 16 日

购买方	名　　称：潍坊昌泰实业有限公司 纳税人识别号：370723945830601 地 址 、电 话：潍坊市长松路 1220 号 0536-8268088 开户行及账号：工行潍坊青年路支行 3700282330601350045			密码区	67 +273489<<64298 - 6248 <>*49862*09 87+>>7893508*1111<<+	加密版本：553400034129	
货物或应税劳务、服务名称	规格型号	单位	数量	单价	金额	税率	税额
*机床*金属丝加工机		台	1	400 000.00	400 000.00	16%	64 000.00
合计					400 000.00		64 000.00
价税合计（大写）	⊗肆拾陆万肆仟元整				（小写）￥464 000.00		
销售方	名　　称：潍坊长青实业有限公司 纳税人识别号：370704169354239 地 址 、电 话：潍坊市新华路 3022 号 0536-2905127 开户行及账号：建行潍坊和平路支行 3700422730400161003			备注	潍坊长青实业有限公司 370704169354239 发票专用章		

第三联：发票联　购买方记账凭证

收款人：　　复核：　　开票人：国梅香　　销售方：（章）

第一联记账联，作为销售方核算销售收入和增值税销项税额的原始凭证，在票面上的“税额”指的是“销项税额”，“金额”指的是销售货物的“不含税金额”；第二联抵扣联，作为购买方报送主管税务机关认证和留存备查的凭证；第三联发票联，作为购买方核算采购成本和增值税进项税额的原始凭证。专用发票的右侧竖行文字列明了发票的联次名称及其用途。

增值税专用发票应按下列要求开具：

（1）项目齐全，与实际交易相符；

（2）字迹清楚，不得压线、错格；

（3）发票联和抵扣联加盖财务专用章或者发票专用章；

（4）按照增值税纳税义务的发生时间开具。

【选项辨析 1-4】

纳税人销售货物时，下列选项中不能开具增值税专用发票的有（　　）。

A. 购进方购进免税药品要求开具增值税专用发票

B. 消费者个人购进电脑要求开具增值税专用发票

C. 商业零售化妆品

D. 境内易货贸易

一般纳税人发生下列情形之一的，不得开具增值税专用发票：① 向消费者个人销售服务、无形资产或者不动产；② 适用免征增值税规定的应税行为。

小规模纳税人不得领购使用增值税专用发票，另有特殊规定者除外。小规模纳税人发生应税行为，购买方索取增值税专用发票的，可以向主管税务机关申请代开。

为了激发市场主体创业创新活力，促进民营经济和小微企业发展，根据现行规定，8 个行业的小规模纳税人可以自愿选择使用增值税发票管理系统自行开具增值税专用发票。这 8 个行业的小规模纳税人包括：① 住宿业；② 鉴证咨询业；③ 建筑业；④ 工业；⑤ 信息传输、软件和信息技术服务业；⑥ 租赁和商务服务业；⑦ 科学研究和技术服务业；⑧ 居民服务、修理和其他服务业。选择自行开具增值税专用发票的小规模纳税人，不受月销售额标准的限制，但销售其取得的不动产需开具增值税专用发票的，应当向税务机关申请代开。

（五）专用发票的查询与确认

根据现行规定，取消一般纳税人增值税发票的认证。取消增值税发票认证，就是由手工扫描需要抵扣的纸质发票，调整为由纳税人网上选择确认需要抵扣的增值税发票电子信息。

1. 增值税发票的查询、确认

一般纳税人取得增值税发票（包括增值税专用发票、机动车销售统一发票、收费公路通行费增值税电子普通发票，下同）后，可以自愿使用增值税发票选择确认平台查询、选择用于申报抵扣、出口退税或者代办退税的增值税发票信息。增值税发票选择确认平台的登录地址由国家税务总局各省、自治区、直辖市和计划单列市税务局确定并公布。

将取消增值税发票认证的纳税人范围扩大至全部一般纳税人后，能够节约纳税人因购买扫描设备产生的经济成本，减少纳税人前往税务机关认证发票所花费的时间，进一步减轻纳税人的办税负担。

2. 专用发票的确认期限

一般纳税人取得的2017年7月1日及以后开具的增值税专用发票和机动车销售统一发票，应自开具之日起360日内登录增值税发票选择确认平台进行确认，并在规定的纳税申报期内，向主管税务机关申报抵扣进项税额。

一般纳税人取得的2017年7月1日及以后开具的《海关进口增值税专用缴款书》，应自开具之日起360日内向主管税务机关报送《海关完税凭证抵扣清单》，申请稽核比对。

（六）专用发票的作废、重开

1. 专用发票的作废

一般纳税人在开具专用发票当月，发生销货退回、开票有误等情形，收到退回的发票联、抵扣联符合作废条件的，按作废处理；开具时发现有误的，可即时作废。作废专用发票需在防伪税控系统中将相应的数据电文按“作废”处理，在纸质专用发票各联次上注明“作废”字样，全联次留存。同时具有下列情形的，符合作废条件：① 收到退回的发票联、抵扣联时间未超过销售方开票当月；② 销售方未抄税并且未记账；③ 购买方未认证或认证结果为“纳税人识别号认证不符”“专用发票代码、号码认证不符”。

2. 专用发票的重开

增值税一般纳税人开具增值税专用发票后，发生销货退回、开票有误、应税服务中止等情形但不符合发票作废条件，或者因销货部分退回及发生销售折让，需要开具红字专用发票的，按以下方法处理。

（1）购买方取得专用发票已用于申报抵扣的，购买方可在增值税发票管理新系统（以下简称“新系统”）中填开并上传《开具红字增值税专用发票信息表》（以下简称《信息表》）（表1-15），在填开《信息表》时不填写相对应的蓝字专用发票信息，应暂依《信息表》所列增值税税额从当期进项税额中转出，待取得销售方开具的红字专用发票后，与《信息表》一并作为记账凭证。

购买方取得专用发票未用于申报抵扣、但发票联或抵扣联无法退回的，购买方填开《信息表》时应填写相对应的蓝字专用发票信息。

销售方开具专用发票尚未交付购买方，以及购买方未用于申报抵扣并将发票联及抵扣联退回的，销售方可在新系统中填开并上传《信息表》。销售方填开《信息表》时应填写相对应的蓝字专用发票信息。

表 1-15　开具红字增值税专用发票信息表

填开日期：　　年　月　日

<table>
<tr><td rowspan="2">销售方</td><td>名称</td><td></td><td rowspan="2">购买方</td><td>名称</td><td colspan="2"></td></tr>
<tr><td>纳税人识别号</td><td></td><td>纳税人识别号</td><td colspan="2"></td></tr>
<tr><td rowspan="6">开具红字
专用发票
内容</td><td>货物（劳务服务）名称</td><td>数量</td><td>单价</td><td>税率</td><td>金额</td><td>税额</td></tr>
<tr><td></td><td></td><td></td><td></td><td></td><td></td></tr>
<tr><td></td><td></td><td></td><td></td><td></td><td></td></tr>
<tr><td></td><td></td><td></td><td></td><td></td><td></td></tr>
<tr><td></td><td></td><td></td><td></td><td></td><td></td></tr>
<tr><td>合计</td><td>———</td><td>———</td><td></td><td>——</td><td></td></tr>
<tr><td>说明</td><td colspan="6">一、购买方□
对应蓝字专用发票抵扣增值税销项税额情况：
1. 已抵扣□
2. 未抵扣□
对应蓝字专用发票的代码：________号码：__________
二、销售方□
对应蓝字专用发票的代码：________号码：__________</td></tr>
<tr><td>红字专用
发票信息
表编号</td><td colspan="6"></td></tr>
</table>

（2）主管税务机关通过网络接收纳税人上传的《信息表》，系统自动校验通过后，生成带有“红字发票信息表编号”的《信息表》，并将信息同步至纳税人端系统中。

（3）销售方凭税务机关系统校验通过的《信息表》开具红字专用发票，在新系统中以销项负数开具。红字专用发票应与《信息表》一一对应。

（4）纳税人也可凭《信息表》电子信息或纸质资料到税务机关对《信息表》内容进行系统校验。

税务机关为小规模纳税人代开专用发票，需要开具红字专用发票的，按照一般纳税人开具红字专用发票的方法处理。

纳税人需要开具红字增值税普通发票的，可以在所对应的蓝字发票金额范围内开具多份红字发票。红字机动车销售统一发票需与原蓝字机动车销售统一发票一一对应。

三、增值税普通发票

增值税普通发票是将除商业零售以外的增值税一般纳税人纳入增值税防伪税控系统开具和管理，也就是说一般纳税人可以使用同一套增值税防伪税控系统开具增值税专用发票、增值税普通发票等，俗称“一机多票”。凡纳入“一机多票”系统的一般纳税人，自纳入之日起，一律使用全国统一的增值税普通发票，并通过防伪税控系统开具。

增值税普通发票的格式、字体、栏次、内容与增值税专用发票完全一致，如表 1-16 所示。增值税普通发票按联次不同分为两联票和五联票两种。基本联次为两联：第一联为记账联，销货方用作记账凭证；第二联为发票联，购货方用作记账凭证。五联票：第一联为记账联；第二联为发票联；第三联、第四联、第五联为副联。增值税普通发票不可以抵扣进项税额。

表 1-16

山东增值税普通发票

发票联

NO 18796181

开票日期：2018 年 12 月 11 日

购买方	名　　称：潍坊盛美家政有限公司 纳税人识别号：370796487116965 地 址 、电 话：潍坊市惠贤路 3120 号 0536-8268022 开户行及账号：建行潍坊复兴路支行 3700422730110241010				密码区	49862* 0987 + > >7893508* 1111 < < 67 +273489 < <64298 – 6248 < > * + *352648 加密版本：553400034 4129		
货物或应税劳务、服务名称	规格型号	单位	数量	单价	金额	税率	税额	
*经营租赁*有形动产经营租赁服务					100 000. 00	16%	16 000. 00	
合计					100 000. 00		16 000. 00	
价税合计（大写）	⊗壹拾壹万陆仟元整				（小写）￥116 000. 00			
销售方	名　　称：潍坊顺丰运输有限公司 纳税人识别号：370703542394169 地 址 、电 话：潍坊市玄武街 3020 号 0536-2905100 开户行及账号：工行潍坊和平路支行 3700422731003040016				备注	潍坊顺丰运输有限公司 370703542394169 发票专用章		

第二联：发票联　购买方记账凭证

收款人：　　复核：　　开票人：单立芳　　销售方：（章）

自 2017 年 7 月 1 日起，购买方为企业的，索取增值税普通发票时，应向销售方提供纳税人识别号或统一社会信用代码；销售方为其开具增值税普通发票时，应在“购买方纳税人识别号”栏填写购买方的纳税人识别号或统一社会信用代码。不符合规定的发票，不得作为税收凭证。所谓“企业”，包括公司、非公司制企业法人、企业分支机构、个人独资企业、合伙企业和其他企业。

销售方开具增值税发票时，发票内容应按照实际销售情况如实开具，不得根据购买方要求填开与实际交易不符的内容。销售方开具发票时，通过销售平台系统与增值税发票税控系统后台对接，导入相关信息开票的，系统导入的开票数据内容应与实际交易相符，如不相符应及时修改完善销售平台系统。

四、增值税普通发票（卷票）

为了满足纳税人发票使用需要，国家税务总局决定自 2017 年 1 月 1 日起启用增值税普通发票（卷票）。增值税普通发票（卷票）分为两种规格：57 mm×177.8 mm、76 mm×177.8 mm，均为单联。

增值税普通发票（卷票）的基本内容包括：发票名称、发票监制章、发票联、税徽、发票代码、发票号码、机打号码、机器编号、销售方名称及纳税人识别号、开票日期、收款员、购买方名称及纳税人识别号、项目、单价、数量、金额、合计金额（小写）、合计金额（大写）、校验码、二维码码区等。

增值税普通发票（卷票）由纳税人自愿选择使用，重点在生活性服务业纳税人中推广使用。

五、增值税电子普通发票

增值税电子普通发票（以下简称“电子发票”），是指通过增值税发票税控系统升级版开具、上传，通过电子发票服务平台查询、下载的电子增值税普通发票。区别于传统纸质发票，电子发票是在原有加密防伪措施上，使用数字证书进行电子签章后供购买方下载使用。

根据规定，电子发票的开票方和受票方需要纸质发票的，可以自行打印电子发票的版式文件，其法律效力、基本用途、基本使用规定等与税务机关监制的增值税普通发票相同。电子发票上有税控签名和企业电子签章，所以不需要另外再加盖发票专用章。

【选项辨析 1-5】

关于增值税发票的说法，下列选项中正确的有（　　）。

A. 三联式增值税专用发票的第三联为发票联

B. 两联式增值税普通发票的第二联为发票联

C. 销售方为购货方企业开具增值税普通发票时，应在“购买方纳税人识别号”栏填写购买方的纳税人识别号或统一社会信用代码

D. 增值税一般纳税人取得的增值税专用发票和机动车销售统一发票，应自开具之日起 360 日内认证或登录增值税发票选择确认平台进行确认

六、收费公路通行费增值税电子普通发票

收费公路通行费增值税电子普通发票（以下简称“通行费电子发票”）的票样，如表 1-17 所示。

表 1-17

国家税务总局增值税电子普通发票

发票代码：
发票号码：
开票日期：
校 验 码：

机器编号：

<table>
<tr><td>购买方</td><td colspan="4">名　　称：
纳税人识别号：
地 址、电 话：
开户行及账号：</td><td>密码区</td><td colspan="2"></td></tr>
<tr><td>项目名称</td><td>车牌号</td><td>类型</td><td>通行日期起</td><td>通行日期止</td><td>金额</td><td>税率</td><td>税额</td></tr>
<tr><td>合计</td><td></td><td></td><td></td><td></td><td></td><td></td><td></td></tr>
<tr><td colspan="2">价税合计（大写）</td><td colspan="6">（小写）</td></tr>
<tr><td>销售方</td><td colspan="4">名　　称：
纳税人识别号：
地 址、电 话：
开户行及账号：</td><td>备注</td><td colspan="2"></td></tr>
</table>

收款人：　　　　复核：　　　　开票人：　　　　销售方：（章）

（一）通行费电子发票开具流程

1. 办理 ETC 卡或用户卡

ETC 卡或用户卡是指面向社会公开发行的用于记录用户、车辆信息的 IC 卡，其中 ETC 卡具有收费公路通行费电子交费功能。客户可以携带有效身份证件及车辆行驶证前往 ETC 客户服务网点办理 ETC 卡或用户卡，具体办理要求请咨询各省（自治区、直辖市）ETC 客户服务机构。

2. 发票服务平台账户注册

客户登录“票根网——收费公路通行费电子发票服务平台”（http://www.txffp.com）（以下简称“发票服务平台”）或“票根”App，凭手机号码、手机验证码免费注册，并按要求设置购买方信息。客户如需变更购买方信息，应当于发生充值或通行交易前变更，以确保开票信息真实准确。

3. 绑定 ETC 卡或用户卡

客户登录发票服务平台，填写 ETC 卡或用户卡办理时的预留信息（开户人名称、证件类型、证件号码、手机号码等），经校验无误后，完成 ETC 卡或用户卡绑定。

4. 发票开具

客户登录发票服务平台，选取需要开具发票的充值或消费交易记录，申请生成通行费电子发票。发票服务平台免费向用户提供通行费电子发票及明细信息下载、转发、预览、查询等服务。

（二）通行费电子发票开具规定

（1）通行费电子发票分为以下两种：① 左上角标识“通行费”字样，且“税率”栏次显示适用税率或征收率的通行费电子发票（以下简称“征税发票”）；② 左上角无“通行费”字样，且“税率”栏次显示“不征税”的通行费电子发票（以下简称“不征税发票”）。

（2）ETC 后付费客户和用户卡客户索取发票的，通过经营性收费公路的部分，在发票服务平台取得由收费公路经营管理单位开具的征税发票；通过政府还贷性收费公路的部分，在发票服务平台取得暂由 ETC 客户服务机构开具的不征税发票。

（3）ETC 预付费客户可以自行选择在充值后索取发票或者实际发生通行费用后索取发票。

在充值后索取发票的，在发票服务平台取得由 ETC 客户服务机构全额开具的不征税发票，实际发生通行费用后，ETC 客户服务机构和收费公路经营管理单位均不再向其开具发票。

客户在充值后未索取不征税发票，在实际发生通行费用后索取发票的，通过经营性收费公路的部分，在发票服务平台取得由收费公路经营管理单位开具的征税发票；通过政府还贷性收费公路的部分，在发票服务平台取得暂由 ETC 客户服务机构开具的不征税发票。

（4）未办理 ETC 卡或用户卡的现金客户，暂按原有方式交纳通行费和索取票据。

（5）客户使用 ETC 卡或用户卡通行收费公路并交纳通行费的，可以在实际发生通行费用后第 10 个自然日（遇法定节假日顺延）起，登录发票服务平台，选择相应通行记录取得通行费电子发票；客户可以在充值后实时登录发票服务平台，选择相应的充值记录取得通行费电子发票。

（6）发票服务平台应当将通行费电子发票对应的通行明细清单留存备查。

（三）通行费电子发票其他规定

增值税一般纳税人取得符合规定的通行费电子发票后，应当自开具之日起 360 日内登录本省（自治区、直辖市）增值税发票选择确认平台，查询、选择用于申报抵扣的通行费电子发票信息。一般纳税人申报抵扣的通行费电子发票进项税额，在纳税申报时应当填写在《增值税纳税申报表附列资料（二）（本期进项税额明细）》（表 2-17）中“（一）认证相符的增值税专用发票”相关栏次中。单位和个人可以登录“国家税务总局全国增值税发票查验平台”，对通行费电子发票信息进行查验。

七、增值税发票的管理规定

（一）增值税发票的使用规定

增值税一般纳税人销售货物或者加工、修理修配劳务，销售服务、无形资产、不动产时，使用增值税发票管理新系统（以下简称“新系统”）开具增值税专用发票、增值税普通发票、机动车销售统一发票、增值税电子普通发票。

国家税务总局编写了《商品和服务税收分类编码表》，并在新系统中增加了编码相关功能。自 2018 年 1 月 1 日起，纳税人通过新系统开具增值税发票（包括增值税专用发票、增值税普通发票、增值税电子普通发票）时，商品和服务税收分类编码对应的简称会自动显示并打印在发票票面“货物或应税劳务、服务名称”或“项目名称”栏次中（表1-14和表1-17）。

增值税小规模纳税人销售其取得的不动产，购买方或承租方不属于其他个人的，纳税人缴纳增值税后可以申请代开增值税专用发票。不能自开增值税普通发票的小规模纳税人销售其取得的不动产，可以申请代开增值税普通发票。代开增值税专用发票使用六联票，代开增值税普通发票使用五联票。纳税人办理产权过户手续需要使用发票的，可以使用增值税专用发票第六联或者增值税普通发票第三联。

（二）增值税发票“备注”栏的规定

1. 差额开票业务

按照现行政策规定适用差额征税办法缴纳增值税，且不得全额开具增值税发票的（财政部、国家税务总局另有规定的除外），纳税人自行开具或者税务机关代开增值税发票时，通过新系统中差额征税开票功能，输入含税销售额（或含税评估额）和扣除额，系统自动计算税额和不含税金额，“备注”栏自动打印“差额征税”字样，发票开具不应与其他应税行为混开。

2. 建筑服务

纳税人提供建筑服务，自行开具或者税务机关代开增值税发票时，应在发票的“备注”栏注明建筑服务发生地县（市、区）名称及项目名称。

3. 销售不动产

纳税人销售不动产，自行开具或者税务机关代开增值税发票时，应在发票“货物或应税劳务、服务名称”栏填写不动产名称及房屋产权证书号码（无房屋产权证书的可不填写），“单位”栏填写面积单位，“备注”栏注明不动产的详细地址。

4. 出租不动产

纳税人出租不动产，自行开具或者税务机关代开增值税发票时，应在“备注”栏注明不动产的详细地址。

5. 货物运输服务

一般纳税人提供货物运输服务，使用增值税专用发票和增值税普通发票，开具发票时应将起运地、到达地、车种车号及运输货物信息等内容填写在发票“备注”栏中。

税务机关为跨县（市、区）提供不动产经营租赁服务、建筑服务的小规模纳税人（不包括其他个人）代开增值税发票时，在发票“备注栏”中自动打印“YD”字样。

项目一选项
辨析答案

项目二 增值税核算与申报

【本项目基本知识目标】

◆ 熟悉增值税的六类征税范围、视同销售行为、混合销售行为和兼营行为。

◆ 熟悉增值税小规模纳税人和一般纳税人的划分标准以及相关规定。

◆ 熟悉一般纳税人各种不同税率的适用范围、小规模纳税人征收率的适用范围。

◆ 熟悉增值税的免税项目、起征点和抵减应纳税额。

◆ 掌握一般纳税人销售额的确定、销项税额的计算。

◆ 掌握一般纳税人准予抵扣进项税额、不得抵扣进项税额、不动产进项税额分期抵扣的规定以及相关计算。

◆ 掌握一般纳税人预缴税额的规定以及相关计算。

◆ 掌握一般纳税人一般计税方法下应纳税额、应补（退）税额的计算。

◆ 掌握一般纳税人和小规模纳税人采用简易计税方法时预缴税额、应纳税额、应补（退）税额的计算。

◆ 掌握小规模纳税人有关增值税的会计核算。

◆ 掌握一般纳税人有关增值税的会计核算。

◆ 熟悉增值税的纳税义务发生时间、纳税期限和纳税地点。

◆ 掌握小规模纳税人的增值税纳税申报。

◆ 掌握一般纳税人的增值税纳税申报。

【本项目工作能力目标】

◆ 能够正确分析小规模纳税人有关增值税经济业务，并做出准确账务处理。

◆ 能够正确分析一般纳税人有关增值税经济业务，并做出准确账务处理。

◆ 能够准确、完整地填列小规模纳税人的纳税申报表及其附列资料等申报材料。

◆ 能够准确、完整地填列一般纳税人的纳税申报表及其附列资料等申报材料。

◆ 能够及时、无误地办理网上申报和税款缴纳工作。

任务 2-1　增值税认知

增值税是对在我国境内销售货物或加工、修理修配劳务，销售服务、无形资产或者不动产，以及进口货物的单位和个人，以其增值额为征税对象而征收的一种流转税。

一、增值税征税范围

（一）征税范围的一般规定

增值税的征税范围包括在我国境内销售货物或加工、修理修配劳务，销售服务、无形资产、不动产，进口货物等。

1. 销售货物

货物是指有形动产，包括电力、热力和气体在内。销售货物是指有偿转让货物的所有权。有偿不仅指从购买方取得货币，而且还包括取得实物或其他经济利益。

2. 销售加工、修理修配劳务

加工劳务，即通常所说的委托加工业务，是指由委托方提供原料及主要材料，受托方按照委托方的要求制造货物并收取加工费的业务。

修理修配劳务是指受托对损伤和丧失功能的货物进行修复，使其恢复原状和功能的业务。

这里的“销售加工、修理修配劳务”是指有偿提供加工、修理修配劳务（以下简称“劳务”）。

3. 销售服务

销售服务是指提供交通运输服务、邮政服务、电信服务、建筑服务、金融服务、现代服务和生活服务。

（1）交通运输服务。交通运输服务是指利用运输工具将货物或者旅客送达目的地，使其空间位置得到转移的业务活动，包括陆路运输服务、水路运输服务、航空运输服务和管道运输服务。

（2）邮政服务。邮政服务是指中国邮政集团公司及其所属邮政企业提供邮件寄递、邮政汇兑和机要通信等邮政基本服务的业务活动，包括邮政普遍服务、邮政特殊服务和其他邮政服务。

（3）电信服务。电信服务是指利用有线、无线的电磁系统或者光电系统等各种通信网络资源，提供语音通话服务，传送、发射、接收或者应用图像、短信等电子数据和信息的业务活动，包括基础电信服务和增值电信服务。

（4）建筑服务。建筑服务是指各类建筑物、构筑物及其附属设施的建造、修缮、装饰，线路、管道、设备、设施等的安装以及其他工程作业的业务活动，包括工程服务、安装服务、修缮服务、装饰服务和其他建筑服务。

（5）金融服务。金融服务是指经营金融保险的业务活动，包括贷款服务、直接收费金融服务、保险服务和金融商品转让。

（6）现代服务。现代服务是指围绕制造业、文化产业、现代物流产业等提供技术性、知识性服务的业务活动，包括研发和技术服务、信息技术服务、文化创意服务、物流辅助服务、租赁服务、鉴证咨询服务、广播影视服务、商务辅助服务和其他现代服务。

（7）生活服务。生活服务是指为满足城乡居民日常生活需求提供的各类服务活动，包括文化体育服务、教育医疗服务、旅游娱乐服务、餐饮住宿服务、居民日常服务和其他生活服务。

4. 销售无形资产

销售无形资产是指转让无形资产所有权或者使用权的业务活动，无形资产是指不具有实物形态，但能带来经济利益的资产，包括技术、商标、著作权、商誉、自然资源使用权和其他权益性无形资产。

5. 销售不动产

销售不动产是指转让不动产所有权的业务活动。不动产是指不能移动或者移动后会引起性质、形状改变的财产，包括建筑物、构筑物等。建筑物包括住宅、商业营业用房、办公楼等可供居住、工作或者进行其他活动的建造物。构筑物包括道路、桥梁、隧道、水坝等建造物。

上述所称的销售服务、销售无形资产、销售不动产（以下简称“应税行为”），是指有偿提供服务、有偿转让无形资产、有偿转让不动产。

6. 进口货物

进口货物是指申报进入我国海关境内的货物。只要是报关进口的应税货物，均属于增值税征税范围，在进口环节缴纳增值税（免税货物除外）。

【选项辨析 2-1】

下列选项中，属于“现代服务”征收范围的是（　　）。

A. 研发服务　　B. 会计鉴证服务　　C. 代理记账服务　　D. 旅游服务

（二）征税范围的特殊规定

1. 视同销售

视同销售是指在会计上不作为销售核算，而在税收上作为销售，确认收入，以计算缴纳税金的一种商品、服务、无形资产或者不动产的转移行为。

单位或者个体工商户的下列行为，视同销售货物：

（1）将货物交付其他单位或者个人代销；

（2）销售代销货物；

（3）设有两个以上机构并实行统一核算的纳税人，将货物从一个机构移送其他机构用于销售，但相关机构设在同一县（市、区）的除外；

（4）将自产、委托加工的货物用于集体福利或者个人消费；

(5) 将自产、委托加工或者购进的货物作为投资，提供给其他单位或者个体工商户；

(6) 将自产、委托加工或者购进的货物分配给股东或者投资者；

(7) 将自产、委托加工或者购进的货物无偿赠送其他单位或者个人。

根据《营业税改征增值税试点实施办法》(财税〔2016〕36号)的规定，下列情形视同销售服务、无形资产或者不动产：

(1) 单位或者个体工商户向其他单位或者个人无偿提供服务，但用于公益事业或者以社会公众为对象的除外；

(2) 单位或者个人向其他单位或者个人无偿转让无形资产或者不动产，但用于公益事业或者以社会公众为对象的除外；

(3) 财政部和国家税务总局规定的其他情形。

2. 混合销售

一项销售行为如果既涉及货物又涉及服务，为混合销售。从事货物的生产、批发或者零售的单位和个体工商户的混合销售行为，按照销售货物缴纳增值税；其他单位和个体工商户的混合销售行为，按照销售服务征收增值税。

混合销售必须同时满足两个标准：① 销售行为必须是一项，即一笔经济业务、一个合同标的、一个合同价格，可以参考企业主营业务来判断。② 该项销售既涉及货物又涉及服务。“货物”是指增值税相关条例中规定的有形动产，包括电力、热力和气体；“服务”是指营业税改征增值税范围的交通运输服务、邮政服务、电信服务、建筑服务、金融服务、现代服务和生活服务。

3. 兼营

所谓兼营，是指纳税人的经营范围既包括销售货物和加工修理修配劳务，又包括销售服务、无形资产或者不动产。但是，销售货物、劳务、服务、无形资产或者不动产不同时发生在同一项销售行为中。

纳税人兼营销售货物、劳务、服务、无形资产或者不动产，适用不同税率或者征收率的，应当分别核算适用不同税率或者征收率的销售额；未分别核算的，从高适用税率。

4. 混合销售和兼营的异同点及其税务处理规定

混合销售和兼营的相同之处是，纳税人在生产经营活动中都涉及销售货物和销售服务两类业务；不同之处是，混合销售是在同一次（项）销售行为中同时涉及货物和服务，货物和服务价款是同时从一个购买方收取的，而兼营是纳税人兼有的销售货物和销售服务两类业务并不发生在同一次（项）销售行为中，两类业务价款从不同客户处收取，收取的两种款项在财务上可以分别核算。

在税务处理上，混合销售的纳税原则是按“经营主业”区分，分别按照销售货物或销售服务征收增值税。兼营的纳税原则是分别核算、分别按照适用税率征收增值税；对兼营行为不分别核算的，从高适用税率征收增值税。

【选项辨析 2-2】

下列选项中，不属于“视同销售”的是（　　）。
A. 将自产的货物无偿赠送他人
B. 将委托加工的货物作为对外投资
C. 单位向其他单位无偿转让不动产（用于公益事业或者以社会公众为对象的除外）
D. 个人向其他单位或个人无偿提供服务（用于公益事业或者以社会公众为对象的除外）

二、增值税纳税人

（一）纳税人和扣缴义务人的基本规定

1. 纳税人

根据新修订的《中华人民共和国增值税暂行条例》（以下简称《增值税暂行条例》），在中华人民共和国境内销售货物或者劳务，销售服务、无形资产、不动产以及进口货物的单位和个人，为增值税的纳税人。

根据企业的会计核算是否健全，以及经营规模的大小，将纳税人划分为一般纳税人和小规模纳税人。

2. 扣缴义务人

中华人民共和国境外单位或者个人在境内发生应税行为（销售服务、无形资产或者不动产），在境内未设有经营机构的，以购买方为增值税扣缴义务人。财政部和国家税务总局另有规定的除外。

境外单位或者个人在境内提供劳务，在境内未设有经营机构的，以其境内代理人为扣缴义务人；在境内没有代理人的，以购买方为扣缴义务人。

（二）小规模纳税人

1. 小规模纳税人的标准

小规模纳税人是指年应征增值税销售额（以下简称“年应税销售额”）在规定标准以下，并且会计核算不健全、不能按规定报送有关税务资料的增值税纳税人。

（1）一般规定。

小规模纳税人的标准为年应税销售额为 500 万元及以下，自 2018 年 5 月 1 日起执行。原已登记为一般纳税人的，可以转登记为小规模纳税人，转登记日前连续 12 个月或者连续 4 个季度累计销售额未超过 500 万元的一般纳税人，在 2019 年 12 月 31 日前，可选择转登记为小规模纳税人。

（2）特殊规定。

年应税销售额超过小规模纳税人标准的其他个人，一律视同小规模纳税人。

非企业性单位、不经常发生应税行为的企业，可选择按小规模纳税人纳税。

年应税销售额超过规定标准但不经常发生应税活动的单位和个体工商户，可选择按照小规模纳税人纳税。

小规模纳税人偶然发生的转让不动产的销售额，不计入应税行为年销售额。

2. 小规模纳税人的管理

小规模纳税人使用简易计税方法计算缴纳增值税，一般不能自行开具增值税专用发票，但可以向税务机关申请代开专用发票。

根据相关规定，允许小规模纳税人自行开具增值税专用发票的范围限于8个行业，包括：① 住宿业；② 鉴证咨询业；③ 建筑业；④ 工业；⑤ 信息传输、软件和信息技术服务业；⑥ 租赁和商务服务业；⑦ 科学研究和技术服务业；⑧ 居民服务、修理和其他服务业。

（三）一般纳税人

一般纳税人是指年应税销售额超过小规模纳税人标准，并且会计核算健全、能够提供准确税务资料的企业和企业性单位。

1. 一般纳税人的标准

（1）一般规定。

年应税销售额超过财政部和国家税务总局规定的小规模纳税人标准（500万元）的，除另有规定外，应当向主管税务机关申请一般纳税人登记。

销售货物或者提供劳务的纳税人，年应税销售额超过500万元的，应申请登记为一般纳税人；发生应税行为的营业税改征增值税的试点纳税人，年应税销售额超过500万元的，应申请登记为一般纳税人。

（2）特殊规定。

年应税销售额未超过规定标准的纳税人，会计核算健全，能够提供准确税务资料的，可以向主管税务机关办理一般纳税人登记，成为一般纳税人。年应税销售额超过规定标准的其他个人不属于一般纳税人。

经税务机关核对后退还纳税人留存的《增值税一般纳税人登记表》，可以作为证明纳税人成为增值税一般纳税人的凭据。

2. 一般纳税人的管理

除国家税务总局另有规定外，一经登记为一般纳税人后，不得转为小规模纳税人。

被登记为增值税一般纳税人的企业，可以使用增值税专用发票，并实行税款抵扣制度。

一般纳税人自其选择的一般纳税人资格生效之日起，按照增值税一般计税方法计算应纳税额，并按照规定领用增值税专用发票。某些情况下，一般纳税人依据税法规定也可以采用简易计税方法计征增值税。

增值税一般纳税人和小规模纳税人的标准，如表2-1所示。

表2-1 一般纳税人和小规模纳税人的标准

纳税人类型	从事生产货物或提供劳务，以及以其为主兼营批发或零售	从事货物批发或零售	“营改增”应税行为
一般纳税人	年应税销售额＞500万元	年应税销售额＞500万元	年应税销售额＞500万元
小规模纳税人	年应税销售额≤500万元	年应税销售额≤500万元	年应税销售额≤500万元

【选项辨析 2-3】

关于一般纳税人和小规模纳税人的划分，下列说法中，不正确的是（　）。

A. 年应税销售额超过小规模纳税人标准的其他个人，可以登记为一般纳税人

B. 从事建筑服务的企业，年应税销售额超过 500 万元的，应申请登记为一般纳税人

C. 提供劳务的企业，年应税销售额超过 500 万元的，应申请登记为一般纳税人

D. 从事货物批发或零售的企业，年应税销售额超过 80 万元，应申请登记为一般纳税人

三、税率及征收率

（一）增值税税率

1. 13% 税率

纳税人销售货物、劳务、有形动产租赁服务（包括经营性租赁和融资租赁）或者进口货物，除另有规定外，税率为 13%。

2018 年 5 月 1 日前，执行税率为 17%。2018 年 5 月 1 日—2019 年 3 月 31 日，执行税率为 16%。2019 年 4 月 1 日起，执行税率为 13%。

2. 9% 税率

（1）纳税人销售或者进口下列货物，税率为 9%：粮食等农产品、食用植物油、食用盐；自来水、暖气、冷气、热水、煤气、石油液化气、天然气、二甲醚、沼气、居民用煤炭制品；图书、报纸、杂志、音像制品、电子出版物；饲料、化肥、农药、农机、农膜；国务院规定的其他货物。

（2）纳税人销售交通运输服务、邮政服务、基础电信服务、建筑服务、不动产租赁服务（包括经营性租赁和融资租赁），销售不动产，转让土地使用权，税率为 9%。

2018 年 5 月 1 日前，执行税率为 11%。2018 年 5 月 1 日—2019 年 3 月 31 日，执行税率为 10%。2019 年 4 月 1 日起，执行税率为 9%。

3. 6% 税率

纳税人销售现代服务（租赁服务除外）、增值电信服务、金融服务、生活服务，销售无形资产（转让土地使用权除外），税率为 6%。

4. 零税率

纳税人出口货物，税率为零；但是，国务院另有规定的除外。

境内单位和个人跨境销售国务院规定范围内的服务、无形资产，税率为零。

【选项辨析 2-4】

一般纳税人的下列行为中，适用 9% 税率的是（　）。

A. 销售电力　　B. 增值电信服务

C. 不动产租赁服务　　D. 销售无形资产（不含土地使用权）

（二）增值税征收率

1. 基本规定

增值税的征收率有两种，分别是3%和5%。一般情况下，小规模纳税人适用的增值税征收率为3%，国务院另有规定的除外。

2. 3%征收率的具体规定

（1）小规模纳税人（其他个人除外，下同）销售自己使用过的固定资产以及除固定资产外的旧货，依照3%的征收率减按2%征收增值税。小规模纳税人销售自己使用过的除固定资产以外的物品，应按3%的征收率征收增值税。

（2）一般纳税人销售自己使用过的属于《增值税暂行条例》规定不得抵扣且未抵扣进项税额的固定资产，按简易办法依照3%征收率减按2%征收增值税。

（3）纳税人销售旧货，按照简易办法依照3%征收率减按2%征收增值税。

（4）一般纳税人提供建筑服务，选择适用简易计税方法计税的，按照3%的征收率计算应纳税额。

（5）一般纳税人提供非学历教育服务和教育辅助服务，选择适用简易计税方法的，按照3%征收率计算缴纳增值税。

（6）小规模纳税人提供劳务派遣服务，全额征税时按照简易计税方法依照3%的征收率计算缴纳增值税。

（7）一般纳税人销售税法规定的自产货物，可选择按照简易计税方法依照3%征收率计算缴纳增值税。

（8）一般纳税人销售货物属于下列情形之一的，暂按简易计税方法依照3%征收率计算缴纳增值税：寄售商店代销寄售物品，典当业销售死当物品，经国务院或国务院授权机关批准的免税商店零售的免税品。

（9）属于一般纳税人的自来水公司销售自来水，按简易计税方法依照3%征收率征收增值税。

（10）自2018年5月1日起，一般纳税人生产销售和批发、零售抗癌药品，可选择按照简易计税方法依照3%征收率计算缴纳增值税。自2018年5月1日起，对进口抗癌药品，减按3%征收进口环节增值税。

3. 5%征收率的具体规定

（1）小规模纳税人销售、出租不动产，征收率为5%。

（2）一般纳税人按照简易计税方法计税的不动产销售、不动产经营租赁，按照5%的征收率计算应纳税额。

（3）房地产开发企业中的一般纳税人，销售自行开发的房地产老项目，可以选择适用简易计税方法，按照5%的征收率计税。

（4）小规模纳税人提供劳务派遣服务，选择差额纳税时，按照简易计税方法依照5%的征收率计算缴纳增值税。

（5）一般纳税人提供人力资源外包服务，选择适用简易计税方法的，按照5%的征收率计算缴纳增值税。

（6）一般纳税人收取试点前开工的一级公路、二级公路、桥、闸通行费，选择适用简易计税方法的，按照5%的征收率计算缴纳增值税。

纳税人经营过程中存在适用不同税率或者征收率的货物、劳务、应税行为的，应当分别核算适用不同税率或者征收率的销售额；未分别核算的，从高适用税率。

四、增值税的税收优惠

（一）免税项目

1.《增值税暂行条例》中规定的免征增值税项目

（1）农业生产者销售的自产农产品。

（2）避孕药品和用具。

（3）古旧图书。

（4）直接用于科学研究、科学试验和教学的进口仪器、设备。

（5）外国政府、国际组织无偿援助的进口物资和设备。

（6）由残疾人组织直接进口供残疾人专用的物品。

（7）销售的自己使用过的物品（自己使用过的物品是指其他个人使用过的物品）。

（8）从事蔬菜批发、零售的纳税人销售的蔬菜。

2.《营业税改征增值税试点实施办法》等法规规定的免征增值税项目

（1）托儿所、幼儿园提供的保育和教育服务。

（2）养老机构提供的养老服务。

（3）残疾人福利机构提供的育养服务。

（4）婚姻介绍服务。

（5）殡葬服务。

（6）残疾人员本人为社会提供的服务。

（7）医疗机构提供的医疗服务。

（8）从事学历教育的学校提供的教育服务。

（9）学生勤工俭学提供的服务。

（10）农业机耕、排灌、病虫害防治、植物保护、农牧保险以及相关技术培训业务，家禽、牲畜、水生动物的配种和疾病防治。

（11）纪念馆、博物馆、文化馆、文物保护单位管理机构、美术馆、展览馆、书画院、图书馆在自己的场所提供文化体育服务取得的第一道门票收入。

（12）寺院、宫观、清真寺和教堂举办文化、宗教活动的门票收入。

（13）个人转让著作权。

（14）个人销售自建自用住房。

（15）2018年12月31日前，公共租赁住房经营管理单位出租公共租赁住房。

（16）纳税人提供的直接或者间接国际货物运输代理服务。

（17）国债和地方政府债利息收入、金融同业往来利息收入、统借统还业务中符合条件的利息收入等，以及金融机构自2017年12月1日至2019年12月31日对农户、小微企业、个体工商户贷款额度在100万元（含）以内的利息收入。

（18）保险公司开办的一年期以上人身保险产品取得的保费收入。

（19）担保机构从事中小企业信用担保或者再担保业务取得的收入（不含信用评级、咨询、培训等收入）3 年内免征增值税。

（20）国家商品储备管理单位及其直属企业承担商品储备任务，从中央或者地方财政取得的利息补贴收入和价差补贴收入。

（21）纳税人提供技术转让、技术开发和与之相关的技术咨询、技术服务。

（22）符合条件的合同能源管理服务。

（23）政府举办的从事学历教育的高等、中等和初等学校（不含下属单位），举办进修班、培训班取得的全部归该学校所有的收入。

（24）家政服务企业由员工制家政服务员提供家政服务取得的收入。

（25）福利彩票、体育彩票的发行收入。

（26）将土地使用权转让给农业生产者用于农业生产。

（27）涉及家庭财产分割的个人无偿转让不动产、土地使用权。

（28）土地所有者出让土地使用权和土地使用者将土地使用权归还给土地所有者。

（29）县级以上地方人民政府或自然资源行政主管部门出让、转让或收回自然资源使用权（不含土地使用权）。

（30）纳税人采取转包、出租、互换、转让、入股等方式将承包地流转给农业生产者用于农业生产。

（31）自 2016 年 5 月 1 日起，社会团体收取的会费，免征增值税。

（32）自 2018 年 1 月 1 日至 2019 年 12 月 31 日，纳税人为农户、小型企业、微型企业及个体工商户借款、发行债券提供融资担保取得的担保费收入，以及为上述融资担保提供再担保取得的再担保费收入，免征增值税。

（33）自 2018 年 9 月 1 日至 2020 年 12 月 31 日，对金融机构向小型企业、微型企业和个体工商户发放小额贷款取得的利息收入，免征增值税。

（34）自 2019 年 1 月 1 日至 2022 年 12 月 31 日，对单位或者个体工商户将自产、委托加工或购买的货物通过公益性社会组织、县级及以上人民政府及其组成部门和直属机构，或直接无偿捐赠给目标脱贫地区的单位和个人，免征增值税。

（35）自 2019 年 6 月 1 日至 2025 年 12 月 31 日，为社区提供养老、托育、家政等服务的机构，提供社区养老、托育、家政服务取得的收入，免征增值税。

【选项辨析 2-5】

纳税人发生的下列行为中，属于免征增值税项目的是（　　）。

A. 从事蔬菜批发或零售的纳税人销售的蔬菜

B. 婚姻介绍服务

C. 技术转让、技术开发和与之相关的技术咨询、技术服务

D. 养老机构提供的养老服务

（二）起征点

增值税起征点的适用范围限于个人，对个人销售额未达到起征点的，免征增值税，达到

起征点的，全额计算缴纳增值税。增值税起征点不适用于登记为一般纳税人的个体工商户。

增值税起征点的幅度规定如下：

（1）按期纳税的，为月销售额5 000～20 000元（含本数）；

（2）按次纳税的，为每次（日）销售额300～500元（含本数）。

2018年1月1日至2018年12月31日期间，小规模纳税人销售货物或者加工、修理修配劳务月销售额不超过3万元（按季纳税9万元），销售服务、无形资产月销售额不超过3万元（按季纳税9万元）的，可分别享受小微企业暂免征收增值税优惠政策。

自2019年1月1日至2021年12月31日，小规模纳税人发生增值税应税销售行为，合计月销售额未超过10万元（季度销售额未超过30万元）的，免征增值税。小规模纳税人合计月销售额超过10万元，但扣除本期发生的不动产销售额后未超过10万元的，其销售货物、劳务、服务、无形资产取得的销售额免征增值税。

（三）抵减应纳税额

1. 税控系统专用设备费用抵减增值税税额

纳税人初次购买增值税税控系统专用设备（包括分开票机）支付的费用，可凭购买税控系统专用设备取得的增值税专用发票，在增值税应纳税额中全额抵减（抵减额为价税合计额），不足抵减的可结转下期继续抵减。增值税纳税人非初次购买增值税税控系统专用设备支付的费用，由其自行负担，不得在增值税应纳税额中抵减。

2. 税控系统专用设备技术维护费抵减增值税税额

纳税人缴纳的税控系统专用设备技术维护费，可凭技术维护服务单位开具的技术维护费发票，在增值税应纳税额中全额抵减，不足抵减的可结转下期继续抵减。

一般纳税人支付的上述两项费用在应纳税额中全额抵减的，其增值税专用发票不作为抵扣凭证，其进项税额不得从销项税额中抵扣。

3. 税控收款机购置费抵免增值税税额

一般纳税人购置税控收款机所支付的增值税税额（以购进税控收款机取得的增值税专用发票上注明的增值税税额为准），准予在该企业当期的增值税销项税额中抵扣。

小规模纳税人购置税控收款机，经主管税务机关审核批准后，可凭购进税控收款机取得的增值税专用发票，按照发票上注明的增值税税额，抵免当期应纳增值税税额，或者按照购进税控收款机取得的普通发票上注明的价款，依照下列公式计算可抵免税额：

$$\text{可抵免税额} = \text{普通发票上注明价款} \div (1 + 13\%) \times 13\%$$

当期应纳税额不足抵免的，未抵免部分可在下期继续抵免。

任务2-2　增值税税额计算

增值税的计税方法，包括一般计税方法和简易计税方法。小规模纳税人适用简易计税方法计税。一般纳税人适用一般计税方法计税，在发生财政部和国家税务总局规定的特定应税行为时，也可以选择适用简易计税方法计税，但一经选择，36个月内不得变更。

一般计税方法是先按当期销售额和适用税率计算出销项税额，然后对当期购进项目已经缴纳的税款进行抵扣，从而间接计算出当期增值税应纳税额。

简易计税方法是按照当期销售额乘以征收率直接计算出当期应纳税额。

一、一般计税方法下应纳税额的计算

一般纳税人适用一般计税方法计税时，按照下列公式计算应纳税额、应补（退）税额：

应纳税额 = 当期销项税额 − 当期进项税额

应纳税额为当期销项税额抵扣当期进项税额后的余额，当期销项税额小于当期进项税额不足抵扣时，其不足部分可以结转下期继续抵扣。

应补（退）税额 = 应纳税额 − 应纳税额减征额 − 已预缴税额

（一）销项税额的计算

销项税额是指一般纳税人销售货物、提供劳务、发生应税行为，按照销售额和适用税率计算并向购买方收取的增值税税款。销项税额的计算公式为：

销项税额 = 销售额 × 适用税率

1. 销售额确定的一般方法

销售额是指一般纳税人向购买方收取的全部价款和价外费用，财政部和国家税务总局另有规定的除外。

销售额中不包括向购买方收取的销项税额。如果销售额中包含了销项税额，需将含税销售额换算成不含税销售额，换算公式如下：

销售额 = 含税销售额 ÷ (1 + 税率)

价外费用是指价外收取的各种性质的收费，包括价外向购买方收取的手续费、补贴、基金、集资费、返还利润、奖励费、违约金、滞纳金、延期付款利息、赔偿金、代收款项、代垫款项、包装费、包装物租金、储备费、优质费、运输装卸费以及其他各种性质的价外收费。向购买方收取的价外费用应视为含税收入，利用上述公式换算成不含税收入再并入销售额。

下列项目不包括在价外费用内：① 受托加工应征消费税的消费品所代收代缴的消费税；② 以委托方名义开具发票代委托方收取的款项；③ 代为收取并符合规定的政府性基金或者行政事业性收费。

2. 混合销售的销售额

从事货物的生产、批发或者零售的单位和个体工商户的混合销售行为，按照销售货物缴纳增值税；其他单位和个人的混合销售行为，按照销售服务征收增值税。

自 2017 年 5 月 1 日起，纳税人销售活动板房、机器设备、钢结构件等自产货物的同时提供建筑、安装服务，不属于混合销售，应分别核算货物和建筑服务的销售额，分别适用不同的税率或者征收率。

自 2017 年 5 月 1 日起，一般纳税人销售电梯的同时提供安装服务，其安装服务可以按照甲供工程选择适用简易计税方法计税。纳税人对安装运行后的电梯提供的维护保养服务，按照“其他现代服务”缴纳增值税。

【业务解析2-1】

1. 业务资料

某公司2019年10月向甲企业销售一台自产的机器设备，增值税专用发票注明价款为200 000元、税额为26 000元。同时向甲企业收取设备安装服务费10 900元，开具了普通发票。上述款项已收讫。

2. 工作要求

(1) 计算该笔销售业务的计税销售额。

(2) 计算该笔销售业务的销项税额。

3. 解析过程

该公司在销售机器设备的同时提供安装服务，不属于混合销售行为，根据规定，应分别核算货物和建筑服务的销售额，分别适用不同的税率，建筑业（含安装服务）的税率为9%。

(1) 销货业务的计税销售额 = 200 000（元）

安装服务的计税销售额 = 10 900 ÷ (1 + 9%) = 10 000（元）

该笔销售业务的计税销售额 = 200 000 + 10 000 = 210 000（元）

(2) 销货业务的销项税额 = 26 000（元）

安装服务的销项税额 = 10 000 × 9% = 900（元）

该笔销售业务的销项税额 = 26 000 + 900 = 26 900（元）

【业务解析2-2】

1. 业务资料

某公司2019年10月向甲企业销售产品一批，开具的增值税专用发票上注明价款100 000元、税额13 000元，同时提供该批产品的运输服务，向甲企业收取运费11 300万元，开具普通发票。上述款项已收讫。

2. 工作要求

(1) 计算该笔销售业务的计税销售额。

(2) 计算该笔销售业务的销项税额。

3. 解析过程

该公司在销售产品的同时提供运输服务，属于混合销售，根据规定，混合销售行为应按照销售货物缴纳增值税。

(1) 计税销售额 = 100 000 + 11 300 ÷ (1 + 13%) = 110 000（元）

(2) 销项税额 = 110 000 × 13% = 14 300（元）

3. 兼营业务的销售额

纳税人兼营销售货物、劳务、服务、无形资产或者不动产，适用不同税率或者征收率的，应当分别核算适用不同税率或者征收率的销售额；未分别核算销售额的，按照以下方法适用税率或者征收率。

（1）兼有不同税率的销售货物、加工修理修配劳务、服务、无形资产或者不动产，从高适用税率。

（2）兼有不同征收率的销售货物、加工修理修配劳务、服务、无形资产或者不动产，从高适用征收率。

（3）兼有不同税率和征收率的销售货物、加工修理修配劳务、服务、无形资产或者不动产，从高适用税率。

（4）纳税人兼营免税、减税项目的，应当分别核算免税、减税项目的销售额；未分别核算销售额的，不得免税、减税。

4. 视同销售情形下的销售额

纳税人发生视同销售而无销售额时，按照下列顺序确定其销售额。

（1）按照纳税人最近时期销售同类货物、服务、无形资产或者不动产的平均价格确定。

（2）按照其他纳税人最近时期销售同类货物、服务、无形资产或者不动产的平均价格确定。

（3）按照组成计税价格确定。组成计税价格的公式为：

组成计税价格 = 成本 ×（1 + 成本利润率）

式中，“成本”是指销售自产货物的为实际生产成本，销售外购货物的为实际采购成本。成本利润率由国家税务总局确定，一般情况为 10%，具体由主管税务机关确定。

视同销售计征增值税的货物，同时又征收消费税的，其组成计税价格中应加上消费税税额。此类货物组成计税价格的公式为：

组成计税价格 = 成本 ×（1 + 成本利润率）+ 消费税税额

或 = 成本 ×（1 + 成本利润率）÷（1 + 消费税税率）

或 =［成本 ×（1 + 成本利润率）+ 课税数量 × 消费税定额税率］÷（1 + 消费税税率）

式中，“成本利润率”按消费税有关规定加以确定。

【业务解析 2-3】

1. 业务资料

某家电生产企业为增值税一般纳税人，2019 年 7 月，该家电生产企业向当地一所希望小学捐赠了自产液晶彩电 10 台，市场销售价格每台 5 000 元（不含税），单位成本 3 500 元；同时向当地一所老年大学捐赠自产空调 8 台，每台成本 5 000 元，因该空调属于新研制产品，市场上尚无同类产品销售。

2. 工作要求

（1）计算该公司两项捐赠业务的计税销售额。

（2）计算该公司两项捐赠业务的销项税额。

3. 解析过程

捐赠自产液晶彩电，应视同销售货物行为，按照市场销售价格计算销售额；捐赠的新研制空调，市场上尚无同类产品销售，应按组成计税价格确定计税销售额，成本利润率为 10%。该企业适用增值税税率为 13%。

（1）两项捐赠业务的计税销售额 = 10 × 5 000 + 8 × 5 000 ×（1 + 10%）= 50 000 + 44 000 = 94 000（元）

（2）两项捐赠业务的销项税额 = 94 000 × 13% = 12 220（元）

5. 差额征税项目的销售额

《营业税改征增值税试点实施办法》中规定了按照差额确定销售额的项目。

（1）金融商品转让。

金融商品转让，按照卖出价扣除买入价后的余额为销售额。转让金融商品出现的正负差，按盈亏相抵后的余额为销售额。若相抵后出现负差，可结转下一纳税期与下期转让金融商品销售额相抵，但年末时仍出现负差的，不得转入下一个会计年度。

金融商品的买入价，可以选择按照加权平均法或者移动加权平均法进行核算，选择后36个月内不得变更。金融商品转让，不得开具增值税专用发票。

一般纳税人金融商品转让业务的应纳税额，其计算公式为：

应纳税额 = 销售额 ÷（1 + 6%）× 6%

（2）经纪代理服务。

经纪代理服务，以取得的全部价款和价外费用，扣除向委托方收取并代为支付的政府性基金或者行政事业性收费后的余额为销售额。向委托方收取的政府性基金或者行政事业性收费，不得开具增值税专用发票。

经纪代理服务的应纳税额，其计算公式为：

应纳税额 =（取得的全部价款和价外费用 − 向委托方收取并代为支付的政府性基金或者行政事业性收费）÷（1 + 6%）× 6%

纳税人提供人力资源外包服务，按照经纪代理服务缴纳增值税，其销售额不包括受客户单位委托代为向客户单位员工发放的工资和代理缴纳的社会保险、住房公积金。向委托方收取并代为发放的工资和代理缴纳的社会保险、住房公积金，不得开具增值税专用发票，可以开具普通发票。

一般纳税人提供人力资源外包服务，可以选择适用简易计税方法，按照5%的征收率计算缴纳增值税。

（3）融资租赁和融资性售后回租。

① 融资租赁的销售额。经中国人民银行、银监会或者商务部批准从事融资租赁业务的试点纳税人，提供融资租赁服务，以取得的全部价款和价外费用，扣除支付的借款利息（包括外汇借款和人民币借款利息）、发行债券利息和车辆购置税后的余额为销售额。

② 融资性售后回租的销售额。经中国人民银行、银监会或者商务部批准从事融资租赁业务的试点纳税人，提供融资性售后回租服务，以取得的全部价款和价外费用（不含本金），扣除对外支付的借款利息（包括外汇借款和人民币借款利息）、发行债券利息后的余额作为销售额。

（4）航空运输服务。

航空运输企业的销售额，不包括代收的机场建设费和代售其他航空运输企业客票而代收转付的价款。航空运输服务的应纳税额，其计算公式为：

应纳税额 =（含税的销售额 − 代收的机场建设费）÷（1 + 9%）× 9%

（5）客运场站服务。

试点纳税人中的一般纳税人提供客运场站服务，以其取得的全部价款和价外费用，扣除支付给承运方运费后的余额为销售额。客运场站服务的应纳税额，其计算公式为：

应纳税额 =（取得的全部价款和价外费用 – 支付给承运方的运费）÷（1 +6%）×6%

（6）旅游服务。

试点纳税人提供旅游服务，可以选择以取得的全部价款和价外费用，扣除向旅游服务购买方收取并支付给其他单位或者个人的住宿费、餐饮费、交通费、签证费、门票费和支付给其他接团旅游企业的旅游费用后的余额为销售额。

选择上述办法计算销售额的试点纳税人，向旅游服务购买方收取并支付的上述费用，不得开具增值税专用发票，可以开具普通发票。旅游服务的应纳税额，其计算公式为：

应纳税额 =（取得的全部价款和价外费用 – 向旅游服务购买方收取并支付给其他单位或者个人的住宿费、餐饮费、交通费、签证费、门票费和支付给其他接团旅游企业的旅游费用）÷（1 +6%）×6%

【业务解析 2-4】

1. 业务资料

某公司为从事旅游服务的一般纳税人，2019 年 8 月共取得旅游收入 159 万元，其中包括向其他单位支付的住宿费 80.2 万元、餐饮费 16.2 万元、交通费 14.1 万元、门票费 6.1 万元。开具增值税专用发票注明金额 40 万元、税额 2.4 万元，开具增值税普通发票 116.6 万元。该公司选择差额计税，不考虑其他因素。

2. 工作要求

计算本月旅游服务的应纳税额。

3. 解析过程

应纳税额 =（159 – 116.6）÷（1 +6%）×6% =2.4（万元）

（7）销售房地产开发新项目。

房地产开发企业中的一般纳税人销售其开发的房地产项目（选择简易计税方法的房地产老项目除外），以取得的全部价款和价外费用，扣除受让土地时向政府部门支付的土地价款后的余额为销售额。

房地产老项目是指《建筑工程施工许可证》注明的合同开工日期在 2016 年 4 月 30 日前的房地产项目，以及《建筑工程施工许可证》未注明合同开工日期或者未取得《建筑工程施工许可证》，但建筑工程承包合同注明的开工日期在 2016 年 4 月 30 日前的建筑工程项目。

销售房地产新项目的应纳税额计算公式为：

应纳税额 =（取得的全部价款和价外费用 – 当期允许扣除的土地价款）÷（1 +9%）×9%

当期允许扣除的土地价款 =（当期销售房地产项目建筑面积 ÷ 房地产项目可供销售建筑面积）× 支付的土地价款

（8）销售非自建的不动产。

一般纳税人销售其 2016 年 4 月 30 日前取得（不含自建）的不动产，可以选择适用简易计税方法，以取得的全部价款和价外费用减去该项不动产购置原价或者取得不动产时的作价后的余额为销售额。

小规模纳税人销售其取得（不含自建）的不动产（不含个体工商户销售购买的住房和其他个人销售不动产），应以取得的全部价款和价外费用减去该项不动产购置原价或者取得不动产时的作价后的余额为销售额。

应纳税额 =（取得的全部价款和价外费用 − 不动产购置原价或取得不动产时的作价）÷（1 + 5%）× 5%

（9）建筑服务。

纳税人提供建筑服务选择适用简易计税方法计税的，应以取得的全部价款和价外费用扣除支付的分包款后的余额为销售额。

应纳税额 =（取得的全部价款和价外费用 − 支付的分包款）÷（1 + 3%）× 3%

（10）提供劳务派遣服务。

劳务派遣服务是指劳务派遣公司为了满足用工单位对于各类灵活用工的需求，将员工派遣至用工单位，接受用工单位管理并为其工作的服务。

一般纳税人提供劳务派遣服务，可以按照财税〔2016〕36 号的有关规定，以取得的全部价款和价外费用为销售额，按照一般计税方法计算缴纳增值税；也可以选择差额纳税，以取得的全部价款和价外费用，扣除代用工单位支付给劳务派遣员工的工资、福利和为其办理社会保险及住房公积金后的余额为销售额，按照简易计税方法依照 5% 的征收率计算缴纳增值税。

小规模纳税人提供劳务派遣服务，可以按照财税〔2016〕36 号的有关规定，以取得的全部价款和价外费用为销售额，按照简易计税方法依照 3% 的征收率计算缴纳增值税；也可以选择差额纳税，以取得的全部价款和价外费用，扣除代用工单位支付给劳务派遣员工的工资、福利和为其办理社会保险及住房公积金后的余额为销售额，按照简易计税方法依照 5% 的征收率计算缴纳增值税。

选择差额纳税的纳税人，向用工单位收取用于支付给劳务派遣员工的工资、福利和为其办理社会保险及住房公积金的费用，不得开具增值税专用发票，可以开具普通发票。

选择差额纳税的纳税人，增值税应纳税额的计算公式为：

应纳税额 =（取得的全部价款和价外费用 − 代用工单位支付给劳务派遣员工的工资、福利、社会保险及住房公积金）÷（1 + 5%）× 5%

【业务解析 2-5】

1. 业务资料

某劳务派遣公司为一般纳税人，与当地一家银行签订了派遣劳务协议，为该银行提供劳务派遣服务。2019 年 6 月，该公司共取得劳务派遣收入 535 500 元，并按规定开具了差额增值税专用发票。其中，该公司代该家银行支付给派遣员工工资 231 000 元、办理社会保险 189 000 元、缴纳住房公积金 105 000 元，开具了增值税普通发票。该公司选择差额计税，不考虑其他因素。

2. 工作要求

计算该公司本月劳务派遣服务的增值税应纳税额。

3. 解析过程

含税销售额 = 535 500 -（231 000 + 189 000 + 105 000）= 535 500 - 525 000 = 10 500（元）

不含税销售额 = 10 500 ÷（1 + 5%）= 10 000（元）

应纳税额 = 10 000 × 5% = 500（元）

6. 折扣销售、销售折扣、销售折让、销售退回

（1）折扣销售。

纳税人采取折扣方式销售货物，销售额和折扣额在同一张发票上的“金额”栏分别注明的，可按折扣后的销售额征收增值税。如果将折扣额另开发票或未在同一张发票“金额”栏注明折扣额，而仅在发票的“备注”栏注明折扣额的，不论其在财务上如何处理，均不得从销售额中减除折扣额。

折扣销售仅限于价格的折扣，如果销货者采用实物折扣的，则该实物金额不能从销售额中减除，且该实物应按“视同销售”中的“赠送他人”计算征收增值税。

纳税人采取折扣方式销售服务、无形资产或者不动产的，处理原则与销售货物基本一致。

（2）销售折扣。

销售折扣又称现金折扣，是指销货方在销售货物或劳务后，为了鼓励购货方及早偿还货款，而协议许诺给予购货方的一种折扣优待。销售折扣发生在销货之后，是一种融资性质的理财费用，因此，销售折扣不得从销售额中减除。

（3）销售折让。

销售折让是指货物销售后，由于其品种、质量等原因购货方未予退货，但销货方需给予购货方的一种价格折让。销售折让与销售折扣相比较，虽然都是在货物销售后发生的，但因为销售折让是由于货物的品种和质量引起销售额的减少，因此，对销售折让可按折让后的货款为销售额。

（4）销售退回。

一般纳税人适用一般计税方法计税的，因销售折让、中止或者退回而退还给购买方的增值税税额，应当从当期的销项税额中扣减。

一般纳税人在开具专用发票后，发生销货退回或者折让、开票有误等情形，应按国家税务总局的规定开具红字增值税专用发票。

【业务解析 2-6】

1. 业务资料

某新华书店属于一般纳税人，2019 年 11 月 8 日向当地学校批发教材一批，每册标价为 30 元（不含税），共计 5 000 册。由于购买方的购买数量多，按 8 折优惠价格成交，并将折扣额与销售额在同一张增值税专用发票的“金额”栏分别注明。

为了鼓励购货方及早偿还货款，协议约定，若购货方在 10 天内付款，货款折扣为 2%；20 天内付款，货款折扣为 1%；30 天内全价付款。11 月 27 日，收到了购货方支付的款项。

2. 工作要求

(1) 计算该批货物的应税销售额。

(2) 计算该批货物的销项税额。

3. 解析过程

(1) 折扣方式销售货物，销售额和折扣额在同一张发票的“金额”栏分别注明的，可按折扣后的销售额征收增值税。发生在销货之后的销售折扣，不得从销售额中减除。

应税销售额 = 30 × 80% × 5 000 = 120 000（元）

(2) 2019 年 4 月 1 日后，一般纳税人销售图书、报纸、杂志的，适用税率为 9%。

销项税额 = 120 000 × 9% = 10 800（元）

7. 特殊业务的销售额

（1）以旧换新方式销售货物。

采取以旧换新方式销售货物的，应按新货物的同期销售价格确定销售额，不得扣减旧货物的收购价格。

（2）还本方式销售货物。

还本销售是指销货方按与购货方达成的协议或合同，在货物销售给购货方后的指定时间一次或分次将购货方原购进货物时所支付的款项返还给购货方的促销行为。采取还本销售方式销售货物，其销售额就是货物的销售价格，不得从销售额中减除还本支出。

（3）以物易物方式销售货物。

以物易物是指购销双方不以货币结算，而以同等价款的货物相互结算，实现货物购销的一种方式。以物易物双方都应作购销处理，以各自发出的货物核算销售额并计算销项税额，以各自收到的货物按规定核算购货额并计算进项税额。

（4）出租、出借包装物的押金。

纳税人为销售货物而出租、出借包装物收取的押金，如果单独记账核算，且时间在 1 年以内，又未过期的，不并入销售额征税。因逾期未收回包装物不再退还的押金，应按所包装货物的适用税率计算销项税额。包装物押金是含税收入，计税时需要先行换算。

注意：① 所谓“逾期”，是指按合同实际逾期或以 1 年为限，对收取 1 年以上的押金，无论是否退还，均并入销售额征税；② 包装物押金不同于包装物租金，包装物租金属于价外费用，随同货物一并计税；③ 对销售除啤酒、黄酒以外的其他酒类产品而收取的包装物押金，无论是否返还以及会计上如何核算，均应计入当期销售额计税。

【业务解析 2-7】

1. 业务资料

某大型经贸公司为增值税一般纳税人，2019 年 10 月，向该市某商场销售啤酒一批，增值税专用发票注明价款 80 000 元、税额 10 400 元，同时收取包装物押金 1 160 元、包装物租金 2 260 元，约定 4 个月后归还；向该市一家小规模纳税人销售白酒一批，增值税专用发票注明价款 100 000 元、税额 13 000 元，同时收取押金 3 390 元，约定7个月后归还。

2. 工作要求

(1) 计算该公司两项销售业务的计税销售额。

(2) 计算该公司两项销售业务的销项税额。

3. 解析过程

销售啤酒而收取的包装物押金，收取时不计税，如逾期再计税；收取的包装物租金应作为价外费用计入当期销售额计税；销售白酒而收取的包装物押金，收取时即应计入当期销售额计税。

(1) 计税销售额 $=[80\,000+2\,260\div(1+13\%)]+[100\,000+3\,390\div(1+13\%)]=(80\,000+2\,000)+(100\,000+3\,000)=185\,000$（元）

(2) 销项税额 $=(10\,400+2\,000\times13\%)+(13\,000+3\,000\times13\%)=10\,660+13\,390=24\,050$（元）

或 销项税额 $=185\,000\times13\%=24\,050$（元）

(二) 进项税额的计算

一般纳税人购进货物、劳务、服务、无形资产、不动产支付或者负担的增值税额，即为购买方的进项税额。作为一般纳税人，购买方所支付或负担的进项税额就是销售方所收取的销项税额。一般纳税人采用一般计税方法时才涉及进项税额的抵扣问题，进项税额抵扣有认证抵扣和计算抵扣两种方式。采用一般计税方法的一般纳税人，并非其支付的所有进项税额都允许从销项税额中抵扣。

1. 准予抵扣的进项税额

准予从销项税额中抵扣的进项税额，限于下列扣税凭证上注明的增值税额和按规定计算的进项税额。

(1) 从销售方或提供方取得的增值税专用发票抵扣联上注明的增值税额。

(2) 从销售方取得的税控机动车销售统一发票上注明的增值税额。

(3) 从海关取得的《海关进口增值税专用缴款书》上注明的增值税额。

(4) 农产品收购发票或者销售发票。

自一般纳税人处购进农产品取得增值税专用发票的，按照发票上注明的税额申报抵扣；进口农产品取得《海关进口增值税专用缴款书》的，按照缴款书上注明的税额申报抵扣；购进农业生产者的自产农产品时取得（开具）农产品销售发票或收购发票的，按照农产品销售发票或收购发票上注明的农产品买价和9%的扣除率计算进项税额；从按简易计税方法依照3%征收率计算缴纳增值税的小规模纳税人处购进农产品取得增值税专用发票的，按照增值税专用发票上注明的金额和9%的扣除率计算进项税额。

农产品销售发票是指农业生产者销售自产农产品适用免征增值税政策而开具的普通发票。纳税人从批发、零售环节购进适用免征增值税政策的蔬菜、部分鲜活肉蛋而取得的普通发票，不得作为计算抵扣进项税额凭证。

购进农产品准予扣除的进项税额，计算公式为：

一般农产品购进的进项税额 = 买价 × 扣除率 = 买价 × 9%

烟叶购进的进项税额 =（烟叶收购金额 + 烟叶税税额）×9%

纳税人购进用于生产销售或委托加工税率为 13% 货物的农产品，按照 10% 的扣除率计算进项税额。

（5）道路、桥、闸通行费发票。

① 自 2018 年 1 月 1 日起，纳税人支付的道路通行费，按照收费公路通行费增值税电子普通发票上注明的增值税额抵扣进项税额。“收费公路通行费增值税电子普通发票”的票样，如表 1-17 所示。

2018 年 1 月 1 日至 6 月 30 日，纳税人支付的高速公路通行费，如暂未能取得收费公路通行费增值税电子普通发票，可凭取得的通行费发票（不含财政票据，下同）上注明的收费金额按照下列公式计算可抵扣的进项税额：

高速公路通行费可抵扣进项税额 = 高速公路通行费发票上注明的金额 ÷（1 +3%）×3%

2018 年 1 月 1 日至 12 月 31 日，纳税人支付的一级、二级公路通行费，如暂未能取得收费公路通行费增值税电子普通发票，可凭取得的通行费发票上注明的收费金额按照下列公式计算可抵扣进项税额：

一级、二级公路通行费可抵扣进项税额

= 一级、二级公路通行费发票上注明的金额 ÷（1 +5%）×5%

② 自 2018 年 1 月 1 日起，纳税人支付的桥、闸通行费，暂凭取得的通行费发票上注明的收费金额按照下列公式计算可抵扣的进项税额：

桥、闸通行费可抵扣进项税额 = 桥、闸通行费发票上注明的金额 ÷（1 +5%）×5%

（6）中华人民共和国税收缴款凭证，包括《税收缴款书》等。例如，预缴税款、代扣代缴税收缴款、接受境外单位或者个人提供劳务或服务时解缴税款等而取得的完税凭证上注明的增值税税额。

（7）按照规定不得抵扣且未抵扣进项税额的不动产，发生用途改变，用于允许抵扣进项税额的应税项目，可在用途改变的次月，依据合法有效的增值税扣税凭证，按照下列公式计算可以抵扣的进项税额：

可以抵扣的进项税额 = 增值税扣税凭证注明或计算的进项税额 × 不动产净值率

不动产净值率 =（不动产净值 ÷ 不动产原值）×100%

（8）纳税人购进国内旅客运输服务，其进项税额允许从销项税额中抵扣。

自 2019 年 4 月 1 日起，纳税人购进国内旅客运输服务未取得增值税专用发票的，暂按照以下规定确定进项税额：

① 取得增值税电子普通发票的，为发票上注明的税额；

② 取得注明旅客身份信息的航空运输电子客票行程单的，按照下列公式计算进项税额：

航空旅客运输进项税额 =（票价 + 燃油附加费）÷（1 +9%）×9%

③ 取得注明旅客身份信息的铁路车票的，按照下列公式计算进项税额：

铁路旅客运输进项税额 = 票面金额 ÷（1 +9%）×9%

④ 取得注明旅客身份信息的公路、水路等其他客票的，按照下列公式计算进项税额：

公路、水路等其他旅客运输进项税额 = 票面金额 ÷（1 +3%）×3%

（9）自 2019 年 4 月 1 日至 2021 年 12 月 31 日，允许生产、生活性服务业纳税人按照当期可抵扣进项税额加计10%，抵减应纳税额。

生产、生活性服务业纳税人是指提供邮政服务、电信服务、现代服务、生活服务（以下称“四项服务”）取得的销售额占全部销售额的比重超过50%的纳税人。四项服务的具体范围按照《销售服务、无形资产、不动产注释》（财税〔2016〕36号印发）执行。

纳税人应按照当期可抵扣进项税额的10%计提当期加计抵减额，计算公式为：

当期计提加计抵减额=当期可抵扣进项税额×10%

纳税人应单独核算加计抵减额的计提、抵减、调减、结余等变动情况。

【业务解析2-8】

1. 业务资料

某公司为增值税一般纳税人，2019年7月有关增值税的生产经营业务如下：

（1）从甲企业（小规模纳税人）购进设备维修用零部件，取得甲企业开具的普通发票，注明价款93 600元。

（2）从当地农民专业合作社购进一批免税农产品，取得经主管税务机关批准使用的收购凭证，注明价款400 000元。

（3）从外地乙企业购进生产用原材料一批，取得增值税专用发票注明货款1 000 000元、税额130 000元。原材料由该公司自行组织运输，取得运输公司开具的增值税专用发票注明运费20 000元、税额1 800元。

（4）接受其他企业投资转入材料一批，取得增值税专用发票注明价款100 000元、税额13 000元。

（5）取得收费公路通行费增值税电子普通发票，注明的增值税额为50元。

2. 工作要求

（1）分析上述业务是否可以抵扣进项税额。

（2）计算当月可以抵扣的进项税额。

3. 解析过程

（1）① 从甲企业取得设备维修用零部件的普通发票，不允许抵扣进项税额。

② 从农民专业合作社购进免税农产品，可以按照收购凭证注明的价款和9%的扣除率计算抵扣进项税额。可以抵扣的进项税额=400 000×9%=36 000（元）。

③ 从乙企业取得增值税专用发票，可以凭票抵扣进项税额；支付运输费用，取得运输公司开具的增值税专用发票，可以凭票抵扣进项税额。可以抵扣的进项税额=130 000+1 800=131 800（元）。

④ 接受材料投资，取得增值税专用发票，可以凭票抵扣进项税额。可以抵扣的进项税额=13 000（元）。

⑤纳税人支付的道路通行费，按照收费公路通行费增值税电子普通发票上注明的增值税额抵扣进项税额。可抵扣的进项税额=50（元）。

（2）当月可以抵扣的进项税额合计=36 000+131 800+13 000+50=180 850（元）。

2. 不得抵扣的进项税额

（1）不能按要求取得扣税凭证的，其进项税额不得抵扣。

纳税人购进货物、劳务、服务、无形资产、不动产，取得的增值税扣税凭证不符合法律、行政法规或者国务院税务主管部门有关规定的，其进项税额不得从销项税额中抵扣。

增值税扣税凭证是指增值税专用发票（含税控机动车销售统一发票）、《海关进口增值税专用缴款书》、农产品收购发票、农产品销售发票、收费公路通行费增值税电子普通发票和完税凭证。

纳税人凭完税凭证抵扣进项税额的，应当具备书面合同、付款证明和境外单位的对账单或者发票。资料不全的，其进项税额不得从销项税额中抵扣。

（2）不得抵扣进项税额的具体项目。

① 用于简易计税方法计税项目、免征增值税项目、集体福利或者个人消费的购进货物、劳务、服务、无形资产和不动产。

其中涉及的固定资产、无形资产、不动产，仅指专用于上述项目的固定资产、无形资产（不包括其他权益性无形资产）、不动产。对属于兼用或混用于允许扣除项目和上述不允许扣除项目的固定资产、无形资产、不动产，其进项税额允许抵扣。

自 2018 年 1 月 1 日起，纳税人租入固定资产、不动产，既用于一般计税方法计税项目，又用于简易计税方法计税项目、免征增值税项目、集体福利或者个人消费的，其进项税额准予从销项税额中全额抵扣。

纳税人的交际应酬消费属于个人消费。对交际应酬消费所用的货物、加工修理修配劳务、服务、无形资产和不动产，不得抵扣进项税额。

② 非正常损失的购进货物，以及相关的劳务和交通运输服务。

③ 非正常损失的在产品、产成品所耗用的购进货物（不包括固定资产）、劳务和交通运输服务。

④ 非正常损失的不动产，以及该不动产所耗用的购进货物、设计服务和建筑服务。

⑤ 非正常损失的不动产在建工程所耗用的购进货物、设计服务和建筑服务。

⑥ 购进的贷款服务、餐饮服务、居民日常服务和娱乐服务。

⑦ 纳税人接受贷款服务向贷款方支付的全部利息及利息性质的费用，以及与该笔贷款直接相关的投融资顾问费、手续费、咨询费等费用，其进项税额不得从销项税额中抵扣。

⑧ 财政部和国家税务总局规定的其他情形。

上述④⑤项中的“货物”，是指构成不动产实体的材料和设备，包括建筑装饰材料和给排水、采暖、卫生、通风、照明、通信、煤气、消防、中央空调、电梯、电气、智能化楼宇设备及配套设施。

上述②③④⑤项中的“非正常损失”，是指因管理不善造成货物被盗、丢失、霉烂变质，以及因违反法律法规造成货物或者不动产被依法没收、销毁、拆除的情形。对于因自然灾害等不可抗力造成的损失，其进项税额可以抵扣。

上述①项中的“固定资产”，是指使用期限超过 12 个月的机器、机械、运输工具以及其他与生产经营有关的设备、工具、器具等有形动产。

（3）不得抵扣进项税额的其他情形。

有下列情形之一者，应当按照销售额和增值税税率计算应纳税额，不得抵扣进项税额，也不得使用增值税专用发票：

① 一般纳税人会计核算不健全，或者不能够提供准确税务资料的；

② 应当办理一般纳税人登记而未办理的。

【选项辨析 2-6】

下列选项中，其进项税额不得从销项税额中抵扣的是（　　）。

A. 因洪涝灾害毁损的库存商品

B. 员工出差取得的注明旅客身份信息的铁路车票

C. 生产免税产品接受的加工劳务

D. 外购的自用小轿车

3. 进项税额转出

（1）已抵扣进项税额的购进货物（不含固定资产）、劳务、服务，发生上述①～⑧项中不得抵扣情形的（简易计税方法计税项目、免征增值税项目除外），应当将该进项税额从当期进项税额中扣减，会计上作进项税额转出处理。无法确定该进项税额的，按照当期实际成本计算应扣减的进项税额。

（2）已抵扣进项税额的不动产，发生非正常损失，或者改变用途，专用于简易计税方法计税项目、免征增值税项目、集体福利或者个人消费的，按照下列公式计算不得抵扣的进项税额，并从当期进项税额中扣减：

不得抵扣的进项税额 = 已抵扣进项税额 × 不动产净值率

不动产净值率 =（不动产净值 ÷ 不动产原值）× 100%

4. 购货退回或者折让

一般纳税人适用一般计税方法计税的，因购货退回、折让或者中止而收回的增值税额，应当从当期的进项税额中扣减。

【业务解析 2-9】

1. 业务资料

某公司为增值税一般纳税人，2019 年 8 月有关增值税的生产经营业务如下：

（1）向当地银行支付贷款利息费用，取得增值税专用发票注明费用金额 100 000 元、税额 6 000 元。

（2）领用上月购进的一批原材料，用于建造本单位职工活动中心，原材料账面成本 101 000 元（含买价 100 000 元，运费 1 000 元）。

（3）从当地某商场购进物资一批，用于发放职工春节福利，取得增值税专用发票注明价款 50 000 元、税额 6 500 元。

（4）从外地购入生产设备一台，取得增值税专用发票，注明价款 2 000 000 元、税额 260 000 元。

(5) 月末清查时发现一部分货物霉烂变质，经核实造成30%损失，该批货物已抵扣的进项税额为150 000元。

2. 工作要求

(1) 分析上述业务是否可以抵扣进项税额。

(2) 计算当月可以抵扣的进项税额。

3. 解析过程

(1) ① 纳税人接受贷款服务向贷款方支付的全部利息及利息性质的费用，其进项税额不得从销项税额中抵扣。

② 已抵扣进项税额的购进货物，事后改变用途用于集体福利，应将进项税额转出。进项税额转出 = 100 000 × 13% + 1 000 × 9% = 13 000 + 90 = 13 090（元）。

③ 外购物资用于职工福利，即使取得增值税专用发票，也不能抵扣进项税额。

④ 外购生产设备取得增值税专用发票，可以凭票抵扣。可以抵扣的进项税额 = 260 000（元）。

⑤存货发生的非正常损失，其进项税额不能抵扣，应将进项税额转出。进项税额转出 = 150 000 × 30% = 45 000（元）。

(2) 当月可以抵扣的进项税额 = 260 000 − 13 090 − 45 000 = 201 910（元）。

（三）应纳税额减征额

应纳税额减征额是指按照税法规定，享受减征增值税优惠政策，从当期应纳税额中减征的税额（包含税额式减征、税率式减征）。

应纳税额减征额包含按照规定可在增值税应纳税额中全额抵减的增值税税控系统专用设备费用以及技术维护费。

（四）预缴税额

1. 提供建筑服务

(1) 跨县（市、区）提供建筑服务。

适用一般计税方法计税的一般纳税人跨县（市、区）提供建筑服务，应以取得的全部价款和价外费用为销售额计算应纳税额。纳税人应以取得的全部价款和价外费用扣除支付的分包款后的余额，按照2%的预征率在建筑服务发生地预缴税款后，向机构所在地主管税务机关进行纳税申报。其计算公式如下：

应预缴税额 = (全部价款和价外费用 − 支付的分包款) ÷ (1 + 9%) × 2%

应纳税额 = 全部价款和价外费用 ÷ (1 + 9%) × 9% − 进项税额

应补（退）税额 = 应纳税额 − 应纳税额减征额 − 预缴税额

(2) 以预收款方式提供建筑服务。

适用一般计税方法计税的一般纳税人提供建筑服务取得预收款，应在收到预收款时，以取得的预收款扣除支付的分包款后的余额，按照2%的预征率预缴增值税。其计算公式如下：

应预缴税额 = (预收款 − 支付的分包款) ÷ (1 + 9%) × 2%

【业务解析 2-10】

1. 业务资料

某建筑企业为一般纳税人（机构所在地在潍坊市），2019 年 3 月中标一项乙方包工包料的工程（在青岛市）。7 月实现销售收入 5 450 万元，支付给消防分包公司（包工包料）545 万元分包款，支付给装修公司（包工包料）327 万元分包款。分包项目取得增值税专用发票。

该企业 7 月采购材料共支付款项 1 000 万元，取得增值税专用发票注明税额 130 万元。该公司采用一般计税方法，不考虑其他因素。

2. 工作要求

（1）计算 7 月的增值税预缴税额。

（2）计算 7 月的增值税应纳税额、应补（退）税额。

3. 解析过程

（1）该企业跨县（市、区）提供建筑服务，应向青岛市税务机关预缴增值税款。

应预缴税额 $=(5\,450-545-327)\div(1+9\%)\times 2\%=84$（万元）

（2）该企业预缴税款后，应向潍坊市主管税务机关进行增值税纳税申报。

销项税额 $=5\,450\div(1+9\%)\times 9\%=450$（万元）

进项税额 $=(545+327)\div(1+9\%)\times 9\%+130=202$（万元）

应纳税额 $=450-202=248$（万元）

应补（退）税额 $=248-84=164$（万元）

2. 提供不动产经营租赁服务

一般纳税人（适用一般计税方法）出租其 2016 年 5 月 1 日后取得的、与机构所在地不在同一县（市、区）的不动产，应按照 3% 的预征率在不动产所在地预缴税款后，向机构所在地主管税务机关进行纳税申报。

一般纳税人出租其 2016 年 4 月 30 日前取得的不动产，适用一般计税方法计税的，应以取得的全部价款和价外费用，按照 3% 的预征率在不动产所在地预缴税款后，向机构所在地主管税务机关进行纳税申报。

房地产开发企业中的一般纳税人（适用一般计税方法），出租其 2016 年 5 月 1 日后自行开发的与机构所在地不在同一县（市、区）的房地产项目，应按照 3% 预征率在不动产所在地预缴税款后，向机构所在地主管税务机关进行纳税申报。

上述条件下，应预缴税额的计算公式为：

应预缴税额 = 取得的全部价款和价外费用 $\div(1+9\%)\times 3\%$

应纳税额 = 全部价款和价外费用 $\div(1+9\%)\times 9\%$

3. 销售不动产

（1）销售非自建不动产。

一般纳税人销售其 2016 年 5 月 1 日后取得（不含自建）的不动产，应适用一般计税方法，以取得的全部价款和价外费用为销售额计算应纳税额。纳税人应以取得的全部价款和价外费用减去该项不动产购置原价或者取得不动产时的作价后的余额，按照 5% 的预征率向不动产所在地主管税务机关预缴税款，向机构所在地主管税务机关进行纳税申报。

一般纳税人销售其2016年4月30日前取得的不动产（不含自建），适用一般计税方法计税的，以取得的全部价款和价外费用为销售额计算应纳税额。上述纳税人应以取得的全部价款和价外费用减去该项不动产购置原价或者取得不动产时的作价后的余额，按照5%的预征率向不动产所在地主管税务机关预缴税款，向机构所在地主管税务机关进行纳税申报。

销售非自建不动产的应预缴税额，按照以下公式计算：

应预缴税额 =（全部价款和价外费用 − 不动产购置原价）÷（1 +5%）×5%

应纳税额 = 全部价款和价外费用 ÷（1 +9%）×9%

【业务解析2-11】

1. 业务资料

甲企业（一般纳税人）2019年9月销售一处仓库（非自建），开具增值税普通发票注明金额76.3万元，该仓库购置原价55.3万元，系2016年5月30日购得。不考虑其他因素。

2. 工作要求

（1）计算9月销售仓库的增值税预缴税额。

（2）计算9月销售仓库的增值税应纳税额。

3. 解析过程

该企业适用一般计税方法计税，按照5%的预征率在不动产所在地预缴税款后，向机构所在地主管税务机关进行纳税申报。

（1）预缴税额 =（76.3 −55.3）÷（1 +5%）×5% =1（万元）

（2）应纳税额 =76.3 ÷（1 +9%）×9% =6.3（万元）

（2）销售自建不动产。

一般纳税人销售其2016年5月1日后自建的不动产，应适用一般计税方法，以取得的全部价款和价外费用为销售额计算应纳税额。纳税人应以取得的全部价款和价外费用，按照5%的预征率向不动产所在地主管税务机关预缴税款，向机构所在地主管税务机关进行纳税申报。

一般纳税人销售其2016年4月30日前自建的不动产，适用一般计税方法计税的，应以取得的全部价款和价外费用为销售额计算应纳税额。纳税人应以取得的全部价款和价外费用，按照5%的预征率向不动产所在地主管税务机关预缴税款，向机构所在地主管税务机关进行纳税申报。

上述销售自建不动产的应预缴税额，按照以下公式计算：

应预缴税额 = 全部价款和价外费用 ÷（1 +5%）×5%

应纳税额 = 全部价款和价外费用 ÷（1 +9%）×9%

销售不动产需预缴税款的纳税人，预缴时均按照5%征收率进行换算，不区分纳税人是否为一般纳税人，也不区分纳税人适用一般计税方法还是简易计税方法。

4. 销售自行开发的房地产项目

适用一般计税方法计税的房地产开发企业一般纳税人，采取预收款方式销售自行开发的房地产项目，应在收到预收款时按照3%的预征率预缴增值税。

应预缴税额按照以下公式计算：

应预缴税额 = 预收款 ÷ (1 + 9%) × 3%

房地产开发企业中的一般纳税人销售房地产老项目，适用一般计税方法计税的，应以取得的全部价款和价外费用，按照3%的预征率在不动产所在地预缴税款后，向机构所在地主管税务机关进行纳税申报。

应预缴税额按照以下公式计算：

应预缴税额 = 全部价款和价外费用 ÷ (1 + 9%) × 3%

【业务解析 2-12】

1. 业务资料

潍坊昌泰实业有限公司为增值税一般纳税人，2019 年 10 月发生的涉税经济业务如下。

业务①：销售使用过的一台设备，开具的普通发票注明金额 1.03 万元，款项收存银行，该设备系 2008 年购入。

业务②：接受关联企业投资转入一批原材料，取得的增值税专用发票注明价款 100 万元、税额 13 万元，款项已转账支付。

业务③：购入原材料一批，取得的增值税专用发票上注明价款 300 万元、税额 39 万元，款项已转账支付，材料尚未收到。

业务④：上述材料运到验收入库，取得运输公司开具的增值税专用发票注明运费金额 5 万元、税额 0.45 万元，以银行存款支付。

业务⑤：销售产品一批，开具的增值税专用发票上注明价款 800 万元、税额 104 万元，另收取运杂费 5.65 万元，开具普通发票，款项已转账收讫。

业务⑥：用现金支付税控系统专用设备技术维护费 400 元，取得增值税普通发票。

业务⑦：购进一台生产设备投入使用，取得的增值税专用发票注明的价款 200 万元、税额 26 万元，以转账支票支付。

业务⑧：采购一批农产品作为原材料，开具经主管税务机关批准使用的农产品收购发票，发票注明价款 90 万元，材料已验收入库，款项已转账支付。

业务⑨：将新试制产品作为福利发放给职工，未开具发票，该产品市场上无同类产品，其生产成本 120 万元，成本利润率 10%。

业务⑩：外购一批工程物资，直接用于新建不动产工程，取得的增值税专用发票上注明金额 40 万元、税额 5.2 万元，款项已转账支付。

业务⑪：出租与机构所在地不在同一县（市、区）的一处房产，取得当月租金收入 2.18 万元存入银行，向对方开具了增值税普通发票，该房产系 2016 年 5 月 1 日后取得。

业务⑫：销售一处与机构所在地不在同一县（市、区）的仓库，开具了增值税普通发票，取得销售收入 70 万元存入银行。该仓库购置原价 67.48 万元，系 2016 年 4 月 30 日前购得。选用简易计税方法计税。

业务⑬：转让一项非专利技术，向对方开具的增值税普通发票注明金额53万元，款项收存银行。该项无形资产原价80万元，已提累计摊销额37万元。

业务⑭：处置一笔交易性金融资产，取得处置收入3万元，开具了增值税普通发票，款项收存银行，其买入成本为1.94万元。

业务⑮：月末盘点时发现原材料盘亏一批，账面成本21万元，包含材料买价20万元、运费1万元，经查系管理不善造成材料被盗。

说明：本月购货取得的专用发票已获得税务机关认证通过，预缴税款均已取得完税凭证。2019年9月末，尚未抵扣完的增值税进项税额为2 100元。

2. 工作要求

（1）计算一般计税方法下的销项税额。

（2）计算一般计税方法下的进项税额。

（3）计算一般计税方法下的进项税额转出。

（4）计算一般计税方法下的转让金融商品应交增值税。

（5）计算一般计税方法下的应纳税额。

（6）计算简易计税方法下的应纳税额。

（7）计算应纳税额减征额。

（8）计算本月应纳税额合计。

（9）计算本月预缴税额。

（10）计算本月应补（退）税额。

3. 解析过程

（1）一般计税方法下的销项税额。

业务⑤：销售额 = 8 000 000 + 56 500 ÷ (1 + 13%) = 8 050 000（元），销项税额 = 1 040 000 + 56 500 ÷ (1 + 13%) × 13% = 1 046 500（元）。

业务⑨：视同销售行为，组成计税价格 = 1 200 000 × (1 + 10%) = 1 320 000（元），销项税额 = 1 320 000 × 13% = 171 600（元）。

业务⑪：一般纳税人提供不动产租赁服务，销售额 = 21 800 ÷ (1 + 9%) = 20 000（元），销项税额 = 20 000 × 9% = 1 800（元）。

业务⑬：提供技术转让、技术开发和与之相关的技术咨询、技术服务，属于免征增值税项目。

一般计税方法下的销项税额合计 = 1 046 500 + 171 600 + 1 800 = 1 219 900（元）。

（2）一般计税方法下的进项税额。

业务①：接受投资转入原材料，取得专用发票，可以凭票抵扣进项税额13万元。

业务②：购买原材料，取得专用发票，可以凭票抵扣进项税额39万元。

业务③：支付运费，取得专用发票，可以凭票抵扣0.45万元。

业务⑦：购买设备，取得专用发票，可以凭票抵扣进项税额26万元。

业务⑧：购进农产品，凭收购发票抵扣进项税额，准予扣除的进项税额 = 90 × 9% = 8.1（万元）。

业务⑩：购进货物用于不动产在建工程，取得专用发票，可以凭票抵扣5.2万元。

一般计税方法下的进项税额合计 = 130 000 + 390 000 + 4 500 + 260 000 + 81 000 + 52 000 = 917 500（元）。

(3) 一般计税方法下的进项税额转出。

业务⑮：非正常损失的购进货物以及相关的加工修理修配劳务和交通运输服务，其进项税额不得从销项税额中抵扣。进项税额转出 = 200 000 × 13% + 10 000 × 9% = 26 900（元）。

(4) 一般计税方法下的转让金融商品应交增值税。

业务⑭：转让金融商品实现收益，转让金融资产应交增值税 = (30 000 − 19 400) ÷ (1 + 6%) × 6% = 600（元）。

(5) 一般计税方法下的应纳税额。

一般计税方法下的应纳税额 = 1 219 900 − (917 500 + 2 100) + 26 900 + 600 = 327 800（元）。

(6) 简易计税方法下的应纳税额。

业务①：一般纳税人销售自己使用过的不得抵扣且未抵扣进项税额的固定资产，适用简易计税方法计税，依 3% 照的征收率减按 2% 征收。应纳税额 = 10 300 ÷ (1 + 3%) × 3% = 300（元）。

业务⑫：一般纳税人销售其 2016 年 4 月 30 日前取得（不含自建）的不动产，选择适用简易计税方法的，以取得的全部价款和价外费用减去该项不动产购置原价或者取得不动产时的作价后的余额为销售额，按照 5% 的征收率计算应纳税额。应纳税额 = (700 000 − 674 800) ÷ (1 + 5%) × 5% = 1 200（元）。

简易计税方法下的应纳税额 = 300 + 1 200 = 1 500（元）。

(7) 应纳税额减征额。

业务①：销售已使用过的固定资产应纳税额减征额 = 10 300 ÷ (1 + 3%) × 1% = 100（元）。

业务⑥：支付税控系统专用设备技术维护费，在增值税应纳税额中全额抵减 400 元。

应纳税额减征额合计 = 100 + 400 = 500（元）。

(8) 本月应纳税额合计。

应纳税额合计 = 327 800 + 1 500 − 500 = 328 800（元）。

(9) 本月预缴税额。

业务⑪：出租与机构所在地不在同一县（市、区）的不动产，应按 3% 的预征率预缴税款，预缴税额 = 21 800 ÷ (1 + 9%) × 3% = 600（元）。

业务⑫：销售不动产，选用简易计税方法的，应按 5% 的征收率预缴税款，预缴税额 = (700 000 − 674 800) ÷ (1 + 5%) × 5% = 1 200（元）。

本月预缴税额合计 = 600 + 1 200 = 1 800（元）。

(10) 本月应补（退）税额。

本月应补（退）税额 = 328 800 − 1 800 = 327 000（元）。

二、简易计税方法下应纳税额的计算

小规模纳税人实行简易计税方法征收增值税。某些情况下，一般纳税人依照税法规定，也可以选择适用简易计税方法。

简易计税方法下，纳税人按照销售额和规定的征收率计算应缴纳的增值税税额，并且不得抵扣进项税额。简易计税方法下的计算公式如下：

应纳税额 = 销售额 × 征收率

或　　　= 含税销售额 ÷ (1 + 征收率) × 征收率

应补（退）税额 = 应纳税额 − 应纳税额减征额 − 已预缴税额

（一）应纳税额

1. 销售使用过的固定资产、物品和旧货

一般纳税人和小规模纳税人销售自己使用过的固定资产、物品和旧货，在计算应纳税额方面的政策规定，如表2-2所示。

表2-2　纳税人销售使用过的固定资产、物品和旧货的增值税应纳税额

<table>
<tr><th>纳税人</th><th>分类</th><th>具体情形</th><th>税收规定</th><th>计算公式</th><th>备注</th></tr>
<tr><td rowspan="5">一般纳税人</td><td rowspan="4">销售自己使用过的物品</td><td>不得抵扣且未抵扣进项税的固定资产</td><td>简易计税，依3%征收率减按2%征收</td><td>售价÷(1+3%)×2%</td><td>—</td></tr>
<tr><td>可以抵扣进项税且已经抵扣的固定资产</td><td rowspan="3">按照适用税率征收，税率一般为13%</td><td rowspan="3">售价÷(1+13%)×13%</td><td>—</td></tr>
<tr><td>可以抵扣且实际并未抵扣进项的固定资产</td><td>税法允许抵扣，但因企业自身原因未抵扣</td></tr>
<tr><td>除固定资产以外的其他物品</td><td>如卖废品、杂物</td></tr>
<tr><td>销售旧货</td><td>指自己使用过的除物品以外的旧货</td><td>简易计税，依3%征收率减按2%征收</td><td>售价÷(1+3%)×2%</td><td>指进入二次流通的具有部分使用价值的货物（含旧汽车、旧摩托车和旧游艇）</td></tr>
<tr><td rowspan="3">小规模纳税人</td><td rowspan="2">销售自己使用过的物品</td><td>固定资产</td><td>简易计税，依3%征收率减按2%征收</td><td>售价÷(1+3%)×2%</td><td>—</td></tr>
<tr><td>除固定资产以外的其他物品</td><td>简易计税，按3%的征收率征收</td><td>售价÷(1+3%)×3%</td><td>如卖废品、杂物</td></tr>
<tr><td>销售旧货</td><td>指自己使用过的除物品以外的旧货</td><td>简易计税，依3%征收率减按2%征收</td><td>售价÷(1+3%)×2%</td><td>如卖废品、杂物</td></tr>
</table>

【业务解析2-13】

1. 业务资料

某企业（一般纳税人）购入A设备一台，设备价格为200 000元，增值税进项税

额为34 000元，以银行存款支付。A设备折旧年限为10年，采用直线法折旧，不考虑残值。

（1）如果设备购入时间为2008年12月31日前，则固定资产原值为234 000元（进项税额不能抵扣，计入设备成本）。

（2）如果购入时间为2009年1月1日后，则固定资产原值为200 000元（进项税额不计入设备成本，作进项税抵扣）。

2019年6月，该企业出售了A设备，售价为45 200元（含税）。

2. 工作要求

（1）若设备购入时间为2008年12月31日前，计算应缴纳的增值税税额。

（2）若设备购入时间为2009年12月31日后，计算应缴纳的增值税税额。

3. 解析过程

（1）设备购入时间为2008年12月31日前，出售设备时适用简易计税方法，应纳增值税税额 = [45 200 ÷ (1 + 3%)] × 2% ≈ 877.67（元）。

（2）设备购入时间为2009年12月31日后，2019年6月出售设备时适用一般计税方法，适用税率为13%，应纳增值税税额 = [45 200 ÷ (1 + 13%)] × 13% = 5 200（元）。

2. 提供建筑服务

一般纳税人跨县（市、区）提供建筑服务，选择适用简易计税方法计税的，应以取得的全部价款和价外费用扣除支付的分包款后的余额为销售额，按照3%的征收率计算应纳税额。

小规模纳税人跨县（市、区）提供建筑服务，应以取得的全部价款和价外费用扣除支付的分包款后的余额为销售额，按照3%的征收率计算应纳税额。

上述两种情形下，应纳税额的计算公式如下：

应纳税额 = (取得的全部价款和价外费用 − 支付的分包款) ÷ (1 + 3%) × 3%

3. 不动产销售、不动产经营租赁

销售不动产、提供不动产经营租赁服务的小规模纳税人和按照简易计税方法计税的一般纳税人，适用5%的征收率，按照以下公式计算应纳税额：

应纳税额 = 取得的全部价款和价外费用 ÷ (1 + 5%) × 5%

4. 销售自行开发的房地产老项目

房地产开发企业中的一般纳税人，销售自行开发的房地产老项目，可以选择适用简易计税方法，按照5%的征收率计算应纳税额。其计算公式如下：

应纳税额 = 取得的全部价款和价外费用 ÷ (1 + 5%) × 5%

5. 提供非学历教育服务

一般纳税人提供非学历教育服务，选择适用简易计税方法的，按照3%的征收率计算应纳税额。其计算公式如下：

应纳税额 = 取得的全部价款和价外费用 ÷ (1 + 3%) × 3%

（二）应纳税额减征额

应纳税额减征额是指小规模纳税人按照税法规定减征的增值税应纳税额。其包括可在增值税应纳税额中全额抵减的增值税税控系统专用设备费用以及技术维护费，可在增值税应纳税额中抵免的购置税控收款机的增值税税额。

（三）预缴税额

1. 提供建筑服务

（1）跨县（市、区）提供建筑服务。

一般纳税人跨县（市、区）提供建筑服务，选择适用简易计税方法计税的，以取得的全部价款和价外费用扣除支付的分包款后的余额，按照3%的征收率计算应预缴税款。

小规模纳税人跨县（市、区）提供建筑服务，以取得的全部价款和价外费用扣除支付的分包款后的余额，按照3%的征收率计算应预缴税款。

上述情形下，按照以下公式计算应预缴税额：

应预缴税额＝(全部价款和价外费用－支付的分包款)÷(1＋3%)×3%

（2）以预收款方式提供建筑服务。

适用简易计税方法计税的纳税人提供建筑服务取得预收款，应在收到预收款时，以取得的预收款扣除支付的分包款后的余额，按照3%的预征率预缴增值税。其计算公式如下：

应预缴税额＝(预收款－支付的分包款)÷(1＋3%)×3%

跨县（市、区）提供建筑服务的一般纳税人和小规模纳税人，其计算增值税额的方法，如表2-3所示。

表2-3　纳税人跨县（市、区）提供建筑服务增值税额的计算方法

<table>
<tr><th>纳税人</th><th colspan="2">计税方法</th><th>税率或征收率</th><th>预征率</th><th>预缴税额</th><th>销项（应纳）税额</th><th>进项税额</th></tr>
<tr><td rowspan="4">一般纳税人</td><td colspan="2">一般计税</td><td>9%</td><td>2%</td><td>(全部价款和价外费用－支付的分包款)÷(1＋10%)×2%</td><td>销项税额＝全部价款和价外费用÷(1＋10%)×10%</td><td>可以抵扣进项税额</td></tr>
<tr><td rowspan="3">简易计税</td><td>甲供工程</td><td rowspan="3">3%</td><td rowspan="3">3%</td><td rowspan="4">(全部价款和价外费用－支付的分包款)÷(1＋3%)×3%</td><td rowspan="4">应纳税额＝(全部价款和价外费用－支付的分包款)÷(1＋3%)×3%</td><td rowspan="4">不得抵扣进项税额</td></tr>
<tr><td>清包工方式</td></tr>
<tr><td>工程老项目</td></tr>
<tr><td>小规模纳税人</td><td colspan="2">简易计税</td><td>3%</td><td>3%</td></tr>
</table>

根据《国家税务总局关于进一步明确营改增有关征管问题的公告》（国家税务总局公告2017年第11号）的规定，自2017年5月1日起，纳税人在同一地级行政区范围内跨县（市、区）提供建筑服务，不适用《纳税人跨县（市、区）提供建筑服务增值税征收管理暂行办法》（国家税务总局公告2016年第17号）。

【业务解析 2-14】

1. 业务资料

某建筑公司为增值税小规模纳税人（机构在潍坊市 A 县），2019 年 1 月在青岛市 B 县提供建筑服务，合同总金额 103 万元，给对方开具了增值税专用发票，适用简易计税方法。该公司将部分业务分包给其他建筑企业，支付分包款 41.2 万元，取得合法有效凭证。不考虑其他因素。

2. 工作要求

（1）计算该公司建筑服务在 B 县的预缴税额。

（2）计算该公司建筑服务在 A 县的应补（退）税额。

3. 解析过程

（1）不含税销售额 =(103 −41.2) ÷(1 +3%) =60（万元）

在 B 县的预缴税额 =60 ×3% =1.8（万元）

（2）应纳税额 =(103 −41.2) ÷(1 +3%) ×3% =1.8（万元）

在 A 县应补（退）税额 = 应纳税额 − 预缴税额 =1.8 −1.8 =0（万元）

2. 提供不动产经营租赁服务

一般纳税人出租其 2016 年 4 月 30 日前取得的不动产，可以选择适用简易计税方法，按照 5% 的征收率计算应纳税额。纳税人出租其 2016 年 4 月 30 日前取得的与机构所在地不在同一县（市、区）的不动产，应按照上述计税方法在不动产所在地预缴税款后，向机构所在地主管税务机关进行纳税申报。

小规模纳税人出租其取得的不动产（不含个人出租住房），应按照 5% 的征收率计算应纳税额。纳税人出租与机构所在地不在同一县（市、区）的不动产，应按照上述计税方法在不动产所在地预缴税款后，向机构所在地主管税务机关进行纳税申报。

上述情形下，按照以下公式计算应预缴税额：

应预缴税额 = 取得的全部价款和价外费用 ÷(1 +5%) ×5%

提供不动产经营租赁服务的一般纳税人和小规模纳税人，其计算增值税额的方法，如表 2-4 所示。

表 2-4　纳税人提供不动产经营租赁服务增值税额的计算方法

纳税人	计税方法	税率或征收率	预征率	预缴税额	销项（应纳）税额	进项税额
一般纳税人	一般计税	9%	3%	全部价款和价外费用 ÷(1 +9%) ×3%	销项税额 = 全部价款和价外费用 ÷(1 +9%) ×9%	可以抵扣进项税额
	简易计税	5%	5%	全部价款和价外费用 ÷(1 +5%) ×5%	应纳税额 = 全部价款和价外费用 ÷(1 +5%) ×5%	不得抵扣进项税额
小规模纳税人	简易计税	5%	5%			

3. 销售不动产

（1）销售非自建不动产。

一般纳税人销售其2016年4月30日前取得（不含自建）的不动产，可以选择适用简易计税方法，以取得的全部价款和价外费用减去该项不动产购置原价或者取得不动产时的作价后的余额为销售额，按照5%的征收率计算应纳税额。纳税人应按照上述计税方法向不动产所在地主管税务机关预缴税款后，向机构所在地主管税务机关进行纳税申报。

小规模纳税人销售其取得（不含自建）的不动产（不含个体工商户销售购买的住房和其他个人销售不动产），应以取得的全部价款和价外费用减去该项不动产购置原价或者取得不动产时的作价后的余额为销售额，按照5%的征收率计算应纳税额。纳税人应按照上述计税方法向不动产所在地主管税务机关预缴税款后，向机构所在地主管税务机关进行纳税申报。

上述销售非自建不动产情形，按照以下公式计算预缴税额：

应预缴税额＝(全部价款和价外费用－不动产购置原价)÷(1＋5%)×5%

（2）销售自建不动产。

一般纳税人销售其2016年4月30日前自建的不动产，可以选择适用简易计税方法，以取得的全部价款和价外费用为销售额，按照5%的征收率计算应纳税额。纳税人应按照上述计税方法向不动产所在地主管税务机关预缴税款后，向机构所在地主管税务机关进行纳税申报。

小规模纳税人销售其自建的不动产，应以取得的全部价款和价外费用为销售额，按照5%的征收率计算应纳税额。纳税人应按照上述计税方法在不动产所在地预缴税款后，向机构所在地主管税务机关进行纳税申报。

上述销售自建不动产情形，按照以下公式计算应预缴税额：

应预缴税额＝全部价款和价外费用÷(1＋5%)×5%

纳税人（非房地产开发企业）销售不动产（包括自建项目和非自建项目），其计算增值税额的方法，如表2-5所示。

4. 销售自行开发的房地产项目

房地产开发企业中的一般纳税人，销售自行开发的房地产老项目，可以选择适用简易计税方法按照5%的征收率计税。房地产开发企业中的小规模纳税人，销售自行开发的房地产项目，按照5%的征收率计税。

房地产开发企业采取预收款方式销售所开发的房地产项目，在收到预收款时按照3%的预征率预缴增值税。应预缴税额按照以下公式计算：

应预缴税额＝预收款÷(1＋5%)×3%

房地产开发企业的一般纳税人和小规模纳税人，其计算增值税额的方法，如表2-6所示。

表 2-5 纳税人（非房地产开发企业）销售不动产增值税额的计算方法

纳税人	计税方法		税率或征收率	预征率	预缴税额	销项（应纳）税额	进项税额
一般纳税人	一般计税	非自建	9%	5%	（全部价款和价外费用－购置原价）÷（1+5%）×5%	销项税额＝全部价款和价外费用÷（1+9%）×9%	可以抵扣进项税额
		自建			全部价款和价外费用÷（1+5%）×5%	销项税额＝全部价款和价外费用÷（1+9%）×9%	
	简易计税	非自建	5%	5%	（全部价款和价外费用－购置原价）÷（1+5%）×5%	应纳税额＝（全部价款和价外费用－购置原价）÷（1+5%）×5%	不得抵扣进项税额
		自建			全部价款和价外费用÷（1+5%）×5%	应纳税额＝全部价款和价外费用÷（1+5%）×5%	
小规模纳税人	简易计税	非自建	5%	5%	（全部价款和价外费用－购置原价）÷（1+5%）×5%	应纳税额＝（全部价款和价外费用－购置原价）÷（1+5%）×5%	
		自建			全部价款和价外费用÷（1+5%）×5%	应纳税额＝全部价款和价外费用÷（1+5%）×5%	

表 2-6 房地产开发企业增值税额的计算方法

纳税人	计税方法	税率或征收率	预征率	预缴税额	销项（应纳）税额	进项税额
一般纳税人	一般计税	9%	3%	预收款÷（1+9%）×3%	销项税额＝（全部价款和价外费用－当期允许扣除的土地价款）÷（1+9%）×9%	可以抵扣进项税额
	简易计税	5%	3%	预收款÷（1+5%）×3%	应纳税额＝全部价款和价外费用÷（1+5%）×5%	不得抵扣进项税额
小规模纳税人	简易计税	5%	3%			

【业务解析 2-15】

1. 业务资料

潍坊亚东经贸有限公司（以下简称“亚东公司”）为增值税小规模纳税人，2018 年 10 月至 12 月，亚东公司发生的涉税经济业务如下。

业务①：出售一台使用过的旧设备，取得收入 2.06 万元，未开具发票。

业务②：零售电子配件，取得收入 9.27 万元，向税务机关申请代开了增值税专用发票。

业务③：零售蔬菜，取得收入1万元。

业务④：提供家电维修劳务，取得维修费3.09万元，开具普通发票。

业务⑤：提供设计服务，取得设计服务费收入1.03万元，向税务机关申请代开了增值税专用发票。

业务⑥：提供摄影服务，取得摄影服务费收入0.515万元，未开具发票。

业务⑦：出租一处仓库［与机构所在地不在同一县（市、区）］，收取本年度四季度租金12.6万元，自行开具增值税普通发票。

业务⑧：出售位于另一县市区的一处厂房，取得收入52.5万元，向不动产所在地税务机关预缴税款并代开增值税专用发票，厂房购置原价为42万元。

说明：亚东公司发生的支出、收入均已银行存款收付。向税务机关申请代开增值税专用发票时预缴税款，并取得完税凭证。

2. 工作要求

（1）计算3%征收率的不含税销售额。

（2）计算5%征收率的不含税销售额。

（3）计算销售固定资产的不含税销售额。

（4）计算本季度应纳税额。

（5）计算本季度应纳税额减征额。

（6）计算本季度应纳税额合计。

（7）计算本季度预缴税额。

（8）计算本季度应补（退）税额。

3. 解析过程

（1）3%征收率的不含税销售额。

业务②：零售电子配件的不含税销售额 = 92 700 ÷ (1 + 3%) = 90 000（元）

业务④：家电维修劳务的不含税销售额 = 30 900 ÷ (1 + 3%) = 30 000（元）

业务⑤：设计服务的不含税销售额 = 10 300 ÷ (1 + 3%) = 10 000（元）

业务⑥：摄影服务的不含税销售额 = 5 150 ÷ (1 + 3%) = 5 000（元）

业务③：零售蔬菜属于免征增值税项目

3%征收率的不含税销售额 = 90 000 + 30 000 + 10 000 + 5 000 = 135 000（元）

（2）5%征收率的不含税销售额。

业务⑦：不动产租赁服务的不含税销售额 = 126 000 ÷ (1 + 5%) = 120 000（元）

业务⑧：销售不动产的不含税销售额 = (525 000 − 420 000) ÷ (1 + 5%) = 100 000（元）

5%征收率的不含税销售额 = 120 000 + 100 000 = 220 000（元）

（3）销售固定资产的不含税销售额。

业务①：销售使用过的固定资产不含税销售额 = 20 600 ÷ (1 + 3%) = 20 000（元）

（4）本季度应纳税额。

本季度应纳税额 = (135 000 + 20 000) × 3% + 220 000 × 5% = 15 650（元）

（5）本季度应纳税额减征额。

销售使用过的固定资产，依照3%的征收率减按2%征收增值税。

应纳税额减征额 =20 600 ÷（1 +3%）×1% =200（元）

（6）本季度应纳税额合计。

本季度应纳税额合计 =15 650 －200 =15 450（元）

（7）本季度预缴税额。

业务②：零售电子配件，代开发票时预缴税额 =90 000 ×3% =2 700（元）

业务⑤：提供设计服务，代开发票时预缴税额 =10 000 ×3% =300（元）

业务⑦：不动产租赁服务，预缴税额 =120 000 ×5% =6 000（元）

业务⑧：销售不动产，预缴税额 =100 000 ×5% =5 000（元）

本季度预缴税额 =2 700 +300 +6 000 +5 000 =14 000（元）

（8）本季度应补（退）税额。

本季度应补（退）税额 =15 450 －14 000 =1 450（元）

三、进口货物增值税应纳税额的计算

纳税人进口货物，按照组成计税价格和适用税率计算应纳税额。组成计税价格和应纳税额的计算公式如下：

组成计税价格 = 关税完税价格 + 关税 + 消费税

或　　　　　　=（关税完税价格 + 关税）÷（1 － 消费税税率）

增值税应纳税额 = 组成计税价格 × 税率

例如，某企业从国外进口一批原材料（非消费税应税物品），到岸价格 200 000 美元，当日美元对人民币的外汇牌价为 1 : 6. 25，原材料适用的关税税率为 30%。则组成计税价格 =200 000 ×6. 25 +200 000 ×6. 25 ×30% =1 250 000 +375 000 =1 625 000（元），进口环节增值税应纳税额 =1 625 000 ×16% =260 000（元）。

进口货物的增值税由海关代征，并由海关向进口人开具《海关进口增值税专用缴款书》，纳税人取得的《海关进口增值税专用缴款书》是用以抵扣增值税进项税额的凭据。

任务 2-3　增值税会计核算

一、小规模纳税人增值税的会计核算

（一）会计科目设置

小规模纳税人应在“应交税费”科目下设置“应交增值税”“转让金融商品应交增值税”“代扣代交增值税”3 个明细科目。

1. “应交税费——应交增值税”科目

“应交税费——应交增值税”科目核算小规模纳税人除转让金融商品、代扣代缴业务以外的应纳税额。发生纳税义务时计提的增值税在本科目贷方核算，扣减、预缴、缴纳、

减免的增值税在本科目借方核算。

2. “应交税费——转让金融商品应交增值税”科目

“应交税费——转让金融商品应交增值税”科目核算小规模纳税人转让金融商品发生的增值税。金融商品持有期间（含到期）的利息收入，不在本科目核算。

3. “应交税费——代扣代交增值税”科目

“应交税费——代扣代交增值税”科目核算小规模纳税人购进在境内未设经营机构的境外单位或个人在境内的应税行为所代扣代缴的增值税。

增值税会计核算的依据主要有销售发票、购货发票、税务机关代开的增值税专用发票、《增值税纳税申报表》、电子缴税付款凭证等。

（二）采购业务的账务处理

1. 一般性采购业务

小规模纳税人购买物资、金融商品、服务、无形资产或不动产，取得增值税专用发票上注明的进项税额应计入相关成本费用或资产，不通过“应交税费——应交增值税”科目核算。

购进物资、金融商品、服务、无形资产或不动产时，借记“原材料”“库存商品”“交易性金融资产”“无形资产”“固定资产”“管理费用”等科目，贷记“银行存款”“其他货币资金”“应付账款”“应付票据”等科目。

2. 购买方作为扣缴义务人的账务处理

境外单位或者个人在境内提供劳务、发生应税行为，在境内未设有经营机构的，以购买方为增值税扣缴义务人。扣缴义务人按照公式计算的应扣缴税额，通过“应交税费——代扣代交增值税”科目核算。

小规模纳税人购进劳务、服务、无形资产或者不动产，按应计入相关成本费用或资产的金额，借记“生产成本”“无形资产”“固定资产”“管理费用”等科目，按实际支付或应支付的金额，贷记“银行存款”“应付账款”等科目，按应代扣代缴的增值税额，贷记“应交税费——代扣代交增值税”科目。

实际缴纳所代扣代缴的增值税时，借记“应交税费——代扣代交增值税”科目，贷记“银行存款”科目。

（三）销售业务的账务处理

1. 一般性销售业务

小规模纳税人除可以委托主管税务机关按适用征收率代开增值税专用发票外，大部分对外销售只能开具普通发票，反映的销售额为含税销售额，需要换算为不含税收入，再按规定征收率计算应纳税额。

小规模纳税人销售货物、劳务、服务、无形资产或不动产，应当按已收或应收的金额，借记“银行存款”“应收账款”等科目，按取得的收入金额，贷记“主营业务收入”“其他业务收入”“固定资产清理”“工程结算”等科目，按现行增值税制度规定计算的应纳税额，贷记“应交税费——应交增值税”科目。

2. 视同销售业务

小规模纳税人发生税法上视同销售的行为，应当按照企业会计准则相关规定进行相应的会计处理，并按照现行增值税制度规定计算的应纳税额，借记“营业外支出”“应付职工薪酬”“应付股利”“长期股权投资”等科目，贷记“应交税费——应交增值税”科目。

3. 成本费用允许扣减销售额的业务

按现行增值税制度规定，对实际工作的某些业务允许差额征税。例如，小规模纳税人提供旅游服务，以取得的全部价款和价外费用，扣除向旅游服务购买方收取并支付给其他单位或者个人的住宿费、餐饮费、交通费、签证费、门票费和支付给其他接团旅游企业的旅游费用后的余额为销售额；小规模纳税人跨县（市、区）提供建筑服务，应以取得的全部价款和价外费用扣除支付的分包款后的余额为销售额；经纪代理服务，以取得的全部价款和价外费用，扣除向委托方收取并代为支付的政府性基金或者行政事业性收费后的余额为销售额，等等。

对于允许差额征税的业务，企业发生相关成本费用允许扣减销售额的，发生成本费用时，按应付或实际支付的金额，借记“主营业务成本”“存货”“工程施工”等科目，贷记“应付账款”“应付票据”“银行存款”等科目。待取得合规增值税扣税凭证且纳税义务发生时，按照允许抵扣的税额，借记“应交税费——应交增值税”科目，贷记“主营业务成本”“存货”“工程施工”等科目。

【业务解析 2-16】

1. 业务资料

见【业务解析 2-14】。

2. 工作要求

(1) 编制给对方开具专用发票时的会计分录。

(2) 编制支付分包款时的会计分录。

(3) 编制在 B 县预缴税款时的会计分录。

3. 解析过程

(1) 给对方开具了增值税专用发票，总金额 103 万元，应纳税额 3 万元。

借：应收账款　　1 030 000

　　贷：工程结算　　1 000 000

　　　　应交税费——应交增值税　　30 000

(2) 支付分包款，取得合法有效凭证，允许抵扣的税额 $=41.2 \div (1+3\%) \times 3\% = 1.2$（万元）。

借：工程施工　　412 000

　　贷：银行存款　　412 000

借：应交税费——应交增值税　　12 000

　　贷：工程施工　　12 000

(3) 在 B 县预缴税款 1.8 万元。

借：应交税费——应交增值税　　18 000

　　贷：银行存款　　18 000

4. 金融商品转让业务

小规模纳税人转让金融商品，实现转让收益时，应纳税额 = 当月盈亏相抵后的余额 ÷ (1 + 3%) × 3%；如产生转让损失，可结转下月抵扣的税额 = 当月盈亏相抵后的余额 ÷ (1 + 3%) × 3%。

金融商品实际转让月末，如产生转让收益，则按计算的应纳税额，借记“投资收益”等科目，贷记“应交税费——转让金融商品应交增值税”科目；实际缴纳增值税时，借记“应交税费——转让金融商品应交增值税”科目，贷记“银行存款”科目。

金融商品实际转让月末，如产生转让损失，按计算的可结转下月抵扣税额，借记“应交税费——转让金融商品应交增值税”科目，贷记“投资收益”等科目。

年末，“应交税费——转让金融商品应交增值税”科目如有借方余额，则不允许结转下年，应借记“投资收益”等科目，贷记“应交税费——转让金融商品应交增值税”科目。

（四）应纳税额减征额的账务处理

按现行增值税制度规定，小规模纳税人初次购买增值税税控系统专用设备支付的费用以及缴纳的技术维护费允许在增值税应纳税额中全额抵减的，按规定抵减的增值税应纳税额，借记“应交税费——应交增值税”科目，贷记“管理费用”等科目。

（五）预缴税额的账务处理

小规模纳税人提供建设服务、不动产经营租赁服务、销售不动产、销售自行开发的房地产项目，依据税收规定需要预缴增值税的，按照计算的增值税预缴税额，借记“应交税费——应交增值税”科目，贷记“银行存款”科目。

（六）小微企业免交增值税的账务处理

自 2019 年 1 月 1 日至 2021 年 12 月 31 日，小规模纳税人发生增值税应税销售行为，合计月销售额未超过 10 万元（季度销售额未超过 30 万元）的，免征增值税。

小规模纳税人在取得销售收入时，应当按照税法的规定计算应交增值税，并确认为应交税费；在达到增值税制度规定的免征增值税条件时，将有关应交增值税转入当期损益。

1. 确认当期收入和应交税费

每月销售货物、劳务、服务、无形资产或不动产时，应当按已收或应收的金额，借记“银行存款”“应收账款”等科目，按确认的收入金额，贷记“主营业务收入”“其他业务收入”“固定资产清理”“工程结算”等科目，按计算的应纳税额，贷记“应交税费——应交增值税”科目。

2. 结转当期损益

季度申报时，达到规定的免税条件，将有关应交增值税转入当期损益，借记“应交税费——应交增值税”科目，贷记“其他收益”科目。

（七）实际缴纳增值税的账务处理

小规模纳税人实际缴纳当月应交增值税时，借记“应交税费——应交增值税”科目，贷记“银行存款”等科目。

【业务解析 2-17】

1. 业务资料

见【业务解析 2-15】。

2. 工作要求

(1) 编制每笔经济业务涉及增值税的会计分录。

(2) 计算"应交税费——应交增值税"科目的期末余额。

3. 解析过程

(1) 每笔经济业务的会计分录。

业务①：出售使用过的旧设备，应纳税额 =20 600 ÷ (1 +3%) ×2% =400 (元)。

借：固定资产清理　　400

　　贷：应交税费——应交增值税　　400

业务②：零售电子配件，不含税销售额 =92 700 ÷ (1 +3%) =90 000 (元)，代开发票时预缴税额 =90 000 ×3% =2 700 (元)，应纳税额 =90 000 ×3% =2 700 (元)。

借：银行存款　　92 700

　　贷：主营业务收入　　90 000

　　　　应交税费——应交增值税　　2 700

借：应交税费——应交增值税　　2 700

　　贷：银行存款　　2 700

业务③：零售蔬菜，免征增值税。

借：银行存款　　10 000

　　贷：主营业务收入　　10 000

业务④：提供家电维修劳务，不含税销售额 =30 900 ÷ (1 +3%) =30 000 (元)，应纳税额 =30 000 ×3% =900 (元)。

借：银行存款　　30 900

　　贷：主营业务收入　　30 000

　　　　应交税费——应交增值税　　900

业务⑤：提供设计服务，不含税销售额 =10 300 ÷ (1 +3%) =10 000 (元)，代开发票时预缴税额 =10 000 ×3% =300 (元)，应纳税额 =10 000 ×3% =300 (元)。

借：银行存款　　10 300

　　贷：主营业务收入　　10 000

　　　　应交税费——应交增值税　　300

借：应交税费——应交增值税　　300

　　贷：银行存款　　300

业务⑥：提供摄影服务，不含税销售额 =5 150 ÷ (1 +3%) =5 000 (元)，应纳税额 =5 000 ×3% =150 (元)。

借：银行存款　　5 150

　　贷：主营业务收入　　5 000

　　　　应交税费——应交增值税　　150

业务⑦：出租一处仓库，不含税销售额 = 126 000 ÷ (1 + 5%) = 120 000（元），预缴税额 = 120 000 × 5% = 6 000（元），应纳税额 = 120 000 × 5% = 6 000（元）。

借：银行存款　126 000
　贷：其他业务收入　120 000
　　应交税费——应交增值税　6 000

借：应交税费——应交增值税　6 000
　贷：银行存款　6 000

业务⑧：出售厂房，不含税销售额 = (525 000 − 420 000) ÷ (1 + 5%) = 100 000（元），预缴税额 = 100 000 × 5% = 5 000（元），应纳税额 = 100 000 × 5% = 5 000（元）

借：银行存款　525 000
　贷：固定资产清理　525 000

借：固定资产清理　5 000
　贷：应交税费——应交增值税　5 000

借：应交税费——应交增值税　5 000
　贷：银行存款　5 000

(2) 计算"应交税费——应交增值税"科目的期末余额。

该科目贷方余额 = 400 + 2 700 − 2 700 + 900 + 300 − 300 + 150 + 6 000 − 6 000 + 5 000 − 5 000 = 1 450（元）

二、一般纳税人增值税的会计核算

（一）会计科目设置

一般纳税人应在"应交税费"科目下设置"应交增值税""未交增值税""预交增值税""待抵扣进项税额""待认证进项税额""待转销项税额""简易计税""转让金融商品应交增值税""代扣代交增值税"等明细科目。

1. "应交税费——应交增值税"明细科目

一般纳税人应在"应交增值税"明细账内设置"进项税额""销项税额抵减""已交税金""减免税款""出口抵减内销产品应纳税额""转出未交增值税""销项税额""出口退税""进项税额转出""转出多交增值税"等专栏，如表 2-7 所示。

表 2-7　"应交税费——应交增值税"明细分类账

日期	凭证号数	摘要	借方						贷方				借或贷	余额
			进项税额	销项税额抵减	已交税金	减免税款	出口抵减内销产品应纳税额	转出未交增值税	销项税额	出口退税	进项税额转出	转出多交增值税		

（1）“进项税额”专栏，记录一般纳税人购进货物、劳务、服务、无形资产或不动产而支付或负担的、准予从当期销项税额中抵扣的增值税额。

取得增值税专用发票等扣税凭证已认证，或者按管理要求需要认证但按规定不能抵扣的增值税额，也在本专栏核算。

（2）“销项税额抵减”专栏，记录一般纳税人按照现行增值税制度规定因扣减销售额而减少的销项税额。

“销项税额抵减”专栏专用于一般纳税人适用一般计税方法，且按规定允许差额征税的情形，包括但不限于以下情形。

① 经纪代理服务，以取得的全部价款和价外费用，扣除向委托方收取并代为支付的政府性基金或者行政事业性收费后的余额为销售额。向委托方收取的政府性基金或者行政事业性收费，不得开具增值税专用发票。

② 经批准从事融资租赁业务的试点纳税人，提供融资租赁和融资性售后回租服务，按规定扣减相关利息等费用后的余额为销售额。

③ 试点纳税人中的一般纳税人提供客运场站服务，以其取得的全部价款和价外费用，扣除支付给承运方运费后的余额为销售额。

④ 试点纳税人提供旅游服务，可以选择以取得的全部价款和价外费用，扣除向旅游服务购买方收取并支付给其他单位或者个人的住宿费、餐饮费、交通费、签证费、门票费和支付给其他接团旅游企业的旅游费用后的余额为销售额。

⑤ 房地产开发企业中的一般纳税人销售其开发的房地产项目（选择简易计税方法的房地产老项目除外），以取得的全部价款和价外费用，扣除受让土地时向政府部门支付的土地价款后的余额为销售额。

该专栏不包括一般计税方法下金融商品转让的差额计税、简易计税时扣减销售额而减少的应纳税额，一般计税方法下金融商品转让的差额计税在“应交税费——转让金融商品应交增值税”科目核算，简易计税时扣减销售额而减少的应纳税额在“应交税费——简易计税”科目核算。

（3）“已交税金”专栏，记录一般纳税人当月已缴纳的应交增值税额。

该专栏不包括当月按照相关规定预缴的增值税额（应记入“应交税费——预交增值税”科目），不包括当月缴纳上一纳税期的应交增值税额（应记入“应交税费——未交增值税”）科目。

（4）“减免税款”专栏，记录一般纳税人按现行增值税制度规定准予减免的增值税额。

该专栏包括增值税税控系统专用设备和技术维护费用抵减的增值税税额，不包括免征增值税项目和销售自己使用过的固定资产。免征增值税项目不需要进行有关增值税账务处理，销售自己使用过的固定资产“按简易方法依3%的征收率减按2%征收增值税”所减征的1%，在“应交税费——简易计税”科目核算。

（5）“出口抵减内销产品应纳税额”专栏，记录实行“免、抵、退”办法的一般纳税人按规定计算的出口货物的进项税抵减内销产品的应纳税额。

（6）“转出未交增值税”专栏，记录一般纳税人月度终了转出当月应交未交的增值税额。

该专栏不包括进项税额大于销项税额产生的进项税额留抵，该情形月末或季末不做结转处理。

（7）“销项税额”专栏，记录一般计税方法下销售货物、加工修理修配劳务、服务（除金融商品以外）、无形资产或不动产应收取的增值税额。

该专栏包括按一般计税方法计税缴纳增值税，同时享受即征即退政策、先征后返政策的计税项目。

该专栏不包括简易计税方法核算的应交增值税额（应在“应交税费——简易计税”科目核算）、转让金融商品产生的增值税额（应在“应交税费——转让金融商品应交增值税”科目核算）、免征增值税项目。

（8）“出口退税”专栏，记录一般纳税人出口货物、劳务、服务、无形资产按规定退回的增值税额。

（9）“进项税额转出”专栏，记录一般纳税人购进货物、劳务、服务、无形资产或不动产等发生非正常损失以及其他原因而不应从销项税额中抵扣、按规定转出的进项税额。

（10）“转出多交增值税”专栏，记录一般纳税人月度终了转出多交的增值税额。

该专栏仅针对当期“应交税费——应交增值税（已交税金）”科目有借方余额，且大于当期应纳税额的情况，不包括进项税额大于销项税额产生进项税额留抵的情况。

2. “应交税费——未交增值税”明细科目

该科目核算一般纳税人月度终了从“应交增值税”或“预交增值税”明细科目转入当月应交未交、多交或预缴的增值税额，以及当月缴纳以前期间未交的增值税额。

该科目不包括简易计税方法下应交未交、多交、预缴或缴纳的增值税额，以及转让金融商品发生的增值税额。

3. “应交税费——预交增值税”明细科目

该科目核算一般纳税人转让不动产、提供不动产经营租赁服务、提供建筑服务、采用预收款方式销售自行开发的房地产项目等，以及其他按现行增值税制度规定应预缴的增值税额。

只有按照税法的规定实际预缴的税款，才记入“应交税费——预交增值税”科目。按照税法相关规定，预缴增值税的同时需要预缴附加税费，通过“应交城市维护建设税”“应交教育费附加”“应交地方教育附加”等明细科目核算。简易计税项目应预缴的增值税额，通过“应交税费——简易计税”科目核算。

一般纳税人应在月度终了，将“应交税费——预交增值税”明细科目结转到“应交税费——未交增值税”明细科目。房地产开发企业应直至纳税义务发生时方可从“应交税费——预交增值税”科目结转至“应交税费——未交增值税”科目。

4. “应交税费——待抵扣进项税额”明细科目

该科目核算一般纳税人已取得增值税扣税凭证并经税务机关认证，按照现行增值税制度规定准予以后期间从销项税额中抵扣的进项税额。

该科目的核算内容包括：实行纳税辅导期管理的一般纳税人取得的尚未交叉稽核比对的增值税扣税凭证上注明或计算的进项税额。

5. “应交税费——待认证进项税额”明细科目

该科目核算一般纳税人由于未经税务机关认证而不得从当期销项税额中抵扣的进项税额。

该科目的核算内容包括：一般纳税人已取得增值税扣税凭证、按照现行增值税制度规定准予从销项税额中抵扣，但尚未经税务机关认证的进项税额；一般纳税人已申请稽核但尚未取得稽核相符结果的海关缴款书进项税额。

6. “应交税费——待转销项税额”明细科目

该科目核算一般纳税人销售货物、劳务、服务、无形资产或不动产，已确认相关收入（或利得）但尚未发生增值税纳税义务而需于以后期间确认为销项税额的增值税额。

该科目用于核算会计确认收入或利得时间早于增值税纳税义务发生时间的情形。

7. “应交税费——简易计税”明细科目

该科目核算一般纳税人采用简易计税方法时发生的增值税计提、扣减、预缴、缴纳等业务。

8. “应交税费——转让金融商品应交增值税”明细科目

该科目核算增值税纳税人转让金融商品发生的增值税额。

9. “应交税费——代扣代交增值税”明细科目

该科目核算纳税人购进在境内未设经营机构的境外单位或个人在境内的应税行为所代扣代交的增值税。

增值税会计核算的依据主要有增值税专用发票（含税控机动车销售统一发票）、《海关进口增值税专用缴款书》、农产品收购发票、农产品销售发票、收费出路通行费增值税电子普通发票、《增值税纳税申报表》、电子缴税付款凭证等。

（二）一般计税方法下的会计处理

1. 取得资产或接受劳务等

（1）进项税额允许抵扣的账务处理。

一般纳税人购进货物、劳务、服务、无形资产或固定资产（不含不动产），按应计入相关成本费用或资产的金额，借记“在途物资”或“原材料”“库存商品”“生产成本”“无形资产”“固定资产”“管理费用”“委托加工物资”等科目，按当月已认证的可抵扣增值税额，借记“应交税费——应交增值税（进项税额）”科目，按当月未认证的可抵扣增值税额，借记“应交税费——待认证进项税额”科目，按应付或实际支付的金额，贷记“应付账款”“应付票据”“银行存款”“营业外收入（接受捐赠）”“实收资本（接受投资者的投资）”等科目。

发生退货的，如原增值税专用发票已做认证，应根据税务机关开具的红字增值税专用发票做相反的会计分录；如原增值税专用发票未做认证，应将发票退回并做相反的会计分录。

【业务解析 2-18】

1. 业务资料

2019 年 7 月，某公司（一般纳税人）从国外进口原料一批，到岸价格 480 000 元，进口关税 120 000 元、进口增值税 78 000 元，以转账支票支付，取得《海关进口增值税专用缴款书》。支付材料国内运费并取得运输公司开具的增值税专用发票，注明运费 10 000 元、税额 900 元，款项以银行汇票支付，运费专用发票当月未做认证。

同月，该公司以现金向果农收购水果一批，法定收购凭证注明买价 150 000 元。

上月未认证的一张增值税专用发票，本月认证通过进行了抵扣，税额 550 元。

食品原料和水果均按实际成本验收入库，作为企业的原材料。

2. 工作要求

（1）编制进口原料的会计分录。

（2）编制收购水果的会计分录。

（3）编制上月未认证专用发票、本月认证通过的会计分录。

3. 解析过程

（1）进口原料。

原料采购成本 = 480 000 + 120 000 + 10 000 = 610 000（元）

借：原材料	610 000	
应交税费——应交增值税（进项税额）	78 000	
应交税费——待认证进项税额	900	
贷：银行存款		678 000
其他货币资金——银行汇票		10 900

（2）收购水果。

可抵扣进项税额 = 150 000 × 9% = 13 500（元）

材料采购成本 = 150 000 − 13 500 = 136 500（元）

借：原材料	136 500	
应交税费——应交增值税（进项税额）	13 500	
贷：库存现金		150 000

（3）上月未认证专用发票、本月认证通过。

借：应交税费——应交增值税（进项税额）	550	
贷：应交税费——待认证进项税额		550

（2）进项税额不得抵扣的账务处理。

一般纳税人购进货物、劳务、服务、无形资产或不动产，用于简易计税方法计税项目、免征增值税项目、集体福利或个人消费等，其进项税额按照现行增值税制度规定不得从销项税额中抵扣的，取得增值税专用发票时，应借记相关成本费用或资产科目，借记“应交税费——待认证进项税额”科目，贷记“银行存款”“应付账款”等科目。

经税务机关认证后，根据有关“进项税额”“进项税额转出”专栏及“待认证进项税额”明细科目的核算内容，先转入“进项税额”专栏，借记“应交税费——应交增值税（进项税额）”科目，贷记“应交税费——待认证进项税额”科目。

按现行增值税制度规定转出时，记入“进项税额转出”专栏，借记相关成本费用或资产科目，贷记“应交税费——应交增值税（进项税额转出）”科目。

【业务解析 2-19】

1. 业务资料

2019 年 2 月，某企业（一般纳税人）的管理人员出差，取得一张增值税专用发票，其中住宿费 4 000 元、税额 240 元，餐饮费 2 200 元、税额 132 元。当月 28 日报销时未认证，在 4 月 20 日该张发票认证相符。

2. 工作要求

编制有关增值税的会计分录。

3. 解析过程

（1）2 月 28 日报销时，专用发票未认证。

	借方	贷方
借：管理费用	6 200	
应交税费——待抵扣进项税额	372	
贷：银行存款		6 572

（2）4 月 20 日，发票认证通过。

	借方	贷方
借：应交税费——应交增值税（进项税额）	372	
贷：应交税费——待抵扣进项税额		372

（3）餐饮费支出不得抵扣进项税额。

	借方	贷方
借：管理费用	132	
贷：应交税费——应交增值税（进项税额转出）		132

（3）货物等已验收入库但尚未取得扣税凭证的账务处理。

一般纳税人购进的货物等已到达并验收入库，但尚未收到增值税扣税凭证并未付款的，应在当月月末按货物清单或相关合同协议上的价格暂估入账，不需要将增值税的进项税额暂估入账。

下月初，用红字冲销原暂估入账金额，待取得相关增值税扣税凭证并经认证后，按应计入相关成本费用或资产的金额，借记“原材料”“库存商品”“固定资产”“无形资产”等科目，按可抵扣的增值税额，借记“应交税费——应交增值税（进项税额）”科目，按应付金额，贷记“应付账款”等科目。

（4）购买方作为扣缴义务人的账务处理。

按照现行增值税制度规定，境外单位或个人在境内提供劳务、发生应税行为，在境内未设有经营机构的，以购买方为增值税扣缴义务人。境内一般纳税人购进服务、无形资产或不动产，按应计入相关成本费用或资产的金额，借记“生产成本”“无形资产”“固定资产”“管理费用”等科目，按照允许抵扣的增值税额，借记“应交税费——应交增值税（进项税额）”科目，按应付或实际支付的金额，贷记“应付账款”等科目，按应代扣代缴的增值税额，贷记“应交税费——代扣代交增值税”科目。实际缴纳代扣代缴增值税时，按代扣代缴的增值税额，借记“应交税费——代扣代交增值税”科目，贷记“银行存款”科目。

（5）进项税额抵扣情况发生改变的账务处理。

因发生非正常损失或改变用途等，原已计入进项税额，但按现行增值税制度规定不得从销项税额中抵扣的，借记“固定资产清理”“待处理财产损溢”“应付职工薪酬”“固定资产”“无形资产”等科目，贷记“应交税费——应交增值税（进项税额转出）”科目。

原不得抵扣且未抵扣进项税额的固定资产、无形资产等，因改变用途等用于允许抵扣进项税额的应税项目的，应按允许抵扣的进项税额，借记“应交税费——应交增值税（进项税额）”科目，贷记“固定资产”“无形资产”等科目。

固定资产、无形资产等经上述调整后，应按调整后的账面价值在剩余尚可使用寿命内计提折旧或摊销。

2. 一般销售

（1）正常销售业务的账务处理。

企业销售货物、劳务、服务、无形资产或不动产，应当按应收或已收的金额，借记“应收账款”“应收票据”“银行存款”等科目，按取得的收入金额，贷记“主营业务收入”“其他业务收入”“固定资产清理”“工程结算”等科目，按现行增值税制度规定计算的销项税额，贷记“应交税费——应交增值税（销项税额）”科目。

发生销售退回的，应根据按规定开具的红字增值税专用发票做相反的会计分录。

（2）涉及商业折扣、现金折扣、销售折让的账务处理。

① 销售商品涉及商业折扣的，应当按照扣除商业折扣后的金额确定销售商品收入及相应的销项税额。

② 销售商品涉及现金折扣的，应当按照扣除现金折扣前的金额确定销售商品收入及相应的销项税额。现金折扣在实际发生时计入财务费用。

③ 对于销售折让，已确认收入的售出商品发生销售折让的，通常应当在发生时冲减当期销售商品收入及销项税额。

【业务解析 2-20】

1. 业务资料

见【业务解析 2-6】，假定计算现金折扣时不考虑增值税。

2. 工作要求

(1) 编制11月8日的会计分录。

(2) 编制11月27日的会计分录。

3. 解析过程

(1) 根据【业务解析2-6】中的计算结果，11月8日应确认的收入为120 000元、销项税额为10 800元。

借：应收账款　　130 800

　　贷：主营业务收入　　120 000

　　　　应交税费——应交增值税（销项税额）　　10 800

(2) 11月27日，按售价120 000元的1%计算现金折扣为1 200元，实际收款129 600元（=130 800－1 200）。

借：银行存款　　129 600

　　财务费用　　1 200

　　贷：应收账款　　129 600

(3) 销售退回的账务处理。

① 未确认收入的售出商品发生销售退回的，企业应按已计入“发出商品”科目的商品成本金额，借记“库存商品”科目，贷记“发出商品”科目。

② 已确认收入的售出商品发生退回的，企业一般应在发生时冲减当期销售商品收入，同时冲减当期销售商品成本。如果该项销售退回已发生现金折扣的，应同时调整相关财务费用的金额；如果该项销售退回允许扣减增值税额的，应同时调整“应交税金——应交增值税（销项税额）”科目的相应金额。

③ 已确认收入的售出商品发生的销售退回属于资产负债表日后事项的，应当按照有关资产负债表日后事项的相关规定进行会计处理。

(4) 混合销售的账务处理。

从事货物的生产、批发或者零售的单位和个体工商户的混合销售行为，按照销售货物缴纳增值税；其他单位和个人的混合销售行为，按照销售服务征收增值税。

在会计处理上，借记“银行存款”“库存现金”“应收账款”等科目，贷记“主营业务收入”“其他业务收入”“应交税费——应交增值税（销项税额）”科目。

【业务解析2-21】

1. 业务资料

见【业务解析2-2】。

2. 工作要求

为该笔销售业务编制会计分录。

3. 解析过程

该公司发生混合销售行为，根据【业务解析2-2】的计算结果，编制如下会计分录。

借：银行存款　124 300
　贷：主营业务收入　110 000
　　应交税费——应交增值税（销项税额）　14 300

（5）包装物销售及包装物押金的账务处理。

纳税人无论是单独出售包装物还是随货出售单独计价包装物，都应在反映包装物销售收入的同时，反映包装物的销项税额，借记“应收账款”“银行存款”等科目，贷记“其他业务收入”“应交税费——应交增值税（销项税额）”等科目。

对于出租、出借包装物收取的逾期一年未退的押金、逾期未收回出租出借包装物没收的押金以及加收的押金，都应作为计税销售额反映包装物押金的销项税额，借记“其他应付款——存入保证金”科目，贷记“其他业务收入”“应交税费——应交增值税（销项税额）”科目。

（6）以旧换新的账务处理。

除了金银首饰可以按实际收取的不含税价款作为计税销售额外，其他的以旧换新销售业务，必须以新货物的同期正常销售价格确定计税销售额，不得扣减旧货物的回收价。

【业务解析 2-22】

1. 业务资料

见【业务解析 2-7】。

2. 工作要求

（1）编制销售啤酒的会计分录。

（2）编制销售白酒的会计分录。

3. 解析过程

（1）销售啤酒。

借：银行存款　93 820
　贷：主营业务收入　80 000
　　其他业务收入　2 000
　　应交税费——应交增值税（销项税额）　10 660
　　其他应付款——存入保证金　1 160

（2）销售白酒。

借：银行存款　116 390
　贷：主营业务收入　100 000
　　应交税费——应交增值税（销项税额）　13 000
　　其他应付款——存入保证金　3 390

在会计核算时，按扣除旧货物回收价的应收或实收价税合计，借记“银行存款”“应收账款”“应收票据”科目，按回收旧货物所抵顶价款，借记“原材料”科目，按新货物正常对外销售不含税价款计提的增值税销项税额，贷记“应交税费——应交增值税（销项税额）”科目，按新货物正常对外销售不含税价款，贷记“主营业务收入”科目。

【业务解析2-23】

1. 业务资料

某商场（一般纳税人）在2019年5月份推出“电视机以旧换新”大酬宾活动，共销售电视机400台，每台售价为3 390元（含税）。每回收一台旧电视机，可抵付货款300元，每台实收3 090元。

2. 工作要求

编制大酬宾活动实现销售的会计分录。

3. 解析过程

电视机不含税销售额＝3 390÷(1＋13%)×400＝1 200 000（元）

销项税额＝1 200 000×13%＝156 000（元）

实收款项总额＝3 090×400＝1 236 000（元）

借：银行存款　　1 236 000

　　原材料　　120 000

　　贷：主营业务收入　　1 200 000

　　　　应交税费——应交增值税（销项税额）　　156 000

（7）销售已使用固定资产的账务处理。

纳税人出售自己使用过的购进时已记入增值税进项税额抵扣的固定资产，按照适用税率征收增值税，通过“应交税费——应交增值税（销项税额）”科目核算；购进时未记入增值税进项税额抵扣的固定资产，依照3%征收率减按2%征收增值税，通过“应交税费——简易计税”科目核算。

【业务解析2-24】

1. 业务资料

见【业务解析2-13】。

2. 工作要求

(1) 若设备购入时间为2008年12月31日前，做出出售时的会计分录。

(2) 若设备购入时间为2009年12月31日后，做出出售时的会计分录。

3. 解析过程

(1) 出售设备的应纳增值税额为877.67元，适用简易计税方法计税。

借：银行存款　　45 200

　　贷：固定资产清理　　45 200

借：固定资产清理　　877.67

　　贷：应交税费——简易计税　　877.67

(2) 出售设备的应纳增值税额为5 200元，一般计税方法计税。

借：银行存款 45 200

  贷：固定资产清理 45 200

借：固定资产清理 5 200

  贷：应交税费——应交增值税（销项税额） 5 200

(8) 收入确认时点早于纳税义务发生时点的账务处理。

按照国家统一的会计制度确认收入或利得的时点早于按照增值税制度确认增值税纳税义务发生时点的，应将相关销项税额记入“应交税费——待转销项税额”科目，待实际发生纳税义务时再转入“应交税费——应交增值税（销项税额）”科目。

确认收入时，借记“应收账款”“应收票据”等科目，贷记“应交税费——待转销项税额”“主营业务收入”“其他业务收入”“工程结算”等科目。

待到纳税义务实际发生时，借记“应交税费——待转销项税额”科目，贷记“应交税费——应交增值税（销项税额）”科目。

【业务解析2-25】

1. 业务资料

某建筑公司为一般纳税人，适用一般计税方法，其承建的A工程项目与机构在同一县（市、区）。2019年9月30日，根据A项目已完工程量办理价款结算654万元。11月10日从业主处收到工程款545万元，并开具增值税专用发票注明金额500万元、税额45万元。

2. 工作要求

为该公司编制有关增值税的会计分录。

3. 解析过程

(1) 4月30日，根据已完工程量办理价款结算，待转销项税额 $=654\div(1+9\%)\times 9\%=54$（万元）。

借：应收账款 6 540 000

  贷：工程结算 6 000 000

    应交税费——待转销项税额 540 000

(2) 9月10日，收到款项并开具增值税专用发票。

借：银行存款 5 450 000

  贷：应收账款 5 450 000

借：应交税费——待转销项税额 450 000

  贷：应交税费——应交增值税（销项税额） 450 000

(9) 纳税义务发生时点早于收入确认时点的账务处理。

按照增值税制度确认增值税纳税义务发生时点早于按照国家统一的会计制度确认收入或利得时点的，应将应纳增值税额，借记“应收账款”等科目，贷记“应交税费——应交增值税（销项税额）”“预收账款”等科目，按照国家统一的会计制度确认收入或利得时，应按扣除增值税销项税额后的金额确认收入。

【业务解析 2-26】

1. 业务资料

某公司为一般纳税人，2019 年 9 月出租一处不动产，适用一般计税方法。9 月 1 日收取 2 年租金 261.6 万元，向承租方开具了增值税专用发票，发票金额 240 万元、税额 21.6 万元。

2. 工作要求

为该公司编制有关增值税的会计分录。

3. 解析过程

（1）9 月 1 日，收取租金并开具增值税专用发票，确认销项税额 =261.6 ÷（1 + 9%）×9% =21.6（万元）。

借：银行存款　　2 616 000

　贷：预收账款　　2 400 000

　　应交税费——应交增值税（销项税额）　　216 000

（2）9 月 30 日及以后每个月末，每月确认收入 =240 ÷2 ÷12 =10（万元）。

借：预收账款　　100 000

　贷：其他业务收入　　100 000

3. 视同销售

一般纳税人发生税法上视同销售的行为，应当按照企业会计准则相关规定进行相应的会计处理，并按照现行增值税制度规定计算的销项税额，借记“营业外支出”“应付职工薪酬”“应付股利”“长期股权投资”等科目，贷记“应交税费——应交增值税（销项税额）”科目。

（1）将应税货物用于集体福利或个人消费。

纳税人将自产、委托加工的货物用于集体福利或个人消费，应于货物移送使用时按货物正常市场销售的公允价值作为计税销售额，计提增值税销项税额，贷记“应交税费——应交增值税（销项税额）”科目，按货物的市场销售公允价值加上相关税款后的数额，借记“应付职工薪酬”等科目，按照货物的正常市场销售公允价值，贷记“主营业务收入”等科目。在确认销售收入的同时，一并结转销售成本。

（2）将应税货物用于对外投资、分配股利。

纳税人将自产、委托加工的货物用于对外投资、分配股利时，按税法规定应于货物移送时，按正常的市场公允价值作为计税销售额，并计提增值税销项税额，借记“长期股权投资”“应付股利”等科目，贷记“主营业务收入”“其他业务收入”和“应交税费——应交增值税（销项税额）”科目；同时，借记“主营业务成本”“其他业务成本”科目，贷记“库存商品”“周转材料”“原材料”等科目。

（3）将应税货物用于对外捐赠。

纳税人将自产、委托加工或购买的货物用于对外捐赠，无论是公益性捐赠还是非公益性捐赠，均应于货物移送时按视同销售处理，按其正常对外销售的市场公允价值计提增值税销项税额，贷记“应交税费——应交增值税（销项税额）”科目，按对外捐赠货物的账面余额，贷记“库存商品”等科目，按对外捐赠货物的账面成本与相关税费之和，借记“营业外支出”科目。

（4）无偿提供服务。

单位或者个体工商户向其他单位或者个人无偿提供服务的（用于公益事业或者以社会公众为对象的除外），应当视同销售服务，按照所提供服务的正常市场公允价值计提增值税销项税额，借记“营业外支出”“销售费用”等科目，贷记“应交税费——应交增值税（销项税额）”等科目。

【业务解析 2-27】

1. 业务资料

见【业务解析 2-3】。

2. 工作要求

编制该公司捐赠业务的会计分录。

3. 解析过程

根据【业务解析 2-3】的计算结果，两项捐赠的销项税额为 12 220 元，彩电的实际成本 = 10 × 3 500 = 35 000（元），空调的实际成本 = 8 × 5 000 = 40 000（元）。

借：营业外支出　87 220

　　贷：库存商品——彩电　35 000

　　　　　　　　——空调　40 000

　　　　应交税费——应交增值税（销项税额）　12 220

（5）无偿转让无形资产或者不动产。

单位或者个人向其他单位或者个人无偿转让无形资产或者不动产（用于公益事业或者以社会公众为对象的除外）的，应当视同销售无形资产或者不动产，按照正常销售无形资产或者不动产的市场公允价值计提增值税销项税额。

无偿转让无形资产时，借记“营业外支出”“累计摊销”等科目，贷记“无形资产”“应交税费——应交增值税（销项税额）”等科目。无偿转让不动产时，借记“固定资产清理”科目，贷记“应交税费——应交增值税（销项税额）”科目。

4. 差额征税

按现行增值税制度规定企业发生相关成本费用允许扣减销售额的，发生成本费用时，按应付或实际支付的金额，借记“主营业务成本”“材料采购”“原材料”“库存商品”“开发成本”“工程施工”等科目，贷记“应付账款”“应付票据”“银行存款”等科目。

待取得合规增值税扣税凭证且纳税义务发生时，按照允许抵扣的税额，借记“应交税费——应交增值税（销项税额抵减）”科目，贷记“主营业务成本”“材料采购”“原材料”“库存商品”“开发成本”“工程施工”等科目。差额征税项目产生的“少交增值税”

收益，不是增加收入类科目，而是冲减成本费用类科目。销项税额抵减额的计算公式为：

销项税额抵减额 = 服务、无形资产或不动产扣除项目本期实际扣除金额 ÷ (1 + 税率或征收率) × 税率或征收率

上式中的“税率”是指应税行为适用的税率。

5. 金融商品转让

金融商品实际转让月末，如产生转让收益，则按应纳税额借记“投资收益”等科目，贷记“应交税费——转让金融商品应交增值税”科目；如产生转让损失，则按可结转下月抵扣税额，借记“应交税费——转让金融商品应交增值税”科目，贷记“投资收益”等科目。

缴纳增值税时，应借记“应交税费——转让金融商品应交增值税”科目，贷记“银行存款”科目。

【业务解析 2-28】

1. 业务资料

见【业务解析 2-4】。

2. 工作要求

为该公司编制相关会计分录。

3. 解析过程

(1) 实现旅游收入，确认销项税额 = 159 ÷ (1 + 6%) × 6% = 9（万元）。

借：银行存款　　1 590 000

　　贷：主营业务收入　　1 500 000

　　　　应交税费——应交增值税（销项税额）　　90 000

(2) 向其他单位支付住宿费等费用。

借：主营业务成本　　1 166 000

　　贷：银行存款　　1 166 000

(3) 销项税额抵减额 = (80.2 + 16.2 + 14.1 + 6.1) ÷ (1 + 6%) × 6% = 6.6（万元）。

借：应交税费——应交增值税（销项税额抵减）　　66 000

　　贷：主营业务成本　　66 000

年末，“应交税费——转让金融商品应交增值税”如有借方余额，则借记“投资收益”等科目，贷记“应交税费——转让金融商品应交增值税”科目。

（三）简易计税方法下的会计处理

1. 一般销售

(1) 正常销售业务的账务处理。

企业销售货物、劳务、服务、无形资产或不动产，应当按应收或已收的金额，借记“应收账款”“应收票据”“银行存款”等科目，按取得的收入金额，贷记“主营业务收入”“其他业务收入”“固定资产清理”“工程结算”等科目，按照简易计税方法计算的应纳税额，贷记“应交税费——简易计税”科目。

发生销售退回的，应根据按规定开具的红字增值税专用发票做相反的会计分录。

（2）收入确认时点早于纳税义务发生时点的账务处理。

按照国家统一的会计制度确认收入或利得的时点早于按照增值税制度确认增值税纳税义务发生时点的，应将相关销项税额计入“应交税费——待转销项税额”科目，待实际发生纳税义务时再转入“应交税费——简易计税”科目。

（3）纳税义务发生时点早于收入确认时点的账务处理。

按照增值税制度确认增值税纳税义务发生时点早于按照国家统一的会计制度确认收入或利得时点的，应将应纳增值税额，借记“应收账款”等科目，贷记“应交税费——简易计税”等科目，按照国家统一的会计制度确认收入或利得时，应按扣除增值税销项税额后的金额确认收入。

2. 视同销售

企业发生税法上视同销售的行为，应当按照企业会计准则相关规定进行相应的会计处理，并按照简易计税方法计算的应纳增值税额，借记“营业外支出”“应付职工薪酬”“应付股利”“长期股权投资”等科目，贷记“应交税费——简易计税”科目。

3. 差额征税

按现行增值税制度规定企业发生相关成本费用允许扣减销售额的，发生成本费用时，按应付或实际支付的金额，借记“主营业务成本”“存货”“工程施工”等科目，贷记“应付账款”“应付票据”“银行存款”等科目。待取得合规增值税扣税凭证且纳税义务发生时，按照允许抵扣的税额，借记“应交税费——简易计税”科目，贷记“主营业务成本”“存货”“工程施工”等科目。

【业务解析 2-29】

1. 业务资料

见【业务解析 2-5】。

2. 工作要求

（1）编制开具增值税专用发票确认收入时的会计分录。

（2）编制计提和支付工资、社会保险及住房公积金时的会计分录。

（3）编制取得合规增值税扣税凭证抵扣税额时的会计分录。

（4）编制缴纳应纳税额时的会计分录。

3. 解析过程

（1）确认收入时的会计分录。

科目	借方	贷方
借：银行存款	535 500	
贷：主营业务收入		510 000
应交税费——简易计税		25 500

（2）计提和支付工资、社会保险及住房公积金时的会计分录。

科目	借方	贷方
借：主营业务成本	525 000	
贷：应付职工薪酬——工资		231 000
——社会保险费		189 000
——住房公积金		105 000

借：应付职工薪酬——工资　　231 000
　　　　　　　——社会保险费　　189 000
　　　　　　　——住房公积金　　105 000
　贷：银行存款　　525 000

(3) 抵扣税额时的会计分录。

借：应交税费——简易计税　　25 000
　贷：主营业务成本　　25 000

(4) 编制缴纳应纳税额时的会计分录。

借：应交税费——简易计税　　500
　贷：银行存款　　500

（四）应纳税额减征额的会计处理

按现行增值税制度规定，一般纳税企业初次购买增值税税控系统专用设备支付的费用以及缴纳的技术维护费允许在增值税应纳税额中全额抵减的，按规定抵减的增值税应纳税额，借记“应交税费——应交增值税（减免税款）”科目，贷记“管理费用”等科目。

（五）预缴税额的会计处理

1. 一般计税方法下预缴增值税

企业预缴增值税时，借记“应交税费——预交增值税”科目，贷记“银行存款”科目。月末，企业应将“预交增值税”明细科目余额转入“未交增值税”明细科目，借记“应交税费——未交增值税”科目，贷记“应交税费——预交增值税”科目。

房地产开发企业等在预缴增值税后，应直至纳税义务发生时方可从“应交税费——预交增值税”科目结转至“应交税费——未交增值税”科目。

【业务解析 2-30】

1. 业务资料

见【业务解析 2-10】。

2. 工作要求

(1) 编制预缴增值税时的会计分录。

(2) 编制 2019 年 7 月末结转预缴税额的会计分录。

3. 解析过程

(1) 预缴增值税时的会计分录。

借：应交税费——预交增值税　　840 000
　贷：银行存款　　840 000

(2) 月末结转预缴税额的会计分录。

借：应交税费——未交增值税　　840 000
　贷：应交税费——预交增值税　　840 000

2. 简易计税方法下预缴增值税

企业发生简易计税项目预缴增值税时，借记“应交税费——简易计税”科目，贷记“银行存款”科目。

比较一般纳税人的一般计税方法和简易计税方法，可以发现两者的计税方法存在差异，而且两种计税方法下销售业务（不含转让金融商品）的账务处理也存在差异，具体如表2-8所示。

表2-8 一般纳税人在一般计税方法和简易计税方法下销售业务的账务处理

项目	一般计税方法	简易计税方法
销项税额/应纳增值税额	销项税额，贷记“应交税费——应交增值税（销项税额）”科目	应纳增值税额，贷记“应交税费——简易计税”科目
会计制度确认收入或利得的时点早于按照增值税制度确认增值税纳税义务发生时点	先在“应交税费——待转销项税额”科目核算，后转入“应交税费——应交增值税（销项税额）”科目	先在“应交税费——待转销项税额”科目核算，后转入“应交税费——简易计税”科目
增值税制度确认增值税纳税义务发生时点早于会计制度确认收入或利得的时点	销项税额，贷记“应交税费——应交增值税（销项税额）”科目	应纳增值税额，贷记“应交税费——简易计税”科目
视同销售	销项税额，贷记“应交税费——应交增值税（销项税额）”科目	应纳增值税额，贷记“应交税费——简易计税”科目
差额征税，按照允许抵减的税额	借记“应交税费——应交增值税（销项税额抵减）”科目	借记“应交税费——简易计税”科目
预缴增值税	借记“应交税费——预交增值税”科目	借记“应交税费——简易计税”科目

（六）月末转出多交增值税和未交增值税的会计处理

月度终了，企业应当将当月应交未交或多交的增值税自“应交增值税”明细科目转入“未交增值税”明细科目。经过结转后，月份终了“应交税费——应交增值税”科目的余额，反映企业尚未抵扣的增值税。

对于当月应交未交的增值税，借记“应交税费——应交增值税（转出未交增值税）”科目，贷记“应交税费——未交增值税”科目；对于当月多交的增值税，借记“应交税费——未交增值税”科目，贷记“应交税费——应交增值税（转出多交增值税）”科目。

（七）缴纳增值税的会计处理

1. 缴纳当月应交增值税的账务处理

企业缴纳当月应交的增值税，借记“应交税费——应交增值税（已交税金）”科目，贷记“银行存款”科目。

2. 缴纳以前期间未交增值税的账务处理

企业缴纳以前期间未交的增值税，借记“应交税费——未交增值税”科目，贷记“银行存款”科目。

生产、生活性服务业一般纳税人实际缴纳增值税时，按应纳税额借记“应交税费——未交增值税”等科目，按实际纳税金额贷记“银行存款”科目，按加计抵减的金额贷记“其他收益”科目。

【业务解析 2-31】

1. 业务资料

见【业务解析 2-12】。

2. 工作要求

(1) 编制每笔经济业务涉及增值税的会计分录。

(2) 填制原始凭证《应交未交增值税额计算表》(表 2-9)，编制结转应交未交增值税的会计分录。

(3) 编制月末结转预交增值税的会计分录。

(4) 计算月末“未交增值税”“转让金融商品应交增值税”“简易计税”明细科目的余额。

3. 解析过程

(1) 每笔经济业务的会计分录。

业务①：销售使用过的设备，不含税销售额 = 10 300 ÷ (1 + 3%) = 10 000 (元)，应纳税额 = 10 000 × 3% = 300 (元)，应纳税额减征额 = 10 000 × 1% = 100 (元)，实际应纳税额 = 300 − 100 = 200 (元)。

借：银行存款　　10 300
　　贷：固定资产清理　　10 100
　　　　应交税费——简易计税　　200

业务②：接受关联企业投资转入原材料。

借：原材料　　1 000 000
　　应交税费——应交增值税 (进项税额)　　130 000
　　贷：实收资本　　1 130 000

业务③：购料付款，材料未到。

借：在途物资　　3 000 000
　　应交税费——应交增值税 (进项税额)　　390 000
　　贷：银行存款　　3 390 000

业务④：材料入库，支付运费。

借：原材料　　3 050 000
　　应交税费——应交增值税 (进项税额)　　4 500
　　贷：银行存款　　54 500
　　　　在途物资　　3 000 000

业务⑤：销售产品，收取的运杂费属于价外费用，应换算成不含税销售额，销售额 = 56 500 ÷ (1 + 13%) = 50 000 (元)，销项税额 = 50 000 × 13% = 6 500 (元)。

借：银行存款　　9 096 500
　　贷：主营业务收入　　8 050 000
　　　　应交税费——应交增值税 (销项税额)　　1 046 500

业务⑥：支付税控系统专用设备技术维护费。

借：管理费用　　400

　　贷：库存现金　　400

借：应交税费——应交增值税（减免税款）　　400

　　贷：管理费用　　400

业务⑦：购买设备投入使用。

借：固定资产　　2 000 000

　　应交税费——应交增值税（进项税额）　　260 000

　　贷：银行存款　　2 260 000

业务⑧：采购农产品。

借：原材料　　819 000

　　应交税费——应交增值税（进项税额）　　81 000

　　贷：银行存款　　900 000

业务⑨：将新试制产品用于发放职工福利。

借：应付职工薪酬　　1 491 600

　　贷：主营业务收入　　1 320 000

　　　　应交税费——应交增值税（销项税额）　　171 600

借：主营业务成本　　1 200 000

　　贷：库存商品　　1 200 000

业务⑩：购进物资用于新建不动产在建工程。

借：在建工程　　400 000

　　应交税费——应交增值税（进项税额）　　52 000

　　贷：银行存款　　452 000

业务⑪：出租一处房产，预缴税额 $=21\,800\div(1+9\%)\times3\%=600$（元），销项税额 $=21\,800\div(1+9\%)\times9\%=1\,800$（元）。

借：应交税费——预交增值税　　600

　　贷：银行存款　　600

借：银行存款　　21 800

　　贷：其他业务收入　　20 000

　　　　应交税费——应交增值税（销项税额）　　1 800

业务⑫：销售一处仓库，含税销售额 $=700\,000-674\,800=25\,200$（元），预缴税额 $=25\,200\div(1+5\%)\times5\%=1\,200$（元），应纳税额 $=25\,200\div(1+5\%)\times5\%=1\,200$（元）。

借：应交税费——简易计税　　1 200

　　贷：银行存款　　1 200

借：银行存款　　700 000

　　贷：固定资产清理　　698 800

　　　　应交税费——简易计税　　1 200

业务⑬：转让一项非专利技术，属于免征增值税项目。

借：银行存款　　530 000
　　累计摊销　　370 000
　　贷：无形资产　　800 000
　　　　资产处置损益　　100 000

业务⑭：处置一笔交易性金融资产，金融商品转让的含税销售额 = 30 000 - 19 400 = 10 600（元），销项税额 = 10 600 ÷ (1 + 6%) × 6% = 600（元）。

借：投资收益　　600
　　贷：应交税费——转让金融资产应交增值税　　600

业务⑮：发现原材料盘亏。

借：待处理财产损益　　236 900
　　贷：原材料　　210 000
　　　　应交税费——应交增值税（进项税额转出）　　26 900

(2) 填制原始凭证，结转应交未交增值税的会计分录。

销项税额 = 1 046 500（业务⑤）+ 171 600（业务⑨）+ 1 800（业务⑪）= 1 219 900（元）

进项税额 = 130 000（业务②）+ 390 000（业务③）+ 4 500（业务④）+ 260 000（业务⑦）+ 81 000（业务⑧）+ 52 000（业务⑩）= 917 500（元）

上月留抵税额 = 2 100（元）

进项税额转出 = 26 900（业务⑮）（元）

减免税款 = 400（业务⑥）（元）

应交未交的增值税税额 = (销项税额 + 进项税额转出) - (上月留抵税额 + 进项税额 + 减免税款) = (1 219 900 + 26 900) - (1 400 + 917 500 + 400) = 1 246 800 - 920 000 = 326 800（元）

根据上述分析和计算结果，填制原始凭证《应交未交增值税额计算表》，如表 2-9 所示。

表 2-9　应交未交增值税计算表

2019 年 1 月　　　　金额单位：元

项目	栏次	金额
销项税额	1	1 219 900
进项税额转出	2	26 900
上期留抵税额	3	2 100
进项税额	4	917 500
减免税款	5	400
本月应交未交的增值税额	6 = 1 + 2 - 3 - 4 - 5	326 800

会计主管：王小悦　　　　制单：赵之帅

以表 2-9 为原始凭证编制记账凭证，其会计分录如下：

借：应交税费——应交增值税（转出未交增值税）　　326 800
　　贷：应交税费——未交增值税　　326 800

(3) 结转预交增值税的会计分录。

借：应交税费——未交增值税　　600

　　贷：应交税费——预交增值税　　600

(4) 月末明细科目余额。

“未交增值税”明细科目贷方余额 = 326 800 − 600 = 326 200（元）

“转让金融商品应交增值税”明细科目贷方余额 = 600（元）

“简易计税”明细科目贷方余额 = 200 − 1 200 + 1 200 = 200（元）

任务 2-4　增值税纳税申报

一、纳税义务发生时间

增值税纳税义务发生时间是指纳税人发生应纳增值税行为应当承担纳税义务的发生时间。增值税纳税义务、扣缴义务发生时间如下。

(1) 纳税人销售货物、劳务、服务、无形资产或不动产，其纳税义务发生时间为收讫销售款或者取得索取销售款凭据的当天；先开具发票的，为开具发票的当天。

“收讫销售款”是指纳税人销售货物、劳务、服务、无形资产、不动产过程中或者完成后收到款项。

“取得索取销售款凭据的当天”是指书面合同确定的付款日期；未签订书面合同或者书面合同未确定付款日期的，为货物、劳务、服务、无形资产转让完成的当天或者不动产权属变更的当天。

(2) 纳税人提供租赁服务采取预收款方式的，其纳税义务发生时间为收到预收款的当天。

(3) 纳税人从事金融商品转让的，为金融商品所有权转移的当天。

(4) 纳税人发生视同销售情形的，其纳税义务发生时间为货物移送的当天，服务、无形资产转让完成的当天或者不动产权属变更的当天。

(5) 采取直接收款方式销售货物，不论货物是否发出，均为收到销售款或者取得索取销售款凭据的当天。

(6) 采取托收承付和委托银行收款方式销售货物，为发出货物并办妥托收手续的当天。

(7) 采取赊销和分期收款方式销售货物，为书面合同约定的收款日期的当天，无书面合同的或者书面合同没有约定收款日期的，为货物发出的当天。

(8) 采取预收货款方式销售货物，为货物发出的当天，但销售生产工期超过 12 个月的大型机械设备、船舶、飞机等货物，为收到预收款或者书面合同约定的收款日期的当天。

(9) 委托其他纳税人代销货物，为收到代销单位的代销清单或者收到全部或部分货款的当天。未收到代销清单及货款的，为发出代销货物满 180 天的当天。

(10) 增值税扣缴义务发生时间为纳税人增值税纳税义务发生的当天。

(11) 纳税人进口货物，其纳税义务发生时间为报关进口的当天。

二、纳税期限

纳税人发生增值税纳税义务后，应在规定的纳税期内缴纳税款。

增值税的纳税期限分别为1日、3日、5日、10日、15日、1个月或者1个季度。纳税人的具体纳税期限，由主管税务机关根据纳税人应纳税额的大小分别核定。以1个季度为纳税期限的规定适用于小规模纳税人、银行、财务公司、信托投资公司、信用社，以及财政部和国家税务总局规定的其他纳税人。不能按照固定期限纳税的，可以按次纳税。

增值税小规模纳税人缴纳增值税、消费税、文化事业建设费，以及随增值税、消费税附征的城市维护建设税、教育费附加等税费，原则上实行按季申报。

纳税人以1个月或者1个季度为1个纳税期的，自期满之日起15日内申报纳税；以1日、3日、5日、10日或者15日为1个纳税期的，自期满之日起5日内预缴税款，于次月1日起15日内申报纳税并结清上月应纳税款。

扣缴义务人解缴税款的期限，按照前两款规定执行。

纳税人进口货物，应当自海关填发《海关进口增值税专用缴款书》之日起15日内缴纳税款。

三、纳税地点

我国税法规定的纳税地点主要是机构所在地、居住地、经济活动发生地、报关地等。

(1) 固定业户应当向其机构所在地的主管税务机关申报纳税。总机构和分支机构不在同一县（市、区）的，应当分别向各自所在地的主管税务机关申报纳税；经国务院财政、税务主管部门或者其授权的财政、税务机关批准，可以由总机构汇总向总机构所在地的主管税务机关申报纳税。

(2) 固定业户到外县（市、区）销售货物或者劳务，应当向其机构所在地的主管税务机关报告外出经营事项，并向其机构所在地的主管税务机关申报纳税；未报告的，应当向销售地或者劳务发生地的主管税务机关申报纳税；未向销售地或者劳务发生地的主管税务机关申报纳税的，由其机构所在地的主管税务机关补征税款。

(3) 非固定业户应当向销售地、劳务发生地或者应税行为发生地的主管税务机关申报纳税；未向销售地、劳务发生地或者应税行为发生地的主管税务机关申报纳税的，由其机构所在地或者居住地主管税务机关补征税款。

(4) 其他个人提供建筑服务，销售或者租赁不动产，转让自然资源使用权，应向建筑服务发生地、不动产所在地、自然资源所在地主管税务机关申报纳税。

(5) 进口货物，应当向报关地海关申报纳税。

(6) 扣缴义务人应当向其机构所在地或者居住地的主管税务机关申报缴纳扣缴的税款。

(7) 纳税人跨县（市、区）提供建筑服务，向建筑服务发生地主管税务机关预缴税款（2%、3%），向机构所在地主管税务机关进行纳税申报。

（8）纳税人销售不动产，应按规定的计税方法向不动产所在地主管税务机关预缴税款，向机构所在地主管税务机关进行纳税申报。

（9）纳税人出租不动产，不动产所在地与机构所在地不在同一县（市、区）的，向不动产所在地主管税务机关预缴税款，向机构所在地主管税务机关申报纳税；不动产所在地与机构所在地在同一县（市、区）的，纳税人向机构所在地主管税务机关申报纳税。

（10）纳税人采取预收款方式销售自行开发的房地产项目，在取得预收款的次月纳税申报期向主管税务机关预缴税款，按照规定的纳税义务发生时间向主管税务机关申报纳税。

【选项辨析 2-7】

关于增值税纳税义务发生时间、纳税期限和纳税地点，下列说法正确的有（　　）。

A. 提供租赁服务采取预收款方式的，纳税义务发生时间为收到预收款的当天

B. 发生视同销售不动产情形的，纳税义务发生时间为不动产权属变更的当天

C. 以 1 个季度为增值税纳税期限，适用于小规模纳税人

D. 跨县（市、区）提供建筑服务，应向建筑服务发生地主管税务机关预缴税款

四、小规模纳税人的纳税申报

按季度申报纳税的小规模纳税人，每个月都需要使用税控设备登录系统完成自动抄报税，每季度登录网上申报软件进行网上申报，网上申报成功并通过税银联网实时扣缴税款。

（一）纳税申报表及其附列资料

（1）《增值税纳税申报表（小规模纳税人适用）》（表 2-10）。

相比一般纳税人，小规模纳税人的纳税申报表较为简单。从项目来看，包括计税依据、税款计算两部分；从征税对象来看，分为货物及劳务和服务、不动产和无形资产两部分。

（2）《增值税纳税申报表（小规模纳税人适用）附列资料》（表 2-11）。

小规模纳税人销售服务，在确定服务销售额时，按照有关规定可以从取得的全部价款和价外费用中扣除价款的，需填报附列资料。其他情况不填写该附列资料。

（3）《增值税减免税申报明细表》（表 2-12）。

本表由享受增值税减免税优惠政策的一般纳税人和小规模纳税人填写。仅享受月销售额不超过 3 万元（按季纳税 9 万元）免征增值税政策或未达起征点的增值税小规模纳税人不需填报本表。

（4）《增值税预缴税款表》（表 2-13）。

本表由发生以下情形按规定需要预缴增值税的纳税人填写：① 纳税人（不含其他个人）跨县（市、区）提供建筑服务；② 房地产开发企业预售自行开发的房地产项目；③ 纳税人（不含其他个人）出租与机构所在地不在同一县（市、区）的不动产。

（二）《增值税纳税申报表（小规模纳税人适用）》（表2-10）填写说明

1. 第1栏“应征增值税不含税销售额（3%征收率）”

本栏填写本期销售货物及劳务、发生应税行为适用3%征收率的不含税销售额，不包括应税行为适用5%征收率的不含税销售额、销售使用过的固定资产和销售旧货的不含税销售额、免税销售额、出口免税销售额、查补销售额。

纳税人发生适用3%征收率的应税行为且有扣除项目的，本栏填写扣除后的不含税销售额，与附列资料第8栏数据一致。

2. 第4栏“应征增值税不含税销售额（5%征收率）”

本栏填写本期发生应税行为适用5%征收率的不含税销售额。纳税人发生适用5%征收率应税行为且有扣除项目的，本栏填写扣除后的不含税销售额，与附列资料第16栏数据一致。

3. 第7栏“销售使用过的固定资产不含税销售额”

本栏填写销售自己使用过的固定资产（不含不动产）和销售旧货的不含税销售额，销售额＝含税销售额÷（1＋3%）。

4. 第9栏“免税销售额”

本栏填写销售免征增值税的货物及劳务、应税行为的销售额，不包括出口免税销售额。应税行为有扣除项目的纳税人，填写扣除之前的销售额。

5. 第10栏“小微企业免税销售额”

本栏填写符合小微企业免征增值税政策的免税销售额，不包括符合其他增值税免税政策的销售额。个体工商户和其他个人不填写本栏次。

6. 第11栏“未达起征点销售额”

本栏填写个体工商户和其他个人未达起征点（含支持小微企业免征增值税政策）的免税销售额，不包括符合其他增值税免税政策的销售额。本栏次由个体工商户和其他个人填写。

7. 第12栏“其他免税销售额”

本栏填写销售免征增值税的货物及劳务、应税行为的销售额，不包括符合小微企业免征增值税和未达起征点政策的免税销售额。

本栏“本期数”＝《增值税减免税申报明细表》第7栏“合计”对应的第1列“免征增值税项目销售额”

8. 第16栏“本期应纳税额减征额”

本栏填写本期按照税法规定减征的增值税应纳税额，包括可在应纳税额中全额抵减的税控系统专用设备费用以及技术维护费、可在应纳税额中抵免的购置税控收款机的增值税税额。

本栏“本期数”＝《增值税减免税申报明细表》第1栏“合计”对应的第4列“本期实际抵减税额”

当本期应纳税额减征额小于或等于第 15 栏“本期应纳税额”时，按本期减征额实际填写；当本期减征额大于第 15 栏“本期应纳税额”时，按本期第 15 栏填写，本期减征额不足抵减部分结转下期继续抵减。

9. 第 17 栏“本期免税额”

本栏填写本期增值税免税额，免税额根据第 9 栏“免税销售额”和征收率计算。

10. 第 18 栏“小微企业免税额”

本栏填写符合小微企业免征增值税政策的增值税免税额，免税额根据第 10 栏“小微企业免税销售额”和征收率计算。

11. 第 19 栏“未达起征点免税额”

本栏填写个体工商户和其他个人未达起征点（含支持小微企业免征增值税政策）的增值税免税额，免税额根据第 11 栏“未达起征点销售额”和征收率计算。

12. 第 21 栏“本期预缴税额”

本栏填写本期预缴的增值税额，不包括查补缴纳的增值税额。

（三）纳税申报注意事项

（1）“货物及劳务”列与“服务、不动产和无形资产”列分别填写对应的收入，填报列有错会影响税款的属性，还会影响一般纳税人的认定。

（2）如果可以享受小微企业税收优惠政策，则直接将收入填写在第 9 行以下，第 1～8 行不填写数据。

（3）自行开具增值税专用发票的小规模纳税人，应将当期开具专用发票的销售额按照 3% 和 5% 的征收率，分别填写在《增值税纳税申报表（小规模纳税人适用）》第 2 栏和第 5 栏“税务机关代开的增值税专用发票不含税销售额”的“本期数”相应栏次中。

（4）差额征税的小规模纳税人，要按照差额征税前的收入来计算判断是否享受小微企业税收优惠政策。

实务操作 2-1

1. 实务资料

潍坊亚东经贸有限公司为小规模纳税人，纳税人识别号：91370723930601458A，开户银行：中国工商银行潍坊青年路支行，账号：3700282330045060135，法定代表人：章向梅，会计主管：李晓月，办税员：赵有森。增值税纳税期限为 1 个季度。

2018 年第四季度发生的经济业务及其账务处理，见【业务解析 2-15】【业务解析 2-17】。

第四季度的应补（退）税额于次月 15 日通过开户银行划转国库，并取得了“电子缴税付款凭证”（表 2-14）。

2. 操作要求

（1）填写纳税申报表及其附列资料。

（2）编制实际缴纳增值税的会计分录。

3. 操作过程

（1）填写纳税申报表及其附列资料。

① 填写《增值税预缴税款表》（表2-13）。

根据业务⑦，填写第3栏“出租不动产”，销售额＝120 000元，预征率＝5%，预征税额＝6 000元。

② 填写《增值税减免税申报明细表》（表2-12）。

根据业务①，填写“减税项目”的本期发生额200元，同时完成表内相关栏次的计算。

根据业务③，填写“免税项目”的销售额10 000元，同时完成表内相关栏次的填写。

③ 填写《增值税纳税申报表（小规模纳税人适用）附列资料》第9～16栏（表2-11）。

根据业务⑧，填写第13栏含税收入52.5万元、第11栏本期扣除额42万元。根据表内公式，完成表内其余相关栏次的计算。

④ 填写主表“本期数——货物及劳务”列（表2-10）。

根据业务②、业务④，第1栏“应征增值税不含税销售额（3%征收率）”＝90 000＋30 000＝120 000（元），其中，第2栏＝90 000（元），第3栏＝30 000（元）。

根据业务①，第7栏“销售使用过的固定资产不含税销售额”＝20 000（元）。

根据业务③，第12栏＝第9栏＝10 000（元），第15栏＝(120 000＋20 000)×3%＝4 200（元）。

根据业务①，第16栏“本期应纳税额减征额”＝200（元），第17栏“本期免税额”＝第9栏10 000×3%＝300（元），第20栏＝4 200－200＝4 000（元）。

根据业务②，第21栏“本期预缴税额”＝2 700（元），第22栏“本期应补（退）税额”＝4 000－2 700＝1 300（元）。

⑤ 填写主表“本期数——服务、不动产和无形资产”列（表2-10）。

根据业务⑤、业务⑥，第1栏“应征增值税不含税销售额（3%征收率）”＝10 000＋5 000＝15 000（元），其中，第2栏＝10 000（元）。

根据业务⑦、业务⑧，第4栏“应征增值税不含税销售额（5%征收率）”＝120 000＋100 000＝220 000（元），其中，第5栏＝100 000（元），第6栏＝120 000（元），第15栏＝15 000×3%＋220 000×5%＝11 450（元），第20栏＝11 450－0＝11 450（元）。

根据业务⑤、业务⑦、业务⑧，第21栏“本期预缴税额”＝300＋6 000＋5 000＝11 300（元），第22栏“本期应补（退）税额”＝11 450－11 300＝150（元）。

⑥ 本季度，应补（退）税额合计＝1 300＋150＝1 450（元）。

实际工作中，通过网上申报软件进行网上申报，申报成功后通过税银联网扣缴税款。

表 2-10　增值税纳税申报表（小规模纳税人适用）

纳税人识别号：91370723930601458A

纳税人名称：（公章）潍坊亚东经贸有限公司　　　　金额单位：元（列至角分）

税款所属时间：2018 年 10 月 1 日至 2018 年 12 月 31 日　　　　填表日期：2019 年 1 月 15 日

	项　目	栏次	本期数		本年累计	
			货物及劳务	服务、不动产和无形资产	货物及劳务	服务、不动产和无形资产
一、计税依据	（一）应征增值税不含税销售额（3%征收率）	1	120 000	15 000		
	其中：税务机关代开的增值税专用发票不含税销售额	2	90 000	10 000		
	税控器具开具的普通发票不含税销售额	3	30 000			
	（二）应征增值税不含税销售额（5%征收率）	4	—	220 000	—	
	其中：税务机关代开的增值税专用发票不含税销售额	5	—	100 000	—	
	税控器具开具的普通发票不含税销售额	6	—	120 000	—	
	（三）销售使用过的固定资产不含税销售额	7（7≥8）	20 000	—		—
	其中：税控器具开具的普通发票不含税销售额	8		—		—
	（四）免税销售额	9＝10＋11＋12	10 000			
	其中：小微企业免税销售额	10				
	未达起征点销售额	11				
	其他免税销售额	12	10 000			
	（五）出口免税销售额	13（13≥14）				
	其中：税控器具开具的普通发票销售额	14				
二、税款计算	本期应纳税额	15	4 200	11 450		
	本期应纳税额减征额	16	200			
	本期免税额	17	300			
	其中：小微企业免税额	18				
	未达起征点免税额	19				
	应纳税额合计	20＝15－16	4 000	11 450		
	本期预缴税额	21	2 700	11 300	—	—
	本期应补（退）税额	22＝20－21	1 300	150	—	—

续表

纳税人或代理人声明：	如纳税人填报，由纳税人填写以下各栏：
本纳税申报表是根据国家税收法律法规及相关规定填报的，我确定它是真实的、可靠的、完整的。	办税人员：赵有森　　财务负责人：李晓月 法定代表人：章向梅　　联系电话：
	如委托代理人填报，由代理人填写以下各栏：
	代理人名称（公章）：　　经办人： 联系电话：

主管税务机关：　　接收人：　　接收日期：

表 2-11　增值税纳税申报表（小规模纳税人适用）附列资料

税款所属时间：2018 年 10 月 1 日至 2018 年 12 月 31 日　　填表日期：2019 年 1 月 15 日

纳税人名称：（公章）潍坊亚东经贸有限公司　　金额单位：元（列至角分）

应税行为（3%征收率）扣除额计算			
期初余额	本期发生额	本期扣除额	期末余额
1	2	3（3≤1+2 之和，且 3≤5）	4=1+2-3
应税行为（3%征收率）计税销售额计算			
全部含税收入（适用 3%征收率）	本期扣除额	含税销售额	不含税销售额
5	6=3	7=5-6	8=7÷1.03
应税行为（5%征收率）扣除额计算			
期初余额	本期发生额	本期扣除额	期末余额
9	10	11（11≤9+10 之和，且 11≤13）	12=9+10-11
0	420 000	420 000	0
应税行为（5%征收率）计税销售额计算			
全部含税收入（适用 5%征收率）	本期扣除额	含税销售额	不含税销售额
13	14=11	15=13-14	16=15÷1.05
525 000	420 000	105 000	100 000

表 2-12　增值税减免税申报明细表

税款所属时间：2018 年 10 月 1 日至 2018 年 12 月 31 日

纳税人名称：（公章）潍坊亚东经贸有限公司　　金额单位：元（列至角分）

一、减税项目						
减税性质代码及名称	栏次	期初余额	本期发生额	本期应抵减税额	本期实际抵减税额	期末余额
		1	2	3=1+2	4≤3	5=3-4
合计	1	0	200	200	200	0
01129924 已使用固定资产减征增值税	2	0	200	200	200	0

续表

	3					
二、免税项目						
免税性质代码及名称	栏次	免征增值税项目销售额	免税销售额扣除项目本期实际扣除金额	扣除后免税销售额	免税销售额对应的进项税额	免税额
		1	2	3＝1－2	4	5
合计	7	10 000	0	10 000		300
出口免税	8		——	——	——	——
	9		——	——	——	——
01010504 蔬菜免征增值税优惠	10	10 000	0	10 000		300
	11					
	12					

表 2-13　增值税预缴税款表

税款所属时间：2018 年 10 月 1 日至 2018 年 12 月 31 日

纳税人识别号：9 1 3 7 0 7 2 3 9 3 0 6 0 1 4 5 8 A

是否适用一般计税方法：　　是☑　　否□

纳税人名称：（公章）潍坊亚东经贸有限公司　　金额单位：元（列至角分）

项目编号			项目名称		
项目地址		潍坊高新区金马路 2001 号			
一、预征项目					
预征项目和栏次		销售额	扣除金额	预征率	预征税额
		1	2	3	4
建筑服务	1				
销售不动产	2				
出租不动产	3	126 000		5%	6 000
	4				
	5				
合计	6	126 000			6 000
授权声明	如果你已委托代理人填报，请填写下列资料： 为代理一切税务事宜，现授权　　　（地址）为本次纳税人的代理填报人，任何与本表有关的往来文件，都可寄予此人。 授权人签字：		填表人申明	以上内容是真实的、可靠的、完整的。 纳税人签字：	

（2）实际缴纳增值税的会计分录。

表 2-14 **中国工商银行电子缴税付款凭证**

转账日期：2019 年 1 月 15 日 凭证字号：

纳税人全称及纳税人识别号：	潍坊亚东经贸有限公司 91370723930601458A		
付款人全称：	潍坊亚东经贸有限公司		
付款人账号：	3700282330045060135	征收机关名称：	国家税务总局潍坊市西城区税务局南关分局
付款人开户银行：	中国工商银行潍坊青年路支行	收款国库名称：	国家金库潍坊西城区支库
小写（金额）合计：	¥1450.00	缴款书交易流水号：	
大写（金额）合计：	人民币壹仟肆佰伍拾元整	税票号码：	
税（费）种名称	所属时期	实缴金额	
增值税	20181001—20181231	¥1450.00	

以表 2-14 为原始凭证编制记账凭证，其会计分录如下：

借：应交税费——应交增值税　　1 450

　　贷：银行存款　　1 450

五、一般纳税人的纳税申报

增值税一般纳税人不论当期是否发生应税行为，均应按规定进行纳税申报，申报期一般为次月 1 日至 15 日。

（一）纳税申报资料

一般纳税人的纳税申报资料包括纳税申报表及其附列资料和纳税申报其他资料。纳税申报表及其附列资料为必报资料，其他资料的报备要求由各省、自治区、直辖市和计划单列市税务局确定。

1. 必报资料

（1）《增值税纳税申报表（一般纳税人适用）》（表 2-15）。

（2）《增值税纳税申报表附列资料（一）》（本期销售情况明细）（表 2-16）。

（3）《增值税纳税申报表附列资料（二）》（本期进项税额明细）（表 2-17）。

（4）《增值税纳税申报表附列资料（三）》（服务、不动产和无形资产扣除项目明细）（表 2-18）。

（5）《增值税纳税申报表附列资料（四）》（税额抵减情况表）（表 2-19）。

（6）《增值税减免税申报明细表》（表 2-20）。

（7）《增值税预缴税款表》（表 2-21）。

2. 其他资料

（1）已开具的税控机动车销售统一发票和普通发票的存根联。

（2）符合抵扣条件且在本期申报抵扣的增值税专用发票（含税控机动车销售统一发票）的抵扣联。

（3）符合抵扣条件且在本期申报抵扣的《海关进口增值税专用缴款书》、购进农产品取得的普通发票的复印件。

（4）符合抵扣条件且在本期申报抵扣的税收完税凭证及其清单、书面合同、付款证明和境外单位的对账单或者发票。

（5）已开具的农产品收购凭证的存根联或报查联。

（6）纳税人销售服务、不动产和无形资产，在确定服务、不动产和无形资产销售额时，按照有关规定从取得的全部价款和价外费用中扣除价款的合法凭证及其清单。

（7）主管税务机关规定的其他资料。

（二）《增值税纳税申报表（一般纳税人适用）》（表2-15）填写说明

1. 销售额

（1）第1栏“（一）按适用税率计税销售额”。

本栏填写纳税人本期按一般计税方法计算缴纳增值税的销售额，包括：在财务上不作销售但按税法规定应缴纳增值税的视同销售和价外费用的销售额，外贸企业作价销售进料加工复出口货物的销售额，税务、财政、审计部门检查后按一般计税方法计算调整的销售额。

营业税改征增值税的纳税人，服务、不动产和无形资产有扣除项目的，本栏应填写扣除之前的不含税销售额。

本栏“一般项目”列“本月数”=《增值税纳税申报表附列资料（一）》第9列第1～5行之和－第9列第6、7行之和；本栏“即征即退项目”列“本月数”=《增值税纳税申报表附列资料（一）》第9列第6、7行之和

（2）第4栏“纳税检查调整的销售额”。

本栏填写纳税人因税务、财政、审计部门检查，并按一般计税方法在本期计算调整的销售额。营业税改征增值税的纳税人，服务、不动产和无形资产有扣除项目的，本栏应填写扣除之前的不含税销售额。

本栏“一般项目”列“本月数”=《增值税纳税申报表附列资料（一）》第7列第1～5行之和

（3）第5栏“按简易办法计税销售额”。

本栏填写本期按简易计税方法计算增值税的销售额，包括纳税检查调整按简易计税方法计算增值税的销售额。营业税改征增值税的纳税人，服务、不动产和无形资产有扣除项目的，本栏应填写扣除之前的不含税销售额；服务、不动产和无形资产按规定汇总计算缴纳增值税的分支机构，其当期按预征率计算缴纳增值税的销售额也填入本栏。

本栏“一般项目”列“本月数”≥《增值税纳税申报表附列资料（一）》第9列第8～13b行之和－第9列第14、15行之和；本栏“即征即退项目”列“本月数”≥《增值税纳税申报表附列资料（一）》第9列第14、15行之和

（4）第7栏“免、抵、退办法出口销售额”。

本栏填写本期适用免、抵、退税办法的出口货物、劳务和服务、无形资产的销售额。营业税改征增值税的纳税人，服务、无形资产有扣除项目的，本栏应填写扣除之前的销售额。

本栏“一般项目”列“本月数”=《增值税纳税申报表附列资料（一）》第9列第16、17行之和

（5）第8栏“免税销售额”。

本栏填写本期按照税法规定免征增值税的销售额和适用零税率的销售额，零税率的销售额中不包括适用免、抵、退税办法的销售额。营业税改征增值税的纳税人，服务、不动产和无形资产有扣除项目的，本栏应填写扣除之前的免税销售额。

本栏“一般项目”列“本月数”=《增值税纳税申报表附列资料（一）》第9列第18、19行之和

2. 税款计算

（1）第11栏“销项税额”。

本栏填写按一般计税方法计税的货物、劳务和服务、不动产、无形资产的销项税额。营业税改征增值税的纳税人，服务、不动产和无形资产有扣除项目的，本栏应填写扣除之后的销项税额。

本栏“一般项目”列“本月数”=《增值税纳税申报表附列资料（一）》（第10列第1、3行之和－第10列第6行）+（第14列第2、4、5行之和－第14列第7行）

本栏“即征即退项目”列“本月数”=《增值税纳税申报表附列资料（一）》第10列第6行+第14列第7行。

（2）第12栏“进项税额”。

本栏填写纳税人本期申报抵扣的进项税额。

本栏“一般项目”列“本月数”+“即征即退项目”列“本月数”=《增值税纳税申报表附列资料（二）》第12栏“税额”

（3）第14栏“进项税额转出”。

本栏填写纳税人已经抵扣，但按税法规定本期应转出的进项税额。

本栏“一般项目”列“本月数”+“即征即退项目”列“本月数”=《增值税纳税申报表附列资料（二）》第13栏“税额”

（4）第16栏“按适用税率计算的纳税检查应补缴税额”。

本栏填写税务、财政、审计部门检查，按一般计税方法计算的纳税检查应补缴的增值税税额。

本栏“一般项目”列“本月数”≤《增值税纳税申报表附列资料（一）》第8列第1～5行之和+《增值税纳税申报表附列资料（二）》第19栏

（5）第21栏“简易计税办法计算的应纳税额”。

本栏反映按简易计税方法计算并应缴纳的增值税额，不包括按简易计税方法计算的纳税检查应补缴税额。

本栏“一般项目”列“本月数”=《增值税纳税申报表附列资料（一）》（第10列第8、9a、10、11行之和－第10列第14行）+（第14列第9b、12、13a、13b行之和－第14列第15行）

本栏“即征即退项目”列“本月数”=《增值税纳税申报表附列资料（一）》第10列第14行+第14列第15行

（6）第23栏“应纳税额减征额”。

本栏填写按照税法规定减征的增值税应纳税额，包括按照规定可在增值税应纳税额中全额抵减的增值税税控系统专用设备费用以及技术维护费。

本栏“一般项目”列“本月数”=《增值税减免税申报明细表》第1栏对应的第4列

当本期减征额小于或等于第19栏“应纳税额”与第21栏“简易计税办法计算的应纳税额”之和时，按本期减征额实际填写；当本期减征额大于第19栏“应纳税额”与第21栏“简易计税办法计算的应纳税额”之和时，按本期第19栏与第21栏之和填写。本期减征额不足抵减部分结转下期继续抵减。

3. 税款缴纳

(1) 第28栏“① 分次预缴税额”。

本栏填写本期已缴纳的准予在本期应纳税额中抵减的税额。

本栏“一般项目”列“本月数”=《增值税纳税申报表附列资料（四）》第4列对应的第2～5行之和

(2) 第34栏“本期应补（退）税额”。

本栏反映本期应纳税额中应补缴或应退回的数额。

本栏=第24栏-第28栏

（三）纳税申报注意事项

(1) 增值税主表是最后填写的，主表上相应的销项税额和进项税额来自于附表，自动带出不可修改。主表第15行数据是取自出口退税系统出口退税部门审核后的免、抵、退应退税额，自动带出不可修改。企业即征即退的税额必须是通过“即征即退项目”栏计算而来的税款，因此在申报时必须按照要求填写申报表。

(2)《增值税纳税申报表附列资料（一）》反映纳税人当期的销项。部分栏次对纯货物劳务类纳税人开放，部分栏次对纯服务、不动产、无形资产类纳税人开放，兼营纳税人相关行次都会放开。第11、12列的数据与《增值税纳税申报表附列资料（三）》差额征税存在钩稽关系。差额征税启用白名单管理，如果没有向主管税务机关报送过，将无法填写“差额征税”栏次。

(3)《增值税纳税申报表附列资料（二）》填写的是本期进项税额明细。金税三期以后，本期有进项税额时，网络申报填写第2栏的进项“金额”和“税额”后，会带出到下面的第35栏的“金额”和“税额”，并且还有“第2栏+第26栏=第35栏”数据公式，会校验。《海关进口增值税专用缴款书》纳税人应如实填写，会在申报比对时与海关稽核系统数据比对。

(4)《增值税纳税申报表附列资料（三）》（服务、不动产和无形资产扣除项目明细），此表无法直接填写，点击《增值税纳税申报表附列资料（一）》第12列“服务、不动产和无形资产扣除项目本期实际扣除金额”，会弹出填写框，在此框中填写数据，相关数据会带到《增值税纳税申报表附列资料（三）》中相应的行次。如果没有差额征税，纳税人不应点击第12列，否则打开后无法关闭填写框，只能退出此申报表。

(5)《增值税纳税申报表附列资料（四）》（税额抵减情况表），增值税税控系统专用设备费及技术维护费本期实际抵减税额，在主表第23栏“应纳税额减征额”中要再次体现。

分支机构预征、建筑服务预征、销售不动产预征、出租不动产预征的本期实际抵减税额也应在主表第28栏“① 分次预缴税额”中再次体现。

税控设备抵减应纳税额，在《增值税纳税申报表附列资料（四）》中填写，同时在《增值税减免税申报明细表》中也要填写。

实务操作2-2

1. 实务资料

潍坊昌泰实业有限公司（以下简称“昌泰公司”）为一般纳税人，是一家生产型企业。昌泰公司的纳税人识别号：91370723945830601A，开户银行：中国工商银行潍坊青年路支行，账号：3700282330601350045，地址：潍坊市潍城区长松路1220号，电话：8268088，法定代表人：李志梅，会计主管：王小悦，办税员：赵之帅。昌泰公司增值税纳税期限为1个月。

2019年10月的应补（退）税额于次月15日通过开户银行划转国库，并取得了“电子缴税付款凭证”（表2-22）。

其他资料见【业务解析2-12】【业务解析2-31】。

2. 操作要求

（1）填写纳税申报表及其附列资料。

（2）编制实际缴纳增值税的会计分录。

3. 操作过程

（1）填写纳税申报表及其附列资料。

① 销售情况的填写。

第一步：填写《增值税纳税申报表附列资料（一）》（本期销售情况明细）第1～11列（表2-16）。

根据业务①，填写第11栏，第3列=10 000元，第4列=300元。

根据业务⑤，填写第1栏，第1列=8 000 000元，第2列=1 040 000元，第3列=50 000元，第4列=6 500元。

根据业务⑨，填写第1栏，第5列=1 320 000元，第6列=171 600元。

根据业务⑪，填写第4栏，第3列=20 000元，第4列=1 800元。

根据业务⑫，填写第9b栏，第3列=700 000÷(1+5%)≈666 666.67元，第4列=666 666.67×5%≈33 333.33元。

根据业务⑬，填写第19栏，第3列=530 000÷(1+6%)=500 000元，第11列=530 000元。

根据业务⑭，填写第5栏，第3列=30 000÷(1+6%)≈28 301.88元，第4列=28 301.88×6%≈1 698.12元。

同时，根据表内公式完成第9、10、11列的计算。

第二步：填写《增值税纳税申报表附列资料（三）》（服务、不动产和无形资产扣除项目明细）（表2-18）。

根据业务⑫，填写第5栏，第1列=700 000元，第3列=674 800元。

根据业务⑭，填写第4栏，第1列=30 000元，第3列=19 400元。

同时，根据表内公式完成该表其他列的计算。

第三步：填写《增值税纳税申报表附列资料（一）》（本期销售情况明细）第12～14列（表2-16）。

根据《增值税纳税申报表附列资料（三）》（服务、不动产和无形资产扣除项目明细）的第1列和第5列，将数据“19 400”填入本表第5栏第12列，将“674 800”填入本表第9b栏第12列。

根据表内公式，完成第5栏对应的第13列和第14列的计算，完成第9b栏对应的第13列和第14列的计算。

第四步：填写《增值税减免税申报明细表》（表2-20）。

根据业务①，已使用固定资产减征增值税100元，填写第2栏第2列100元。

根据业务⑥，技术维护费抵减增值税400元，填写第3栏第2列400元。

根据业务⑬，技术转让、技术开发免征增值税销售额＝530 000÷（1＋6%）＝500 000（元），免税额＝500 000×6%＝30 000（元），填写第10栏的第1、3、5列。

同时，完成表内其他相关栏次项目的计算。

② 进项税额的填写。

第五步：填写《增值税纳税申报表附列资料（二）》（本期进项税额明细）（表2-17）。

根据业务②、③、④、⑦、⑩，金额＝1 000 000＋3 000 000＋50 000＋2 000 000＋400 000＝6 450 000（元），税额＝130 000＋390 000＋4 500＋260 000＋52 000＝836 500（元）。据此填写第2栏的“份数”“金额”“税额”。

根据业务⑧，填写第6栏，金额＝900 000元，税额＝81 000元。

根据业务⑩，填写第9栏，金额＝400 000元，税额＝52 000元。

根据业务⑮，填写第16栏，税额＝26 900元。

同时，根据表内公式，完成其他相关栏次的计算。

③ 税额抵减的填写。

第六步：填写《增值税预缴税款表》（表2-21）。

根据业务⑪，填写第3栏“出租不动产”，第1列＝21 800元，第3列＝3%，第4列＝600元。根据表内公式，完成其他相关栏次项目的计算。

第七步：填写《增值税纳税申报表附列资料（四）》（税额抵减情况表）（表2-19）。

根据业务⑥，填写第1行，第2列＝400元。

根据业务⑪，填写第5行，第2列＝600元。

根据业务⑫，填写第4行，第2列＝1 200元。

根据表内公式，完成其他相关栏次项目的计算。

④ 主表的填写。

第八步：填写《增值税纳税申报表（一般纳税人适用）》（表2-15）。

第1栏“一般项目本月数”＝《增值税纳税申报表附列资料（一）》第9列第1～5栏之和－第9列第6、7栏之和＝9 370 000＋20 000＋28 301.88＝9 418 301.88（元）。

第5栏“一般项目本月数”＝《增值税纳税申报表附列资料（一）》第9列第8～13b栏之和－第9列第14、15栏之和＝666 666.67＋10 000 ＝676 666.67（元）。

第8栏“一般项目本月数”＝《增值税纳税申报表附列资料（一）》第9列第18、19行之和＝500 000（元）。

表 2-15　增值税纳税申报表

（一般纳税人适用）

根据国家税收法律法规及增值税相关规定制定本表。纳税人不论有无销售额，均应按税务机关核定的纳税期限填写本表，并向当地税务机关申报。

税款所属时间：2019 年 10 月 1 日至 2019 年 10 月 31 日　　填表日期：2019 年 11 月 15 日　　金额单位：人民币元（列至角分）

纳税人识别号	9	1	3	7	0	7	2	3	9	4	5	8	3	0	6	0	1	A							所属行业	

纳税人名称	潍坊昌泰实业有限公司（公章）	法定代表人姓名	李志梅	注册地址	潍坊市潍城区	生产经营地址	潍城区长松路1220号
开户银行及账号	中国工商银行潍坊青年路支行3700282330601350045	登记注册类型		有限责任公司		电话号码	8268088

	项目	栏次	一般项目		即征即退项目	
			本月数	本年累计	本月数	本年累计
销售额	（一）按适用税率计税销售额	1	9 418 301.88			
	其中：应税货物销售额	2	9 370 000			
	应税劳务销售额	3				
	纳税检查调整的销售额	4				
	（二）按简易办法计税销售额	5	676 666.67			
	其中：纳税检查调整的销售额					
	（三）免、抵、退办法出口销售额	7			—	—
	（四）免税销售额	8	500 000		—	—
	其中：免税货物销售额	9			—	—
	免税劳务销售额	10			—	—
税款计算	销项税额	11	1 220 500			
	进项税额	12	917 500			
	上期留抵税额	13	2 100			—
	进项税额转出	14	26 900			

续表

税款计算	免、抵、退应退税额	15			—	—
	按适用税率计算的纳税检查应补缴税额	16			—	—
	应抵扣税额合计	17 = 12 + 13 − 14 − 15 + 16	892 700			—
	实际抵扣税额	18（如 17 < 11，则为 17，否则为 11）	892 700			
	应纳税额	19 = 11 − 18	327 800			
	期末留抵税额	20 = 17 − 18				—
	简易计税方法计算的应纳税额	21	1 500			
	按简易计税方法计算的纳税检查应补缴税额	22			—	—
	应纳税额减征额	23	500			
	应纳税额合计	24 = 19 + 21 − 23	328 800			
税款缴纳	期初未缴税额（多缴为负数）	25				
	实收出口开具专用缴款书退税额	26			—	—
	本期已缴税额	27 = 28 + 29 + 30 + 31	1 800			
	①分次预缴税额	28	1 800			—
	②出口开具专用缴款书预缴税额	29			—	—
	③本期缴纳上期应纳税额	30				
	④本期缴纳欠缴税额	31				
	期末未缴税额（多缴为负数）	32 = 24 + 25 + 26 − 27				
	其中：欠缴税额（≥0）	33 = 25 + 26 − 27				—
	本期应补（退）税额	34 = 24 − 28 − 29	327 000			—
	即征即退实际退税额	35	—			

续表

税款缴纳	期初未缴查补税额	36			—	—
	本期入库查补税额	37			—	—
	期末未缴查补税额	38 = 16 + 22 + 36 − 37			—	—

授权声明	如果你已委托代理人申报，请填写下列资料： 为代理一切税务事宜，现授权　　　　　　（地址） 为本纳税人的代理申报人，任何与本申报表有关的往来文件，都可寄予此人。 授权人签字：	申报人声明	本纳税申报表是根据国家税收法律法规及相关规定填报的，我确定它是真实的、可靠的、完整的。 声明人签字：

主管税务机关：　　　　　　接收人：　　　　　　接收日期：

表 2-16　**增值税纳税申报表附列资料（一）**

（本期销售情况明细）

税款所属时间：2019 年 10 月 1 日至 2019 年 10 月 31 日

纳税人名称：（公章）潍坊昌泰实业有限公司　　　　金额单位：人民币元（列至角分）

项目及栏次				开具增值税专用发票		开具其他发票		未开具发票		纳税检查调整		合计			服务、不动产和无形资产扣除项目本期实际扣除金额	扣除后	
				销售额	销项（应纳）税额	销售额	销项（应纳）税额	销售额	销项（应纳）税额	销售额	销项（应纳）税额	销售额	销项（应纳）税额	价税合计		含税（免税）销售额	销项（应纳）税额
				1	2	3	4	5	6	7	8	9 = 1 + 3 + 5 + 7	10 = 2 + 4 + 6 + 8	11 = 9 + 10	12	13 = 11 − 12	14 = 13 ÷ (1 + 税率或征收率) × 税率或征收率
一、一般计税方法	全部征税项目	13% 税率的货物及加工修理修配劳务	1	8 000 000	1 040 000	50 000	6 500	1 320 000	171 600			9 370 000	1 218 100	—	—	—	—
		13% 税率的服务、不动产和无形资产	2														
		9% 税率	3											—	—	—	—
		9% 税率的服务、不动产和无形资产	4			20 000	1 800					20 000	1 800	21 800	0		1 800
		6% 税率	5			28 301.88	1 698.12					28 301.88	1 698.12	30 000	19 400	10 600	600

续表

项目及栏次				开具增值税专用发票		开具其他发票		未开具发票		纳税检查调整		合计			服务、不动产和无形资产扣除项目本期实际扣除金额	扣除后	
				销售额	销项（应纳）税额	销售额	销项（应纳）税额	销售额	销项（应纳）税额	销售额	销项（应纳）税额	销售额	销项（应纳）税额	价税合计		含税（免税）销售额	销项（应纳）税额
				1	2	3	4	5	6	7	8	9 = 1 + 3 + 5 + 7	10 = 2 + 4 + 6 + 8	11 = 9 + 10	12	13 = 11 − 12	14 = 13 ÷（1 + 税率或征收率）× 税率或征收率
一、一般计税方法	其中：即征即退项目	即征即退货物及加工修理修配劳务	6	—	—	—	—	—	—	—	—			—	—	—	—
		即征即退服务、不动产和无形资产	7	—	—	—	—	—	—	—	—						
二、简易计税方法	全部征税项目	6% 征收率	8							—	—			—	—	—	—
		5% 征收率的货物及加工修理修配劳务	9a							—	—			—	—	—	—

续表

项目及栏次				开具增值税专用发票		开具其他发票		未开具发票		纳税检查调整		合计			服务、不动产和无形资产扣除项目本期实际扣除金额	扣除后	
				销售额	销项（应纳）税额	销售额	销项（应纳）税额	销售额	销项（应纳）税额	销售额	销项（应纳）税额	销售额	销项（应纳）税额	价税合计		含税（免税）销售额	销项（应纳）税额
				1	2	3	4	5	6	7	8	9＝1＋3＋5＋7	10＝2＋4＋6＋8	11＝9＋10	12	13＝11－12	14＝13÷（1＋税率或征收率）×税率或征收率
二、简易计税方法	全部征税项目	5%征收率的服务、不动产和无形资产	9b			666 666.67	33 333.33			—	—	666 666.67	33 333.33	700 000	674 800	25 200	1 200
		4%征收率	10							—	—			—	—	—	—
		3%征收率的货物及加工修理修配劳务	11			10 000	300			—	—	10 000	300	—	—	—	—
		3%征收率的服务、不动产和无形资产	12							—	—						
		预征率　%	13a							—	—						
		预征率　%	13b							—	—						
		预征率　%	13c							—	—						

续表

项目及栏次				开具增值税专用发票		开具其他发票		未开具发票		纳税检查调整		合计			服务、不动产和无形资产扣除项目本期实际扣除金额	扣除后	
				销售额	销项（应纳）税额	销售额	销项（应纳）税额	销售额	销项（应纳）税额	销售额	销项（应纳）税额	销售额	销项（应纳）税额	价税合计		含税（免税）销售额	销项（应纳）税额
				1	2	3	4	5	6	7	8	9 = 1 + 3 + 5 + 7	10 = 2 + 4 + 6 + 8	11 = 9 + 10	12	13 = 11 − 12	14 = 13 ÷（1 + 税率或征收率）× 税率或征收率
二、简易计税方法	其中：即征即退项目	即征即退货物及加工修理修配劳务	14	—	—	—	—	—	—	—	—			—	—	—	—
		即征即退服务、不动产和无形资产	15	—	—	—	—	—	—	—	—						
三、免、抵、退税	货物及加工修理修配劳务		16	—	—		—		—	—	—		—	—	—	—	—
	服务、不动产和无形资产		17	—	—		—		—	—	—		—				—
四、免税	货物及加工修理修配劳务		18				—		—	—	—		—	—	—	—	—
	服务、不动产和无形资产		19	—	—	500 000	—		—	—	—	500 000	—	530 000			—

表 2-17 增值税纳税申报表附列资料（二）

（本期进项税额明细）

税款所属时间：2019 年 10 月 1 日至 2019 年 10 月 31 日

纳税人名称：（公章）潍坊昌泰实业有限公司　　　　金额单位：人民币元（列至角分）

一、申报抵扣的进项税额				
项目	栏次	份数	金额	税额
（一）认证相符的增值税专用发票	1 = 2 + 3	5	6 450 000	836 500
其中：本期认证相符且本期申报抵扣	2	5	6 450 000	836 500
前期认证相符且本期申报抵扣	3			
（二）其他扣税凭证	4 = 5 + 6 + 7 + 8a + 8b		900 000	81 000
其中：海关进口增值税专用缴款书	5			
农产品收购发票或者销售发票	6	1	900 000	81 000
代扣代缴税收缴款凭证	7		—	
加计扣除农产品进项税额	8a	—	—	
其他	8b			
（三）本期用于购建不动产的扣税凭证	9	1	400 000	52 000
（四）本期用于抵扣的旅客运输服务扣税凭证	10	—	—	
（五）外贸企业进项税额抵扣证明	11	—	—	
当期申报抵扣进项税额合计	12 = 1 + 4 + 11		7 350 000	917 500
二、进项税额转出额				
项目	栏次	税额		
本期进项税额转出额	13 = 14 至 23 之和	26 900		
其中：免税项目用	14			
集体福利、个人消费	15			
非正常损失	16	26 900		
简易计税方法征税项目用	17			
免、抵、退税办法不得抵扣的进项税额	18			
纳税检查调减进项税额	19			
红字专用发票信息表注明的进项税额	20			
上期留抵税额抵减欠税	21			
上期留抵税额退税	22			
其他应作进项税额转出的情形	23			
三、待抵扣进项税额				
项目	栏次	份数	金额	税额

续表

（一）认证相符的增值税专用发票	24	—	—	—
期初已认证相符但未申报抵扣	25			
本期认证相符且本期未申报抵扣	26			
期末已认证相符但未申报抵扣	27			
其中：按照税法规定不允许抵扣	28			
（二）其他扣税凭证	29 = 30 至 33 之和			
其中：海关进口增值税专用缴款书	30			
农产品收购发票或者销售发票	31			
代扣代缴税收缴款凭证	32		—	
其他	33			
	34			
四、其他				
项目	栏次	份数	金额	税额
本期认证相符的增值税专用发票	35			
代扣代缴税额	36	—	—	

表 2-18　增值税纳税申报表附列资料（三）
（服务、不动产和无形资产扣除项目明细）

税款所属时间：2019 年 10 月 1 日至 2019 年 10 月 31 日

纳税人名称：（公章）潍坊昌泰实业有限公司　　　　金额单位：人民币元（列至角分）

项目及栏次		本期服务、不动产和无形资产价税合计额（免税销售额）	服务、不动产和无形资产扣除项目				
			期初余额	本期发生额	本期应扣除金额	本期实际扣除金额	期末余额
		1	2	3	4 = 2 + 3	5（5 ≤ 1 且 5 ≤ 4）	6 = 4 − 5
13% 税率的项目	1						
9% 税率的项目	2						
6% 税率的项目（不含金融商品转让）	3						
6% 税率的金融商品转让项目	4	30 000	0	19 400	19 400	19 400	0
5% 征收率的项目	5	700 000	0	674 800	674 800	674 800	0
3% 征收率的项目	6						
免、抵、退税的项目	7						
免税的项目	8						

表 2-19 增值税纳税申报表附列资料（四）

（税额抵减情况表）

税款所属时间：2019 年 10 月 1 日至 2019 年 10 月 31 日

纳税人名称：（公章）潍坊昌泰实业有限公司　　　　金额单位：人民币元（列至角分）

一、税额抵减情况						
序号	抵减项目	期初余额	本期发生额	本期应抵减税额	本期实际抵减税额	期末余额
		1	2	3＝1＋2	4≤3	5＝3－4
1	增值税税控系统专用设备费及技术维护费	0	400	400	400	0
2	分支机构预征缴纳税款					
3	建筑服务预征缴纳税款					
4	销售不动产预征缴纳税款	0	1200	1200	1200	0
5	出租不动产预征缴纳税款	0	600	600	600	0

二、加计抵减情况							
序号	加计抵减项目	期初余额	本期发生额	本期调减额	本期可抵减额	本期实际抵减额	期末余额
		1	2	3	4＝1＋2－3	5	6＝4－5
6	一般项目加计抵减额计算						
7	即征即退项目加计抵减额计算						
8	合计						

表 2-20 增值税减免税申报明细表

税款所属时间：2019 年 10 月 1 日至 2019 年 10 月 31 日

纳税人名称：（公章）潍坊昌泰实业有限公司　　　　金额单位：人民币元（列至角分）

一、减税项目						
减税性质代码及名称	栏次	期初余额	本期发生额	本期应抵减税额	本期实际抵减税额	期末余额
		1	2	3＝1＋2	4≤3	5＝3－4
合计	1	0	500	500	500	0
01129924 已使用固定资产减征增值税	2	0	100	100	100	0
01129914 购置增值税税控系统专用设备抵减增值税	3	0	400	400	400	0
	4					

续表

二、免税项目						
免税性质代码及名称	栏次	免征增值税项目销售额	免税销售额扣除项目本期实际扣除金额	扣除后免税销售额	免税销售额对应的进项税额	免税额
		1	2	3＝1－2	4	5
合计	7	500 000	0	500 000	0	30 000
出口免税	8		—	—	—	—
其中：跨境服务	9		—	—	—	—
01021203 技术转让、技术开发免征增值税	10	500 000	0	500 000	0	30 000
	11					
	12					

表 2-21　增值税预缴税款表

纳税人识别号：9 1 3 7 0 7 2 3 9 4 5 8 3 0 6 0 1 A

是否适用一般计税方法：　是□　　否□

纳税人名称（公章）：潍坊昌泰实业有限公司　　金额单位：人民币元（列至角分）

项目编号			项目名称		
项目地址		潍坊市滨海区滨海大街198号			
一、预征项目					
预征项目和栏次		销售额	扣除金额	预征率	预征税额
		1	2	3	4
建筑服务	1				
销售不动产	2				
出租不动产	3	21 800		3%	600
	4				
	5				
合计	6	21 800			600
授权声明	如果你已委托代理人填报，请填写下列资料：为代理一切税务事宜，现授权　　（地址）　　为本次纳税人的代理填报人，任何与本表有关的往来文件，都可寄予此人。授权人签字：		填表人申明	以上内容是真实的、可靠的、完整的。纳税人签字：	

第 11 栏“一般项目本月数”=《增值税纳税申报表附列资料（一）》(第 10 列第 1、3 栏之和 - 第 10 列第 6 栏) + (第 14 列第 2、4、5 栏之和 - 第 14 列第 7 栏) = 1 218 100 + (1 800 + 600) = 1 220 500（元）。

第 12 栏“一般项目本月数”=《增值税纳税申报表附列资料（二）》第 12 栏“税额”= 917 500 元。

第 13 栏“一般项目本月数”= 2 100 元。

第 14 栏“一般项目本月数”=《增值税纳税申报表附列资料（二）》第 13 栏“税额”= 26 900 元。

第 17 栏“一般项目本月数”= 917 500 + 2 100 - 26 900 = 892 700（元）。

第 18 栏 = 第 17 栏 = 892 700 元。

第 19 栏 = 1 220 500 - 892 700 = 327 800（元）。

第 21 栏“一般项目本月数”=《增值税纳税申报表附列资料（一）》(第 10 列第 8、9a、10、11 栏之和 - 第 10 列第 14 栏) + (第 14 列第 9b、12、13a、13b 栏之和 - 第 14 列第 15 栏) = 300 + 1 200 = 1 500（元）。

第 23 栏“一般项目本月数”=《增值税减免税申报明细表》第 1 栏对应的第 4 列 = 500 元。

第 24 栏 = 327 800 + 1 500 - 500 = 328 800（元）。

第 28 栏“一般项目本月数”=《增值税纳税申报表附列资料（四）》第 4 列对应的第 2 至 5 栏合计 = 1 200 + 600 = 1 800（元）。

第 34 栏 = 328 800 - 1 800 = 327 000（元）。

实际工作中，通过网上申报软件进行网上纳税申报，申报成功后通过税银联网扣缴税款。

（2）实际缴纳增值税的会计分录。

以表 2-22 为原始凭证编制记账凭证，其会计分录如下：

表 2-22　　**中国工商银行电子缴税付款凭证**

转账日期：2019 年 11 月 15 日　　凭证字号：

纳税人全称及纳税人识别号：	潍坊昌泰实业有限公司 91370723945830601A		
付款人全称：	潍坊昌泰实业有限公司		
付款人账号：	3700282330601350045	征收机关名称：	国家税务总局潍坊市潍城区税务局
付款人开户银行：	中国工商银行潍坊青年路支行	收款国库名称：	国家金库潍坊潍城区支库
小写（金额）合计：	¥327 000.00	缴款书交易流水号：	
大写（金额）合计：	人民币叁拾贰万柒仟元整	税票号码：	
税（费）种名称	所属时期	实缴金额	
增值税	20191001—20191031	¥327 000.00	

中国工商银行 潍坊青年路支行 2019.11.15 办讫章

借：应交税费——未交增值税　　326 200
　　　　　——转让金融商品应交增值税　　600
　　　　　——简易计税　　200
　贷：银行存款　　327 000

项目二选项
辨析答案

项目三 消费税核算与申报

【本项目基本知识目标】

- 了解消费税纳税义务人的确定。
- 熟悉消费税的征税范围、税目及税率。
- 熟悉消费税纳税环节、纳税义务发生时间、纳税期限和纳税地点。
- 熟悉消费税纳税申报表的种类。
- 掌握直接对外销售应税消费品应纳税额的计算及相关业务会计核算。
- 掌握自产自用应税消费品应纳税额的计算及相关业务会计核算。
- 掌握委托加工应税消费品应纳税额的计算及相关业务会计核算。
- 掌握进口应税消费品应纳税额的计算及相关业务会计核算。
- 掌握消费税出口退（免）税额的计算及相关业务会计核算。
- 掌握各种消费税纳税申报表的填制方法。

【本项目工作能力目标】

- 能够正确理解从价定率法、从量定额法和复合计税法的计算公式，准确计算消费税应纳税额。
- 能够根据企业的经济业务资料，选择正确的计算方法，准确计算各种不同业务情形下的消费税应纳税额。
- 能够正确运用会计科目，准确完成各种不同业务情形下有关消费税的账务处理。
- 能够准确、完整地填制各种消费税纳税申报表及其相关附表，熟练办理消费税税款的缴纳工作。

任务3-1　消费税认知

一、纳税义务人

消费税是指对我国境内从事生产、委托加工和进口应税消费品的单位和个人，就其销售额或销售数量，在特定环节征收的一种税。简单地说，消费税是对特定的消费品和消费行为征收的一种税。

消费税的纳税义务人（以下简称“纳税人”）为：在中华人民共和国境内生产、委托加工和进口应税消费品的单位和个人，以及国务院确定的销售应税消费品的其他单位和个人。

二、征税范围

（一）征税范围确定的原则

（1）从保护身体健康、生态环境等方面的需要出发，不提倡也不宜过度消费的某些消费品，如烟、酒、鞭炮、焰火等。对这些消费品征收消费税，可以抑制其消费。

（2）非生活必需品中一些奢侈的消费品，如贵重首饰、珠宝玉石、高档化妆品等。通过对奢侈品征收消费税，可以调节收入水平，体现多收入多缴税的原则。

（3）一些特殊的资源型消费品，如汽油、柴油等。它们是不可再生和替代的稀缺消费品，需要限制无度消费。

（4）高能耗及高档消费品，如摩托车、小汽车、高档手表等。

（二）征税范围的税目

1. 烟

烟是以烟叶为原料加工生产的消费品，本税目的征收范围包括卷烟、雪茄烟和烟丝。

卷烟包括进口卷烟、白包卷烟、手工卷烟和未经国务院批准纳入计划的企业及个人生产的卷烟。

2. 酒

酒税目的征收范围包括白酒、黄酒、啤酒、果啤和其他酒。其他酒是指酒精度在1°以上的各种酒，如葡萄酒、药酒等。

3. 高档化妆品

自2016年10月1日起，取消对普通美容、修饰类化妆品征收消费税，将“化妆品”税目名称更名为“高档化妆品”。本税目的征收范围包括高档美容、修饰类化妆品、高档护肤类化妆品和成套化妆品，税率由原来30%调整为15%。

高档美容、修饰类化妆品和高档护肤类化妆品是指生产（进口）环节销售（完税）价格（不含增值税）在10元/毫升（克）或15元/片（张）及以上的美容、修饰类化妆品和护肤类化妆品。

4. 贵重首饰及珠宝玉石

贵重首饰及珠宝玉石税目的征收范围包括各种金银首饰、镶嵌首饰和经采掘、打磨、加工的各种珠宝玉石。对出国人员免税商店销售的金银首饰也征收消费税。

5. 鞭炮、焰火

鞭炮、焰火税目包括各种鞭炮、焰火。体育上用的发令纸、鞭炮药引线，不按本税目征收。

6. 成品油

成品油税目包括汽油、柴油、石脑油、溶剂油、润滑油、燃料油、航空煤油 7 个子目。

7. 摩托车

摩托车税目包括轻便摩托车和摩托车两种。

8. 小汽车

汽车是指由动力驱动，具有四个或四个以上车轮的非轨道承载的车辆。

小汽车税目包括乘用车、中轻型商用客车两个子税目。乘用车子税目是指含驾驶员座位在内最多不超过 9 个座位（含）的，在设计和技术特性上用于载运乘客和货物的各类乘用车。中轻型商用客车子税目是指含驾驶员座位在内的 10 至 23 个座位（含）的，在设计和技术特性上用于载运乘客和货物的各类中轻型商用客车。

自 2016 年 12 月 1 日起，乘用车和中轻型商用客车子税目中的超豪华小汽车，在生产（进口）环节按现行税率征收消费税基础上，在零售环节再加征一道消费税，税率为 10%。

电动汽车、沙滩车、雪地车、卡丁车、高尔夫车不属于消费税征收范围，不征收消费税。

9. 高尔夫球及球具

高尔夫球及球具是指从事高尔夫球运动所需的各种专用装备，包括高尔夫球、高尔夫球杆及高尔夫球包（袋）等。

10. 高档手表

高档手表是指销售价格（不含增值税）每只在 10 000 元（含）以上的各类手表。

11. 游艇

游艇是指长度大于 8 米小于 90 米，船体由玻璃钢、钢、铝合金、塑料等多种材料制作，可以在水上移动的水上浮载体。

12. 木制一次性筷子

木制一次性筷子，又称卫生筷子，是指以木材为原料经过锯段、浸泡、旋切、刨切、烘干、筛选、打磨、倒角、包装等环节加工而成的各类供一次性使用的筷子。

13. 实木地板

实木地板是指以木材为原料，经锯割、干燥、刨光、截断、开榫、涂漆等工序加工而成的块状或条状的地面装饰材料。

14. 电池

电池是一种将化学能、光能等直接转换为电能的装置，包括原电池、蓄电池、燃料电池、太阳能电池和其他电池。

15. 涂料

涂料是指涂于物体表面能形成具有保护、装饰或特殊性能的固态涂膜的一类液体或固体材料的总称。

我国消费税征税范围的确定体现了两个方面的特点：① 消费税是选择部分消费品列举品目征收的。消费税的征税范围与增值税的部分征税范围是交叉的。对消费税列举的税目的征税范围，既要征收消费税，同时又要征收增值税。② 凡在我国境内生产和进口消费税税目税率表中列举的消费品都要缴纳消费税，但是，为了平衡税收负担、堵塞税收漏洞，对于那些未体现销售而发出、使用和收回的应税消费品也视同销售，将其纳入消费税征税范围。

三、税率

（一）消费税税目税率（税额）

消费税实行比例税率、定额税率和从量定额与从价定率相结合的复合计税三种形式。对成品油和黄酒、啤酒等实行定额税率，对卷烟、白酒实行从量定额与从价定率相结合的复合计税办法。现行《消费税税目税率（税额）表》如表 3-1 所示。

表 3-1　消费税税目税率（税额）表

税目	计税单位	税率
一、烟		
1. 卷烟		
工业		
（1）甲类卷烟	标准箱（5 万支）	56%加 30 元/万支（生产环节）
（2）乙类卷烟	标准箱（5 万支）	36%加 30 元/万支（生产环节）
商业批发		11%加 50 元/万支（批发环节）
2. 雪茄烟		36%（生产环节）
3. 烟丝		30%（生产环节）
二、酒		
1. 白酒（含粮食白酒、薯类白酒）	斤或 500 毫升	20%加 0.5 元/斤或毫升
2. 黄酒	吨	240 元
3. 啤酒		
（1）甲类啤酒	吨	250 元
（2）乙类啤酒	吨	220 元
4. 其他酒		10%
三、高档化妆品		15%

续表

税目	计税单位	税率
四、贵重首饰及珠宝玉石		
1. 金银首饰、铂金首饰和钻石及钻石饰品		5%
2. 其他贵重首饰和珠宝玉石		10%
五、鞭炮、焰火		15%
六、成品油		
1. 汽油	升	1.52 元
2. 柴油	升	1.2 元
3. 石脑油	升	1.52 元
4. 溶剂油	升	1.52 元
5. 润滑油	升	1.52 元
6. 燃料油	升	1.2 元
7. 航空煤油	升	1.2 元
七、摩托车		
1. 汽缸容量（排气量，下同）等于 250 毫升		3%
2. 汽缸容量大于 250 毫升		10%
八、小汽车		
1. 乘用车		
(1) 汽车容量（排气量，下同）在 1.0 升（含）以下的		1%
(2) 汽缸容量在 1.0 升以上至 1.5 升（含）的		3%
(3) 汽缸容量在 1.5 升以上至 2.0 升（含）的		5%
(4) 汽缸容量在 2.0 升以上至 2.5 升（含）的		9%
(5) 汽缸容量在 2.5 升以上至 3.0 升（含）的		12%
(6) 汽缸容量在 3.0 升以上至 4.0 升（含）的		25%
(7) 汽缸容量在 4.0 升以上的		40%
2. 中轻型商用客车		5%
3. 超豪华小汽车［每辆零售价格 130 万元（不含增值税）及以上的乘用车和中轻型商用客车］		在生产（进口）环节按子税目 1 和子税目 2 的税率征收，在零售环节再加征 10%
九、高尔夫球及球具		10%
十、高档手表		20%
十一、游艇		10%
十二、木制一次性筷子		5%
十三、实木地板		5%
十四、电池		4%
十五、涂料		4%

（二）税率运用应注意的问题

纳税人运用消费税税率时，需要注意以下几个问题。

（1）甲类卷烟是指每标准条（200 支，下同）的调拨价在 70 元（不含增值税）以上（含 70 元）的卷烟，乙类卷烟是指每标准条调拨价在 70 元（不含增值税）以下的卷烟。

（2）对白包卷烟、手工卷烟、自产自用没有同牌号规格调拨价格的卷烟、委托加工没有同牌号规格调拨价格的卷烟、未经国务院批准纳入计划的企业和个人生产的卷烟，除按定额税率征收外，一律按 56% 的最高税率征税。

（3）甲类啤酒是指每吨出厂价（含包装物及包装物押金）在 3 000 元（不含增值税）以上（含 3 000 元）的啤酒，乙类啤酒是指每吨出厂价（含包装物及包装物押金）在 3 000 元以下的啤酒。

（4）葡萄酒、药酒适用“酒”税目下设的“其他酒”子目。

（5）航空煤油暂缓征收消费税。

（6）对纳税人兼营不同税率的应税消费品，应当分别核算其销售额或销售数量，未分别核算销售额或销售数量的，从高适用税率征收。纳税人将不同税率的应税消费品组成成套消费品销售的，从高适用税率征收。

（7）超豪华小汽车零售环节消费税应纳税额 = 零售环节销售额（不含增值税，下同）× 零售环节税率。

国内汽车生产企业直接销售给消费者的超豪华小汽车，消费税税率按照生产环节税率和零售环节税率加总计算，其消费税应纳税额 = 销售额 ×（生产环节税率 + 零售环节税率）。

任务 3-2　消费税税额计算

一、直接对外销售应税消费品应纳税额的计算

按照现行消费税法的基本规定，消费税应纳税额的计算分为从价定率法、从量定额法、从价定率和从量定额复合计税法三种计算方法。

（一）从价定率法

1. 计算公式

在从价定率计算方法下，应纳税额的计算取决于应税消费品的销售额和适用税率两个因素。其基本计算公式为：

应纳税额 = 应税消费品的销售额 × 比例税率

2. 销售额的确定

（1）销售额的一般规定。

应税消费品的销售额，是纳税人销售应税消费品向购买方收取的全部价款和价外费用。由于消费税和增值税实行交叉征收，消费税为价内税，增值税为价外税，因此采用从价定率征收消费税的消费品，其消费税税基和增值税税基是一致的，即都是以含消费税而

不含增值税的销售额作为计税基数，所以有关增值税销售额的规定同样适用于消费税，该规定的具体内容详见“项目二”。

应税消费品的销售额，不包括应向购货方收取的增值税税额。如果纳税人应税消费品的销售额中未扣除增值税税款或者因不得开具增值税专用发票而导致价款和增值税税款合并收取的，在计算消费税时，应当换算为不含增值税税款的销售额。其换算公式为：

应税消费品的销售额 = 含增值税的销售额 ÷ (1 + 增值税税率或征收率)

(2) 包装物。

应税消费品连同包装物销售的，无论包装物是否单独计价以及在会计上如何核算，均应并入应税消费品的销售额中缴纳消费税。如果包装物不作价随同产品销售，而是收取押金，此项押金则不应并入应税消费品的销售额中征税。但对因逾期未收回的包装物不再退还的或者已收取的时间超过 12 个月的押金，应并入应税消费品的销售额，按照应税消费品的适用税率缴纳消费税。对既作价随同应税消费品销售，又另外收取押金的包装物的押金，凡纳税人在规定的期限内没有退还的，均应并入应税消费品的销售额，按照应税消费品的适用税率缴纳消费税。

《财政部、国家税务总局关于酒类产品包装物押金征税问题的通知》(财税字〔1995〕53 号) 规定，从 1995 年 6 月 1 日起，对酒类 (黄酒、啤酒除外) 生产企业销售酒类产品而收取的包装物押金，无论押金是否返还以及在会计上如何核算，均需并入酒类产品销售额中，依据酒类产品的适用税率计征消费税。

关于包装物押金涉及增值税和消费税的税务处理如表 3-2 所示。

表 3-2　包装物押金的税务处理

押金种类	未逾期	逾期时
一般应税消费品的包装物押金	不缴纳增值税，不缴纳消费税	缴纳增值税，缴纳消费税 (押金需换算为不含税价)
酒类产品包装物押金 (除啤酒、黄酒外)	缴纳增值税、消费税 (押金需换算为不含税价)	不再缴纳增值税、消费税
啤酒、黄酒的包装物押金	不缴纳增值税，不缴纳消费税	只缴纳增值税，不缴纳消费税 (因为从量征收)

(3) 销售额的特殊规定。

纳税人通过自设非独立核算门市部销售的自产应税消费品，应当按照门市部对外销售额或销售数量征收消费税。

纳税人用于换取生产资料和消费资料、投资入股和抵偿债务等方面的应税消费品，应当以纳税人同类应税消费品的最高销售价格为依据计算消费税。

白酒生产企业向商业销售单位收取的“品牌使用费”，属于应税白酒销售价款的组成部分，不论企业采取何种方式或以何种名义收取价款，均应并入白酒的销售额中缴纳消费税。

纳税人销售的应税消费品，以外汇结算销售额的，其销售额的人民币折合率可以选择结算的当天或者当月 1 日的国家外汇牌价 (原则上为中间价)，纳税人应事先确定采用何种折合率，确定后一年内不得变更。

【选项辨析3-1】

企业生产销售白酒取得的下列款项中，应并入销售额计征消费税的有（　　）。
A. 优质费　　B. 包装物租金　　C. 品牌使用费　　D. 包装物押金

【选项辨析3-2】

按《中华人民共和国消费税暂行条例》的规定，下列情形中，以纳税人同类应税消费品的最高销售价格作为计税依据计算消费税的有（　　）。
A. 用于抵债的应税消费品　　B. 用于馈赠的应税消费品
C. 用于换取生产资料的应税消费品　　D. 对外投资入股的应税消费品

【业务解析3-1】

1. 业务资料

山东优韵化妆品有限公司（以下简称“优韵公司”）为增值税一般纳税人，2019年6月15日，优韵公司向济南一家批发公司销售其生产的某一品牌高档化妆品一批，开具增值税专用发票上注明销售额60万元、增值税额7.8万元；6月25日，向济南一家超市销售同一品牌的高档化妆品一批，开具普通发票，销售额4.52万元。

2. 工作要求

（1）计算优韵公司该品牌高档化妆品6月的销售额。

（2）计算优韵公司该品牌高档化妆品6月的增值税销项税额。

（3）计算优韵公司该品牌高档化妆品6月的应纳消费税额。

3. 解析过程

（1）销售额 $=60+4.52\div(1+13\%)=64$（万元）

（2）增值税销项税额 $=64\times13\%$ ［或 $=7.8+4.52\div(1+13\%)\times13\%$］ $=8.32$（万元）

（3）高档化妆品消费税税率为15%，消费税应纳税额 $=64\times15\%=9.6$（万元）

（二）从量定额法

1. 计算公式

在从量定额计算方法下，应纳税额的计算取决于消费品的应税数量和单位税额两个因素。其基本计算公式为：

应纳税额 = 应税消费品的数量 × 单位税额

2. 应税消费品数量的确定

（1）销售应税消费品的，应税消费品数量为应税消费品的销售数量。纳税人通过自设的非独立核算门市部销售自产应税消费品的，应当按照门市部对外销售数量征收消费税。

（2）自产自用应税消费品的（用于连续生产应税消费品的除外），应税消费品数量为应税消费品的移送使用数量。

（3）委托加工应税消费品的，应税消费品数量为纳税人收回的应税消费品数量。

（4）进口的应税消费品，应税消费品数量为海关核定的应税消费品进口征税数量。

3. 计量单位的换算标准

现行消费税的征税范围中，只有黄酒、啤酒、成品油采取从量定额计算方法征收消费税。黄酒、啤酒、成品油计量单位的换算标准如表 3-3 所示。

表 3-3 黄酒、啤酒、成品油计量单位的换算标准

序号	名称	计量单位的换算单位
1	黄酒	1 吨合 962 升
2	啤酒	1 吨合 988 升
3	汽油	1 吨合 1 388 升
4	柴油	1 吨合 1 176 升
5	航空煤油	1 吨合 1 246 升
6	石脑油	1 吨合 1 385 升
7	溶剂油	1 吨合 1 282 升
8	润滑油	1 吨合 1 126 升
9	燃料油	1 吨合 1 015 升

【业务解析 3-2】

1. 业务资料

山东突泉啤酒厂生产各种啤酒，2019 年 1 月，销售纯生突泉啤酒 500 吨，每吨出厂价格 2 800 元，销售精品突泉啤酒 800 吨，每吨出厂价格 3 000 元。以上价格均不含增值税。假设不存在本期准予抵减税额和本期减（免）税额。

2. 工作要求

计算山东突泉啤酒厂 2019 年 1 月消费税应纳税额。

3. 解析过程

每吨出厂价（含包装物及包装物押金）在 3 000 元（不含增值税）以上（含 3 000 元）的啤酒，为甲类啤酒，采用从量定额法计税，单位税额为 250 元/吨；每吨出厂价（含包装物及包装物押金）在 3 000 元以下的啤酒，为乙类啤酒，也是采用从量定额法计税，但单位税额为 220 元/吨。

1 月消费税应纳税额 $=500\times220+800\times250=110\,000+200\,000=310\,000$（元）

4. 成品油发票的开具

所有成品油发票均需通过增值税发票管理新系统中成品油发票开具模块开具。成品油发票是指销售汽油、柴油、航空煤油、石脑油、溶剂油、润滑油、燃料油等成品油所开具的增值税专用发票和增值税普通发票。

纳税人需要开具成品油发票的，由主管税务机关开通成品油发票开具模块。开具成品油发票时，应遵守以下规则。

（1）正确选择商品和服务税收分类编码。

（2）发票“单位”栏应选择“吨”或“升”，蓝字发票的“数量”栏为必填项且不为“0”。

（3）开具成品油专用发票后，发生销货退回、开票有误以及销售折让等情形的，应按规定开具红字成品油专用发票。销货退回、开票有误等原因涉及销售数量的，应在《开具红字增值税专用发票信息表》中填写相应数量，销售折让的不填写数量。

（4）成品油经销企业某一商品和服务税收分类编码的油品可开具成品油发票的总量，应不大于所取得的成品油专用发票、《海关进口消费税专用缴款书》对应的同一商品和服务税收分类编码的油品总量。

成品油经销企业开具成品油发票前，应登录增值税发票选择确认平台确认已取得的成品油专用发票、《海关进口消费税专用缴款书》信息，并通过成品油发票开具模块下载上述信息。

（三）从价定率和从量定额复合计税法

1. 计算公式

现行消费税的征税范围中，只有卷烟、白酒采用从价定率和从量定额复合计税法（以下简称“复合计税法”）。其基本计算公式为：

应纳税额 = 应税消费品的销售额 × 比例税率 + 应税消费品的销售数量 × 单位税额

2. 销售数量的确定

生产销售卷烟、白酒从量定额的计税依据为实际销售数量。进口、委托加工、自产自用卷烟、白酒从量定额的计税依据分别为海关核定的进口征税数量、委托方收回数量、移送使用数量。

【业务解析 3-3】

1. 业务资料

山东龙泉山酒业有限公司属于增值税一般纳税人，2019 年 8 月该公司发生如下经济业务。

业务①：销售自产的白酒 200 吨，其中 50 吨 36° 白酒的售价为 20 000 元/吨，另外 150 吨 39° 白酒的售价为 20 100 元/吨。销售白酒收取包装物押金 9 040 元，收取装卸费 22 600 元。

业务②：销售自产黄酒 100 吨，售价 2 000 元/吨，收取黄酒罐押金 10 000 元，3 个月后归还。

业务③：销售以白酒炮制的药酒 5 吨，售价为 10 000 元/吨。

上述售价均不含增值税，相关款项均已收到。

2. 工作要求

（1）计算销售白酒的本月销售额、销售数量和应纳税额。

（2）计算销售黄酒的本月应纳税额。

（3）计算销售药酒的本月应纳税额。

3. 解析过程

（1）销售白酒。

36° 白酒和 39° 白酒的销售额 = 50 × 20 000 + 150 × 20 100 = 4 015 000（元）。

酒类（黄酒、啤酒除外）生产企业销售酒类产品而收取的包装物押金，无论押金是否返还以及在会计上如何核算，均须并入酒类产品销售额中，依据酒类产品的适用税率计征消费税。所以，押金的不含税销售额 = 9 040 ÷ (1 + 13%) = 8 000（元）。

向购买方收取的价外费用（装卸费）应视为增值税含税收入，需要先换算成不含税收入，再依据酒类产品的适用税率计征消费税。价外费用（装卸费）的不含税销售额 = 22 600 ÷ (1 + 13%) = 20 000（元）。

白酒采用复合计税方法，税率为 20%，单位税额为 0.5 元/斤。

本月销售额 = 4 015 000 + 8 000 + 20 000 = 4 043 000（元）

本月销售数量 = 200（吨）= 400 000（斤）

本月应纳税额 = 4 043 000 × 20% + 400 000 × 0.5 = 1 008 600（元）

(2) 销售黄酒。

黄酒按从量定额法计税，单位税额为 240 元/吨。

本月应纳税额 = 100 × 240 = 24 000（元）

(3) 销售药酒。

药酒适用“其他酒”子税目的税率，“其他酒”实行从价定率法计税，税率为 10%。

本月销售额 = 5 × 10 000 = 50 000（元）

本月应纳税额 = 50 000 × 10% = 5 000（元）

（四）外购应税消费品已纳税款的扣除

1. 准予扣除外购应税消费品已纳消费税税款的扣除范围

某些应税消费品是用外购已缴纳消费税的应税消费品连续生产出来的，在对这些连续生产出来的应税消费品计算征税时，税法规定应按当期生产领用数量计算准予扣除外购的应税消费品已纳的消费税税款。

在消费税的 15 个税目中，除小汽车、高档手表、游艇、电池、涂料外，其余 10 个税目有扣税规定。外购应税消费品已纳消费税税款的扣除范围如下。

（1）外购已税烟丝生产的卷烟。

（2）外购已税化妆品生产的化妆品；自 2016 年 10 月 1 日起，高档化妆品消费税纳税人以外购、进口的高档化妆品为原料继续生产高档化妆品，准予从高档化妆品消费税应纳税额中扣除外购、进口的高档化妆品已纳消费税税款。

（3）外购已税珠宝玉石生产的贵重首饰及珠宝玉石。

（4）外购已税鞭炮、焰火生产的鞭炮、焰火。

（5）外购已税汽油、柴油生产的汽油、柴油。

（6）外购已税摩托车生产的摩托车（如用外购两轮摩托车改装三轮摩托车）。

（7）以外购已税杆头、杆身和握把为原料生产的高尔夫球杆。

（8）以外购已税木制一次性筷子为原料生产的木制一次性筷子。

（9）以外购已税实木地板为原料生产的实木地板。

（10）以外购已税石脑油为原料生产的应税消费品。

（11）以外购已税润滑油为原料生产的润滑油。

（12）以外购已税葡萄酒生产的葡萄酒。

上述外购汽油、柴油、石脑油、燃料油、润滑油用于连续生产应税成品油的，应凭通过增值税发票选择确认平台确认的成品油专用发票、《海关进口消费税专用缴款书》、《税收缴款书（代扣代收专用）》，按规定计算扣除已纳消费税税款，其他凭证不得作为消费税扣除凭证。

外购石脑油、燃料油用于生产乙烯、芳烃类化工产品的，应凭取得的成品油专用发票所载明的石脑油、燃料油的数量，按规定计算退还消费税，其他发票或凭证不得作为计算退还消费税的凭证。

2. 准予扣除外购应税消费品已纳消费税税款的计算

（1）外购应税消费品（从价定率）连续生产应税消费品。

外购应税消费品（从价定率）连续生产应税消费品的，当期准予扣除的外购应税消费品的已纳税款的计算公式为：

当期准予扣除的外购应税消费品的已纳税款 = 当期准予扣除的外购应税消费品的买价 × 外购应税消费品的比例税率

当期准予扣除的外购应税消费品的买价 = 期初库存的外购应税消费品的买价 + 当期购进的外购应税消费品的买价 – 期末库存的外购应税消费品的买价

（2）外购应税消费品（从量定额）连续生产应税消费品。

外购应税消费品（从量定额）连续生产应税消费品的，当期准予扣除的外购应税消费品的已纳税款的计算公式为：

当期准予扣除的外购应税消费品的已纳税款 = 当期准予扣除的外购应税消费品的数量 × 外购应税消费品的单位税额

当期准予扣除的外购应税消费品的数量 = 期初库存的外购应税消费品的数量 + 当期购进的外购应税消费品的数量 – 期末库存的外购应税消费品的数量

“外购应税消费品的买价”是指购货发票上注明的销售额（不含增值税）。需要说明的是，纳税人用外购已税珠宝玉石生产的改在零售环节征收消费税的金银首饰，在计税时一律不得扣除外购已税珠宝玉石的已纳税款。

【业务解析 3-4】

1. 业务资料

山东大山烟业有限公司属于增值税一般纳税人，主业为生产销售卷烟，2019 年 7 月该公司发生如下经济业务。

业务①：外购已税烟丝一批，取得增值税专用发票，注明价款 50 万元。当月领用其中的 70%，用于望月牌卷烟的生产。

业务②：销售给当地某烟草公司望月牌卷烟 100 箱（1 箱等于 250 条，1 条等于 200 支），价款为 250 万元，另收取包装物租金 22.6 万元。

业务③：没收已逾期的望月牌卷烟包装物押金 3.39 万元。

上述外购烟丝价款、销售卷烟价款均不含增值税，相关款项已用银行存款收付。相关消费品税率如表 3-1 所示。

2. 工作要求

(1) 计算本月准予扣除的外购烟丝已纳税款。

(2) 计算销售卷烟应缴纳的消费税。

(3) 计算押金收入应缴纳的消费税。

3. 解析过程

(1) 准予扣除的外购烟丝已纳税款。

烟丝适用比例税率，税率为30%。

本月准予扣除的外购烟丝已纳税款 = 50 × 30% × 70% = 10.5（万元）

(2) 销售卷烟应纳消费税额。

每条卷烟的价格 = 2 500 000 ÷ (100 × 250) = 100（元/条）> 70（元/条），所以望月牌卷烟属于甲类卷烟，税率为56%加30元/万支，按复合计税方法征税。

收取的包装物租金为价外费用，应换算成不含增值税销售额，依据甲类卷烟的适用税率计征消费税。

销售卷烟的销售额 = 250 + 22.6 ÷ (1 + 13%) = 270（万元）

销售卷烟数量 = 100 × 250 × 200 = 5 000 000（支）= 500（万支）

销售卷烟应交消费税 = 270 × 56% + 500 × 30 ÷ 10 000 = 151.20 + 1.5 = 152.7（万元）

(3) 押金收入应纳消费税额。

因逾期未收回的包装物不再退还的押金，应并入望月牌卷烟的销售额，按其适用税率缴纳消费税。

不含税押金收入 = 3.39 ÷ (1 + 13%) = 3（万元）

押金收入应交消费税 = 3 × 56% = 1.68（万元）

二、自产自用应税消费品应纳税额的计算

（一）自产自用应税消费品的界定

所谓自产自用应税消费品，是指纳税人生产应税消费品后，不是用于直接对外销售，而是用于自己连续生产应税消费品，或者用于其他方面。

纳税人自产自用的应税消费品，用于连续生产应税消费品的，在自产自用环节不征收消费税。例如，卷烟厂生产的烟丝，如果直接对外销售，应缴纳消费税，但如果烟丝用于本厂连续生产卷烟，那么用于连续生产卷烟的烟丝就不缴纳消费税，只对卷烟征收消费税。

纳税人自产自用的应税消费品，不是用于连续生产应税消费品，而是用于其他方面的，一律于移送使用时，按视同销售依法缴纳消费税。所谓“用于其他方面”，是指纳税人用于生产非应税消费品和在建工程、管理部门、非生产机构、提供劳务以及用于馈赠、赞助、集资、广告、样品、职工福利、奖励等方面。这里所说的自产自用应税消费品用于生产非应税消费品，是指把自产的应税消费品用于生产《消费税税目税率（税额）表》中所列产品以外的产品。

（二）自产自用应税消费品计税依据的确定

1. 从价定率法下自产自用应税消费品的计税依据

从价定率方法下，自产自用应税消费品按照纳税人生产的同类消费品的销售价格作为

计税依据计算纳税。这里所说的“同类消费品的销售价格”，是指纳税人当月销售的同类消费品的销售价格，如果当月同类消费品各期销售价格高低不同，应按销售数量加权平均计算；如果当月无销售或者当月未完结，应按照同类消费品上月或者最近月份的销售价格计算纳税。

如果自产自用应税消费品没有同类消费品销售价格的，应按组成计税价格作为计税依据计算纳税。组成计税价格的计算公式为：

组成计税价格 = (成本 + 利润) ÷ (1 − 比例税率)

= 成本 × (1 + 成本利润率) ÷ (1 − 比例税率)

上述公式中，“成本”是指应税消费品的生产成本，“利润”是指根据应税消费品的全国平均成本利润率计算的利润。

2. 从量定额法下自产自用应税消费品的计税依据

从量定额方法下，自产自用应税消费品的计税依据为移送使用数量。

3. 复合计税法下自产自用应税消费品的计税依据

从价部分，按照纳税人生产的同类消费品的销售价格作为计税依据计算纳税；没有同类消费品销售价格的，应按组成计税价格作为计税依据计算纳税。从量部分，按照纳税人自产自用应税消费品的移送使用数量作为计税依据计算纳税。

复合计税法下，组成计税价格的计算公式为：

组成计税价格 = (成本 + 利润 + 自产自用数量 × 单位税额) ÷ (1 − 比例税率)

上述公式中的“成本”是指应税消费品的生产成本，“利润”是指根据应税消费品的全国平均成本利润率计算的利润。调整后的应税消费品全国平均成本利润率如表3-4所示。

表3-4　应税消费品的全国平均成本利润率

消费品	全国平均成本利润率/%	消费品	全国平均成本利润率/%
甲类卷烟	10	摩托车	6
乙类卷烟	5	高尔夫球及球具	10
雪茄烟	5	高档手表	20
烟丝	5	木制一次性筷子	5
白酒	10	实木地板	5
其他酒	5	乘用车	8
高档化妆品	5	中轻型商用客车	5
鞭炮、焰火	5	铅蓄电池	4
游艇	10	电池	4
贵重首饰及珠宝玉石	6	涂料	7

（三）自产自用应税消费品应纳税额的计算

1. 从价定率法下自产自用应税消费品的应纳税额

(1) 自产自用应税消费品有同类消费品的销售价格。

应纳税额 = 同类应税消费品的销售单价 × 自产自用数量 × 比例税率

（2）自产自用应税消费品没有同类消费品的销售价格。

应纳税额＝组成计税价格×比例税率

2. 从量定额法下自产自用应税消费品的应纳税额

应纳税额＝应税消费品的移送使用数量×单位税额

3. 复合计税法下自产自用应税消费品的应纳税额

（1）自产自用应税消费品有同类消费品的销售价格。

应纳税额＝同类应税消费品的销售单价×自产自用数量×比例税率＋应税消费品移送使用数量×单位税额

（2）自产自用应税消费品没有同类消费品的销售价格。

应纳税额＝组成计税价格×比例税率＋应税消费品移送使用数量×单位税额

【业务解析 3-5】

1. 业务资料

续【业务解析 3-3】，山东龙泉山酒业有限公司 2019 年 8 月份发生如下经济业务。

业务④：将自产 36°白酒 10 吨，作为中秋节福利发给本公司职工，本公司同类产品的售价为 20 000 元/吨。

业务⑤：生产一种新的 45°白酒 6 吨，用以馈赠给相关业务单位，生产成本为 15 000元/吨，该种白酒无同类产品价格。

2. 工作要求

（1）计算本月自产自用应税消费品的销售额。

（2）计算本月自产自用应税消费品的移送使用数量。

（3）计算本月自产自用应税消费品的本月应纳税额。

3. 解析过程

纳税人将自产应税消费品用于本企业连续生产非应税消费品、在建工程、管理部门、非生产机构、提供劳务、馈赠、赞助、集资、广告、样品、职工福利、奖励等方面的，按视同销售依法缴纳消费税。

从价部分，按照纳税人生产的同类消费品的销售价格计算纳税；没有同类消费品销售价格的，按照组成计税价格计算纳税。从量部分，按照纳税人自产自用应税消费品的移送使用数量作为计税依据计算纳税。

白酒采用复合计税方法，税率为 20%，单位税额为 0.5 元/斤，全国平均成本利润率为 10%。

（1）自产自用应税消费品的销售额。

36°白酒的销售额＝10×20 000＝200 000（元）

45°白酒的组成计税价格＝（成本＋利润＋自产自用数量×单位税额）÷（1－比例税率）＝（6×15 000＋6×15 000×10%＋6×2 000×0.5）÷（1－20%）＝105 000÷80%＝131 250（元）

本月销售额＝200 000＋131 250＝331 250（元）

(2) 自产自用应税消费品的移送使用数量。

本月移送使用数量 = 10 + 6 = 16(吨) = 32 000(斤)

(3) 自产自用应税消费品应纳税额。

本月应纳税额 = 331 250 × 20% + 32 000 × 0.5 = 66 250 + 16 000 = 82 250(元)

三、委托加工应税消费品应纳税额的计算

(一) 委托加工应税消费品的界定

委托加工应税消费品是指由委托方提供原料和主要材料，受托方只收取加工费和代垫部分辅助材料加工的应税消费品。对于由受托方提供原材料生产的应税消费品，或者受托方先将原材料卖给委托方，然后再接受加工的应税消费品，以及由受托方以委托方名义购进原材料生产的应税消费品，不论在财务上是否做销售处理，都不得作为委托加工应税消费品，而应当按照销售自制应税消费品缴纳消费税。

从上述规定可以看出，作为委托加工的应税消费品，必须具备两个条件：一是由委托方提供原料和主要材料，二是受托方只收取加工费和代垫部分辅助材料。无论是委托方还是受托方，凡不符合规定条件的，都不能按委托加工应税消费品进行税务处理，只能按照销售自制应税消费品缴纳消费税。

【选项辨析 3-3】

根据《中华人民共和国消费税暂行条例》的规定，委托加工的特点是(　　)。

A. 委托方提供原料或主要材料，受托方代垫辅助材料并收取加工费

B. 委托方支付加工费，受托方提供原料或主要材料

C. 委托方支付加工费，受托方以委托方的名义购买原料或主要材料

D. 委托方支付加工费，受托方购买原料或主要材料再卖给委托方进行加工

(二) 委托加工应税消费品计税依据的确定

1. 从价定率法下委托加工应税消费品的计税依据

采取从价定率办法计算纳税的委托加工应税消费品，应按照受托方的同类消费品的销售价格作为计税依据计算纳税。所称“同类消费品的销售价格”，其内容与上文中对自产自用同类消费品销售价格的解释一致。

委托加工的应税消费品，如果受托方没有同类消费品销售价格的，则应按组成计税价格作为计税依据计算纳税。组成计税价格的计算公式为：

组成计税价格 = (材料成本 + 加工费) ÷ (1 − 比例税率)

2. 从量定额法下委托加工应税消费品的计税依据

采取从量定额方法计算纳税的委托加工应税消费品，其计税依据为委托加工收回的应税消费品数量。

3. 复合计税法下委托加工应税消费品的计税依据

复合计税法下委托加工应税消费品，其从价部分，按照受托方的同类消费品的销售价格计算纳税；没有同类消费品销售价格的，按照组成计税价格计算纳税。其从量部分，按照纳税人委托加工收回的应税消费品数量作为计税依据计算纳税。

复合计税法下委托加工应税消费品，其组成计税价格的计算公式为：

组成计税价格 =（材料成本 + 加工费 + 委托加工收回数量 × 定额税率）÷（1 – 比例税率）

从价定率法下和复合计税法下的组成计税价格公式中，“材料成本”是指委托方所提供加工材料的实际成本，“加工费”是指受托方加工应税消费品向委托方所收取的全部费用，包括代垫辅助材料的实际成本。

（三）委托加工应税消费品应纳税额的计算

1. 从价定率法下委托加工应税消费品的应纳税额

（1）受托方有同类消费品销售价格。

应纳税额 = 同类应税消费品的销售单价 × 委托加工收回数量 × 比例税率

（2）受托方没有同类消费品销售价格。

应纳税额 = 组成计税价格 × 比例税率

2. 从量定额法下委托加工应税消费品的应纳税额

应纳税额 = 委托加工收回数量 × 定额税率

3. 复合计税法下委托加工应税消费品的应纳税额

（1）受托方有同类消费品销售价格。

应纳税额 = 同类应税消费品的销售单价 × 委托加工收回数量 × 比例税率 + 委托加工收回数量 × 定额税率

（2）受托方没有同类消费品销售价格。

应纳税额 = 组成计税价格 × 比例税率 + 委托加工收回数量 × 定额税率

（四）委托加工应税消费品消费税的缴纳

（1）委托加工应税消费品应缴纳的消费税，除受托方为个人外，采取由受托方代收代缴的办法，由受托方在向委托方交货时代收代缴消费税。受托方必须严格履行代收代缴义务，否则要承担税收法律责任。

委托方委托加工收回的应税消费品用于连续生产应税消费品的，所纳税款准予按规定抵扣。委托方将收回的应税消费品，以不高于受托方的计税价格出售的，为直接出售，不再缴纳消费税；委托方以高于受托方的计税价格出售的，不属于直接出售，需按照规定申报缴纳消费税，在计税时准予扣除受托方已代收代缴的消费税。

（2）委托个体经营者加工应税消费品，由委托方收回加工应税消费品后向所在地主管税务机关缴纳消费税。

（3）受托方没有代收代缴消费税的，委托方应补交税款，补税的计税依据为：① 已直接销售的，按销售额计税；② 未销售或不能直接销售的（如收回后用于连续生产等），按组成计税价格计税。

委托加工应税消费品业务中，委托方与受托方的关系以及所涉及的增值税和消费税处理如表 3-5 所示。

表 3-5　委托加工业务中委托方与受托方关系以及涉税处理

项目	委托方	受托方
委托加工必备条件	提供原料和主要材料	只收取加工费和代垫辅料
涉及的流转税	① 购进原材料时涉及增值税进项税额 ② 支付加工费时涉及增值税进项税额 ③ 委托加工消费品应当缴纳消费税	① 购买辅助材料时涉及增值税进项税额 ② 收取加工费和代垫辅料时涉及增值税销项税额
消费税的缴纳方式	收回应税消费品时由受托方代收代缴消费税（受托方为个人、个体户的除外）	向委托方交货时代收代缴委托方消费税
代收代缴消费税后的相关处理	① 用于连续生产应税消费品的，在出厂环节缴纳消费税，同时准予按规定抵扣受托方已代收代缴的消费税 ② 收回的应税消费品，以不高于受托方的计税价格出售的，不再缴纳消费税；以高于受托方的计税价格出售的，需按规定申报缴纳消费税，同时准予扣除受托方已代收代缴的消费税	及时将代收代缴税款解缴国库

【业务解析 3-6】

1. 业务资料

2019 年 8 月，乙公司委托甲公司加工一批烟丝，乙公司提供的烟叶和辅料的成本为 30 万元，支付给甲公司加工费 5 万元。甲公司无同类产品销售价格。

2. 工作要求

（1）计算烟丝的组成计税价格。

（2）计算甲公司应代收代缴的消费税额。

3. 解析过程

甲公司受托加工应税消费品，因没有同类产品的销售价格，故应按组成计税价格计税。烟丝采用从价定率办法计算纳税，烟丝的消费税税率为 30%。

（1）组成计税价格 $=(30+5)\div(1-30\%)=50$（万元）

（2）甲公司应代收代缴消费税额 $=50\times30\%=15$（万元）

（五）委托加工收回应税消费品已纳税款的扣除

对于委托加工收回的应税消费品，由于受托方已代收代缴消费税，因此，委托方收回货物后用于连续生产应税消费品的，准予扣除委托加工收回应税消费品的已纳消费税税款。

在消费税 15 个税目中，除酒、小汽车、高档手表、游艇、电池、涂料外，其余 9 个税目有扣税规定。委托加工收回应税消费品已纳税款的扣除范围如下。

（1）以委托加工收回的已税烟丝为原料生产的卷烟。

（2）以委托加工收回的已税化妆品为原料生产的化妆品；自 2016 年 10 月 1 日起，高档化妆品消费税纳税人以委托加工收回的高档化妆品为原料继续生产高档化妆品，准予从高档化妆品消费税应纳税额中扣除委托加工收回的高档化妆品已纳消费税税款。

（3）以委托加工收回的已税珠宝玉石为原料生产的贵重首饰及珠宝玉石。

（4）以委托加工收回的已税鞭炮、焰火为原料生产的鞭炮、焰火。

（5）以委托加工收回的已税汽油、柴油为原料生产的汽油、柴油。

（6）以委托加工收回的已税摩托车生产的摩托车。

（7）以委托加工收回的已税杆头、杆身和握把为原料生产的高尔夫球杆。

（8）以委托加工收回的已税木制一次性筷子为原料生产的木制一次性筷子。

（9）以委托加工收回的已税实木地板为原料生产的实木地板。

（10）以委托加工收回的已税石脑油为原料生产的应税消费品。

（11）以委托加工收回的已税润滑油为原料生产的润滑油。

委托加工收回的汽油、柴油、石脑油、燃料油、润滑油用于连续生产应税成品油的，应凭通过增值税发票选择确认平台确认的成品油专用发票、《海关进口消费税专用缴款书》、《税收缴款书（代扣代收专用）》，按规定计算扣除已纳消费税税款，其他凭证不得作为消费税扣除凭证。

上述委托加工收回的应税消费品用于连续生产应税消费品的，准予从应纳消费税税额中按当期生产领用数量计算扣除其已纳消费税款。当期准予扣除的委托加工应税消费品已纳税款的计算公式为：

当期准予扣除的委托加工应税消费品已纳税款＝期初库存的委托加工应税消费品已纳税款＋当期收回的委托加工应税消费品已纳税款－期末库存的委托加工应税消费品已纳税款

纳税人用委托加工收回的已税珠宝玉石生产的改在零售环节征收消费税的金银首饰，在计税时一律不得扣除已税珠宝玉石的已纳税款。

【业务解析 3-7】

1. 业务资料

续【业务解析 3-4】，山东大山烟业有限公司 2019 年 7 月发生如下经济业务。

业务④：将一批成本为 30 万元的烟叶委托某一加工厂加工成烟丝，加工厂收取辅料及加工费 5 万元，受托方没有同类产品售价。该烟业公司当月收回委托加工的烟丝，取得加工厂的消费税代收代缴税款凭证。该批烟丝中的 60% 当月被领用继续生产望月牌卷烟。

上述款项均不含增值税，相关款项均已用银行存款收付。相关消费品税率如表 3-1 所示。

2. 工作要求

（1）计算 7 月准予扣除的委托加工烟丝已纳税款。

（2）计算 7 月准予扣除的消费税税款合计。

3. 解析过程

（1）准予扣除的委托加工烟丝税款。

委托加工的烟丝实行从价定率方法计算纳税，烟丝税率为 30%。

委托加工烟丝的组成计税价格＝(30＋5)÷(1－30%)＝50（万元）

受托方代收代缴的消费税额＝50×30%＝15（万元）

本月准予扣除的委托加工烟丝已纳税款＝15×60%＝9（万元）

（2）本月准予扣除的税款合计。

本月准予扣除的外购烟丝消费税款为 10.5 万元，见【业务解析 3-4】。

本月准予扣除的消费税税款合计＝9＋10.5＝19.5（万元）

四、进口应税消费品应纳税额的计算

（一）进口应税消费品计税依据的确定

1. 从价定率法下进口应税消费品的计税依据

纳税人进口应税消费品，采取从价定率法的，按照组成计税价格计算纳税。组成计税价格的计算公式为：

组成计税价格 =（关税完税价格 + 关税）÷（1 − 比例税率）

2. 从量定额法下进口应税消费品的计税依据

采取从量定额法计算纳税的进口应税消费品，其计税依据为海关核定的应税消费品的进口数量。

3. 复合计税法下进口应税消费品的计税依据

复合计税法下，从价部分按组成计税价格作为计税依据，从量部分按海关核定的应税消费品进口数量作为计税依据。复合计税法下组成计税价格的计算公式为：

组成计税价格 =（关税完税价格 + 关税 + 海关核定的应税消费品进口数量 × 定额税率）÷（1 − 比例税率）

上式中的“关税完税价格”，是指海关核定的关税计税价格。

（二）进口应税消费品应纳税额的计算

1. 从价定率法下进口应税消费品的应纳税额

采取从价定率法计算纳税的进口应税消费品，其应纳税额的计算公式为：

应纳税额 = 组成计税价格 × 比例税率

2. 从量定额法下进口应税消费品的应纳税额

采取从量定额法计算纳税的进口应税消费品，其应纳税额的计算公式为：

应纳税额 = 海关核定的应税消费品进口数量 × 定额税率

3. 复合计税法下进口应税消费品的应纳税额

采取复合计税法计算纳税的进口应税消费品，其应纳税额的计算公式为：

应纳税额 = 组成计税价格 × 比例税率 + 海关核定的应税消费品进口数量 × 定额税率

【业务解析 3-8】

1. 业务资料

2019 年 12 月，某汽车经销公司从国外进口一批小汽车（气缸容量 4 升）100 辆，其关税完税价格为 8 000 万美元，关税税率为 50%，款项已开出支票支付。当月 1 日人民币汇率为 1 美元兑换 6.2 元人民币。

2. 工作要求

（1）计算该批小汽车的组成计税价格。

（2）计算该批小汽车 12 月消费税应纳税额。

3. 解析过程

气缸容量4升的小汽车，适用的消费税税率为25%。

(1) 组成计税价格 = (8 000 × 6.2 + 8 000 × 6.2 × 50%) ÷ (1 − 25%) = 74 400 ÷ 75% = 99 200（万元）

(2) 消费税应纳税额 = 99 200 × 25% = 24 800（万元）

五、消费税出口退（免）税额的计算

（一）出口应税消费品的免税

对纳税人出口的应税消费品，免征消费税。这项规定主要适用于生产企业直接出口或委托外贸企业出口应税消费品。

（二）出口应税消费品的退税

出口应税消费品的退税，原则上应将所征税款全部退还给出口企业。出口应税消费品退税的企业范围如下：

(1) 有出口经营权的外贸、工贸公司；

(2) 特定出口退税企业，如对外承包工程公司、外轮供应公司等。

除规定不退税的应税消费品外，对有进出口经营权的生产企业委托外贸企业代理出口的应税消费品，一律免征消费税；对其他生产企业委托出口的消费税应税消费品，实行"先征后退"的办法。

（三）出口应税消费品的退税率

计算出口应税消费品应退消费税的税率或单位税额，严格按照《消费税税目税率（税额）表》执行。当出口的货物是应税消费品时，其退还增值税要按规定的增值税退税率计算，而其退还消费税则按应税消费品所适用的消费税税率计算。

企业应将不同消费税税率的出口应税消费品分开核算和申报，凡划分不清适用税率的，一律从低适用税率计算应退消费税税额。

（四）出口应税消费品退税额的计算

1. 出口应税消费品退税额的计算依据

(1) 采用比例税率征税的消费品，其退税依据是从工厂购进货物时计算征收消费税的价格。对含增值税的购进金额，应换算成不含增值税的金额来作为计算退税的依据。

(2) 采用定额税率征收消费税的消费品，其退税依据是出口报关的数量。

2. 出口应税消费品退税额的计算

外贸企业出口或代理出口货物的应退消费税税额，应分别按上述计算依据和《消费税税目税率（税额）表》规定的税率（单位税额）计算应退税额。其计算公式为：

应退消费税税额 = 出口消费品的工厂销售额（出口数量）× 比例税率（定额税额）

【业务解析 3-9】

1. 业务资料

2019 年 10 月，青岛一家外贸公司从山东优韵化妆品有限公司购入一批高档化妆品，取得的增值税专用发票上注明价款为 500 万元、增值税为 65 万元。该外贸公司将该批化妆品销往国外，离岸价为 100 万美元（当日外汇牌价 1 美元兑换 6.2 元人民币），并按规定申报办理消费税退税。高档化妆品消费税税率为 15%，增值税退税率为 10%。上述款项均已收付。

2. 工作要求

（1）计算外贸公司该批高档化妆品应退的消费税税额。

（2）计算外贸公司该批高档化妆品应退的增值税税额。

3. 解析过程

（1）应退消费税税额 = 5 000 000 × 15% = 750 000（元）

（2）应退增值税税额 = 5 000 000 × 10% = 500 000（元）

任务 3-3　消费税会计核算

一、会计科目设置

纳税人应在“应交税费”科目下设置“应交消费税”二级科目。由于消费税属于价内税，即销售额中含有应负担的消费税税额，应将消费税作为费用、成本的内容加以核算，因此，还应设置与之相应的会计科目，包括“税金及附加”“管理费用”“长期股权投资”“在建工程”“营业外支出”“应付职工薪酬”等科目。

消费税会计核算的依据主要有《消费税纳税申报表》和《税收缴款书》，此外还有销货发票。发票是纳税行为发生的原始依据，包括增值税专用发票和增值税普通发票，二者均可作为消费税会计核算原始凭证。

二、会计核算

（一）销售应税消费品的账务处理

企业将生产的应税消费品直接对外销售，在计算应缴纳的消费税时，通过“税金及附加”科目进行核算。在企业计提消费税时，借记“税金及附加”科目，贷记“应交税费——应交消费税”科目；同时，还要完成与确认收入和应交增值税有关的会计处理。实际缴纳税款时，借记“应交税费——应交消费税”科目，贷记“银行存款”科目。

【业务解析 3-10】

1. 业务资料

见【业务解析 3-3】中的“业务资料”。

2. 工作要求

(1) 根据业务①，计算增值税销项税额、应交消费税税额，并编制相关会计分录。

(2) 根据业务②，计算增值税销项税额、应交消费税税额，并编制相关会计分录。

(3) 根据业务③，计算增值税销项税额、应交消费税税额，并编制相关会计分录。

3. 解析过程

(1) 根据业务①：

销售额 = 50 × 20 000 + 150 × 20 100 + 22 600 ÷ (1 + 13%) = 4 035 000（元）

增值税销项税额 = 4 035 000 × 13% = 524 550（元）

借：银行存款　　4 568 590
　　贷：主营业务收入　　4 035 000
　　　　应交税费——应交增值税（销项税额）　　524 550
　　　　其他应付款——存入保证金　　9 040

应交消费税 = [4 035 000 + 9 040 ÷ (1 + 13%)] × 20% + 200 × 2 000 × 0.5 = 1 008 600（元）

借：税金及附加　　1 008 600
　　贷：应交税费——应交消费税　　1 008 600

(2) 根据业务②：

增值税销项税额 = 100 × 20 000 × 13% = 260 000（元）

借：银行存款　　2 270 000
　　贷：主营业务收入　　2 000 000
　　　　应交税费——应交增值税（销项税额）　　260 000
　　　　其他应付款——存入保证金　　10 000

应交消费税税额 = 100 × 240 = 24 000（元）

借：税金及附加　　24 000
　　贷：应交税费——应交消费税　　24 000

(3) 根据业务③：

增值税销项税额 = 5 × 10 000 × 13% = 6 500（元）

借：银行存款　　56 500
　　贷：主营业务收入　　50 000
　　　　应交税费——应交增值税（销项税额）　　6 500

应交消费税 = 50 000 × 10% = 5 000（元）

借：税金及附加　　　　　　　　　　　　　　5 000

　　贷：应交税费——应交消费税　　　　　　　　5 000

（二）视同销售的账务处理

（1）纳税人将其生产经营的应税消费品用于本企业连续生产非应税消费品、在建工程、管理部门、非生产机构以及提供劳务、馈赠、赞助、集资、广告、样品、职工福利、奖励等方面，一律视同销售处理，在移送使用时计提应交的增值税和消费税。

按规定计算应交消费税时，借记“生产成本”“制造费用”“在建工程”“管理费用”“销售费用”“营业外支出”“应付职工薪酬”等科目，贷记“应交税费——应交消费税”等科目。

（2）纳税人用于换取生产资料和消费资料、投资入股和抵偿债务等方面的应税消费品，应当以纳税人同类应税消费品的最高销售价格作为计税依据计算消费税。

按规定计算应交消费税时，借记“原材料”“管理费用”“长期股权投资”“应付账款”等科目，贷记“应交税费——应交消费税”等科目。

【业务解析 3-11】

1. 业务资料

见【业务解析 3-5】“业务资料”中的业务④、⑤，以及表 3-7。

2. 工作要求

（1）根据业务④，计算增值税销项税额、应交消费税税额，并编制相关会计分录。

（2）根据业务⑤，计算增值税销项税额、应交消费税税额，并编制相关会计分录。

（3）根据表 3-7，编制缴纳 2019 年 8 月份消费税的会计分录。

3. 解析过程

（1）根据业务④：

增值税销项税额 = 10 × 20 000 × 13% = 26 000（元）

应交消费税税额 = 200 000 × 20% + 10 × 2 000 × 0.5 = 40 000 + 10 000 = 50 000（元）

借：应付职工薪酬——非货币性福利　　　　　　276 000

　　贷：主营业务收入　　　　　　　　　　　　　　200 000

　　　　应交税费——应交增值税（销项税额）　　　　26 000

　　　　　　　　——应交消费税　　　　　　　　　　50 000

（2）根据业务⑤：

库存商品成本 = 6 × 15 000 = 90 000（元）

组成计税价格 = (90 000 + 90 000 × 10% + 6 × 2 000 × 0.5) ÷ (1 − 20%) = 131 250 (元)

增值税销项税额 = 131 250 × 13% = 17 062.5 (元)

应交消费税税额 = 131 250 × 20% + 6 × 2 000 × 0.5 = 26 250 + 6 000 = 32 250 (元)

借：营业外支出　　139 312.50

　　贷：库存商品　　90 000

　　　　应交税费——应交增值税 (销项税额)　　17 062.5

　　　　　　　　——应交消费税　　32 250

(3) 根据表 3-7，实际缴纳消费税：

借：应交税费——应交消费税　　821 000

　　贷：银行存款　　821 000

(三) 包装物押金的账务处理

1. 随同商品出售且单独计价的包装物

随同商品出售且单独计价的包装物，其收入贷记“其他业务收入”科目；按规定应缴纳的消费税，借记“税金及附加”科目，贷记“应交税费——应交消费税”科目，同时结转包装物的成本。

2. 出租、出借包装物逾期的押金

纳税人出租、出借包装物逾期未退还而没收的包装物押金，应借记“其他应付款——存入保证金”科目，贷记“其他业务收入”“应交税费——应交增值税 (销项税额)”等科目；按照应缴纳的消费税额，借记“税金及附加”科目，贷记“应交税费——应交消费税”科目。

【业务解析 3-12】

1. 业务资料

见【业务解析 3-4】“业务资料”中的经济业务③。

2. 工作要求

(1) 计算押金收入应交增值税。

(2) 编制相关会计分录。

3. 解析过程

(1) 押金收入应交增值税 = 3 × 13% = 0.39 (万元)。

(2) 编制会计分录：

借：其他应付款——存入保证金　　33 900

　　贷：其他业务收入　　30 000

　　　　应交税费——应交增值税 (销项税额)　　3 900

借：税金及附加　　16 800
　　贷：应交税费——应交消费税　　16 800

（四）委托加工应税消费品的账务处理

纳税人委托加工的应税消费品由受托方代收代缴消费税。委托方收回后，如果用于连续生产消费品的，其已纳消费税款准予按照规定从连续生产的应税消费品应纳消费税税额中抵扣，委托方按受托方代收代缴的消费税税额，借记“应交税费——应交消费税”科目，贷记“银行存款”等科目。

委托方将收回的应税消费品，以不高于受托方的计税价格出售的，为直接出售，在销售时不再缴纳消费税，此时委托方应将受托方代收代缴的消费税随同应支付的加工费一并计入委托加工的应税消费品成本之中，借记“委托加工物资”科目，贷记“银行存款”等科目；委托方以高于受托方的计税价格出售的，不属于直接出售，需按照规定申报缴纳消费税，在计税时准予扣除受托方已代收代缴的消费税，借记“应交税费——应交消费税”科目，贷记“银行存款”等科目。

【业务解析 3-13】

1. 业务资料

2019 年 9 月，北方一家酒厂发出一批半成品酒，委托外协单位加工调和成葡萄酒后直接对外出售，发出半成品账面成本为 900 000 元，支付加工费 200 000 元；外协单位同类消费品计税销售额为 1 200 000 元，加工税费以银行本票付清。加工完毕验收入库待售。

2. 工作要求

（1）计算应交增值税进项税额。

（2）计算应纳消费税税额。

（3）编制相关会计分录。

3. 解析过程

（1）增值税进项税额 $=200\ 000 \times 13\% = 26\ 000$（元）

（2）应纳消费税税额 $=1\ 200\ 000 \times 10\% = 120\ 000$（元）

（3）相关会计分录。

发出半成品时：

借：委托加工物资　　900 000
　　贷：原材料　　900 000

支付加工费、增值税进项税、消费税时：

借：委托加工物资　　320 000
　　应交税费——应交增值税（进项税额）　　26 000
　　贷：其他货币资金——银行本票　　346 000

加工完毕收回入库时：

借：库存商品　　1 220 000
　　贷：委托加工物资　　1 220 000

【业务解析 3-14】

1. 业务资料

见【业务解析 3-7】“业务资料”中的业务④及其解析过程。

2. 工作要求

(1) 计算委托加工业务应交增值税进项税额。

(2) 编制相关会计分录。

3. 解析过程

(1) 增值税进项税额 $=5\times13\%=0.65$（万元）

(2) 编制会计分录。

支付加工费、增值税进项税、消费税时：

借：委托加工物资　　50 000
　　应交税费——应交增值税（进项税额）　　6 500
　　待扣税费——待扣消费税　　150 000
　　贷：银行存款　　206 500

抵扣消费税时：

借：应交税费——应交消费税　　90 000
　　贷：待扣税费——待扣消费税　　90 000

（五）进口应税消费品的账务处理

需要缴纳消费税的进口物资，其缴纳的消费税应计入该项应税消费品的成本，借记“固定资产”“原材料”“在途物资”“库存商品”等科目，贷记“银行存款”等科目。

【业务解析 3-15】

1. 业务资料

详见【业务解析 3-8】。

2. 工作要求

(1) 计算该批小汽车的应纳增值税进项税额。

(2) 编制相关会计分录。

3. 解析过程

(1) 增值税进项税额 $=(8\,000\times6.2+8\,000\times6.2\times50\%+24\,800)\times13\%$
$=12\,896$（万元）

(2) 编制相关会计分录。

支付外商货款、关税和进口环节增值税时：

借：库存商品　　744 000 000
　　应交税费——应交增值税（进项税额）　　128 960 000
　　贷：银行存款　　872 960 000

计算进口环节应交消费税时：

借：库存商品　　248 000 000
　　贷：应交税费——应交消费税　　248 000 000

缴纳进口环节消费税时：

借：应交税费——应交消费税　　248 000 000
　　贷：银行存款　　248 000 000

（六）出口退（免）税的账务处理

生产企业直接出口自产应税消费品时，按规定予以直接免税，不计算应缴消费税；免税后发生退货或退关的，也可以暂不办理补税，待其转为国内销售时，再申报缴纳消费税。

生产企业将应税消费品销售给外贸企业，由外贸企业自营出口的，按先征后退办法进行核算。即外贸企业从生产企业购入应税消费品时，先缴纳消费税，在产品报关出口后，再申请出口退税。外贸企业申请出口退税时，按照应退消费税额，借记“应收出口退税款”科目，贷记“主营业务成本”科目。

【业务解析 3-16】

1. 业务资料

详见【业务解析 3-9】。

2. 工作要求

编制外贸公司该批高档化妆品的相关会计分录。

3. 解析过程

【业务解析 3-9】中，应退消费税税额为 75 万元，应退增值税税额为 50 万元，合计应退税 125 万元。增值税不得抵扣或退税税额 $=65-50=15$（万元），出口确认销售收入 $=100\times6.2=620$（万元）。

（1）购入高档化妆品验收入库。

借：库存商品　　5 000 000
　　应交税费——应交增值税（进项税额）　　650 000
　　贷：银行存款　　5 650 000

（2）高档化妆品报关出口确认收入，同时结转销售成本。

借：银行存款　　6 200 000
　　贷：主营业务收入　　6 200 000

借：主营业务成本　　5 000 000
　　贷：库存商品　　5 000 000

(3) 增值税不得抵扣或退税税额，调整出口商品销售成本。

借：主营业务成本　150 000

　　贷：应交税费——应交增值税（进项税额转出）　150 000

(4) 申请消费税、增值税退税。

借：应收出口退税款　1 250 000

　　贷：应交税费——应交增值税（出口退税）　500 000

　　　　主营业务成本　750 000

(5) 收到出口退回的税款。

借：银行存款　1 250 000

　　贷：应收出口退税款　1 250 000

任务 3-4　消费税纳税申报

一、纳税环节

消费税是在生产（进口）、流通或消费的某一环节一次征收，而不是在消费品生产、流通或消费的每个环节多次征收，即通常所说的一次课征制（卷烟、超豪华小汽车除外）。

（一）生产环节

纳税人生产的应税消费品，由生产者于销售（这里主要指出厂销售）时纳税。

生产者自产自用的应税消费品，如果用于本企业连续生产应税消费品的，在自产自用环节不征收消费税；如果用于其他方面的，于移送使用时纳税。

委托加工的应税消费品，除受托方为个人外，由受托方在向委托方交货时代收代缴税款。

（二）批发环节

根据2009年5月1日《财政部、国家税务总局关于调整烟产品消费税政策的通知》（财税〔2009〕84号），在卷烟批发环节加征一道从价税。

（1）纳税人：在我国境内从事卷烟批发业务的单位和个人，但批发商之间销售卷烟不缴纳消费税。

（2）征收范围：纳税人批发销售的所有牌号规格的卷烟。

（3）计税依据：纳税人批发卷烟的销售额（不含增值税）。

（4）纳税人应将卷烟销售额与其他商品销售额分开核算；未分开核算的，一并征收消费税，消费税于纳税人收讫销售款或者取得索取销售款凭据的当天征收。

（5）纳税人兼营卷烟批发和零售业务的，应当分别核算批发和零售环节的销售额、销售数量；未分别核算批发和零售环节销售额、销售数量的，按照全部销售额、销售数量计征批发环节消费税。

（三）进口环节

进口的应税消费品，由进口报关者于报关进口时纳税。

（四）零售环节

金银首饰消费税由生产销售环节征收改为零售环节征收。在我国境内从事金银首饰零售业务的单位和个人，为金银首饰消费税的纳税义务人。委托加工（除另有规定外）、委托代销金银首饰的，受托方也是纳税人。金银首饰的零售业务是指将金银首饰销售给中国人民银行批准的金银首饰生产、加工、批发、零售单位以外的单位和个人的业务。

自2016年12月1日起，乘用车和中轻型商用客车子税目中的超豪华小汽车，在生产（进口）环节征收消费税基础上，在零售环节再加征一道消费税。将超豪华小汽车销售给消费者的单位和个人为超豪华小汽车零售环节纳税人。

【选项辨析3-4】

根据现行税法的规定，下列应当征收消费税的有（　　）。

A. 卷烟的批发环节　　B. 金银首饰的生产环节

C. 珍珠饰品的零售环节　　D. 高档手表的生产销售环节

【选项辨析3-5】

根据消费税法律制度的规定，在下列选项中，既征收消费税又征收增值税的有（　　）。

A. 批发环节销售的卷烟　　B. 生产销售小汽车

C. 零售环节销售的金银首饰　　D. 进口的高档化妆品

二、纳税义务发生时间

（1）纳税人销售应税消费品，因销售结算方式不同，其纳税义务发生时间也有所不同，具体如下：

① 采取赊销和分期收款结算方式的，为书面合同约定的收款日期的当天；书面合同没有规定收款日期或者无书面合同的，为发出应税消费品的当天。

② 采取预收货款结算方式的，为发出应税消费品的当天。

③ 采取托收承付和委托银行收款方式的，为发出应税消费品并办妥托收手续的当天。

④ 采取其他结算方式的，为收讫销售款或者取得索取销售款凭据的当天。

（2）纳税人自产自用应税消费品的，其纳税义务发生时间为移送使用的当天。

（3）纳税人委托加工应税消费品的，其纳税义务发生时间为纳税人提货的当天。

（4）纳税人进口应税消费品的，其纳税义务发生时间为报关进口的当天。

【选项辨析 3-6】

关于消费税纳税义务发生时间，下列描述正确的是（　　）。

A. 纳税人委托加工的应税消费品，为受托方进货的当天

B. 纳税人进口的应税消费品，为报关进口的当天

C. 纳税人采取预收货款结算方式销售应税消费品的，为收到预收货款的当天

D. 纳税人自产自用的应税消费品，用于生产非应税消费品的，为移送使用的当天

三、纳税期限

消费税的纳税期限分别为 1 日、3 日、5 日、10 日、15 日或者 1 个月。纳税人的具体纳税期限，由主管税务机关根据纳税人应纳税额的大小分别核定；不能按照固定期限纳税的，可以按次纳税。

纳税人以 1 个月为一期纳税的，自期满之日起 15 日内申报纳税；以 1 日、3 日、5 日、10 日或者 15 日为一期纳税的，自期满之日起 5 日内预缴税款，于次月 1 日起至 15 日内申报纳税并结清上月应纳税款。

增值税小规模纳税人缴纳增值税、消费税、文化事业建设费，以及随增值税、消费税附征的城市维护建设税、教育费附加等税费，原则上实行按季申报。

纳税人进口应税消费品，应当自海关填发《海关进口消费税专用缴款书》之日起 15 日内缴纳税款。

四、纳税地点

（1）纳税人销售应税消费品及自产自用应税消费品，除国家另有规定外，应当向纳税人机构所在地或者居住地的主管税务机关申报纳税。

（2）纳税人到外县（市、区）销售或者委托外县（市、区）代销自产应税消费品的，于应税消费品销售后，向机构所在地或者居住地主管税务机关申报纳税。

（3）纳税人的总机构与分支机构不在同一县（市、区）的，应当分别向各自机构所在地的主管税务机关申报纳税；经财政部、国家税务总局或者其授权的财政、税务机关批准，可以由总机构汇总向总机构所在地的主管税务机关申报纳税。

（4）委托个人加工的应税消费品，由委托方向其机构所在地或者居住地主管税务机关申报纳税。

（5）进口的应税消费品，由进口人或者其代理人向报关地海关申报纳税。

五、消费税纳税申报表的填制

由国家税务总局制定的消费税纳税申报表有《小汽车消费税纳税申报表》《酒类应税消费品消费税纳税申报表》《烟类应税消费品消费税纳税申报表》《卷烟批发环节消费税纳税申报表》《成品油消费税纳税申报表》《电池消费税纳税申报表》《涂料消费税纳税申

报表》《其他应税消费品消费税纳税申报表》及其附表。

下面以《酒类应税消费品消费税纳税申报表》《烟类应税消费品消费税纳税申报表》《其他应税消费品消费税纳税申报表》为例，简要说明其填制方法。

（一）《酒类应税消费品消费税纳税申报表》的填制

《酒类应税消费品消费税纳税申报表》的内容如表3-6所示。该表主要项目的填写方法，简要说明如下。

（1）“本期准予抵减税额”项目。

本项目填写按税收法规规定的本期准予抵减的消费税应纳税额。其准予抵减的消费税应纳税额情况，需填报本表附表《本期准予抵减税额计算表》予以反映。

“本期准予抵减税额”栏数值与附表《本期准予抵减税额计算表》“本期准予抵减税款合计”栏数值一致。

（2）“本期减（免）税额”项目。

本项目不含出口退（免）税额。

（3）“期初未缴税额”项目。

本项目填写本期期初累计应缴未缴的消费税额，多缴为负数。其数值等于上期申报表“期末未缴税额”栏数值。

（4）“本期缴纳前期应纳税额”项目。

本项目填写本期实际缴纳入库的前期应缴未缴消费税额。

（5）“本期预缴税额”项目。

本项目填写纳税申报前纳税人已预先缴纳入库的本期消费税额。

（6）“本期应补（退）税额”项目。

本项目填写纳税人本期应纳税额中应补缴或应退回的数额，其计算公式为：

本期应补（退）税额=应纳税额（合计栏金额）-本期准予抵减税额-本期减（免）税额-本期预缴税额

多缴为负数。

（7）“期末未缴税额”项目。

本项目填写纳税人本期期末应缴未缴的消费税额，其计算公式为：

期末未缴税额=期初未缴税额+本期应补（退）税额-本期缴纳前期应纳税额

多缴为负数。

实务操作3-1

1. 实务资料

山东龙泉山酒业有限公司，其税务登记证号码：91370725156013363A，开户银行：中国工商银行潍坊市四平路支行，账号：3700233028004562557，法定代表人：靳开来，财务负责人：粟晓梅，办税员：章成凤，公司联系电话：0536-2601127。

2019年8月，该公司发生的有关应税消费品经济业务见【业务解析3-3】【业务解析3-5】。

本月预缴消费税税额 300 000 元，“本期准予抵减税额”“本期减（免）税额”“本期缴纳前期应纳税额”项目金额均为 0 元。8 月初未缴消费税税额为 1 150 元。

2. 操作要求

(1) 按期填制《酒类应税消费品消费税纳税申报表》。

(2) 办理税款缴纳手续。

3. 操作过程

(1) 填制《酒类应税消费品消费税纳税申报表》。

第一步：填制子税目“白酒”“黄酒”“其他酒”的应纳税额及其合计。

① 白酒。

业务①中，36°白酒和 39°白酒的销售额 = 4 015 000（元）

业务①中，押金的不含税销售额 = 8 000（元）

业务①中，价外费用（装卸费）的不含税销售额 = 20 000（元）

业务④中，36°白酒的销售额 = 200 000（元）

业务⑤中，45°白酒的组成计税价格 = 131 250（元）

本月销售额 = 4 015 000 + 8 000 + 20 000 + 200 000 + 131 250 = 4 374 250（元）

本月销售数量 = 200 + 10 + 6 = 216（吨）= 432 000（斤）

本月应纳税额 = 4 374 250 × 20% + 432 000 × 0.5 = 874 850 + 216 000 = 1 090 850（元）

② 黄酒。

本月销售数量 = 100（吨），本月应纳税额 = 100 × 240 = 24 000（元）

③ 其他酒——药酒。

本月销售额 = 50 000（元），本月应纳税额 = 50 000 × 10% = 5 000（元）

④ 本月各子税目应纳税额合计 = 1 090 850 + 24 000 + 5 000 = 1 119 850（元）。

根据各子税目的应纳税额及其合计金额，填制《酒类应税消费品消费税纳税申报表》（表 3-6）。

第二步：计算本期应补（退）税额。

本期应补（退）税额 = 应纳税额合计 − 本期准予抵减税额 − 本期减（免）税额 − 本期预缴税额 = 1 119 850 − 0 − 0 − 300 000 = 819 850（元）。

根据上述数据，填制《酒类应税消费品消费税纳税申报表》，如表 3-6 所示。

第三步：期末未缴税额。

期末未缴税额 = 期初未缴税额 + 本期应补（退）税额 − 本期缴纳前期应纳税额 = 1 150 + 819 850 − 0 = 821 000（元）。

根据上述数据，填制《酒类应税消费品消费税纳税申报表》，如表 3-6 所示。

(2) 办理税款缴纳手续。

该公司应在 9 月 15 日之前完成网上电子报税，申报成功后，会计人员及时向代理国库的银行划转税款 821 000 元。税款划转成功后，会计人员及时取得“电子缴税付款凭证”（表 3-7），以用作账务处理的凭证。

表 3-6　酒类应税消费品消费税纳税申报表

税款所属期：2019 年 8 月 1 日至 2019 年 8 月 31 日

纳税人名称（公章）：山东龙泉山酒业有限公司

纳税人识别号：| 9 | 1 | 3 | 7 | 0 | 7 | 2 | 5 | 1 | 5 | 6 | 0 | 1 | 3 | 3 | 6 | 3 | A |

填表日期：2019 年 1 月 31 日　　　　金额单位：元（列至角分）

项目 应税消费品名称	适用税率		销售数量	销售额	应纳税额
	定额税率	比例税率			
白酒	0.5 元/斤	20%	432 000	4 374 250	1 090 850
啤酒	250 元/吨	—			
啤酒	220 元/吨	—			
黄酒	240 元/吨	—	100		24 000
其他酒	—	10%		50 000	5 000
合计	—	—	—	—	1 119 850

本期准予抵减税额：0	**声明** 此纳税申报表是根据国家税收法律的规定填报的，我确定它是真实的、可靠的、完整的。 经办人（签章）：章成凤 财务负责人（签章）：粟晓梅 联系电话：0536-2601127
本期减（免）税额：0	
期初未缴税额：1 150	
本期缴纳前期应纳税额：0	（如果你已委托代理人申报，请填写） **授权声明** 为代理一切税务事宜，现授权________（地址）________为本纳税人的代理申报人，任何与本申报表有关的往来文件，都可寄予此人。 授权人签章：
本期预缴税额：300 000	
本期应补（退）税额：819 850	
期末未缴税额：821 000	

表 3-7　　**中国工商银行电子缴税付款凭证**

转账日期：2019 年 9 月 15 日　　　　凭证字号：2019021530263l232

纳税人全称及纳税人识别号：	山东龙泉山酒业有限公司 91370725156013363A		
付款人全称：	山东龙泉山酒业有限公司		
付款人账号：	3700233028004562557	征收机关名称：	国家税务总局潍坊市奎文区税务局北关分局
付款人开户银行：	中国工商银行潍坊市四平路支行	收款国库名称：	国家金库潍坊奎文区支库
小写（金额）合计：	￥821 000.00	缴款书交易流水号：	2019021502011431
大写（金额）合计：	人民币捌拾贰万壹仟元整	税票号码：	320190215031293123
税（费）种名称	所属时期		实缴金额
消费税	20190801—20190831		￥821 000.00

（二）《烟类应税消费品消费税纳税申报表》的填制

《烟类应税消费品消费税纳税申报表》的表样如表3-9所示。本申报表的附表《本期准予扣除税额计算表》的表样，如表3-8所示。

1.《本期准予扣除税额计算表》主要项目的填写说明

（1）本表作为《烟类应税消费品消费税纳税申报表》（表3-9）的附报资料，由外购或委托加工收回烟丝后连续生产卷烟的纳税人填报。

（2）“当期准予扣除的委托加工烟丝已纳税款”的计算公式为：

当期准予扣除的委托加工烟丝已纳税款＝期初库存委托加工烟丝已纳税款＋当期收回委托加工烟丝已纳税款－期末库存委托加工烟丝已纳税款

（3）“当期准予扣除的外购烟丝已纳税款”的计算公式为：

当期准予扣除的外购烟丝已纳税款＝(期初库存外购烟丝买价＋当期购进烟丝买价－期末库存外购烟丝买价)×外购烟丝适用税率（30%）

（4）“本期准予扣除税款合计”为本期外购及委托加工收回烟丝后连续生产卷烟准予扣除烟丝已纳税款的合计数，应与《烟类应税消费品消费税纳税申报表》（表3-9）中对应项目一致。

2.《烟类应税消费品消费税纳税申报表》主要项目的填写说明

（1）“应纳税额”的计算公式为：

卷烟应纳税额＝销售数量×定额税率＋销售额×比例税率

雪茄烟、烟丝的应纳税额＝销售额×比例税率

（2）“本期准予扣除税额”，按附表《本期准予扣除税额计算表》（表3-8）的“本期准予扣除税款合计”金额填写。

（3）“本期减（免）税额”不含出口退（免）税额。

（4）“期初未缴税额”填写本期期初累计应缴未缴的消费税额，多缴为负数。其数值等于上期“期末未缴税额”。

（5）“本期缴纳前期应纳税额”填写本期实际缴纳入库的前期消费税额。

（6）“本期预缴税额”填写纳税申报前已预先缴纳入库的本期消费税额。

（7）“本期应补（退）税额”的计算公式为：

本期应补（退）税额＝应纳税额（合计栏金额）－本期准予扣除税额－本期减(免)税额－本期预缴税额

多缴为负数。

（8）“期末未缴税额”的计算公式为：

期末未缴税额＝期初未缴税额＋本期应补（退）税额－本期缴纳前期应纳税额

多缴为负数。

【实务操作3-2】

1. 实务资料

山东大山烟业有限公司属于增值税一般纳税人，主要生产“望月牌”卷烟。公司法定

代表人：鲁建平，财务负责人：刘祥云，办税员：王向前。公司税务登记证号码：91370725132513821A，开户银行：中国工商银行泰安市四平路支行，账号：370023301122456372l。公司联系电话：0538－2601327。

2019 年 7 月，该公司发生的有关经济业务见【业务解析 3-4】【业务解析 3-7】。

6 月应交未交的消费税 131 万元，7 月 12 日缴纳了消费税 131 万元。"本期减（免）税额""本期预缴税额"项目金额均为 0 元。

2. 操作要求

填制该公司 2019 年 7 月《烟类应税消费品消费税纳税申报表》。

3. 操作过程

第一步：填制纳税申报表的附表——《本期准予扣除税额计算表》。

填制方法参阅"《本期准予扣除税额计算表》主要项目的填写说明"（163 页），填制结果如表 3-8 所示。

第二步：填制《烟类应税消费品消费税纳税申报表》。

填制方法参阅"《烟类应税消费品消费税纳税申报表》主要项目的填写说明"（163 页），填制结果如表 3-9 所示。

表 3-8 本期准予扣除税额计算表

税款所属期：2019 年 7 月 1 日至 2019 年 7 月 31 日

纳税人名称（公章）：山东大山烟业有限公司

纳税人识别号：9 1 3 7 0 7 2 5 1 3 2 5 1 3 8 2 1 A

填表日期：2019 年 8 月 12 日　　金额单位：元（列至角分）

一、当期准予扣除的委托加工烟丝已纳税款计算
1. 期初库存委托加工烟丝已纳税款：0
2. 当期收回委托加工烟丝已纳税款：150 000
3. 期末库存委托加工烟丝已纳税款：60 000
4. 当期准予扣除的委托加工烟丝已纳税款：90 000
二、当期准予扣除的外购烟丝已纳税款计算
1. 期初库存外购烟丝买价：0
2. 当期购进烟丝买价：500 000
3. 期末库存外购烟丝买价：150 000
4. 当期准予扣除的外购烟丝已纳税款：105 000
三、本期准予扣除税款合计：195 000

表 3-9　烟类应税消费品消费税纳税申报表

税款所属期：2019 年 7 月 1 日 至 2019 年 7 月 31 日

纳税人名称（公章）：山东大山烟业有限公司

纳税人识别号：| 9 | 1 | 3 | 7 | 0 | 7 | 2 | 5 | 1 | 3 | 2 | 5 | 1 | 3 | 8 | 2 | 1 | A |

填表日期：2019 年 8 月 12 日　　单位：卷烟万支、雪茄烟支、烟丝千克；金额单位：元（列至角分）

项目 应税 消费品名称	适用税率		销售数量	销售额	应纳税额
	定额税率	比例税率			
卷烟	30 元/万支	56%	500	2 730 000	1 543 800
卷烟	30 元/万支	36%			
雪茄烟	—	36%			
烟丝	—	30%			
合计	—	—	—	—	1 543 800

本期准予扣除税额：195 000	**声明** 此纳税申报表是根据国家税收法律的规定填报的，我确定它是真实的、可靠的、完整的。 经办人（签章）：王向前 财务负责人（签章）：刘祥云 联系电话：0538－2601327
本期减（免）税额：0	
期初未缴税额：1 310 000	
本期缴纳前期应纳税额：1 310 000	（如果你已委托代理人申报，请填写） **授权声明** 为代理一切税务事宜，现授权________（地址）________为本纳税人的代理申报人，任何与本申报表有关的往来文件，都可寄予此人。 授权人签章：
本期预缴税额：0	
本期应补（退）税额：1 348 800	
期末未缴税额：1 348 800	

（三）《其他应税消费品消费税纳税申报表》的填制

《其他应税消费品消费税纳税申报表》限高档化妆品、贵重首饰及珠宝玉石、鞭炮焰火、摩托车（排量＞250 毫升）、摩托车（排量＝250 毫升）、高尔夫球及球具、高档手表、游艇、木制一次性筷子、实木地板等消费税纳税人使用，表样如表 3-10 所示。

表 3-10　其他应税消费品消费税纳税申报表

税款所属期：　　年　　月　　日至　　年　　月　　日

纳税人名称（公章）：

纳税人识别号：

填表日期：　　年　　月　　日　　　　　　　　　　　　　　　　　　金额单位：元（列至角分）

<table>
<tr><td>项目
应税
消费品名称</td><td>适用税率</td><td>销售数量</td><td>销售额</td><td>应纳税额</td></tr>
<tr><td></td><td></td><td></td><td></td><td></td></tr>
<tr><td></td><td></td><td></td><td></td><td></td></tr>
<tr><td></td><td></td><td></td><td></td><td></td></tr>
<tr><td></td><td></td><td></td><td></td><td></td></tr>
<tr><td></td><td></td><td></td><td></td><td></td></tr>
<tr><td></td><td></td><td></td><td></td><td></td></tr>
<tr><td>合计</td><td>—</td><td>—</td><td>—</td><td></td></tr>
<tr><td colspan="3">本期准予抵减税额：</td><td colspan="2" rowspan="3">声明
此纳税申报表是根据国家税收法律的规定填报的，我确定它是真实的、可靠的、完整的。
经办人（签章）：
财务负责人（签章）：
联系电话：</td></tr>
<tr><td colspan="3">本期减（免）税额：</td></tr>
<tr><td colspan="3">期初未缴税额：</td></tr>
<tr><td colspan="3">本期缴纳前期应纳税额：</td><td colspan="2" rowspan="4">（如果你已委托代理人申报，请填写）
授权声明
为代理一切税务事宜，现授权________（地址）为本纳税人的代理申报人，任何与本申报表有关的往来文件，都可寄予此人。
授权人签章：</td></tr>
<tr><td colspan="3">本期预缴税额：</td></tr>
<tr><td colspan="3">本期应补（退）税额：</td></tr>
<tr><td colspan="3">期末未缴税额：</td></tr>
</table>

《其他应税消费品消费税纳税申报表》主要项目的填写方法，简要说明如下。

（1）“应税消费品名称”和“适用税率”按照以下内容填写。

高档化妆品：15%；贵重首饰及珠宝玉石：10%；金银首饰（铂金首饰、钻石及钻石饰品）：5%；鞭炮焰火：15%；摩托车（排量＞250 毫升）：10%；摩托车（排量 = 250 毫升）：3%；高尔夫球及球具：10%；高档手表：20%；游艇：10%；木制一次性筷子：5%；实木地板：5%。

（2）“销售数量”为《中华人民共和国消费税暂行条例》、《中华人民共和国消费税暂行条例实施细则》及其他法规、规章规定的当期应申报缴纳消费税的应税消费品销售（不含出口免税）数量。

计量单位是：摩托车为“辆”；高档手表为“只”；游艇为“艘”；实木地板为“平方米”；木制一次性筷子为“万双”；高档化妆品、贵重首饰及珠宝玉石（含金银首饰、铂金首饰、钻石及钻石饰品）、鞭炮焰火、高尔夫球及球具按照纳税人实际使用的计量单位填写并在本栏中注明。

(3)“销售额”为《中华人民共和国消费税暂行条例》、《中华人民共和国消费税暂行条例实施细则》及其他法规、规章规定的当期应申报缴纳消费税的应税消费品销售（不含出口免税）收入。

(4)“应纳税额”的计算公式为：

应纳税额 = 销售额 × 适用税率

(5)“本期准予抵减税额”填写按税收法规规定本期外购或委托加工收回应税消费品后连续生产应税消费品准予扣除的消费税应纳税额。其准予扣除的消费税应纳税额情况，需填报本表附表《本期准予扣除税额计算表》予以反映。

“本期准予抵减税额”栏数值与附表《本期准予扣除税额计算表》的“本期准予扣除税款合计”栏数值一致。

(6)“期初未缴税额”填写本期期初累计应缴未缴的消费税额，多缴为负数。其数值等于上期纳税申报表“期末未缴税额”栏的数值。

(7)“本期缴纳前期应纳税额”填写本期实际缴纳入库的前期应缴未缴消费税额。

(8)“本期预缴税额”填写纳税申报前纳税人已预先缴纳入库的本期消费税额。

(9)“本期应补（退）税额”的计算公式为：

本期应补（退）税额 = 应纳税额（合计栏金额）- 本期准予抵减税额 - 本期减（免）税额 - 本期预缴税额

多缴为负数。

(10)“期末未缴税额”计算公式为：

期末未缴税额 = 期初未缴税额 + 本期应补（退）税额 - 本期缴纳前期应纳税额

多缴为负数。

项目三选项
辨析答案

项目四 附加税核算与申报

【本项目基本知识目标】

- 了解附加税（费）包括的具体税种。
- 熟悉城市维护建设税的规定及其优惠政策。
- 熟悉教育费附加的规定及其优惠政策。
- 熟悉地方水利建设基金的规定及其优惠政策。
- 掌握附加税税额的计算。
- 掌握附加税的会计核算。

【本项目工作能力目标】

- 能够合理设计原始凭证《应交附加税（费）计算表》。
- 能够规范、完整地填制《应交附加税（费）计算表》，准确计算附加税（费）应纳金额。
- 能够准确、完整地填写《城市维护建设税、教育费附加、地方教育附加申报表》。
- 能够及时、无误地办理附加税（费）的纳税申报、税款缴纳工作。
- 能够根据《应交附加税（费）计算表》、附加税（费）“电子缴税付款凭证”等原始凭证，运用正确的会计科目，准确完成相关涉税账务处理。

任务 4-1 附加税认知

附加税不是一个税种，它是对城市维护建设税、教育费附加、地方教育附加、地方水利建设基金的统称。由于城市维护建设税、教育费附加、地方教育附加、地方水利建设基金都是以实际缴纳的增值税和消费税税额为计税依据而附加征收的，因此将其统称为附加税，这也是它们的共有特点。

一、城市维护建设税

城市维护建设税，简称“城建税”，是指对缴纳增值税、消费税（以下简称“两税”）的单位和个人，以其实际缴纳的“两税”税额为计税依据而附加征收的一种税。

城建税与其他税种不同，没有独立的征税对象或税基，而是以“两税”实际缴纳的税额之和为计税依据，随“两税”征收而征收，本质上属于附加税。

（一）征税范围

城建税的征税范围包括城市、县城、建制镇，以及税法规定征收“两税”的其他地区。城市、县城、建制镇的范围，应以行政区划为标准。

（二）纳税人

城建税的纳税人是在征税范围内从事经营活动，并缴纳增值税、消费税的单位和个人。不论是国有企业、集体企业、私营企业、个体工商户、其他单位、个人，还是外商投资企业、外国企业及外籍个人，只要缴纳了“两税”中的任何一种税，都必须同时缴纳城建税。

（三）税率

城建税实行地区差别比例税率，按照纳税人所在地的不同，税率分别规定为 7%、5%、1% 三个档次。其具体适用范围是：① 纳税人所在地在城市市区的，税率为 7%；② 纳税人所在地在县城、建制镇的，税率为 5%；③ 纳税人所在地不在城市市区、县城、建制镇的，税率为 1%。

由受托方代收、代扣“两税”的，按照扣缴义务人所在地的适用税率计算代收、代扣城建税。

【选项辨析 4-1】

某城市一家卷烟厂委托位于县城的一家烟丝加工厂加工一批烟丝，委托方提供烟叶成本为 60 000 元，支付加工费 7 666.67 元（不含增值税），受托方无同类烟丝的市场销售价格。受托方应代收代缴的城建税为（　　）元（注：烟丝消费税税率为 30%）。

A. 1 504.7　　B. 1 450　　C. 1 050　　D. 2 040

纳税人跨地区提供建筑服务、销售和出租不动产的，在建筑服务发生地、不动产所在地预缴增值税时，按预缴地城建税税率就地计算缴纳城建税。

（四）计税依据

城建税的计税依据是纳税人实际缴纳的“两税”税额。

纳税人因违反“两税”有关规定而加收的滞纳金和罚款，不作为城建税的计税依据，即城建税的计税依据不包括“两税”的滞纳金和罚款。

纳税人在被查补“两税”和被处以罚款时，应同时对其城建税进行补税、征收滞纳金和罚款。

（五）减税、免税

城建税原则上不单独减免，但由于其具有附加税的性质，因此当“两税”发生减免时，城建税也相应地发生税收减免。城建税的税收减免具体有以下几种情况。

（1）税法规定对纳税人减免“两税”时，相应也减免了城建税，因此城建税按减免后实际缴纳的“两税”税额计征。对于因减免税而需进行“两税”退库的，城建税也同时退库。

（2）海关对进口产品代征“两税”的，不征收城建税。对出口产品退还“两税”的，不退还已缴纳的城建税。

（3）对“两税”实行先征后返、先征后退、即征即退办法的，除另有规定外，对随“两税”附征的城建税，一律不予退（返）还。

（4）自2019年1月1日至2021年12月31日，小规模纳税人发生增值税应税销售行为，合计月销售额未超过10万元（季度销售额未超过30万元）的，在免征增值税的同时，免征城市维护建设税、教育费附加、地方教育附加、地方水利建设基金。

二、教育费附加和地方教育附加

教育费附加和地方教育附加是以单位和个人实际缴纳的“两税”税额为计税依据而征收的一种附加费。

（一）计税依据

教育费附加对缴纳“两税”的单位和个人征收，以其实际缴纳的“两税”税额为计税依据，分别与“两税”同时缴纳。

（二）征收率

自1994年1月1日至今，教育费附加的征收率为3%。

根据《财政部关于统一地方教育附加政策有关问题的通知》（财综〔2010〕98号），各地统一开征地方教育附加。地方教育附加的征收率为2%，其计税依据与教育费附加相同，并且与“两税”同时缴纳。

纳税人跨地区提供建筑服务、销售和出租不动产的，在建筑服务发生地、不动产所在地预缴增值税时，按规定的征收率就地计算缴纳教育费附加和地方教育附加。

(三) 减免税优惠

教育费附加和地方教育附加的税收减免具有以下几种情况。

(1) 对海关进口产品征收的“两税”,不征收教育费附加。

(2) 由于减免“两税”而发生退税的,可以同时退还已征收的教育费附加。但对出口产品退还“两税”的,不退还已征的教育费附加。

(3) 对“两税”实行先征后返、先征后退、即征即退办法的,除另有规定外,对随“两税”附征的教育费附加,一律不予退(返)还。

(4) 经国务院批准,自2016年2月1日起,将免征教育费附加、地方教育附加的范围,由现行按月纳税的月销售额或营业额不超过3万元(按季度纳税的季度销售额或营业额不超过9万元)的缴纳义务人,扩大到按月纳税的月销售额或营业额不超过10万元(按季度纳税的季度销售额或营业额不超过30万元)的缴纳义务人。

三、地方水利建设基金

根据《山东省地方水利建设基金筹集和使用管理办法》(鲁政发〔2011〕20号)的规定,企业要以实际缴纳的“两税”之和为计税依据,按照1%的征收率,附加征收“地方水利建设基金”,分别与“两税”同时缴纳。

自2017年6月1日起至2020年12月31日,山东省减半征收地方水利建设基金,即对本省行政区域内缴纳“两税”的企事业单位和个体经营者,其地方水利建设基金征收比例,由按照“两税”实际缴纳额的1%调整为0.5%。

经国务院批准,自2016年2月1日起,将免征水利建设基金的范围,由现行按月纳税的月销售额或营业额不超过3万元(按季度纳税的季度销售额或营业额不超过9万元)的缴纳义务人,扩大到按月纳税的月销售额或营业额不超过10万元(按季度纳税的季度销售额或营业额不超过30万元)的缴纳义务人。

任务4-2 附加税税额计算

一、城建税应纳税额的计算

城建税应纳税额的计算公式为:

城建税应纳税额=(实际缴纳的增值税额+实际缴纳的消费税额)×适用税率

纳税人跨地区提供建筑服务、销售和出租不动产的,应在建筑服务发生地、不动产所在地预缴增值税时,以预缴增值税税额为计税依据,并按预缴增值税所在地的城市维护建设税适用税率就地计算缴纳城市维护建设税。

预缴增值税的纳税人在其机构所在地申报缴纳增值税时,以其实际缴纳的增值税税额为计税依据,并按机构所在地的城市维护建设税适用税率就地计算缴纳城市维护建设税。

【选项辨析 4-2】

甲公司位于某市西城区，2019 年 10 月，应交增值税 43 万元，实际缴纳增值税 34 万元；实际缴纳消费税 12 万元、土地增值税 6 万元。则该公司本月份应缴纳的城建税税额是（　　）万元。

A. 3.22　　B. 3.64　　C. 2.38　　D. 3.12

二、教育费附加的计算

应交教育费附加 =（实际缴纳的增值税税额 + 实际缴纳的消费税税额）×3%

应交地方教育附加 =（实际缴纳的增值税税额 + 实际缴纳的消费税税额）×2%

纳税人跨地区提供建筑服务、销售和出租不动产的，应在建筑服务发生地、不动产所在地预缴增值税时，以预缴增值税税额为计税依据，并按预缴增值税所在地的教育费附加征收率就地计算缴纳教育费附加。

预缴增值税的纳税人在其机构所在地申报缴纳增值税时，以其实际缴纳的增值税税额为计税依据，并按机构所在地的教育费附加征收率就地计算缴纳教育费附加。

【选项辨析 4-3】

山东省潍坊市大型商场 2019 年 2 月应交增值税 73 万元，实际缴纳增值税 53 万元；实际缴纳消费税 17 万元、土地增值税 4 万元。则该商场本月应缴纳的教育费附加是（　　）元。

A. 2.1　　B. 2.22　　C. 21 000　　D. 22 200

【业务解析 4-1】

1. 业务资料

见项目二中的【业务解析 2-13】。

2. 工作要求

（1）计算该建筑公司在青岛当地应缴纳的城建税税额。

（2）计算该建筑公司在青岛当地应缴纳的教育费附加金额。

（3）计算该建筑公司在青岛当地应缴纳的地方教育附加金额。

3. 解析过程

（1）应缴纳的城建税税额 = 84 × 7% = 5.88（万元）

（2）应缴纳的教育费附加金额 = 84 × 3% = 2.52（万元）

（3）应缴纳的地方教育附加金额 = 84 × 2% = 1.68（万元）

【业务解析 4-2】

1. 业务资料

见项目二的【业务解析 2-17】。

2. 工作要求

(1) 计算该小规模纳税人在B县应缴纳的城建税税额。

(2) 计算该小规模纳税人在B县应缴纳的教育费附加金额。

(3) 计算该小规模纳税人在B县应缴纳的地方教育附加金额。

3. 解析过程

(1) 应缴纳的城建税税额 = 18 000 × 7% = 1 260 (元)

(2) 应缴纳的教育费附加金额 = 18 000 × 3% = 540 (元)

(3) 应缴纳的地方教育附加金额 = 18 000 × 2% = 360 (元)

三、地方水利建设基金的计算

企业要以实际缴纳的“两税”税额之和为计税依据，按照1%或0.5%的征收率，附加征收地方水利建设基金。

应纳地方水利建设基金 = (实际缴纳的增值税税额 + 实际缴纳的消费税税额) × 1% 或0.5%

【选项辨析 4-4】

山东省潍坊市大型商场2019年2月应交增值税73万元，实际缴纳增值税53万元；实际缴纳消费税17万元、土地增值税4万元。则该商场本月应缴纳的地方水利建设基金是（　　）元。

A. 0.35　　B. 0.37　　C. 3 500　　D. 3 700

任务 4-3　附加税会计核算

一、城建税的会计核算

会计人员填制《应交附加税（费）计算表》，根据计算出的城建税应纳税额，借记“税金及附加”等科目，贷记“应交税费——应交城市维护建设税”科目。

根据取得的“电子缴税付款凭证”上载明的城建税实缴税额，借记“应交税费——应交城市维护建设税”科目，贷记“银行存款”科目。

小规模纳税人满足“10 万元（月）或 30 万元（季）”优惠政策条件的，在免征增值税的同时，免征城市维护建设税。城建税不需要计提，如已计提的则做相反的会计分录冲回。

企业收到返还的城建税时，借记“银行存款”科目，贷记“税金及附加”科目。

（一）预缴城建税的账务处理

纳税人跨地区提供建筑服务、销售和出租不动产的，在建筑服务发生地、不动产所在地预缴增值税的同时就地计算缴纳城建税，会计分录为：借记“应交税费——应交城市维护建设税”科目，贷记“银行存款”科目。一般纳税人与小规模纳税人预缴增值税和城建税的账务处理有所差异。

1. 一般纳税人

采用一般计税方法的增值税一般纳税人，预缴纳税义务发生时，以预缴的增值税税额借记“应交税费——预交增值税”科目，同时以预缴增值税税额为计税依据，按照预缴增值税所在地的城建税税率计算缴纳城建税，借记“应交税费——应交城市维护建设税”科目，贷记“银行存款”科目。

采用简易计税方法的增值税一般纳税人，预缴纳税义务发生时，以预缴的增值税税额借记“应交税费——简易计税”科目，同时以预缴增值税税额为计税依据，按照预缴增值税所在地的城建税税率计算缴纳城建税，借记“应交税费——应交城市维护建设税”科目，贷记“银行存款”科目。

一般纳税人于月末计提城建税时，借记“税金及附加”科目，贷记“应交税费——应交城市维护建设税”科目。

2. 小规模纳税人

跨地区提供建筑服务、销售和出租不动产的增值税小规模纳税人，预缴纳税义务发生时，以预缴的增值税税额借记“应交税费——应交增值税”科目，同时以预缴增值税税额为计税依据，按照预缴增值税所在地的城建税税率计算缴纳城建税，借记“应交税费——应交城市维护建设税”科目，贷记“银行存款”科目。

月末计提城建税时，借记“税金及附加”科目，贷记“应交税费——应交城市维护建设税”科目。

（二）免征城建税的账务处理

增值税小规模纳税人自 2016 年 4 月 1 日起实行按季申报，季度销售额不超过 30 万元的，免征增值税和城建税。

1. 每个月份的账务处理

每月实现销售收入时，借记“银行存款”等科目，贷记“应交税费——应交增值税”等科目。月末，根据适用的城建税税率计提税金及附加，借记“税金及附加”科目，贷记“应交税费——应交城市维护建设税”科目。

2. 季度末的账务处理

季度末，企业达到规定的增值税免税条件时，将有关增值税转入当期损益，借记

"应交税费——应交增值税"科目，贷记"其他收益"科目，同时将季度内已计提的城建税予以冲回，借记"应交税费——应交城市维护建设税"科目，贷记"税金及附加"科目。

二、教育费附加的会计核算

会计人员填制《应交附加税（费）计算表》，根据计算的教育费附加、地方教育附加，借记"税金及附加"等科目，贷记"应交税费——应交教育费附加""应交税费——应交地方教育附加"等科目。

根据取得的"电子缴税付款凭证"上载明的教育费附加、地方教育附加实缴金额，借记"应交税费——应交教育费附加""应交税费——应交地方教育附加"等科目，贷记"银行存款"科目。

满足月销售额（营业额）不超过10万元或季度销售额（营业额）不超过30万元的税收优惠政策，免征教育费附加、地方教育附加。对于免征的教育费附加、地方教育附加不需要计提，如已计提的则做相反的会计分录冲回。

（一）预缴教育费附加的账务处理

纳税人跨地区提供建筑服务、销售和出租不动产的，在建筑服务发生地、不动产所在地预缴增值税的同时就地计算缴纳教育费附加、地方教育附加，会计分录为：借记"应交税费——应交教育费附加""应交税费——应交地方教育附加"科目，贷记"银行存款"科目。一般纳税人与小规模纳税人预缴增值税和教育费附加的账务处理有所差异。

1. 一般纳税人

采用一般计税方法的增值税一般纳税人，预缴纳税义务发生时，以预缴的增值税税额借记"应交税费——预交增值税"科目，同时以预缴增值税税额为计税依据，按照规定的征收率就地计算缴纳教育费附加，借记"应交税费——应交教育费附加""应交税费——应交地方教育附加"科目，贷记"银行存款"科目。

采用简易计税方法的增值税一般纳税人，预缴纳税义务发生时，以预缴的增值税税额借记"应交税费——简易计税"科目，同时以预缴增值税税额为计税依据，按照规定的征收率就地计算缴纳教育费附加，借记"应交税费——应交教育费附加""应交税费——应交地方教育附加"科目，贷记"银行存款"科目。

一般纳税人于月末计提教育费附加时，借记"税金及附加"科目，贷记"应交税费——应交教育费附加""应交税费——应交地方教育附加"科目。

【业务解析4-3】

1. 业务资料

见【业务解析4-1】。

2. 工作要求

编制该建筑公司在青岛当地预缴增值税、城建税、教育费附加和地方教育附加的会计分录。

3. 解析过程

借：应交税费——预交增值税　　840 000
　　　　　　——应交城市维护建设税　　58 800
　　　　　　——应交教育费附加　　25 200
　　　　　　——应交地方教育附加　　16 800
　贷：银行存款　　940 800

2. 小规模纳税人

跨地区提供建筑服务、销售和出租不动产的增值税小规模纳税人，预缴纳税义务发生时，以预缴的增值税税额借记“应交税费——应交增值税”科目，同时以预缴增值税税额为计税依据，按照规定的征收率就地计算缴纳教育费附加，借记“应交税费——应交教育费附加”“应交税费——应交地方教育附加”科目，贷记“银行存款”科目。

月末计提教育费附加时，借记“税金及附加”科目，贷记“应交税费——应交教育费附加”“应交税费——应交地方教育附加”科目。

【业务解析 4-4】

1. 业务资料

见【业务解析 4-2】。

2. 工作要求

编制该小规模纳税人在 B 县预缴增值税、城建税、教育费附加和地方教育附加的会计分录。

3. 解析过程

借：应交税费——应交增值税　　18 000
　　　　　　——应交城市维护建设税　　1 260
　　　　　　——应交教育费附加　　540
　　　　　　——应交地方教育附加　　360
　贷：银行存款　　20 160

（二）免征教育费附加的账务处理

增值税小规模纳税人自 2016 年 4 月 1 日起实行按季申报，季度销售额不超过 30 万元的，免征教育费附加、地方教育附加。

1. 每个月份的账务处理

每月实现销售收入时，借记“银行存款”等科目，贷记“应交税费——应交增值税”等科目；月末，根据规定的征收率计提税金及附加，借记“税金及附加”科目，贷记

“应交税费——应交教育费附加”“应交税费——应交地方教育附加”科目。

2. 季度末的账务处理

季度末，达到规定的免税条件时，将季度内已计提的教育费附加和地方教育附加予以冲回，借记“应交税费——应交教育费附加”“应交税费——应交地方教育附加”科目，贷记“税金及附加”科目。

三、地方水利建设基金的会计核算

会计人员填制《应交附加税（费）计算表》，根据计算出的地方水利建设基金，借记“税金及附加”科目，贷记“应交税费——应交地方水利建设基金”科目。

根据取得的“电子缴税付款凭证”上载明的地方水利建设基金实缴金额，借记“应交税费——应交地方水利建设基金”科目，贷记“银行存款”科目。

增值税小规模纳税人自2016年4月1日起实行按季申报，季度销售额不超过30万元的，免征地方水利建设基金，具体账务处理为：每月实现销售收入时，借记“银行存款”等科目，贷记“应交税费——应交增值税”等科目；月末，根据规定的征收率计提税金及附加，借记“税金及附加”科目，贷记“应交税费——应交地方水利建设基金”科目。

季度末，达到规定的免税条件时，将季度内已计提的水利建设基金予以冲回，借记“应交税费——应交地方水利建设基金”科目，贷记“税金及附加”科目。

【业务解析4-5】

1. 业务资料

山东省一家餐饮企业属于小规模纳税人，按季度申报缴纳增值税。2019年10月实现餐饮服务收入20 600元，11月实现餐饮服务收入30 900元，12月实现餐饮服务收入43 260元，上述收入金额均含增值税，款项已收妥。

该企业适用的城建税税率为7%、教育费附加征收率为3%、地方教育附加征收率为2%、地方水利建设基金征收率为0.5%

2. 工作要求

（1）编制10月有关增值税、附加税的会计分录。

（2）编制11月有关增值税、附加税的会计分录。

（3）编制12月有关增值税、附加税的会计分录。

（4）判断该企业是否满足有关免税政策条件，并编制相关会计分录。

3. 解析过程

（1）10月份不含税服务收入＝20 600÷（1＋3%）＝20 000（元），应交增值税＝20 000×3%＝600（元），应交城建税＝600×7%＝42（元），应交教育费附加＝600×3%＝18（元），应交地方教育附加＝600×2%＝12（元），应交地方水利建设基金＝600×0.5%＝3（元）。

借：银行存款　　20 600
　贷：主营业务收入　　20 000
　　　应交税费——应交增值税　　600

借：税金及附加　　75
　贷：应交税费——应交城市维护建设税　　42
　　　　　　　——应交教育费附加　　18
　　　　　　　——应交地方教育附加　　12
　　　　　　　——应交地方水利建设基金　　3

（2）11月份不含税服务收入 =30 900 ÷（1 +3%）=30 000（元），应交增值税 = 30 000 ×3% =900（元），应交城建税 =900 ×7% =63（元），应交教育费附加 =900 ×3% = 27（元），应交地方教育附加 =900 ×2% =18（元），应交地方水利建设基金 =900 × 0.5% =4.5（元）。

借：银行存款　　30 900
　贷：主营业务收入　　30 000
　　　应交税费——应交增值税　　900

借：税金及附加　　112.5
　贷：应交税费——应交城市维护建设税　　63
　　　　　　　——应交教育费附加　　27
　　　　　　　——应交地方教育附加　　18
　　　　　　　——应交地方水利建设基金　　4.5

（3）12月份不含税服务收入 =43 260 ÷（1 +3%）=42 000（元），应交增值税 = 42 000 ×3% =1 260（元），应交城建税 =1 260 ×7% =88.2（元），应交教育费附加 = 1 260 ×3% =37.8（元），应交地方教育附加 =1 260 ×2% =25.2（元），应交地方水利建设基金 =1 260 ×0.5% =6.3（元）。

借：银行存款　　43 260
　贷：主营业务收入　　42 000
　　　应交税费——应交增值税　　1 260

借：税金及附加　　157.5
　贷：应交税费——应交城市维护建设税　　88.2
　　　　　　　——应交教育费附加　　37.8
　　　　　　　——应交地方教育附加　　25.2
　　　　　　　——应交地方水利建设基金　　6.3

（4）2019年第四季度的销售额（营业额）= 20 000 + 30 000 + 42 000 = 92 000（元），未超过30万元，满足增值税免税条件，应将有关应交增值税转入当期损益，编制会计分录如下：

借：应交税费　　　　　　　　　　　　　　　　　　　　　　　2 760
　　贷：其他收益　　　　　　　　　　　　　　　　　　　　　　2 760

由于本季度免交增值税，因此，对于已计提的城建税、教育费附加、地方教育附加和地方水利建设基金应当予以冲回，编制会计分录如下：

借：应交税费——应交城市维护建设税　　　　　　　　　　193.2
　　　　　——应交教育费附加　　　　　　　　　　　　　82.8
　　　　　——应交地方教育附加　　　　　　　　　　　　55.2
　　　　　——应交地方水利建设基金　　　　　　　　　　13.8
　　贷：税金及附加　　　　　　　　　　　　　　　　　　　345

任务4-4　附加税纳税申报

一、纳税地点与纳税期限

附加税（费）的纳税义务发生时间与“两税”纳税义务发生时间基本一致。纳税人缴纳“两税”的地点就是附加税（费）的缴纳地点。

附加税（费）的纳税期限与“两税”的纳税期限一致。“两税”的纳税期限，分别为1日、3日、5日、10日、15日或者1个月。纳税人以1个月为一期纳税的，自期满之日起15日内申报纳税。

自2016年4月1日起，增值税小规模纳税人缴纳“两税”、文化事业建设费，以及随“两税”附征的城建税、教育费附加、地方教育附加、地方水利建设基金等税费，原则上实行按季申报。以1个季度为一期纳税的，自期满之日起15日内申报纳税。随“两税”附征的城市维护建设税、教育费附加免于零申报。

二、申报与缴纳

纳税人在申报“两税”的同时，填写、提报《城市维护建设税、教育费附加、地方教育附加申报表》（表4-2）。

纳税人在建立银税网络的银行网点开设税款结算账户，纳税人申报成功后，由税务机关通知授权银行及时扣缴税款并开具“电子缴税付款凭证”。纳税人在缴纳“两税”的同时，缴纳城建税、教育费附加、地方教育附加和地方水利建设基金，取得“电子缴税付款凭证”（表4-3）。

实务操作4-1

1. 实务资料

潍坊美伊金饰有限公司位于城市市区，2019年10月应缴纳增值税220万元、消费税

65万元。纳税人识别号：913707055552276234A，开户银行：中国银行潍坊市中山路支行，账号：370023345601350008２。法定代表人：王一硕，会计主管：李佳梅，办税员：张昌茂。公司地址：山东省潍坊市中山路99号。

2. 操作要求

(1) 计算应缴纳的城建税、教育费附加、地方教育附加、地方水利建设基金。

(2) 填制原始凭证《应交附加税（费）计算表》，并做出相应的账务处理。

(3) 填制《城市维护建设税、教育费附加、地方教育附加申报表》。

(4) 完成附加税（费）的缴纳，并做出相应账务处理。

3. 操作过程

(1) 应交城建税 = (220 + 65) × 7% = 285 × 7% = 19.95（万元）

应交教育费附加 = (220 + 65) × 3% = 285 × 3% = 8.55（万元）

应交地方教育附加 = (220 + 65) × 2% = 285 × 2% = 5.7（万元）

应交地方水利建设基金 = (220 + 65) × 0.5% = 285 × 0.5% = 1.425（万元）

(2) 填制完成的《应交附加税（费）计算表》如表4-1所示。

表4-1　应交附加税（费）计算表

2019年10月31日　　　　金额单位：元

征收项目	计税依据			税率	应交金额
	增值税	消费税	合计		
城市维护建设税	2 200 000	650 000	2 850 000	7%	199 500
教育费附加	2 200 000	650 000	2 850 000	3%	85 500
地方教育附加	2 200 000	650 000	2 850 000	2%	57 000
地方水利建设基金	2 200 000	650 000	2 850 000	0.5%	14 250
合计	2 200 000	650 000	2 850 000	12.5%	356 250

会计主管：李佳梅　　　　制单：孙铭

依据表4-1，编制会计分录如下：

借：税金及附加　　356 250

　贷：应交税费——应交城市维护建设税　　199 500

　　　　　　——应交教育费附加　　85 500

　　　　　　——应交地方教育附加　　57 000

　　　　　　——应交地方水利建设基金　　14 250

(3) 登录山东省网上申报系统，填制《城市维护建设税、教育费附加、地方教育附加申报表》，完成网上申报（表4-2）。

表 4-2　城市维护建设税、教育费附加、地方教育附加申报表

税款所属期：自 2019 年 10 月 1 日至 2019 年 10 月 31 日

纳税人识别号（统一社会信用代码）：9 1 3 7 0 7 0 5 5 5 2 2 7 6 2 3 3 4 A

纳税人名称：潍坊美伊金饰有限公司

金额单位：人民币元（列至角分）

项目	是否	栏目	金额
本期是否适用增值税小规模纳税人减征政策（减免性质代码___城市维护建设税：07049901，减免性质代码___教育费附加：61049901，减免性质代码___地方教育附加：99049901）	□是 √否	减征比例__城市维护建设税（%）	
		减征比例__教育费附加（%）	
		减征比例__地方教育附加（%）	
本期是否适用试点建设培育产教融合型企业抵免政策	□是 √否	当期新增投资额	
		上期留抵可抵免金额	
		结转下期可抵免金额	

税（费）种	计税（费）依据					税率（征收率）	本期应纳税（费）额	本期减免税（费）额		本期增值税小规模纳税人减征额	试点建设培育产教融合型企业		本期已缴税（费）额	本期应补（退）税（费）额
	增值税		消费税	营业税	合计			减免性质代码	减免税（费）额		减免性质	本期抵免金额		
	一般增值税	免抵税额												
	1	2	3	4	5 = 1 + 2 + 3 + 4	6	7 = 5 × 6	8	9	10	11	12	13	14 = 7 − 9 − 10 − 11
城市维护建设税	2 200 000		650 000		2 850 000	7%	199 500							199 500
教育费附加	2 200 000		650 000		2 850 000	3%	85 500							85 500
地方教育附加	2 200 000		650 000		2 850 000	2%	57 000							57 000
水利建设专项收入	2 200 000		650 000		2 850 000	0.5%	14 250							14 250
合计	—					—	356 250							356 250

谨声明：本纳税[illegible]根据国家税收法律法规及相关规定填报的，是真实的、可靠的、完整的。

纳税人（签[illegible]　　　　2019 年 11 月 10 日

经办人： 经办人身份证号： 代理机构签章： 代理机构统一社会信用代码：	受理人： 受理税务机关（章）： 受理日期：　　年　月　日

（4）纳税人在建立银税网络的银行网点开设税款结算账户，网上申报成功后，由税务机关通知授权银行及时扣缴税款。纳税人取得“电子缴税付款凭证”，如表 4-3 所示。

表 4-3　　**中国银行电子缴税付款凭证**

转账日期：2019 年 11 月 15 日　　凭证字号：20191115302631233

纳税人全称及纳税人识别号：	潍坊美伊金饰有限公司 913707055552276234A		
付款人全称：	潍坊美伊金饰有限公司		
付款人账号：	370023345601350082	征收机关名称：	国家税务总局潍坊市东城区税务局樱园分局
付款人开户银行：	中国银行潍坊市中山路支行	收款国库名称：	国家金库潍坊东城区支库
小写（金额）合计：	￥356 250.00	缴款书交易流水号：	2019111502011412
大写（金额）合计：	人民币叁拾伍万陆仟贰佰伍拾元整	税票号码：	320191115031293161
税（费）种名称	所属时期		实缴金额
城市维护建设税	20191001—20191031		￥199 500.00
教育费附加	20191001—20191031		￥85 500.00
地方教育附加	20191001—20191031		￥57 000.00
水利建设专项收入	20191001—20191031		￥14 250.00

中国银行 潍坊中山路支行 讫

以表 4-3 作为附件，编制记账凭证，会计分录如下：

借：应交税费——应交城市维护建设税　　199 500
　　　　　——应交教育费附加　　85 500
　　　　　——应交地方教育附加　　57 000
　　　　　——应交地方水利建设基金　　14 250
　贷：银行存款　　356 250

项目四选项
辨析答案

项目五 企业所得税核算与申报

【本项目基本知识目标】

- 了解居民企业的征税对象及其所得来源地。
- 了解企业所得税的纳税地点、纳税期限。
- 熟悉企业所得税各种不同税率的适用范围。
- 熟悉各项应税收入的具体内容，以及应税收入与会计收入之间可能存在的差异。
- 熟悉允许税前扣除的范围，以及不得税前扣除的范围。
- 熟悉各种不同资产的税务处理和资产损失税前扣除政策。
- 掌握收入类、扣除类、资产类等不同调整项目的纳税调整金额的计算。
- 掌握免税、减计收入及加计扣除，所得减免，抵扣应纳税所得额，减免所得税额，抵免所得税额等各项税收优惠，以及亏损弥补政策。
- 掌握查账征收方式下应纳税所得额的计算。
- 掌握查账征收方式下按月计提所得税额、按季度预缴所得税额、年终汇算清缴应补（退）所得税额的计算。
- 掌握核定征收方式下应纳税所得额、应纳所得税额、应补（退）所得税额的计算。
- 掌握递延所得税资产、递延所得税负债和所得税费用的计算。
- 掌握按月计提所得税、按季度预缴所得税、年终汇算清缴所得税的会计处理。

【本项目工作能力目标】

- 能够合理设计原始凭证《计提应交所得税计算表》《年度应交所得税计算表》《年度递延所得税与所得税费用计算表》。
- 能够规范、完整地填制《计提应交所得税计算表》《年度应交所得税计算表》《年度递延所得税与所得税费用计算表》等原始凭证，准确计算当期应交所得税额、年终应补（退）所得税额、递延所得税资产、递延所得税负债和所得税费用。
- 能够准确、完整地填制《企业所得税月（季）度预缴纳税申报表（A类，2018年版）》、《企业所得税年度纳税申报表（A类，2017年版）》及其附表、《企业所得税月（季）度和年度纳税申报表（B类，2018年版）》。

- 能够及时、无误地办理企业所得税的季度预缴、年终汇算清缴等纳税申报和税款缴纳工作。
- 能够根据《计提应交所得税计算表》、《年度应交所得税计算表》、《年度递延所得税与所得税费用计算表》、企业所得税“电子缴税付款凭证”等原始凭证，运用正确的会计科目，准确完成相关涉税账务处理。

任务 5-1 企业所得税认知

企业所得税是指对我国境内企业和其他取得收入的组织，以其生产经营所得和其他所得为征税对象所征收的一种税。

一、纳税人

企业所得税的纳税人是指在中华人民共和国境内的企业和其他取得收入的组织（以下统称企业）。个体工商户、个人独资企业和合伙企业不具有法人资格，不适用《中华人民共和国企业所得税法》（以下简称《企业所得税法》）的调整范围，不属于企业所得税纳税人。

《企业所得税法》把纳税人分为居民企业和非居民企业，分别确定不同的纳税义务。

（一）居民企业

居民企业是指依法在我国境内成立，或者依照外国（地区）法律成立但实际管理机构在中国境内的企业，包括国有企业、集体企业、私营企业、联营企业、股份制企业、外商独资企业、外国企业以及有生产、经营所得和其他所得的组织（主要指事业单位和社会团体）。居民企业的判断标准：一是登记注册地，二是实际管理机构所在地，前者是主要标准，后者是附加标准。两个标准中只要符合一个就是居民企业。

居民企业承担全面纳税义务，应当就其来源于我国境内、境外的全部所得缴纳企业所得税。

（二）非居民企业

非居民企业是指依照外国（地区）法律成立且实际管理机构不在中国境内，但在中国境内设立机构、场所的，或者在中国境内未设立机构、场所，但有来源于中国境内所得的企业。

非居民企业承担有限纳税义务，一般只就其来源于我国境内的所得缴纳企业所得税。

二、征税对象

企业所得税的征税对象是指纳税人（居民企业和非居民企业）所取得的生产经营所得、其他所得和清算所得。

（一）居民企业的征税对象

居民企业的征税对象是其来源于中国境内、境外的全部所得。所得，包括销售货物所得、提供劳务所得、转让财产所得、股息红利等权益性投资所得、利息所得、租金所得、特许权使用费所得、接受捐赠所得和其他所得。

所得的来源地按以下原则确定。

（1）销售货物所得，按照交易活动的发生地确定。

（2）提供劳务所得，按照劳务发生地确定。

（3）转让财产所得，不动产转让按照不动产所在地确定，动产转让所得按照转让动产的企业或者机构所在地确定，权益性投资资产转让所得按照被投资企业所在地确定。

（4）股息、红利等权益性投资所得，按照分配所得的企业所在地确定。

（5）利息所得、租金所得、特许权使用费所得，按照负担、支付所得的企业或者机构所在地确定。

（6）其他所得，由国务院财政、税务主管部门确定。

（二）非居民企业的征税对象

非居民企业在中国境内设立机构、场所的，应当就其所设机构、场所取得的来源于中国境内的所得，以及发生在中国境外但与其在中国境内所设机构、场所有实际联系的所得，缴纳企业所得税。

非居民企业在中国境内未设立机构、场所的，或者虽设立机构、场所但取得的所得与其所设机构、场所没有实际联系的，应当就其来源于中国境内的所得缴纳企业所得税。

三、税率

现行企业所得税的法定税率设定为25%。存在税收优惠情况的企业所得，可以适用税法规定的低税率和优惠税率。企业所得税的各种不同税率、适用范围及税收政策索引如表5-1所示。

表5-1　企业所得税税率、适用范围及税收政策索引

税率	适用范围	政策索引
25%	① 居民企业来源于中国境内、境外的所得；② 非居民企业在中国境内设立机构、场所取得的来源于中国境内的所得，以及发生在中国境外但与其所设机构、场所有实际联系的所得	《企业所得税法》第三条
20%	2018年1月1日至2018年12月31日，对年应纳税所得额低于100万元（含100万元）的小型微利企业，其所得减按50%计入应纳税所得额，按20%的税率缴纳企业所得税	财税〔2018〕77号
	2019年1月1日至2021年12月31日，对小型微利企业年应纳税所得额不超过100万元的部分，减按25%计入应纳税所得额，按20%的税率缴纳企业所得税；对年应纳税所得额超过100万元但不超过300万元的部分，减按50%计入应纳税所得额，按20%的税率缴纳企业所得税	财税〔2019〕13号
15%	国家重点扶持的高新技术企业，减按15%的税率征收企业所得税	《企业所得税法》第二十八条

续表

税率	适用范围	政策索引
15%	自2017年1月1日起，全国范围内，对经认定的技术先进型服务企业，减按15%的税率征收企业所得税	财税〔2017〕79号
15%	自2018年1月1日起，对经认定的技术先进型服务企业（服务贸易类），减按15%的税率征收企业所得税	财税〔2018〕44号
15%	线宽小于0.25微米的集成电路生产企业，减按15%税率征收企业所得税	财税〔2012〕27号、财税〔2016〕49号
15%	投资额超过80亿元的集成电路生产企业，减按15%税率征收企业所得税	
15%	设在西部地区的鼓励类产业企业，减按15%的税率征收企业所得税	国家税务总局公告2015年第14号
15%	广东横琴、福建平潭、深圳前海等地区的鼓励类产业企业，减按15%税率征收企业所得税	财税〔2014〕26号
10%	国家规划布局内的集成电路设计企业，可减按10%的税率征收企业所得税	财税〔2012〕27号、财税〔2016〕49号、发改高技〔2016〕1056号
10%	国家规划布局内的重点软件企业，可减按10%的税率征收企业所得税	
10%	非居民企业在中国境内未设立机构、场所的，或者虽设立机构、场所但取得的所得与其所设机构、场所没有实际联系的，应当就其来源于中国境内的所得，减按10%的税率缴纳企业所得税	《中华人民共和国企业所得税法实施条例》

四、应税收入

（一）一般收入的确认

1. 销售货物收入

销售货物收入是指企业在日常活动中因销售商品、产品、原材料、包装物、低值易耗品以及其他存货而取得的收入。

（1）收入确认条件的税法与会计规定比较。

国税函〔2008〕875号规定，企业销售商品同时满足下列条件的，应确认收入的实现：① 商品销售合同已经签订，企业已将商品所有权相关的主要风险和报酬转移给购货方；② 企业对已售出的商品既没有保留通常与所有权相联系的继续管理权，也没有实施有效控制；③ 收入的金额能够可靠地计量；④ 已发生或将发生的销售方的成本能够可靠地核算。

会计准则规定，销售商品收入同时满足下列条件的，才能予以确认：① 企业已将商品所有权上的主要风险和报酬转移给购货方；② 企业既没有保留通常与所有权相联系的继续管理权，也没有对已售出的商品实施有效控制；③ 收入的金额能够可靠地计量；④ 相关的经济利益很可能流入企业；⑤ 相关的已发生或将发生的成本能够可靠地计量。

关于销售货物收入的确认条件，税法规定与会计规定基本上是一致的。唯一存在的税法规定与会计处理之间的不一致（以下简称“税会差异”）是：会计准则强调的是“经济利益很可能流入企业”，而税法并不强调“经济利益很可能流入企业”。也就是说，即使相关的经济利益不可能流入企业，但只要满足了国税函〔2008〕875 号规定的四项条件，就应当确认应税收入。

【业务解析 5-1】

1. 业务资料

凯利公司于 2019 年 11 月 9 日采用托收承付结算方式向海宏公司销售一批商品，开出的增值税专用发票上注明售价为 100 000 元，增值税税额为 16 000 元；该批商品成本为 70 000 元。凯利公司在销售该批商品时已得知海宏公司资金流转发生暂时困难，年内付款的可能性不大，但为了减少存货积压，同时也为了维持与海宏公司长期的商业关系，凯利公司仍将商品发出，并办妥了托收手续。

2. 工作要求

（1）分析凯利公司该项销货业务应确认的会计收入及会计处理。

（2）分析凯利公司该项销货业务应确认的应税收入。

3. 解析过程

（1）由于海宏公司现金流转存在暂时困难，凯利公司年内不太可能收回销售货款，即该项销货业务不满足会计准则规定的收入确认条件，因此，凯利公司在发出商品并办妥托收手续时不能确认会计收入。凯利公司应将已发出的商品成本通过“发出商品”科目反映，同时因销售该批商品的纳税义务已经发生，应确认应交的增值税销项税额。该公司应编制如下会计分录：

借：发出商品　　70 000
　　贷：库存商品　　70 000
借：应收账款　　16 000
　　贷：应交税费——应交增值税（销项税额）　　16 000

（2）尽管凯利公司不太可能收回销售货款，但该笔销货业务满足了税法规定的四项收入确认条件，所以，该公司应当确认当年应税收入 100 000 元，结转应税成本 70 000 元。为此，该公司年终所得税汇算清缴时，应进行纳税调整。

（2）应税收入确认时间的规定。

符合国税函〔2008〕875 号规定的收入确认条件，采取下列商品销售方式的，应按以下规定确认收入实现时间。

① 销售商品采用托收承付方式的，在办妥托收手续时确认收入。

② 采取预收款方式销售商品的，在发出商品时确认收入。

③ 销售商品需要安装和检验的，在购买方接受商品以及安装、检验完毕时确认收入；如果安装程序比较简单，可在发出商品时确认收入。

④ 采用支付手续费方式委托代销的，在收到代销清单时确认收入。

税法就上述商品销售方式下确认收入实现时间的规定，与会计准则的规定基本上是一致的，一般不会产生税会差异。

2. 提供劳务收入

提供劳务收入是指企业因提供建筑安装、修理修配、交通运输、仓储租赁、金融保险、邮电通信、咨询经纪、文化体育、科学研究、技术服务、教育培训、餐饮住宿、中介代理、卫生保健、社区服务、旅游、娱乐、加工以及其他劳务服务活动而取得的收入。

关于提供不同劳务项目，应按表 5-2 中的规定确认收入。

表 5-2 劳务收入的确认

序号	项目	收入确认的具体规定
1	安装费	应根据安装完工进度确认收入
		安装工作是商品销售附带条件的，安装费在确认商品销售实现时确认收入
2	宣传媒介的收费	应在相关的广告或商业行为出现于公众面前时确认收入
		广告的制作费，应根据制作广告的完工进度确认收入
3	软件费	应根据开发的完工进度确认收入
4	服务费	包含在商品售价内可区分的服务费，在提供服务的期间分期确认收入
5	艺术表演、招待宴会和其他特殊活动的收费	在相关活动发生时确认收入
		收费涉及几项活动的，预收的款项应合理分配给每项活动，分别确认收入
6	会员费	申请入会或加入会员，只允许取得会籍，所有其他服务或商品都要另行收费的，在取得该会员费时确认收入
		申请入会或加入会员后，会员在会员期内不再付费就可得到各种服务或商品，或者以低于非会员的价格销售商品或提供服务的，该会员费应在整个受益期内分期确认收入
7	特许权费	属于提供设备和其他有形资产的特许权费，在交付资产或转移资产所有权时确认收入
		属于提供初始及后续服务的特许权费，在提供服务时确认收入
8	劳务费	长期为客户提供重复的劳务收取的劳务费，在相关劳务活动发生时确认收入

3. 转让财产收入

转让财产收入是指企业因转让固定资产、生物资产、无形资产、股权、债权等财产取得的收入。

企业转让股权收入，应于转让协议生效且完成股权变更手续时，确认收入的实现。转让股权收入扣除为取得该股权所发生的成本后，为股权转让所得，股权转让所得计入应纳税所得额。

4. 股息、红利等权益性投资收益

股息、红利等权益性投资收益是指企业因权益性投资从被投资方取得的收入。

税法规定，除国务院财政、税务主管部门另有规定外，企业权益性投资取得股息、红利等收入，应以被投资企业股东会或股东大会做出利润分配或转股决定的日期，确定收入的实现。

会计准则规定，权益法核算的长期股权投资，投资方应当按照应享有或应分担的被投资单位实现的净损益的份额，确认投资收益。而按税法规定，股息、红利等权益性投资收益是指企业因权益性投资从被投资方取得的收入。由此可见，税法并不承认权益法下确认的该类投资收益，因此，形成了税会差异。

5. 利息收入

利息收入是指企业将资金提供他人使用但不构成权益性投资，或者因他人占用本企业资金取得的收入，包括存款利息、贷款利息、债券利息、欠款利息等收入。

税法规定，利息收入按照合同约定的债务人应付利息的日期确认收入的实现。会计准则规定，企业应在资产负债表日，按照他人使用本企业货币资金的时间和实际利率计算确定利息收入金额。由此可见，在利息收入的金额计算和时间确认方面，存在税会差异。

6. 租金收入

租金收入是指企业提供固定资产、包装物或者其他有形资产的使用权取得的收入。

税法规定，租金收入按照合同约定的承租人应付租金的日期确认收入的实现。

7. 特许权使用费收入

特许权使用费收入是指企业提供专利权、非专利技术、商标权、著作权以及其他特许权的使用权取得的收入。

税法规定，特许权使用费收入按照合同约定的特许权使用人应付特许权使用费的日期确认收入的实现。

会计准则规定，使用费收入（租金收入和特许权使用费收入）应当按照有关合同或协议约定的收费时间和方法计算确定。如果合同或协议规定一次性收取使用费，且不提供后续服务的，应当视同销售该项资产一次性确认收入；提供后续服务的，应在合同或协议规定的有效期内分期确认收入。如果合同或协议规定分期收取使用费的，通常应按合同或协议规定的收款时间和金额或规定的收费方法计算确定的金额分期确认收入。

关于租金收入和特许权使用费收入，税法与会计准则之间存在差异，表现在两个方面：一是会计收入与应税收入的确认时间可能存在差异；二是在同一会计期间，会计确认的收入金额与税法确认的应税收入金额可能存在差异。

【业务解析 5-2】

1. 业务资料

凯利公司于 2019 年 6 月 1 日与木易公司签订租赁合同，合同约定：凯利公司将拥有的一处房产租赁给木易公司，租期 5 年，每年 6 月 1 日支付下一年度（12 个月）的租赁费 24 万元。合同签订当日，凯利公司收到第一年的租金 24 万元。

2. 工作要求

(1) 分析凯利公司该项租赁业务的会计租金收入及会计处理。

(2) 分析凯利公司该项租赁业务的应税租金收入。

3. 解析过程

(1) 根据会计准则的规定，凯利公司在收到第一年租金24万元时，应将其中14(=24÷12×7)万元确认为2019年营业收入，计入本年利润总额；其余10(=24÷12×5)万元确认为下一年营业收入，计入2020年利润总额。

2019年，该项租赁业务的会计处理如下：

借：银行存款　　240 000

　　贷：其他业务收入　　140 000

　　　　预收账款——木易公司　　100 000

(2) 税法规定，租金收入按照合同约定的承租人应付租金的日期确认收入的实现，所以，凯利公司应将24万元全额确认为2019年的应税租金收入。为此，该公司年终所得税汇算清缴时，应当进行纳税调整。

8. 接受捐赠收入

接受捐赠收入是指企业接受的来自其他企业、组织或者个人无偿给予的货币性资产、非货币性资产。

税法规定，接受捐赠收入按照实际收到捐赠资产的日期确认收入的实现，即按照收付实现制原则确认。接受捐赠的货币性资产，应当按照实际收到的金额计算；接受捐赠的非货币性资产，应当以其公允价值计算。

9. 其他收入

其他收入是指企业取得的除以上收入以外的其他收入，包括企业资产溢余收入、逾期未退包装物押金收入、确实无法偿付的应付款项、已作坏账损失处理后又收回的应收款项、债务重组收入、补贴收入、违约金收入、汇兑收益等。

税法规定，企业的其他收入同时满足下列条件的，应当确认收入：一是相关的经济利益能够流入企业，二是收入的金额能够合理地计量。其他收入金额，按照实际收入额或相关资产的公允价值确定。

会计准则规定，权益法下长期股权投资的初始投资成本小于投资时应享有被投资单位可辨认净资产公允价值份额的，其差额计入取得投资当期的营业外收入，同时调增长期股权投资的账面价值。此处的营业外收入计入了利润总额，但其并非税法规定的上述应税收入范畴，由此造成了税会差异，需要纳税调整。

会计准则中规定的政府补助，属于税法中规定的补贴收入范畴。对于政府补助（补贴收入），会计准则与税法之间存在差异，如表5-3所示。

表 5-3　政府补助（补贴收入）的税会差异

会计准则规定	税法规定	税会差异
与资产相关的政府补助应当确认为递延收益，然后自相关资产可供使用时起，在该项资产使用寿命内平均分配，计入当期“其他收益”或“营业外收入”。政府向企业无偿划拨的长期非货币性资产，应按公允价值计量，公允价值计量不能可靠取得的，按照名义金额（即 1 元）计量 与收益相关的补助用于补偿企业已发生的相关费用或损失的，取得时直接计入当期损益；用于补偿企业以后期间的相关费用或损失的，取得时计入递延收益，在确认相关费用的期间内计入当期损益	企业取得的财政性资金和其他补贴收入符合财税〔2011〕70 号文件规定条件的，可以作为不征税收入，在计算应纳税所得额时从收入总额中减除；上述不征税收入用于支出所形成的费用，不得在计算应纳税所得额时扣除；上述不征税收入用于支出所形成的资产，其计算的折旧、摊销不得在计算应纳税所得额时扣除 未按照财税〔2011〕70 号文件规定进行管理的财政性资金和其他补贴收入，应作为企业应税收入计入应纳税所得额，依法缴纳企业所得税 应税收入金额，按照实际收入额或相关资产的公允价值确定	（1）会计上作为“递延收益”处理的补贴收入，需要分期结转“其他收益”或“营业外收入”；而税法规定按照实际收入额一次性计入当期应税收入。跨年度结转“其他收益”或“营业外收入”时，需要调整应纳税所得额，并考虑递延所得税的确认 （2）符合财税〔2011〕70 号文件规定条件的不征税收入应作纳税调减处理。不征税收入用于支出所形成的费用或用于支出形成的资产所计算的折旧、摊销额，应作纳税调增处理 （3）会计上按照名义金额计量的非货币性资产，应以其公允价值计入当期所得，该资产的计税基础应按公允价值确定

【业务解析 5-3】

1. 业务资料

2018 年 1 月 1 日，凯利公司为建造一项环保工程向银行贷款 1 000 万元，期限两年，年利率为 6%。当年 12 月 31 日，凯利公司向当地政府提出财政贴息申请。经审核，当地政府批准按照实际贷款额 1 000 万元给予凯利公司年利率为 3% 的财政贴息，共计 60 万元，分两次支付。2019 年 3 月 15 日，第一笔财政贴息资金 24 万元到账。2019 年 7 月 1 日，工程完工，第二笔财政贴息资金 36 万元到账，该工程预计使用寿命 10 年。

2. 工作要求

（1）完成凯利公司 2019 年与政府补助相关的会计处理，分析当年确认的会计收入。

（2）分析凯利公司 2019 年应当确认的应税收入。

3. 解析过程

（1）① 2019 年 3 月 15 日实际收到财政贴息，确认政府补助。

借：银行存款　　240 000

　　贷：递延收益　　240 000

② 2019 年 7 月 1 日实际收到财政贴息，确认政府补助。

借：银行存款　　360 000

　　贷：递延收益　　360 000

③ 2019 年 7 月 1 日工程完工，开始分配递延收益，当年分配额 = 600 000 ÷ 10 ÷ 12 × 6 = 30 000（元）。

借：递延收益　　　　　　　　　　　　　30 000

　　贷：营业外收入　　　　　　　　　　　　30 000

凯利公司 2019 年实际收到的政府补助为 60 万元，将其中 3 万元确认为会计收入，计入了当年利润总额；其余 57 万元，在工程使用寿命内分期计入以后纳税年度的利润总额。

（2）按照税法规定，补贴收入按照实际收入额作为当年计算应纳税所得额的依据，不存在跨期分摊，凯利公司应将收到的 60 万元全额确认为 2019 年应税收入。为此，年终所得税汇算清缴时需要纳税调整。

（二）特殊收入的确认

（1）以分期收款方式销售货物的，按照合同约定的收款日期确认收入的实现。

实质具有融资性质的分期收款销售货物，会计准则规定，企业应当按照应收的合同或协议价款的公允价值确定收入金额，应收的合同或协议价款的公允价值通常应当按照其未来现金流量现值或商品现销价格计算确定。这与税法规定的“按照合同约定的收款日期确认收入的实现”存在差异，该差异既体现在应税收入和会计收入的时间确认方面，又体现在应税收入和会计收入的金额计量方面。

（2）企业受托加工制造大型机械设备、船舶、飞机，以及从事建筑、安装、装配工程作业或者提供其他劳务等，持续时间超过 12 个月的，按照纳税年度内完工进度或完成工作量确认收入的实现。

（3）采取产品分成方式取得收入的，按照企业分得产品的日期确认收入的实现，其收入额按照产品的公允价值确定。

（4）企业发生非货币性资产交换，以及将货物、财产、劳务用于捐赠、偿债、赞助、集资、广告、样品、职工福利或者利润分配等用途的，应当视同销售货物、转让财产或者提供劳务，但是相关部门另有规定的除外。

例如，企业将自产货物用于捐赠，会计处理上不确认收入，按成本结转营业外支出。在税务处理上，将该项对外捐赠视同销售，纳税调整时应当确认视同销售收入并结转视同销售成本。

（5）采用售后回购方式销售商品的，销售商品按售价确认收入，回购的商品作为购进商品处理。有证据表明不符合销售收入确认条件的，如通过销售商品方式进行融资，收到的款项作为负债，回购价格大于原售价的，差额应在回购期间确认为利息费用。

对于售后回购业务，会计处理上一般不确认收入，因此也不计入利润总额。而进行税务处理时，将其作为“销售”和“购买”两项业务处理，既要确认应税收入和应税成本，又要确认回购成本，计量其计税基础。因此，产生了售后回购业务的税会差异。另外，回购期间回购价格大于原售价的差额作为财务费用计入利润总额，而税法规定此项财务费用不得税前扣除，因此，又产生了税会差异。

（6）销售商品以旧换新的，销售商品应当按照销售商品收入确认条件确认收入，回收的旧商品作为购进商品处理。

(7) 企业为促进商品销售而在商品价格上给予的价格折让属于商业折扣，应按扣除商业折扣后的金额确定销售商品收入金额。

企业为鼓励购货人在规定的期限内付款而向购货人提供的债务折让属于现金折扣，按扣除现金折扣前的金额确定销售商品收入金额，现金折扣在实际发生时作为财务费用扣除。

企业因售出的商品的质量不合格而在售价上给予的减让属于销售折让，企业因售出商品质量、品种不符合要求等原因而发生的退货属于销售退回。企业已确认销售收入的售出商品发生销售折让和销售退回，应当在发生当期冲减当期销售商品收入。

(8) 企业以买一赠一等方式组合销售本企业商品的，不属于捐赠，应将总的销售金额按各项商品的公允价值比例分摊确认销售收入。

(9) 企业取得的财产（包括各类资产、股权、债权等）转让收入、债务重组收入、接受捐赠收入、无法偿付的应付款收入等，不论是以货币形式、还是以非货币形式体现，除另有规定外，均应一次性计入确认收入的年度计算缴纳企业所得税。

五、税前扣除范围

（一）允许扣除的范围

《企业所得税法》规定，企业实际发生的与取得收入有关的、合理的支出，包括成本、费用、税金、损失和其他支出，准予在计算应纳税所得额时扣除。

1. 成本

成本是指企业在生产经营活动中发生的销售成本、销货成本、业务支出以及其他耗费。在非生产经营活动过程中所发生的支出，不得作为企业的生产经营成本予以认定。

销售成本主要是针对以制造业为主的生产性企业，包括耗费产品所需的原材料、直接人工以及耗费在产品上的辅助材料、物料等。销货成本主要是针对以商业企业为主的流通性企业，包括所销售货物的成本以及可直接归属于销售货物所发生的支出。业务支出主要是针对服务业企业，主要包括提供服务过程中直接耗费的原材料、服务人员的工资薪金等直接可归属于服务的其他支出。

2. 费用

费用是指企业在生产经营活动中发生的销售费用、管理费用和财务费用，已经计入成本的有关费用除外。在非生产经营活动过程中所发生的支出，不得作为企业的生产经营费用予以认定。

3. 税金

税金是指企业发生的除企业所得税和允许抵扣的增值税以外的各项税金及其附加。允许税前扣除的税收种类主要有消费税、资源税、城建税、教育费附加、房产税、车船税、城镇土地使用税、印花税、车辆购置税、耕地占用税等。

税金项目的扣除与否，概括如表 5-4 所示。

表 5-4 税金项目的扣除

是否扣除	扣除方式		税金
允许税前扣除的税金	当期扣除	通过计入税金及附加，在当期扣除	消费税、资源税、城建税、土地增值税、出口关税、教育费附加、房产税、车船税、城镇土地使用税、印花税等
	各期分摊扣除	在发生当期计入相关资产的成本	契税、车辆购置税、进口关税、耕地占用税
不得税前扣除的税金			增值税（价外税）、企业所得税

4. 损失

损失是指企业在生产经营活动中发生的固定资产和存货的盘亏、毁损、报废损失，转让财产损失，呆账、坏账损失，自然灾害等不可抗因素造成的损失以及其他损失。

企业发生的损失减除责任人赔偿和保险赔款后的余额，依照国务院财政、税务主管部门的规定扣除。企业已经作为损失处理的资产，在以后纳税年度又全部收回或者部分收回时，应当计入当期收入。

5. 其他支出

其他支出是指除成本、费用、税金、损失外，企业在生产经营活动中发生的与生产经营活动有关的、合理的支出。

（二）不得扣除的范围

根据《企业所得税法》规定，在计算应纳税所得额时，下列支出不得扣除。

（1）向投资者支付的股息、红利等权益性投资收益款项。

（2）企业所得税税款。

（3）税收滞纳金、加收利息。

（4）罚金、罚款和被没收财物的损失，不包括纳税人按经济合同规定支付的违约金、罚款、诉讼费用以及银行加收的罚息。

（5）超过规定标准的公益性捐赠支出，以及非公益性捐赠支出。

（6）赞助支出，指企业发生的与生产经营活动无关的各种非广告性质的支出。

（7）未经核定的准备金支出，指不符合国务院财政、税务主管部门规定的各项资产减值准备、风险准备等准备金支出。

（8）企业之间支付的管理费、企业内营业机构之间支付的租金和特许权使用费，以及非银行企业内营业机构之间支付的利息。

（9）与取得收入无关的其他支出。

（10）企业的不征税收入用于支出所形成的费用，不得在计算应纳税所得额时扣除；企业的不征税收入用于支出所形成的资产，其计算的折旧、摊销不得在计算应纳税所得额时扣除。

上述（3）～(6）项，会计核算时通过“营业外支出”科目核算，计入利润总额，年终所得税汇算清缴时进行纳税调整。(7）项，会计核算时通过“资产减值损失”“信用减值损失”科目核算，计入利润总额，年终所得税汇算清缴时进行纳税调整。

【选项辨析 5-1】

下列选项中，在计算企业所得税应纳税所得额时准予扣除的是（　　）。

A. 企业之间支付的管理费

B. 按经济合同规定支付的违约金、罚款

C. 不征税收入用于支出所形成的费用

D. 未经核定的各项资产减值准备、风险准备等准备金支出

六、资产的税务处理

税法规定，企业的各项资产，包括固定资产、生物资产、无形资产、长期待摊费用、投资资产、存货等，以历史成本为计税基础。由于税法规定与会计准则规定可能存在不一致，因此，某些资产的计税基础与其会计初始入账成本可能存在差异。

企业持有各项资产期间资产增值或者减值，除国务院财政、税务主管部门规定可以确认损益外，不得调整该资产的计税基础。企业转让资产，该项资产的净值准予在计算应纳税所得额时扣除。资产的净值是指有关资产的计税基础减除已按税法规定扣除的折旧、折耗、摊销、准备金等后的余额。

（一）固定资产的税务处理

1. 固定资产的计税基础

（1）外购的固定资产，以购买价款和支付的相关税费以及直接归属于使该资产达到预定用途而发生的其他支出为计税基础。

一般情况下，外购固定资产的初始入账价值与按照税法规定确定的计税基础是一致的。但是，按照会计准则规定，如果外购固定资产的价款超过正常信用条件延期支付，实质上具有融资性质的，会计核算时固定资产的成本以购买价款的现值为基础确定，因此，外购固定资产的入账价值与按照税法规定确定的计税基础之间就会产生税会差异。此类差异会导致未来期间按计税基础计算的税法折旧与按账面价值计算的会计折旧之间存在差异，从而需要纳税调整。同时，会计核算时实际支付的价款与购买价款的现值之间的差额应当在信用期间内采用实际利率法进行摊销，摊销金额除满足借款费用资本化条件的应当计入固定资产成本外，均应当在信用期间内确认为财务费用，计入当期损益，而按照税法规定这部分计入当期损益的财务费用不允许扣除，因此也会产生税会差异，此类差异应当在“利息支出”项目中进行纳税调整。

【业务解析 5-4】

1. 业务资料

宏利公司于 2017 年 12 月 31 日购入一套不需要安装的生产线作为固定资产使用。合同约定，该固定资产价款共计 300 万元（不考虑增值税），采用分期付款方式于 2018 年 12 月 31 日、2019 年 12 月 31 日、2020 年 12 月 31 日分三次支付，每次支付 100 万

元。假定该公司适用的折现率为6%。

宏利公司对该固定资产估计使用寿命5年，采用直线法折旧，假定净残值为零，在使用年限、折旧方法、净残值方面税法规定与会计相同。

2. 工作要求

（1）计算该项固定资产的入账价值，并编制相应会计分录。

（2）确定该项固定资产的计税基础。

（3）分析该项固定资产入账价值与计税基础的差异及其对未来期间的影响。

3. 解析过程

（1）按照会计准则规定，2017年12月31日该项固定资产入账价值等相关数据的计算为：①长期应付款的入账价值＝3 000 000（元）；②固定资产的入账价值＝1 000 000÷(1＋6%)＋1 000 000÷(1＋6%)^2＋1 000 000÷(1＋6%)^3≈2 673 012（元）；③未确认融资费用＝①－②＝3 000 000－2 673 012＝326 988（元）。

借：固定资产　　2 673 012

　　未确认融资费用　　326 988

　　贷：长期应付款　　3 000 000

（2）根据税法规定，外购的固定资产，以购买价款和支付的相关税费以及直接归属于使该资产达到预定用途而发生的其他支出为计税基础。所以，该项固定资产的计税基础为3 000 000元。

（3）该项固定资产的计税基础为3 000 000元，而其账面价值为2 673 012元，计税基础大于账面价值，两者差额为326 988元，该差异会导致未来折旧期间内的税法年折旧额大于会计年折旧额，从而需要纳税调整。每年调减应纳税所得额＝326 988÷5≈65 398（元）。

（2）自行建造的固定资产，以竣工结算前发生的支出为计税基础。

（3）融资租入的固定资产，以租赁合同约定的付款总额和承租人在签订租赁合同过程中发生的相关费用为计税基础；租赁合同未约定付款总额的，以该资产的公允价值和承租人在签订租赁合同过程中发生的相关费用为计税基础。

会计准则规定，承租人应将租赁开始日租赁资产公允价值与最低租赁付款额现值两者中的较低者，加上在租赁谈判和签订租赁合同过程中发生的初始直接费用，作为融资租入固定资产的入账价值；将最低租赁付款额作为长期应付款的入账价值；将固定资产与长期应付款两者入账价值的差额，作为未确认融资费用。

税法并未规定计算最低租赁付款额的现值，而是按照租赁合同约定的付款总额作为计税基础。这种差异导致了融资租入固定资产的初始入账价值小于计税基础。

（4）盘盈的固定资产，以同类固定资产的重置价值为计税基础。

（5）通过捐赠、投资、非货币性资产交换、债务重组等方式取得的固定资产，以该资产的公允价值和支付的相关税费为计税基础。

（6）改建的固定资产，除已足额提足折旧的固定资产和租入的固定资产以外的其他固定资产，以改建过程中发生的改建支出增加计税基础。

2. 固定资产的折旧范围

在计算应纳税所得额时，企业按税法相关规定计算的固定资产折旧，准予扣除。税法规定下列固定资产不得计算折旧扣除：① 房屋、建筑物以外未投入使用的固定资产；② 以经营租赁方式租入的固定资产；③ 以融资租赁方式租出的固定资产；④ 已足额提取折旧，仍继续使用的固定资产；⑤ 与经营活动无关的固定资产；⑥ 单独估价作为固定资产入账的土地；⑦ 其他不得计算折旧扣除的固定资产。

会计准则规定，企业应对所有固定资产计提折旧，但是，已提足折旧仍继续使用的固定资产和单独计价入账的土地除外。

房屋和建筑物无论是否使用，税法和会计准则规定均应计提折旧。房屋和建筑物以外未投入使用的固定资产，会计准则规定应计提折旧，而税法规定其折旧不得扣除。

3. 固定资产折旧的计提方法

（1）固定资产按照直线法计算的折旧，准予扣除。会计准则规定，企业应当根据与固定资产有关的经济利益的预期实现方式，合理选择折旧方法，包括直线法、工作量法、双倍余额递减法、年数总和法。

（2）企业应当自固定资产投入使用月份的次月起计算折旧；停止使用的固定资产，应当自停止月份的次月起停止计算折旧。

（3）企业应当根据固定资产的性质和使用情况，合理确定固定资产的预计净残值。固定资产的预计净残值一经确定，不得变更。

4. 固定资产计提折旧的年限

除国务院财政、税务主管部门另有规定外，税法对企业固定资产折旧年限规定了最低要求，如表 5-5 所示。同时还规定，享受加速折旧优惠，采取缩短折旧年限方法的固定资产，其最低折旧年限不得低于规定折旧年限的 60%。

企业固定资产会计折旧年限如果短于税法规定的最低折旧年限，其按会计折旧年限计提的折旧高于按税法规定的最低折旧年限计提的折旧部分，应调增当期应纳税所得额；企业固定资产会计折旧年限已期满且会计折旧已提足，但税法规定的最低折旧年限尚未到期且税收折旧尚未足额扣除，其未足额扣除的部分准予在剩余的税收折旧年限中继续按规定扣除。

表 5-5　固定资产折旧的最低年限

序号	固定资产类型	最低折旧年限/年
1	房屋、建筑物	20
2	飞机、火车、轮船、机器、机械和其他生产设备	10
3	与生产经营活动有关的器具、工具、家具等	5
4	飞机、火车、轮船以外的运输工具	4
5	电子设备	3

企业固定资产会计折旧年限如果长于税法规定的最低折旧年限，其折旧应按会计折旧年限计算扣除，税法另有规定的除外。

企业按会计准则规定提取的固定资产减值准备，不得税前扣除，其折旧仍按税法确定的固定资产计税基础计算扣除。

企业按税法规定实行加速折旧的，其按加速折旧办法计算的折旧额可在税前全额扣除。

【选项辨析 5-2】

某公司 2019 年 6 月从国内购入安全生产专用设备 2 台，增值税专用发票注明价款 400 万元、税额 64 万元。该公司采用直线法按 5 年计提折旧，残值率 8%（经税务机关认可）。税法规定该设备直线法折旧年限为 10 年。计算企业所得税应纳税所得额时，该设备当年折旧费调整 2019 年应纳税所得额的金额为（　　）万元。

A. 33.25　　B. 18.4　　C. 43.01　　D. 36.8

（二）无形资产的税务处理

1. 无形资产的计税基础

（1）外购的无形资产，以购买价款和支付的相关税费以及直接归属于使该资产达到预定用途发生的其他支出为计税基础。

对于外购无形资产，会计准则规定的入账成本与税法规定的计税基础基本上是一致的。但是，对于以分期付款方式购买无形资产，购买价款超过正常信用条件延期支付，实质上具有融资性质的，会计准则规定，无形资产的入账成本以购买价款的现值为基础确定。

（2）自行开发的无形资产，以开发过程中该资产符合资本化条件后至达到预定用途前发生的支出为计税基础。

（3）通过捐赠、投资、非货币性资产交换、债务重组等方式取得的无形资产，以该资产的公允价值和支付的相关税费为计税基础。

2. 无形资产的摊销范围

在计算应纳税所得额时，企业按照税法相关规定计算的无形资产摊销费用，准予扣除。

下列无形资产不得计算摊销费用扣除：① 自行开发的支出已在计算应纳税所得额时扣除的无形资产；② 自创商誉；③ 与经营活动无关的无形资产；④ 企业的不征税收入用于支出所形成的无形资产计提的摊销额；⑤ 其他不得计算摊销费用扣除的无形资产。

3. 无形资产的摊销方法及年限

无形资产的摊销采取直线法计算，按照直线法计算的摊销费用，准予扣除。税法中并不存在使用寿命不确定的无形资产的划分，虽然根据会计准则对其不进行摊销，但是按税法规定对其计算的摊销额准予扣除。

无形资产的摊销年限不得低于 10 年。作为投资或者受让的无形资产，有关法律或协议、合同中规定了使用年限的，可以按照规定或约定的使用年限分期计算摊销额。

（三）长期待摊费用的税务处理

在计算应纳税所得额时，企业发生的下列支出作为长期待摊费用，按照税法规定摊销的，准予扣除。

（1）已足额提取折旧的固定资产的改建支出。按照固定资产预计尚可使用年限分期摊销。

（2）租入固定资产的改建支出。按照合同约定的剩余租赁期限分期摊销。

（3）固定资产的大修理支出。税法所称固定资产的大修理支出，是指同时符合下列条件的支出：① 修理支出达到取得固定资产时的计税基础 50% 以上；② 修理后固定资产的使用年限延长 2 年以上。大修理支出可增加固定资产价值，在其尚可使用年限内分期摊销。

（4）其他应当作为长期待摊费用的支出。自支出发生月份的次月起，分期摊销，摊销年限不得低于 3 年。

企业发生的开（筹）办费，可以在开始生产经营之日的当年一次性扣除，也可以按照税法有关长期待摊费用的规定来处理，但一经选定，不得改变。

（四）投资资产的税务处理

1. 投资资产的计税基础

投资资产是指企业对外进行权益性投资和债权性投资形成的资产，投资资产的计税基础是指按税法规定确定的计税成本。投资资产按照以下方法确定成本。

（1）通过支付现金方式取得的投资资产，以购买价款为成本。

（2）通过支付现金以外的方式取得的投资资产，以该资产的公允价值和支付的相关税费为成本。

【选项辨析 5-3】

长江公司于 2019 年 1 月 1 日，以银行存款 1 000 万元取得甲公司 30% 的股权，作为长期股权投资核算，取得投资时被投资单位可辨认净资产的公允价值为 3 500 万元。则该项长期股权投资的计税基础为（　　）万元。

A. 1 050　　B. 1 000　　C. 50　　D. 950

【选项辨析 5-4】

长江公司于 2019 年 7 月 18 日，从二级市场购入股票 10 000 股进行投资，支付买价 120 000 元，另支付交易费用 1 000 元，长江公司将该项投资资产划分为交易性金融资产。则该项交易性金融资产的计税基础是（　　）元。

A. 121 000　　B. 120 000　　C. 1 000　　D. 119 000

2. 投资资产成本的扣除

（1）企业对外投资期间，投资资产的成本在计算应纳税所得额时不得扣除。

（2）企业在转让或处置投资资产时，投资资产的成本准予扣除。

（五）存货的税务处理

1. 存货的计税基础

（1）通过支付现金的方式取得的存货，以购买价款和支付的相关税费为成本。

(2) 通过支付现金以外的方式取得的存货，以该存货的公允价值和支付的相关税费为成本。

(3) 生产性生物资产收获的农产品，以产出或者采收过程中发生的材料费、人工费和分摊的间接费用等必要支出为成本。

2. 存货成本的扣除

(1) 企业转让存货，按照规定计算的存货成本，在计算应纳税所得额时不得扣除。

(2) 企业使用或销售存货的成本计算方法，可以在先进先出法、加权平均法、个别计价法中选用一种。计价方法一经选用，不得随意变更。

七、资产损失的税前扣除

资产是指企业拥有或者控制的、用于经营管理活动相关的资产，包括现金、银行存款、应收及预付款项（包括应收票据、各类垫款、企业之间往来款项）等货币性资产，存货、固定资产、无形资产、在建工程、生产性生物资产等非货币性资产，以及债权性投资和股权（权益）性投资。准予在企业所得税税前扣除的资产损失，是指企业在实际处置、转让上述资产过程中发生的合理损失（简称“实际资产损失”），以及企业虽未实际处置、转让上述资产，但符合规定条件计算确认的损失（简称“法定资产损失”）。

企业发生的资产损失，应按规定的程序和要求向主管税务机关申报后方能在税前扣除。未经申报的损失，不得在税前扣除。发生资产损失税前扣除项目及纳税调整项目的纳税人，应当填报《A105090 资产损失税前扣除及纳税调整明细表》（表 5-7）。

为了切实减轻企业办税负担，企业向税务机关申报扣除资产损失时，仅需填报《资产损失税前扣除及纳税调整明细表》，不再报送资产损失相关资料，相关资料由企业留存备查。

任务 5-2　企业所得税税额计算

居民企业纳税人，无论是查账征收企业所得税，还是核定征收企业所得税，都需要按月或季（度）计算预缴，年终汇算清缴、多退少补。年终所得税汇算清缴，工作量较大，难度也较大。在计算年度应纳税所得额和应纳税额时，既要考虑按税法规定完成纳税调整工作，又要考虑确定应享受的税收优惠。

一、纳税调整

纳税调整是企业所得税核算与申报的重点和难点。在实务中，纳税人的财务、会计处理办法与税法规定可能存在不一致，税会差异在纳税申报前必须依据税法规定进行调整。年终汇算清缴时，实行查账征收的纳税人应将本年度发生的所有税会差异需要进行纳税调整的事项及其调整金额填报《A105000 纳税调整项目明细表》（表 5-32）及其下级明细表。

《A105000 纳税调整项目明细表》按照“收入类调整项目”“扣除类调整项目”“资产类调整项目”“特殊事项调整项目”“特别纳税调整应税所得”“其他”六大项分类填报汇

总，并计算出纳税“调增金额”和“调减金额”的合计数。

《纳税调整项目明细表》的数据栏分别设置“账载金额”“税收金额”“调增金额”“调减金额”四个栏次。“账载金额”是指纳税人按照国家统一会计制度规定核算的项目金额。“税收金额”是指纳税人按照税法规定计算的项目金额。

对于收入类调整项目，“税收金额”减“账载金额”后余额为正数的，填报在“调增金额”；余额为负数的，将绝对值填报在“调减金额”。

对于扣除类调整项目和资产类调整项目，“账载金额”减“税收金额”后余额为正数的，填报在“调增金额”；余额为负数的，将其绝对值填报在“调减金额”。

“特殊事项调整项目”“其他”分别填报税法规定项目的“调增金额”“调减金额”。

“特别纳税调整应税所得”填报经特别纳税调整后的“调增金额”。

对需填报下级明细表的纳税调整项目，《纳税调整项目明细表》的“账载金额”“税收金额”“调增金额”“调减金额”根据相应附表进行计算填报。

（一）收入类调整项目

1. 视同销售收入

（1）不视同销售的情形。

企业发生下列情形的处置资产，除将资产转移至境外以外，由于资产所有权在形式和实质上均不发生改变，可作为内部处置资产，不视同销售确认收入，相关资产的计税基础延续计算：① 将资产用于生产、制造、加工另一产品；② 改变资产形状、结构或性能；③ 改变资产用途，如自建商品房转为自用或经营；④ 将资产在总机构及其分支机构之间转移；⑤ 上述两种或两种以上情况的混合；⑥ 其他不改变资产所有权的情况。

（2）视同销售的情形。

企业将资产移送他人的下列情形，因资产所有权发生改变，应视同销售确认当期销售收入：① 用于市场推广或销售；② 用于交际应酬；③ 用于职工奖励或福利；④ 用于股息分配；⑤ 用于对外捐赠；⑥ 其他改变资产所有权的情形。企业发生上述视同销售情形时，属于企业自制的资产，应按企业同类资产同期对外销售价格确定销售收入；属于外购的资产，可按购入时的价格确定销售收入。

所得税视同销售和增值税视同销售，在税法上的规定并不完全一致，如表5-6所示。

表5-6　所得税视同销售和增值税视同销售的比较

序号	业务类型	是否视同销售	
		增值税	所得税
1	将自产货物用于职工福利	√	√
2	将自产货物用于集体福利	√	×
3	将自产或外购货物用于对外投资	√	√
4	将自产或外购货物用于抵偿债务	√	√
5	将自产或外购货物用于利润分配	√	√
6	将自产或外购货物用于对外捐赠	√	√
7	将自产货物用于不动产在建工程	×	×
8	将自产货物用于增值税应税项目（内部）	×	×
9	将自产货物用于生产增值税免税货物	√	×

（3）需要纳税调整的情形。

视同销售收入是指会计处理不确认销售收入，而税法规定确认为应税收入的金额。需要纳税调整的视同销售收入主要包括：① 非货币性资产交换视同销售收入；② 用于市场推广或销售视同销售收入；③ 用于交际应酬视同销售收入；④ 用于职工奖励或福利视同销售收入；⑤ 用于股息分配视同销售收入；⑥ 用于对外捐赠（赞助）视同销售收入；⑦ 用 于对外投资项目视同销售收入；⑧ 提供劳务视同销售收入；⑨ 其他视同销售收入。

视同销售收入在纳税调整中应作调增处理。上述需要纳税调整的视同销售收入，应当填报《A105000 纳税调整项目明细表》（表 5-32）第 2 行，及其附表《A105010 视同销售和房地产开发企业特定业务纳税调整明细表》（表 5-27）第 1～10 行。

【选项辨析 5-5】

企业发生的下列业务，应当视同销售收入并进行纳税调整的是（　　）。

A. 将自产货物在境内总、分支机构之间调拨

B. 将开发产品转为固定资产

C. 将自产货物用于职工福利

D. 将自产货物用于企业设备更新

【业务解析 5-5】

1. 业务资料

甲公司 2019 年度《利润表》中利润总额为 100 万元。本年度，该公司通过当地市民政局向灾区捐赠自产产品一批，成本 15 万元，市场销售价格 20 万元，直接向某希望小学捐款 10 万元。该公司产品适用的增值税税率为 16%。

2. 工作要求

（1）编制甲公司捐赠业务的会计分录。

（2）分析捐赠支出业务应作视同销售的金额。

（3）分析年终汇算清缴时关于“视同销售”项目如何填报。

3. 解析过程

（1）甲公司会计分录如下：

	借方	贷方
借：营业外支出	100 000	
贷：银行存款		100 000
借：营业外支出	182 000	
贷：库存商品		150 000
应交税费——应交增值税（销项税额）		32 000

（2）税务处理时，自产产品对外捐赠，按税法规定应作视同销售处理，应当确认对外捐赠视同销售收入 20 万元、对外捐赠视同销售成本 15 万元。

(3) 年终纳税调整时，填报《A105010 视同销售和房地产开发企业特定业务纳税调整明细表》第 7 行“（六）用于对外捐赠视同销售收入”项目，“税收金额”200 000元，“纳税调整金额”200 000 元；第 17 行“（六）用于对外捐赠视同销售成本”项目，“税收金额”150 000 元，“纳税调整金额” –150 000元。

填报《A105000 纳税调整项目明细表》第 2 行“(一) 视同销售收入”项目，“税收金额”200 000 元，“调增金额”200 000 元；第 13 行“（一）视同销售成本”项目，“税收金额”150 000 元，“调减金额”150 000元。

2. 未按权责发生制原则确认的收入

未按权责发生制原则确认的收入，是指纳税人会计处理按权责发生制确认的收入与税法规定未按权责发生制确认的收入之间产生税会差异而需纳税调整的金额。该调整项目包括：① 跨期收取的租金、利息、特许权使用费收入；② 分期确认收入；③ 政府补助递延收入；④ 其他未按权责发生制确认的收入。

该调整项目的调整金额，用公式表示为：

“未按权责发生制原则确认的收入”纳税调整金额 = 按税法规定未按权责发生制本期确认金额 – 会计处理按权责发生制在本期确认金额

上述公式的结果为正数的，应作为“调增金额”进行纳税调增处理；公式的结果为负数的，将其绝对值作为“调减金额”进行纳税调减处理。

该调整项目应当填报《A105000 纳税调整项目明细表》（表 5-32）第 3 行，及其附表《A105020 未按权责发生制确认收入纳税调整明细表》。

（1）跨期收取的租金、利息、特许权使用费收入。

关于租金收入、利息收入、特许权使用费收入，税法规定与会计准则之间存在差异，税会差异表现在两个方面：一是会计收入与应税收入的确认时间可能存在差异；二是同一会计期间，会计确认的收入金额与税法确认的应税收入金额可能存在差异。租金、利息、特许权使用费收入跨期收取时存在的税会差异，需要进行纳税调整。

【业务解析 5-6】

1. 业务资料

凯利公司发生的有关租赁业务，详见【业务解析 5-2】。

2. 工作要求

分析凯利公司该项租赁业务 2019 年年末如何进行所得税纳税调整。

3. 解析过程

税法规定，租金收入按照合同约定的承租人应付租金的日期确认收入的实现，凯利公司应将 24 万元全额确认为 2019 年的应税收入，会计处理时已将 14 万元计入当年利润总额，两者差额 10 万元应当进行纳税调增处理。

"未按权责发生制原则确认的收入"纳税调整金额 = 按税法规定未按权责发生制本期确认金额 − 会计处理按权责发生制在本期确认金额 = 240 000 − 140 000 = 100 000（元）。计算结果为正数，"100 000元"应作为"调增金额"进行纳税处理，调增2019年度应纳税所得额。

应填报《A105020未按权责发生制确认收入纳税调整明细表》第2行"（二）租金"项目的"合同金额（交易金额）"1 200 000元，"账载金额——本年"140 000元，"税收金额——本年"240 000元，"纳税调整金额"100 000元。

（2）分期确认收入。

税法规定，以分期收款方式销售货物的，按照合同约定的收款日期、收款金额确认收入的实现，即未按权责发生制原则确认的收入。会计准则规定，对于分期收款销售业务，实质上具有融资性质的，应当按照合同或协议价款的公允价值确定销售商品收入，应收的合同或协议价款与其公允价值之间的差额，应当在合同或协议期间内采用实际利率法进行摊销，冲减财务费用。因此，对于实质上具有融资性质的分期收款销售业务，在收入确认时间和收入金额计量方面均存在税会差异，需进行纳税调整。

【业务解析5-7】

1. 业务资料

2018年1月1日，宏利公司采用分期收款方式销售一套大型设备，合同约定的销售价格为600万元，分3次于2018年12月31日、2019年12月31日、2020年12月31日等额收取。该大型设备成本为300万元。在现销方式下，该大型设备的销售价格为534.6024万元。假定不考虑增值税。

2. 工作要求

（1）编制2018年1月1日收入实现时的会计分录。

（2）计算分析"未按权责发生制原则确认的收入"项目的纳税调整金额。

3. 解析过程

（1）根据会计准则规定，分期收款销售商品符合收入确认条件时应该按照公允价值确认收入，因此2018年1月1日应确认销售收入534.6024万元。

借：长期应收款	6 000 000	
贷：主营业务收入		5 346 024
未确认融资收益		653 976
借：主营业务成本	3 000 000	
贷：库存商品		3 000 000

（2）税法规定，以分期收款方式销售货物的，按照合同约定的收款日期、收款金额确认收入的实现，因此，2018年度只应确认计税收入200万元。

"未按权责发生制原则确认的收入"纳税调整金额 = 按税法规定未按权责发生制本期确认金额 − 会计处理按权责发生制在本期确认金额 = 2 000 000 − 5 346 024 =

-3 346 024（元），计算结果为负数，将其绝对值作为“调减金额”进行纳税处理，应调减当年应纳税所得额3 346 024元。

应填报《A105020未按权责发生制确认收入纳税调整明细表》第6行“（一）分期收款方式销售货物收入”项目，“合同金额（交易金额）”6 000 000元，“账载金额——本年”5 346 024元，“税收金额——本年”2 000 000元，“纳税调整金额”-3 346 024元。

同时，填报《A105000纳税调整项目明细表》第3行“（二）未按权责发生制原则确认的收入”项目，“账载金额”5 346 024元，“税收金额”2 000 000元，“调减金额”3 346 024元。

（3）政府补助递延收入。

会计上作为“递延收益”处理的补贴收入，需要分期结转“其他收益”或“营业外收入”。依据税法规定，补贴收入按照实际收入额一次性计入当期应税收入，不存在跨期结转。因此，对于政府补助递延收入，由于存在税会差异，年终所得税汇算清缴时需要进行纳税调整。

【业务解析5-8】

1. 业务资料

凯利公司发生的政府补助业务，详见【业务解析5-3】。

2. 工作要求

分析凯利公司该项政府补助2019年年末如何进行所得税纳税调整。

3. 解析过程

税法规定，补贴收入按照实际收入额作为当年计算应纳税所得额的依据，凯利公司应将收到的政府补助60万元全额确认为2019年的应税收入，会计处理时已将3万元计入当年利润总额，两者差额57万元应当进行纳税调增处理。

“未按权责发生制原则确认的收入”纳税调整金额=按税法规定未按权责发生制本期确认金额-会计处理按权责发生制在本期确认金额=600 000-30 000=570 000（元），计算结果为正数，“570 000元”应作为“调增金额”进行纳税处理，调增2019年度应纳税所得额。

应填报《A105020未按权责发生制确认收入纳税调整明细表》第11行“（二）与资产相关的政府补助”项目，“合同金额（交易金额）”600 000元，“账载金额——本年”30 000元，“税收金额——本年”600 000元，“纳税调整金额”570 000元。

同时，填报《A105000纳税调整项目明细表》第3行“（二）未按权责发生制原则确认的收入”项目，“账载金额”30 000元，“税收金额”600 000元，“调增金额”570 000元。

3. 投资收益

投资收益是指纳税人会计处理确认的投资收益额与税法规定确认的投资收益额之间产生税会差异而需纳税调整的金额。此处涉及的投资项目包括交易性金融资产、可供出售金融资产、持有至到期投资、衍生工具、交易性金融负债、长期股权投资、短期投资、长期债券投资等。

投资收益项目的纳税调整金额，用公式表示为：

“投资收益”的纳税调整金额＝持有收益的纳税调整金额＋处置收益的纳税调整金额＝（税法规定确认的持有收益－会计核算确认的持有收益）＋（税收计算的处置所得－会计确认的处置所得或损失）＝（税法规定确认的持有收益－会计核算确认的持有收益）＋［（税收计算的处置收入－处置投资的计税基础）－（会计确认的处置收入－处置投资的账面价值）］

发生的持有期间投资收益，并按税法规定为减免税收入的（如国债利息收入等），此处不作调整。处置投资项目按税法规定确认为损失的，此处也不作调整，在《A105090 资产损失税前扣除及纳税调整明细表》进行纳税调整。

上述投资收益，应当填报《A105000 纳税调整项目明细表》（表 5-32）第 4 行，及其附表《A105030 投资收益纳税调整明细表》。

【业务解析 5-9】

1. 业务资料

长江公司于 2019 年 1 月 1 日持有对甲公司的长期股权投资，甲公司实现的 2019 年度净利润中，长江公司按 30% 股权计算应享有 10 万元。长江公司于 2019 年 7 月 18 日购买的交易性金融资产，当年收到现金股利 800 元。本年度没有投资资产的处置业务。

2. 工作要求

（1）编制长江公司有关投资收益的会计分录。

（2）计算分析年终汇算清缴时，“投资收益”项目的纳税调整金额。

3. 解析过程

（1）会计核算时，有关投资收益的会计分录如下：

借：长期股权投资——甲公司（损益调整）　　100 000

　　贷：投资收益　　100 000

借：银行存款　　800

　　贷：投资收益　　800

（2）会计核算时，长江公司按照应享有被投资单位实现的净利润的份额，调增长期股权投资账面价值，并确认为当期损益，因此，会计核算确认的持有收益＝100 000 元；税务处理时，税法不确认该类投资收益，不应计入应纳税所得额，应予纳税调整并维持其计税基础不变。因此，税法规定确认的持有收益＝0 元。

对于长江公司交易性金融资产持有期间获得的现金股利收益，会计处理与税法规定是一致的，因此，会计核算确认的持有收益＝税法规定确认的持有收益＝800 元。

纳税申报表中，“投资收益”项目的纳税调整金额＝持有收益的纳税调整金额＋处置收益的纳税调整金额＝（税法规定确认的持有收益－会计核算确认的持有收益）＋（税

收计算的处置所得 - 会计确认的处置所得或损失) = [(0 + 800) - (100 000 + 800)] + 0 = -100 000 (元)。所以，2019 年年终汇算清缴时应调减投资收益 100 000 元。

4. 按权益法核算长期股权投资对初始投资成本调整确认收益

按权益法核算长期股权投资对初始投资成本调整确认收益，是指纳税人采取权益法核算，初始投资成本小于取得投资时应享有被投资单位可辨认净资产公允价值份额的差额计入取得投资当期的营业外收入的金额，在纳税调整时应予调减处理。

该调整项目应当填报《A105000 纳税调整项目明细表》(表 5-32) 第 5 行。

【选项辨析 5-6】

长江公司于 2019 年 1 月 1 日，以银行存款 1 000 万元取得甲公司 30% 的股权，取得投资时被投资单位可辨认净资产的公允价值为 3 500 万元。则长江公司年终汇算清缴纳税申报时，“按权益法核算长期股权投资对初始投资成本调整确认收益”项目应调减 ( ) 万元。

A. 1 050　　B. 1 000　　C. 50　　D. 950

5. 交易性金融资产初始投资调整

交易性金融资产初始投资调整，是指纳税人根据税法规定确认的交易性金融资产初始投资金额与会计核算的交易性金融资产初始投资账面价值之间产生税会差异而需纳税调整的金额，该金额在纳税调整时应予调增处理。

该调整项目应当填报《A105000 纳税调整项目明细表》(表 5-32) 第 6 行。

【选项辨析 5-7】

长江公司于 2019 年 7 月 18 日，从二级市场购入股票 10 000 股进行投资，支付价款 120 000 元，另支付交易费用 1 000 元，长江公司将该项投资资产划分为交易性金融资产。则长江公司年终汇算清缴纳税申报时，“交易性金融资产初始投资调整”项目应调增 ( ) 元。

A. 121 000　　B. 120 000　　C. 1 000　　D. 119 000

6. 公允价值变动净损益

税法规定，企业以公允价值计量的金融资产、金融负债以及投资性房地产等，持有期间公允价值的变动不计入应纳税所得额，在实际处置或结算时，处置取得的价款扣除其历史成本后的差额应计入处置或结算期间的应纳税所得额。因此，对于以公允价值计量的金融资产、金融负债以及投资性房地产等，在持有期间因市价波动而确认的公允价值变动净损失应作纳税调增处理，公允价值变动净收益应作纳税调减处理。

上述公允价值变动净损益，应填报《A105000 纳税调整项目明细表》（表 5-32）第 7 行。

例如，2019 年 7 月 18 日，长江公司自公开市场取得一项交易性金融资产，支付买价 120 000 元、交易费用 1 000 元，同年 12 月 31 日，该项交易性金融资产的公允价值为 118 000 元。则会计核算时，应借记“公允价值变动损益”科目 2 000 元（120 000 - 118 000）；年终纳税调整时，《A105000 纳税调整项目明细表》（表 5-32）的第 7 行，应当调增 2 000 元。

7. 不征税收入

不征税收入是指纳税人计入收入总额但属于税法规定不征税的财政拨款、依法收取并纳入财政管理的行政事业性收费以及政府性基金和国务院规定的其他不征税收入。

企业取得的财政性资金和其他补贴收入符合《财政部、国家税务总局关于专项用途财政性资金企业所得税处理问题的通知》（财税〔2011〕70 号）规定条件的，可以作为不征税收入，在计算应纳税所得额时从收入总额中减除；上述不征税收入用于支出所形成的费用，不得在计算应纳税所得额时扣除；上述不征税收入用于支出所形成的资产，其计算的折旧、摊销不得在计算应纳税所得额时扣除。

上述不征税收入，填报《A105000 纳税调整项目明细表》（表 5-32）的第 8、第 9、第 31 行和《A105040 专项用途财政性资金纳税调整明细表》、《A105080 资产折旧、摊销及纳税调整明细表》（表 5-31）等。

【业务解析 5-10】

1. 业务资料

长江公司（增值税一般纳税人）于 2019 年 5 月取得省政府拨付的专项财政拨款 200 万元，设立专户核算，专门用于污水处理，符合财税〔2011〕70 号文件的相关规定。6 月，该公司购置污水处理设备并交付使用，设备价款 200 万元（不含税），取得增值税专用发票。该设备预计使用 10 年，净残值为零，公司对其采用直线法计提折旧。

2. 工作要求

（1）为长江公司做出 2019 年度相关业务的会计核算。

（2）分析 2019 年度企业所得税汇算清缴时的纳税调整。

3. 解析过程

（1）长江公司与专项财政拨款业务相关的会计处理。

① 收到专项财政拨款。

借：银行存款　　2 000 000

　　贷：递延收益　　2 000 000

② 购买设备、计提折旧、摊销递延收益。

借：固定资产　　2 000 000

　　应交税费——应交增值税（进项税额）　　320 000

　　贷：银行存款　　2 320 000

借：管理费用（2 000 000 ÷ 10 ÷ 12 × 6）　　100 000

　　贷：累计折旧　　100 000

借：递延收益（2 000 000 ÷ 10 ÷ 12 × 6）　　100 000

　　贷：营业外收入　　100 000

（2）该项财政拨款符合财税〔2011〕70 号文件的相关规定，属于不征税收入。长江公司 2019 年度企业所得税汇算清缴时，应调减收入 10 万元，同时该设备计提的折旧费 10 万元不得税前扣除，应作纳税调增处理。

企业所得税汇算清缴时，《A105000 纳税调整项目明细表》第 8 行“（七）不征税收入”项目，调减 100 000 元；第 9 行“其中：专项用途财政性资金”项目，调减 100 000 元；第 32 行“（一）资产折旧、摊销”项目，调增 100 000 元。

8. 销售折扣、折让和退回

销售折扣、折让和退回是指不符合税法规定的销售折扣和折让应进行纳税调整的金额，以及发生的销售退回因会计处理与税法规定有差异而需纳税调整的金额。销售折扣、折让和退回项目的纳税调整金额，用公式表示为：

“销售折扣、折让和退回”的纳税调整金额 = 纳税人会计核算的销售折扣和折让金额及销货退回的追溯处理的净调整额 − 根据税法规定可以税前扣除的折扣和折让的金额及销货退回业务影响当期损益的金额

上述公式的计算结果≥0，则作纳税调增处理；若计算结果＜0，将其绝对值作纳税调减处理。

上述销售折扣、折让和退回，应填报《A105000 纳税调整项目明细表》（表 5-32）第 10 行。

9. 其他

其他是指反映其他因税会差异需纳税调整的收入类项目金额。本项目填报《A105000 纳税调整项目明细表》（表 5-32）第 11 行。

（二）扣除类调整项目

1. 视同销售成本

视同销售成本是指会计处理不确认销售收入、税法规定确认为应税收入时，其对应的予以税前扣除的视同销售成本金额。需要纳税调整的视同销售成本主要包括：① 非货币性资产交换视同销售成本；② 用于市场推广或销售视同销售成本；③ 用于交际应酬视同销售成本；④ 用于职工奖励或福利视同销售成本；⑤ 用于股息分配视同销售成本；⑥ 用于对外捐赠（赞助）视同销售成本；⑦ 用于对外投资项目视同销售成本；⑧ 提供劳务视同销售成本；⑨ 其他视同销售成本。

视同销售成本在纳税调整中应作调减处理。上述视同销售成本，应当填报《A105000 纳税调整项目明细表》（表 5-32）第 13 行，及其附表《A105010 视同销售和房地产开发企业特定业务纳税调整明细表》（表 5-27）第 11～20 行。

2. 职工薪酬

（1）工资薪金支出。

企业发生的合理的工资、薪金支出准予据实扣除。“合理的工资、薪金支出”是指企业按照股东大会、董事会、薪酬委员会或相关管理机构制定的工资薪金制度规定实际发放给员工的工资薪金。

【业务解析 5-11】

1. 业务资料

凯利公司发生的有关销货业务，详见【业务解析 5-1】。

2. 工作要求

分析凯利公司该项销货业务年终如何进行所得税纳税调整。

3. 解析过程

尽管凯利公司不太可能收回销售货款，在会计处理时并未确认销售收入，但该笔销货业务满足税法规定的收入确认条件，所以，该公司应当确认应税收入，并结转应税成本。

年终纳税调整时，填报《A105010 视同销售和房地产开发企业特定业务纳税调整明细表》中的第 10 行“（九）其他”视同销售收入，调增 100 000 元；同时，填报该表的第 20 行“（九）其他”视同销售成本，调减 70 000 元；通过计算，主表调增 30 000（=100 000－70 000）元的应纳税所得额。

企业会计核算时计入成本费用的合理的工资薪金支出，应在年度汇算清缴之前实际发放，方可税前扣除；否则，应作纳税调增处理。

（2）职工福利费支出。

企业发生的职工福利费支出，不超过工资薪金总额 14% 的部分，准予据实扣除；超过的部分，当年不得扣除，应作纳税调增处理。

（3）职工教育经费支出。

自 2018 年 1 月 1 日起，企业发生的职工教育经费支出，不超过工资薪金总额 8% 的部分，准予在计算企业所得税应纳税所得额时扣除；超过 8% 的部分，准予在以后纳税年度结转扣除，超过的部分在当年应作纳税调增处理。

集成电路设计企业和符合条件的软件企业，其发生的职工培训费用应单独进行核算，并按实际发生额在计算应纳税所得额时扣除。经认定的动漫企业自主开发、生产动漫产品，可申请享受国家现行鼓励软件产业发展的所得税优惠政策，即职工培训费用可按实际发生额在计算应纳税所得额时扣除。

（4）工会经费支出。

企业拨缴的工会经费，不超过工资薪金总额 2% 的部分，凭工会组织开具的《工会经费收入专用收据》在企业所得税税前扣除；超过的部分，当年不得扣除，应作纳税调增处理。工会经费只计提不拨缴或者虽已拨缴但未取得合法有效凭据的，则不得扣除。

（5）各类基本社会保障性缴款。

企业依照国务院有关主管部门或者省级人民政府规定的范围和标准为职工缴纳的基本

养老保险费、基本医疗保险费、失业保险费、工伤保险费、生育保险费等基本社会保险费，准予扣除。超出国务院有关主管部门或者省级人民政府规定的范围和标准的部分，不得在税前扣除。

（6）住房公积金。

企业依照国务院有关主管部门或者省级人民政府规定的范围和标准为职工缴纳的住房公积金，准予扣除。超出国务院有关主管部门或者省级人民政府规定的范围和标准的部分，不得在税前扣除。

（7）补充养老保险费、补充医疗保险费、人身保险费、商业保险费。

企业为全体员工支付的补充养老保险费、补充医疗保险费，分别在不超过职工工资总额5%的部分，在计算应纳税所得额时准予扣除，超过规定标准和范围的部分，不允许税前扣除。

企业依照国家有关规定为特殊工种职工支付的人身安全保险费和符合国务院财政、税务主管部门规定可以扣除的商业保险费，准予扣除。企业职工因公出差乘坐交通工具发生的人身意外保险费支出，准予企业在计算应纳税所得额时扣除。企业为投资者或者职工支付的商业保险费，不得扣除。

上述工资薪金支出、三项经费支出、各类基本社会保障性缴款、住房公积金、补充养老保险费、补充医疗保险费等，应当填报《A105000 纳税调整项目明细表》（表5-32）第14行，及其附表《A105050 职工薪酬支出及纳税调整明细表》（表5-28）。

【业务解析5-12】

1. 业务资料

甲公司2019年会计核算计入成本、费用的全年实发工资总额400万元（属于合理范围），会计核算计入成本费用的职工福利费60万元、职工教育经费37万元、工会经费11万元，拨缴的工会经费为8万元，已取得《工会经费收入专用收据》。

2. 工作要求

（1）计算职工福利费的扣除限额，并分析如何进行纳税调整。

（2）计算职工教育经费的扣除限额，并分析如何进行纳税调整。

（3）计算工会经费的扣除限额，并分析如何进行纳税调整。

3. 解析过程

（1）职工福利费的扣除限额 $=400\times14\%=56$（万元），会计核算计入成本费用的职工福利费为60万元，大于扣除限额，两者差额为4万元，4万元应调增当年应纳税所得额。

《A105050 职工薪酬支出及纳税调整明细表》第3行“二、职工福利费支出”项目，“账载金额”600 000元，“税收金额”560 000元，“纳税调整金额”40 000元。

（2）职工教育经费的扣除限额 $=400\times8\%=32$（万元），会计核算计入成本费用的职工教育经费为37万元，大于扣除限额，两者的差额为5万元，5万元应调增当年应纳税所得额。超过扣除限额的5万元，可以结转以后纳税年度扣除。

《A105050 职工薪酬支出及纳税调整明细表》第4行“三、职工教育经费支出”项目，“账载金额”370 000 元，“税收金额”320 000 元，“纳税调整金额”50 000 元，“累计结转以后年度调整额”50 000 元。

（3）工会经费的扣除限额 =400×2% =8（万元），拨缴的工会经费 8 万元不超过扣除限额，准予据实扣除，会计核算计入成本费用的工会经费 11 万元超过拨缴数 8 万元的差额为 3 万元，需要调增当年应纳税所得额。

《A105050 职工薪酬支出及纳税调整明细表》第 7 行“四、工会经费支出”项目，“账载金额”为 110 000 元，“税收金额”80 000 元，“纳税调整金额”30 000元。

（4）根据《A105050 职工薪酬支出及纳税调整明细表》第 13 行的合计数，填报《A105000 纳税调整项目明细表》第 14 行“（二）职工薪酬”项目，“账载金额”1 080 000元，“税收金额”960 000 元，“调增金额”120 000 元。

3. 业务招待费支出

企业发生的与其生产、经营业务有关的业务招待费支出，按照发生额的60%扣除，但最高不得超过当年销售（营业）收入的5‰。即按照最高限额（5‰）与发生额的60%孰低原则扣除，实际发生额超过扣除限额的部分，在计算应纳税所得额时应作调增处理。销售（营业）收入包括主营业务收入、其他业务收入和视同销售收入，不包括营业外收入、投资收益。

上述业务招待费支出，应填报《A105000 纳税调整项目明细表》（表5-32）第15 行。

【选项辨析 5-8】

下列选项中，能作为业务招待费税前扣除限额计算依据的是（　　）。

A. 转让无形资产使用权的收入　　B. 将自产产品无偿赠送他人

C. 转让无形资产所有权的收入　　D. 出售固定资产的收入

【业务解析 5-13】

1. 业务资料

甲公司 2019 年度的有关数据如下：销售产品收入 1 000 万元；销售材料收入 15 万元；将自产产品一批用于在建工程，同类产品售价 10 万元；将自产产品一批无偿赠送他人，同类产品售价5 万元；接受捐赠收入 5 万元；发生的现金折扣 5 万元计入财务费用。

2. 工作要求

（1）分析计算该公司当年的应税销售（营业）收入。

（2）假设该公司当年实际发生的业务招待费为 8 万元，计算其允许扣除的业务招待费，并分析如何进行纳税调整。

（3）假设该公司当年实际发生的业务招待费为 9 万元，计算其允许扣除的业务招待费，并分析如何进行纳税调整。

3. 解析过程

(1) 销售产品收入1 000万元，属于主营业务收入；销售材料收入15万元，属于其他业务收入；将自产产品用于在建工程，售价10万元，不视同销售；将自产产品无偿赠送他人，售价5万元，视同销售；接受捐赠5万元，属于营业外收入；发生的现金折扣5万元计入财务费用，不冲减收入。

所以，应税销售（营业）收入合计 =1 000 +15 +5 =1 020（万元）。

(2) 当实际发生的业务招待费为8万元时，税前最高扣除限额 =1 020 ×5‰ =5.1（万元），而业务招待费发生额的60%为4.8万元。两者相比取其低，计算应纳税所得额时允许扣除的业务招待费为4.8万元。实际发生数8万元与允许扣除数4.8万元的差额为3.2万元，应作纳税调增处理。

填制《A105000 纳税调整项目明细表》第15行"（三）业务招待费支出"项目，"账载金额"80 000元，"税收金额"48 000元，"调增金额"32 000元。

(3) 当实际发生的业务招待费为9万元时，税前最高扣除限额 =1 020 ×5‰ =5.1（万元），而业务招待费发生额的60%为5.4万元。两者相比取其低，计算应纳税所得额时允许扣除的业务招待费为5.1万元。实际发生数9万元与允许扣除数5.1万元的差额为3.9万元，应作纳税调增处理。

填制《A105000 纳税调整项目明细表》第15行"（三）业务招待费支出"项目，"账载金额"90 000元，"税收金额"51 000元，"调增金额"39 000元。

4. 广告费和业务宣传费支出

企业发生的符合条件的广告费和业务宣传费支出，除国务院财政、税务主管部门另有规定外，不超过当年销售（营业）收入15%的部分，准予扣除；超过的部分，准予结转以后纳税年度扣除，当年应作纳税调增处理。

自2016年1月1日至2020年12月31日，化妆品制造与销售、医药制造和饮料制造（不含酒类）企业发生的广告费和业务宣传费支出不超过当年销售（营业）收入30%的部分，准予扣除；超过的部分，准予结转以后纳税年度扣除，当年应作纳税调增处理。烟草企业的烟草广告费和业务宣传费支出，一律不得在计算应纳税所得额时扣除。

上述广告费和业务宣传费支出，应填报《A105000 纳税调整项目明细表》（表5-32）第16行，及其附表《A105060 广告费和业务宣传费跨年度纳税调整明细表》（表5-29）。

【业务解析5-14】

1. 业务资料

2019年，甲公司取得产品销售收入4 000万元；出租设备取得租金收入100万元；转让专利权取得收入300万元；广告费支出700万元，业务宣传费支出100万元。

2. 工作要求

(1) 分析计算该公司当年的应税销售（营业）收入。

(2) 计算广告费和业务宣传费支出的扣除限额。

(3) 分析广告费和业务宣传费支出如何进行纳税调整。

3. 解析过程

(1) 销售产品收入4 000万元，属于主营业务收入；出租设备取得租金收入100万元，属于其他业务收入；转让专利权取得收入300万元，属于营业外收入。

所以，应税销售（营业）收入合计 =4 000 +100 =4 100（万元）。

(2) 广告费和业务宣传费支出的扣除限额 =4 100 ×15% =615（万元）。

(3) 广告费和业务宣传费支出的实际发生数为800万元，而其扣除限额为615万元，两者之间的差额为185万元，2019年应作纳税调增处理。185万元可以结转以后纳税年度扣除。

首先，根据上述数据，分析填列《A105060广告费和业务宣传费跨年度纳税调整明细表》。其次，填列《A105000纳税调整项目明细表》第16行“（四）广告费和业务宣传费支出”项目，“调增金额”1 850 000元。

5. 捐赠支出

企业通过公益性社会组织或者县级（含县级）以上人民政府及其组成部门和直属机构，用于慈善活动、公益事业的捐赠支出，在年度利润总额12%以内的部分，准予在计算应纳税所得额时扣除；超过年度利润总额12%的部分，准予结转以后三年内在计算应纳税所得额时扣除。

公益性社会组织，应当依法取得公益性捐赠税前扣除资格。年度利润总额是指企业依照国家统一会计制度的规定计算的大于零的数额。对于通过公益性社会团体发生的公益性捐赠支出，企业或个人应提供省级以上（含省级）财政部门印制并加盖接受捐赠单位印章的公益性捐赠票据，或者加盖接受捐赠单位印章的《非税收入一般缴款书》收据联，方可按规定进行税前扣除。

企业当年发生及以前年度结转的公益性捐赠支出，准予在当年税前扣除的部分，不能超过企业当年年度利润总额的12%。企业发生的公益性捐赠支出未在当年税前扣除的部分，准予向以后年度结转扣除，但结转年限自捐赠发生年度的次年起计算最长不得超过三年。

企业在对公益性捐赠支出计算扣除时，应先扣除以前年度结转的捐赠支出，再扣除当年发生的捐赠支出。

企业发生的非公益性捐赠支出，不得扣除，应作纳税调增处理。

上述捐赠支出，应当填报《A105000纳税调整项目明细表》（表5-32）第17行，及其附表《A105070捐赠支出及纳税调整明细表》（表5-30）。

【业务解析5-15】

1. 业务资料

沿用【业务解析5-5】中的数据资料。

2. 工作要求

(1) 计算分析捐赠支出金额是否允许税前扣除。

（2）分析年终汇算清缴时“捐赠支出”项目如何进行填报。

3. 解析过程

（1）年终纳税调整时，甲公司直接向某希望小学的捐款10万元不允许税前扣除，应作调增处理；通过市民政局向灾区的物资捐赠，属于税法规定的公益性捐赠，不超过年度利润总额12%的部分允许税前扣除，扣除限额 = 100 × 12% = 12（万元），实际捐赠支出18.4万元超过扣除限额12万元的差额为6.4万元，当年不允许税前扣除；两项捐赠支出合计调增应纳税所得额16.4万元。

（2）填报《A105070捐赠支出及纳税调整明细表》第1行“一、非公益性捐赠”项目的第1列“账载金额”100 000元、第5列“纳税调增金额”100 000元；第7行“本年（2019）年”项目的第1列“账载金额”184 000元、第3列“按税收规定计算的扣除限额”120 000元、第4列“税收金额”120 000元、第5列“纳税调增金额”64 000元、第7列“可结转以后年度扣除的捐赠额”64 000元；第8行“合计（1+2+3）”项目，第1列“账载金额”284 000元，第4列“税收金额”120 000元，第5列“纳税调增金额”164 000元。

填报《A105000纳税调整项目明细表》第17行“（五）捐赠支出”项目，第1列“账载金额”284 000元，第2列“税收金额”120 000元，第3列“调增金额”164 000元。

自2019年1月1日至2022年12月31日，企业通过公益性社会组织或者县级（含县级）以上人民政府及其组成部门和直属机构，用于目标脱贫地区的扶贫捐赠支出，准予在计算企业所得税应纳税所得额时据实扣除。企业同时发生扶贫捐赠支出和其他公益性捐赠支出，在计算公益性捐赠支出年度扣除限额时，符合条件的扶贫捐赠支出不计算在内。

6. 利息支出

企业在生产、经营活动中发生的利息支出，按下列规定扣除。

（1）非金融企业向金融企业借款的利息支出、金融企业的各项存款利息支出和同业拆借利息支出、企业经批准发行债券的利息支出，准予据实扣除。

（2）非金融企业向非金融企业借款的利息支出，不超过按照金融企业同期同类贷款利率计算的数额的部分，准予据实扣除；超过的部分，不允许扣除。

《A105000纳税调整项目明细表》第18行“利息支出”项目，第1列“账载金额”填报纳税人向非金融企业借款，会计核算计入当期损益的利息支出的金额；第2列“税收金额”填报按照税法规定允许税前扣除的利息支出的金额。若第1列的金额≥第2列的金额，将第1列减去第2列的余额填入第3列“调增金额”中；若第1列的金额＜第2列的金额，将第1列减去第2列的余额的绝对值填入第4列“调减金额”中。本项目第1列“账载金额”不包括向金融企业的借款利息支出。

【业务解析 5-16】

1. 业务资料

2019 年，某公司向银行借入生产用资金 500 万元，银行贷款利率为 6%，借款期限 6 个月，当年计入财务费用的利息支出 15 万元；向其他企业借入生产用资金 300 万元，借款利率为 7%，借款期限 8 个月，当年计入财务费用的利息支出 14 万元。

2. 工作要求

计算该公司当年允许扣除的利息费用，并分析如何进行纳税调整。

3. 解析过程

该公司向银行贷款的利息支出 15 万元，可据实扣除；向其他企业借款的利息支出扣除限额 $=300\times6\%\div12\times8=12$（万元），实际支付的利息 14 万元超过扣除限额，因此只能按照限额扣除，两者的差额 2 万元应作纳税调增处理；当年税法允许扣除的利息费用 $=15+12=27$（万元）。

填制《A105000 纳税调整项目明细表》第 18 行“（六）利息支出”项目，“账载金额”140 000 元，“税收金额”120 000 元，“调增金额”20 000 元。

7. 罚金、罚款和被没收财物的损失

罚金、罚款和被没收财物的损失是指纳税人会计核算计入当期损益的罚金、罚款和被罚没财物的损失，不包括纳税人按照经济合同规定支付的违约金（包括银行罚息）、罚款和诉讼费。罚金、罚款和被没收财物的损失应作纳税调增处理。

上述罚金、罚款和被没收财物的损失应填报《A105000 纳税调整项目明细表》（表 5-32）第 19 行。

8. 税收滞纳金、加收利息

税收滞纳金、加收利息是指纳税人会计核算计入当期损益的税收滞纳金、加收利息，应作纳税调增处理。

税收滞纳金、加收利息应填报《A105000 纳税调整项目明细表》（表 5-32）第 20 行。

9. 赞助支出

赞助支出是指纳税人会计核算计入当期损益的不符合税法规定的公益性捐赠的赞助支出金额，包括直接向受赠人的捐赠、赞助支出等。纳税调整时，赞助支出应作调增处理。

赞助支出应填报《A105000 纳税调整项目明细表》（表 5-32）第 21 行。

10. 与未实现融资收益相关在当期确认的财务费用

与未实现融资收益相关在当期确认的财务费用，是指纳税人会计核算的与未实现融资收益相关并在当期确认的财务费用的金额，与按照税法规定允许税前扣除的金额之间产生税会差异而需纳税调整的金额。

本项目的纳税调整金额，用公式表示为：

“与未实现融资收益相关在当期确认的财务费用”的纳税调整金额 = 纳税人会计核算的与未实现融资收益相关并在当期确认的财务费用金额 − 按照税法规定允许税前扣除的金额

若公式的计算结果≥0，应将余额作纳税调增处理；若计算结果＜0，应将余额的绝对值作纳税调减处理。

本项目的纳税调整金额应当填报《A105000 纳税调整项目明细表》（表 5-32）第 22 行。

【业务解析 5-17】

1. 业务资料

宏利公司有关业务资料，见【业务解析 5-4】和【业务解析 5-7】。

2. 工作要求

（1）编制 2018 年 12 月 31 日支付固定资产价款以及摊销未确认融资费用的会计分录。

（2）编制 2018 年 12 月 31 日收取第一笔货款及摊销未确认融资收益的会计分录。

（3）分析未确认融资费用的摊销额和未确认融资收益的摊销额如何进行纳税调整。

3. 解析过程

（1）2018 年 12 月 31 日，支付设备价款 = 1 000 000（元），未确认融资费用的摊销额 = (3 000 000 − 326 988) ×6% ≈160 381（元）。

借：长期应付款　　1 000 000
　　贷：银行存款　　1 000 000
借：财务费用　　160 381
　　贷：未确认融资费用　　160 381

（2）2018 年 12 月 31 日，收取第一笔货款 200 万元。

借：银行存款　　2 000 000
　　贷：长期应收款　　2 000 000

根据年金 200 万元、期限 3 年、现值 534.6024 万元，利用插值法计算出折现率为 6%，未确认融资收益的本年摊销额 = (6 000 000 − 653 976) ×6% ≈320 761（元）。

借：未实现融资收益　　320 761
　　贷：财务费用　　320 761

（3）① 未确认融资费用摊销额的纳税调整。

由于该项固定资产计税基础大于账面价值的差额每年通过折旧方式，已在税前扣除，因此，未确认融资费用的年摊销额作为财务费用计入当期损益的部分，不得重复扣除。

2018 年度“利息支出”的纳税调整金额 = 纳税人向非金融企业借款、会计核算计入当期损益的利息支出金额 − 按照税法规定允许税前扣除的利息支出金额 = 160 381 − 0 = 160 381（元）。因此，160 381 元应进行纳税调增处理。

填报《A105000 纳税调整项目明细表》第 18 行“（六）利息支出”项目，“账载金额”160 381 元，“税收金额”0 元，“调增金额”160 381 元。

② 未实现融资收益摊销额的纳税调整。

实质上具有融资性质的分期收款销货业务，应收的合同或协议价款与其公允价值之间的差额即未实现融资收益，每年摊销冲减财务费用的部分，不允许计入应纳税所得额。

"与未实现融资收益相关在当期确认的财务费用"纳税调整金额＝纳税人会计核算的与未实现融资收益相关并在当期确认的财务费用金额－按照税法规定允许税前扣除的金额＝(－320 761)－0＝－320 761（元），因此，2018 年度应调减应纳税所得额 320 761 元。

填报《A105000 纳税调整项目明细表》第 22 行"（十）与未实现融资收益相关在当期确认的财务费用"项目，"账载金额"－320 761 元，"税收金额"0 元，"调减金额"320 761 元。

11. 佣金和手续费支出

佣金和手续费支出是指纳税人会计核算计入当期损益的佣金和手续费金额，与按照税法规定允许税前扣除的佣金和手续费支出金额之间产生税会差异而需纳税调整的金额。前者大于后者的差额，应作纳税调增处理。

企业发生的与生产经营有关的佣金和手续费支出，不超过税法规定限额以内的部分，准予扣除；超过的部分，不得扣除。企业（保险企业除外）按与具有合法经营资格中介服务机构或个人（不含交易双方及其雇员、代理人和代表人等）所签订的服务协议或合同确认的收入金额的 5% 计算限额。

佣金和手续费支出的纳税调整金额，应填报《A105000 纳税调整项目明细表》（表 5-32）第 23 行。

【业务解析 5-18】

1. 业务资料

甲公司为拓展销售业务发展了一批"中间人"，并分别与其签订了服务协议，每年年末向中间人支付佣金。2019 年甲公司实现营业收入 5 000 万元，签订服务协议确认的收入为 1 000 万元，"销售费用"科目列支佣金支出 110 万元。

2. 工作要求

分析"佣金和手续费支出"项目的纳税调整金额。

3. 解析过程

根据税法规定，"佣金和手续费支出"扣除限额的计税基础为 1 000 万元，税法允许扣除的限额＝1 000×5%＝50（万元）。

"佣金和手续费支出"项目的纳税调整金额＝会计核算的佣金和手续费支出金额－税法允许税前扣除的佣金和手续费支出金额＝110－50＝60（万元），因此，2019 年度应调增应纳税所得额 60 万元。

填报《A105000 纳税调整项目明细表》第 23 行"（十一）佣金和手续费支出"项目，"账载金额"1 100 000 元，"税收金额"500 000 元，"调增金额"600 000元。

12. 不征税收入用于支出所形成的费用

不征税收入用于支出所形成的费用是指符合条件的不征税收入用于支出所形成的计入当期损益的费用化支出金额，这部分费用应作纳税调增处理。

本项目的纳税调整金额，应填报《A105000 纳税调整项目明细表》（表 5-32）第 24 行，以及《A105040 专项用途财政性资金纳税调整明细表》。

13. 跨期扣除项目

跨期扣除项目是指对维简费、安全生产费用、预提费用、预计负债等跨期项目的纳税调整。本项目的纳税调整金额，用公式表示为：

“跨期扣除项目”的纳税调整金额 = 纳税人会计核算计入当期损益的跨期扣除项目金额 − 按照税法规定允许税前扣除的金额

若公式的计算结果≥0，应将余额作纳税调增处理；若计算结果＜0，应将余额的绝对值作纳税调减处理。

跨期扣除项目的纳税调整金额，应填报《A105000 纳税调整项目明细表》（表 5-32）第 26 行。

会计准则规定，未决诉讼或未决仲裁、债务担保、产品质量保证、亏损合同和重组业务形成的或有事项，与其相关的义务同时满足预计负债确认条件的，应当确认为预计负债。由产品质量保证产生的预计负债，计入销售费用；其他或有事项产生的预计负债，计入营业外支出。税法规定，因确认预计负债而计入当期损益的销售费用、营业外支出等，由于当期并未实际发生，不允许税前扣除，只有待以后期间实际发生时才允许税前扣除。由此，因确认预计负债而计入当期损益的费用支出，需要跨期纳税调整。

【业务解析 5-19】

1. 业务资料

云顶公司对售出产品提供售后服务，2018 年 12 月 31 日计提产品质量保证费用 100 万元，属首次计提。2019 年实际发生产品质量保证费用支出 90 万元，本年预提产品质量保证费用 110 万元。

2019 年 11 月 10 日，云顶公司由于为丙公司银行借款提供担保，丙公司未如期偿还借款，而被银行提起诉讼，要求其履行担保责任。2019 年 12 月 31 日，该诉讼尚未审结。云顶公司预计履行该担保责任很可能支出的金额为 1 000 万元。

税法规定，因确认预计负债而计入当期损益的销售费用、营业外支出等，只有在实际发生时才可税前扣除。

2. 工作要求

（1）为云顶公司做出相关会计处理。

（2）计算分析 2018 年所得税汇算清缴时“跨期扣除项目”的纳税调整金额。

（3）计算分析 2019 年所得税汇算清缴时“跨期扣除项目”的纳税调整金额。

3. 解析过程

（1）2018 年 12 月 31 日，业务相关会计分录如下：

借：销售费用　　1 000 000
　　贷：预计负债　　1 000 000

2019 年的业务相关会计分录如下：

借：预计负债　　900 000
　　贷：银行存款等　　900 000

借：销售费用　　1 100 000
　　贷：预计负债　　1 100 000

借：营业外支出　　10 000 000
　　贷：预计负债　　10 000 000

（2）2018 年度所得税汇算清缴时：

“跨期扣除项目”的纳税调整金额 = 纳税人会计核算计入当期损益的跨期扣除项目金额 – 按照税法规定允许税前扣除的金额 = 1 000 000 – 0 = 1 000 000（元）。年终汇算清缴时，1 000 000 元应作纳税调增处理。

（3）2019 年度所得税汇算清缴时：

“跨期扣除项目”的纳税调整金额 = 纳税人会计核算计入当期损益的跨期扣除项目金额 – 按照税法规定允许税前扣除的金额 =（1 100 000 + 10 000 000）– 900 000 = 10 200 000（元）。年终汇算清缴时，10 200 000 元应作纳税调增处理。

14. 与取得收入无关的支出

与取得收入无关的支出是指纳税人会计核算计入当期损益的与取得收入无关的支出的金额。这部分支出金额应作纳税调增处理。

本项目的纳税调整金额，应填报《A105000 纳税调整项目明细表》（表 5-32）第 27 行。

15. 境外所得分摊的共同支出

《A105000 纳税调整项目明细表》（表 5-32）第 28 行第 3 列“调增金额”，填报《A108010 境外所得纳税调整后所得明细表》第 10 行“第 16 列 + 第 17 列”的合计金额。

16. 党组织工作经费

本项目填报企业根据有关文件规定，为创新基层党建工作、建立稳定的经费保障制度发生的党组织工作经费及纳税调整情况。

国有企业、集体所有制企业的党组织工作经费主要通过纳入管理费用、党费留存等渠道予以解决。纳入管理费用的部分，一般按照企业上年度职工工资总额 1% 的比例安排，每年年初由企业党组织本着节约的原则编制经费使用计划，由企业纳入年度预算。纳入管理费用的党组织工作经费，实际支出不超过职工年度工资薪金总额 1% 的部分，可以据实在企业所得税前扣除。年末如有结余，结转下一年度使用。

凡属党费使用范围的，先从留存党费中开支，不足部分从纳入管理费用列支的党组织工作经费中支出。

17. 其他

本项目反映其他因税会差异需纳税调整的扣除类项目金额。本项目的纳税调整金额，应填报《A105000 纳税调整项目明细表》（表 5-32）第 30 行。

以【业务解析 5-7】为例，在确认 2018 年度计税收入 200 万元时，按税法规定，应结转计税成本 100 万元，因此需对会计核算结转的销售成本 300 万元进行纳税调整，调整金额填报《A105000 纳税调整项目明细表》（表 5-32）第 30 行，“账载金额”3 000 000 元，“税收金额”1 000 000 元，“调增金额”2 000 000 元。

（三）资产类调整项目

1. 资产折旧、摊销

资产折旧、摊销是指纳税人会计核算计入当期损益的资产折旧、摊销金额，与按照税法规定允许税前扣除的资产折旧、摊销金额之间产生税会差异而需纳税调整的金额。

“资产折旧、摊销”项目纳税调整金额的计算，用公式表示为：

“资产折旧、摊销”的纳税调整金额 = 纳税人会计核算计入当期损益的本年折旧、摊销额 −（按税收一般规定计算的本年折旧、摊销额 + 本年加速折旧额）

若公式的计算结果≥0，应将余额作纳税调增处理；若公式的计算结果＜0，应将余额的绝对值作纳税调减处理。

本项目的纳税调整金额，应填报《A105000 纳税调整项目明细表》（表 5-32）第 32 行，及其附表《A105080 资产折旧、摊销及纳税调整明细表》（表 5-31）。

企业的固定资产由于技术进步等原因，确需加速折旧的，可以缩短折旧年限或者采取加速折旧的方法。可采用缩短折旧年限或者采取加速折旧方法的固定资产包括：① 由于技术进步，产品更新换代较快的固定资产；② 常年处于强震动、高腐蚀状态的固定资产。采用缩短折旧年限的，最低折旧年限不得低于《企业所得税法》规定折旧年限的 60%；采取加速折旧方法的，可选择双倍余额递减法或年数总和法。

根据财税〔2014〕75 号规定，① 属于六大行业（包括生物药品制造业，专用设备制造业，铁路、船舶、航空航天和其他运输设备制造业，计算机、通信和其他电子设备制造业，仪器仪表制造业，信息传输、软件和信息技术服务业等行业）的企业，2014 年 1 月 1 日后新购进的固定资产（包括自行建造），可以缩短折旧年限或者采取加速折旧的方法。上述六大行业的小型微利企业 2014 年 1 月 1 日后新购进的研发和生产经营共用的仪器、设备，单位价值不超过 100 万元的，允许一次性计入当期成本费用在计算应纳税所得额时扣除，不再分年度计算折旧；单位价值超过 100 万元的，可以缩短折旧年限或者采取加速折旧的方法。② 所有行业企业 2014 年 1 月 1 日后新购进的专门用于研发的仪器、设备，单位价值不超过 100 万元的，允许一次性计入当期成本费用在计算应纳税所得额时扣除，不再分年度计算折旧；单位价值超过 100 万元的，可以缩短折旧年限或者采取加速折旧的方法。③ 所有行业企业持有的单位价值不超过 5000 元的固定资产，允许一次性计入当期成本费用在计算应纳税所得额时扣除，不再分年度计算折旧。

根据财税〔2015〕106 号规定，① 对轻工、纺织、机械、汽车等四个领域重点行业（以下简称“四个领域重点行业”）企业 2015 年 1 月 1 日后新购进的固定资产（包括自行建造，下同），允许缩短折旧年限或采取加速折旧方法。四个领域重点行业企业是指以上述行业业务为主营业务，其固定资产投入使用当年的主营业务收入占企业收入总额50%（不含）以上的企业。所称“收入总额”，是指《企业所得税法》第六条规定的收入总额。② 对四个领域重点行业小型微利企业2015年1月1日后新购进的研发和生产经营共用的仪器、设备，单位价值不超过100万元（含）的，允许在计算应纳税所得额时一次性全额扣除；单位价值超过100万元的，允许缩短折旧年限或采取加速折旧方法。③ 企业按照规定缩短折旧年限的，对其购置的新固定资产，最低折旧年限不得低于实施条例第六十条规定折旧年限的60%；对其购置的已使用过的固定资产，最低折旧年限不得低于实施条例规定的最低折旧年限减去已使用年限后剩余年限的60%。最低折旧年限一经确定，不得改变。

根据财税〔2018〕54号，企业在2018年1月1日至2020年12月31日期间新购进的设备、器具，单位价值不超过500万元的，允许一次性计入当期成本费用在计算应纳税所得额时扣除，不再分年度计算折旧；单位价值超过500万元的，仍按《企业所得税法实施条例》、财税〔2014〕75号、财税〔2015〕106号等相关规定执行。设备、器具是指除房屋、建筑物以外的固定资产。

财政部、税务总局公告〔2019〕66号文规定：自2019年1月1日起，适用财税〔2014〕75号和财税〔2015〕106号规定固定资产加速折旧优惠的行业范围，扩大至全部制造业领域。

享受固定资产加速折旧和一次性扣除优惠政策的纳税人，在月（季）度预缴纳税申报时对其相应固定资产的折旧金额进行单向纳税调整，以调减其应纳税所得额。具体来说，自该固定资产开始计提折旧起，在“税收折旧”大于“一般折旧”的折旧期间内，必须填报《A201020固定资产加速折旧（扣除）优惠明细表》（表5-20）、《A200000企业所得税月（季）度预缴纳税申报表（A类，2018年版）》（表5-18）第7行；自固定资产开始计提折旧起，在“税收折旧”小于等于“一般折旧”的折旧期内，不填报表5-20。

税收折旧是指纳税人享受财税〔2014〕75号、财税〔2015〕106号、财税〔2018〕54号等相关文件规定优惠政策的固定资产，采取税收加速折旧或一次性扣除方式计算的税收折旧额；一般折旧是指该资产按照税收一般规定计算的折旧金额，即该资产在不享受加速折旧情况下，按照税收规定的最低折旧年限以直线法计算的折旧金额。表5-20中的“账载折旧金额”是指纳税人按照财税〔2014〕75号、财税〔2015〕106号、财税〔2018〕54号等相关文件规定享受固定资产加速折旧和一次性扣除优惠政策的固定资产，会计核算的本年资产折旧额。

【业务解析5-20】

1. 业务资料

宏利公司购买生产线的有关业务，详见【业务解析5-4】。

2. 工作要求

（1）计算该项固定资产2018年的会计折旧额和税法折旧额。

（2）分析该项固定资产2018年会计折旧与税法折旧的差异对当年应纳税所得额的影响。

3. 解析过程

(1) 会计年折旧额 = 2 673 012 ÷ 5 ≈ 534 602 (元), 税法年折旧额 = 3 000 000 ÷ 5 = 600 000 (元)。

(2) "资产折旧、摊销" 的纳税调整金额 = 534 602 − 600 000 = −65 398 (元), 所以应调减 2018 年应纳税所得额 65 398 元。

2. 资产减值准备金

资产减值准备金是指坏账准备、存货跌价准备、理赔费用准备金等不允许税前扣除的各类资产减值准备金。资产减值准备金一般应作纳税调增处理。

资产减值准备金的纳税调整金额，应当填报《A105000 纳税调整项目明细表》(表 5-32) 第 33 行。

【业务解析 5-21】

1. 业务资料

甲企业于 2016 年 12 月购进的一项固定资产，原始价值为 100 000 元 (与计税基础一致), 预计使用年限 5 年 (税法规定最低折旧年限 5 年), 预计净残值 5 000 元，采用年限平均法计提折旧。2018 年年末固定资产发生减值，预计可收回金额 35 000 元，计提减值准备 27 000 元，估计剩余使用寿命 2 年，预计净残值不变。

2. 工作要求

(1) 计算 2019 年度该项固定资产的会计折旧额、税法折旧额。

(2) 分析填报 2018 年度《A105000 纳税调整项目明细表》。

(3) 分析填报 2019 年度《A105000 纳税调整项目明细表》。

3. 解析过程

(1) 2019 年度会计折旧额 = (35 000 − 5 000) ÷ 2 = 15 000 (元), 2019 年度税法折旧额 = (100 000 − 5 000) ÷ 5 = 19 000 (元)。

(2) 2018 年度《A105000 纳税调整项目明细表》中，第 33 行 "(二) 资产减值准备金" 项目，"账载金额" 27 000 元，"调增金额" 27 000 元。

(3) 2019 年度《A105000 纳税调整项目明细表》中，第 32 行 "(一) 资产折旧、摊销" 项目，"账载金额" 15 000 元，"税收金额" 19 000 元，"调减金额" 4 000 元。

3. 资产损失

"资产损失" 项目反映纳税人会计核算计入当期损益的资产损失金额，与根据税法规定允许税前扣除的资产损失金额之间产生税会差异而需纳税调整的金额。前者大于后者的差额，应作纳税调增处理；后者大于前者的差额，应作纳税调减处理。

会计上确认资产损失时扣除的是资产账面价值，而税法上确认损失时扣除的是计税基础，由于账面价值与计税基础有可能存在差异，从而导致产生纳税调整金额。

企业发生的资产损失应填报《A105000 纳税调整项目明细表》（表 5-32）第 34 行，及其附表《A105090 资产损失税前扣除及纳税调整明细表》（表 5-7）。

【业务解析 5-22】

1. 业务资料

2019 年 10 月，甲企业的一台生产用设备因毁损提前报废。该设备原值 100 万元（与计税基础一致），累计计提折旧 80 万元（与税法确认的折旧一致），已计提减值准备 8 万元，取得残值变价收入 2 万元，支付清理费 3 万元。假设款项均已支付，不考虑相关税费。

2. 工作要求

（1）完成该项固定资产报废业务的账务处理。

（2）分析该项业务的税法与会计差异。

（3）完成关于该业务纳税申报表的填制。

3. 解析过程

（1）固定资产报废的账务处理。

借：固定资产清理　　120 000
　　累计折旧　　800 000
　　固定资产减值准备　　80 000
　　贷：固定资产　　1 000 000

借：固定资产清理　　30 000
　　贷：银行存款　　30 000

借：银行存款　　20 000
　　贷：固定资产清理　　20 000

借：营业外支出　　130 000
　　贷：固定资产清理　　130 000

（2）税会差异分析。

会计确认的固定资产处置损失＝(120 000＋30 000)－20 000＝130 000（元），税法确认的固定资产处置损失＝[(1 000 000－800 000)＋30 000]－20 000＝210 000（元），税会差异额为 80 000 元，应调减 2019 年度应纳税所得额。

（3）纳税申报表的填制

《A105090 资产损失税前扣除及纳税调整明细表》第 7 行“四、固定资产损失”项目，第 1 列“资产损失的账载金额”130 000 元，第 2 列“资产处置收入”20 000 元，第 4 列“资产计税基础”230 000 元，第 5 列“资产损失的税收金额”21 000 元，第 6 列“纳税调整金额”－80 000 元，填制结果如表 5-7 所示。

《A105000 纳税调整项目明细表》（表 5-32），第 34 行“（三）资产损失（填写 A105090）”项目，“账载金额”130 000 元，“税收金额”210 000 元，“调减金额”80 000元。

表 5-7　A105090 资产损失税前扣除及纳税调整明细表

金额单位：元

行次	项目	资产损失的账载金额	资产处置收入	赔偿收入	资产计税基础	资产损失的税收金额	纳税调整金额
		1	2	3	4	5(4－2－3)	6(1－5)
1	一、现金及银行存款损失						
2	二、应收及预付款项坏账损失						
3	其中：逾期三年以上的应收款项损失						
4	逾期一年以上的小额应收款项损失						
5	三、存货损失						
6	其中：存货盘亏、报废、损毁、变质或被盗损失						
7	四、固定资产损失	130 000	20 000		230 000	210 000	－80 000
8	其中：固定资产盘亏、丢失、报废、损毁或被盗损失	130 000	20 000		230 000	210 000	－80 000
9	五、无形资产损失						
10	其中：无形资产转让损失						
11	无形资产被替代或超过法律保护期限形成的损失						
12	六、在建工程损失						
13	其中：在建工程停建、报废损失						
14	七、生产性生物资产损失						
15	其中：生产性生物资产盘亏、非正常死亡、被盗、丢失等产生的损失						
16	八、债权性投资损失（17＋22）						
17	（一）金融企业债权性投资损失（18＋21）						
18	1. 符合条件的涉农和中小企业贷款损失						
19	其中：单户贷款余额 300 万（含）以下的贷款损失						
20	单户贷款余额 300 万元至 1000 万元（含）的 贷款损失						
21	2. 其他债权性投资损失						
22	（二）非金融企业债权性投资损失						
23	九、股权（权益）性投资损失						
24	其中：股权转让损失						
25	十、通过各种交易场所、市场买卖债券、股票、期货、基金以及金融衍生产品等发生的损失						

续表

行次	项目	资产损失的账载金额	资产处置收入	赔偿收入	资产计税基础	资产损失的税收金额	纳税调整金额
		1	2	3	4	5(4-2-3)	6(1-5)
26	十一、打包出售资产损失						
27	十二、其他资产损失						
28	合计（1+2+5+7+9+12+14+16+23+25+26+27）	130 000	20 000		230 000	210 000	-80 000
29	其中：分支机构留存备查的资产损失						

有关企业所得税的涉税项目、扣除限额以及纳税调整方法如表5-8所示。

表5-8　企业所得税的涉税项目、扣除限额以及纳税调整方法

序号	涉税项目	扣除限额（标准）	调整方法	特殊规定
1	职工福利费	工资薪金总额×14%	超过部分，作纳税调增	—
2	工会经费	工资薪金总额×2%	超过部分，作纳税调增	—
3	职工教育经费	工资薪金总额×8%	超过部分，作纳税调增	超过部分，结转以后年度扣除
4	基本社会保险费和住房公积金	依照国务院有关主管部门或者省级人民政府规定的范围和标准为职工缴纳的基本养老保险费、基本医疗保险费、失业保险费、工伤保险费、生育保险费等基本社会保险费，准予扣除	超出国务院有关主管部门或者省级人民政府规定的范围和标准的部分，不得在税前扣除，作纳税调增	—
5	补充养老保险费、补充医疗保险费	工资薪金总额×5%	超过部分，作纳税调增	—
6	业务招待费	①发生额×60%；②销售（营业）收入×5‰；扣除限额为①和②中的较低者	超过部分，作纳税调增	—
7	广告费和业务宣传费	销售（营业）收入×15%	超过部分，作纳税调增	超过的部分，准予在以后纳税年度结转扣除
8	公益性捐赠支出	年度利润总额×12%	超过部分，作纳税调增	超过部分，准予结转以后三年扣除

续表

序号	涉税项目	扣除限额（标准）	调整方法	特殊规定
9	非金融企业向非金融机构借款的利息支出	按照金融企业同期同类贷款利率计算的数额	超过部分，作纳税调增	—
10	折旧费、摊销费	按《企业所得税法》规定的年限和方法计算的数额	超过部分，作纳税调增；未超过的部分，作纳税调减	—
11	合理的工资、薪金支出	准予全额扣除	无须进行纳税调整	—
12	为特殊工种职工支付的人身安全保险费、符合国务院财政、税务主管部门规定的商业保险费			—
13	财产保险费			—
14	非金融企业向金融机构借款的利息支出			—
15	生产经营活动中合理的不需要资本化的借款费用			—
16	企业为投资者或者职工支付的商业保险费	不得扣除	全额调增	—
17	税收滞纳金			—
18	罚金、罚款和被没收财物的损失			—
19	非公益性捐赠、直接向受赠人的捐赠			—
20	赞助支出			—
21	未经核定的准备金支出			—
22	企业之间支付的管理费			—
23	“三新”研究开发费用	未形成无形资产计入管理费用的，在据实扣除基础上再按照50%（或75%）加计扣除；形成无形资产的，按照无形资产成本的150%（或175%）摊销	实际发生额×50%（或75%），作纳税调减	2018年1月1日—2020年12月31日加计扣除比例提高到75%
24	支付给残疾职工的工资	据实扣除的基础上，再加计100%扣除	残疾职工工资额×100%，作纳税调减	—

续表

序号	涉税项目	扣除限额（标准）	调整方法	特殊规定
25	创业投资企业（投资于未上市的中小高新技术企业）	投资额×70%	抵扣应纳税所得额	股权持有满2年的当年抵扣；当年不足抵扣的，可在以后年度结转抵扣
26	购置并实际使用符合规定的环境保护、节能节水、安全生产等专用设备	专用设备投资额×10%	抵免应纳税额	当年不足抵免的，可在以后5个年度结转抵免
27	国债利息收入	免征企业所得税	调减应纳税所得额	—
28	符合条件的居民企业之间的股息、红利等权益性收益	免征企业所得税	调减应纳税所得额	—
29	以公允价值计量的资产在持有期间的公允价值变动	持有期间免征企业所得税	持有期间，公允价值变动收益，调减应纳税所得额；公允价值变动损失，调增应纳税所得额	—

二、税收优惠

企业所得税税收优惠的方式包括免税收入、减计收入、加计扣除、所得减免、创业投资企业投资额抵扣应纳税所得额、减免所得税额、专用设备投资额抵免所得税额等。

（一）免税收入、减计收入与加计扣除

1. 免税收入

企业在计算应纳税所得额时，应当全额扣减免税收入。企业可以享受的免税收入包括如下内容。

（1）国债利息收入：是指企业持有国务院财政部门发行的国债取得的利息收入。

（2）符合条件的居民企业之间的股息、红利等权益性投资收益：是指居民企业直接投资于其他居民企业取得的权益性投资收益，不包括连续持有居民企业公开发行并上市流通的股票不足12个月取得的投资收益。

（3）符合条件的非营利组织的收入。

（4）符合条件的非营利组织（科技企业孵化器）的收入。

（5）符合条件的非营利组织（国家大学科技园）的收入。

（6）中国清洁发展机制基金取得的收入。

（7）投资者从证券投资基金分配中取得的收入。

（8）取得的地方政府债券利息收入。

（9）中国保险保障基金有限责任公司取得的保险保障基金等收入。

（10）中央电视台的广告费和有线电视费收入。

（11）中国奥委会取得北京冬奥组委支付的收入。

（12）中国残奥委会取得北京冬奥组委分期支付的收入。

对于上述免税收入优惠，实行核定征收方式的居民企业纳税人应填报《B100000 企业所得税月（季）度预缴和年度纳税申报表（B 类，2018 年版）》（表 5-17）第 1～9 行；实行查账征收方式的居民企业纳税人月（季）度预缴纳税申报时应填报《A201010 免税收入、减计收入、所得减免等优惠明细表》（表 5-19）第 1～15 行、《A200000 企业所得税月（季）度预缴纳税申报表（A 类，2018 年版）》（表 5-18）第 6 行；实行查账征收方式的居民企业纳税人年度汇算清缴纳税申报时应填报《A107011 符合条件的居民企业之间的股息、红利等权益性投资收益优惠明细表》（表 5-33）、《A107010 免税收入、减计收入及加计扣除优惠明细表》（表 5-35）第 1～16 行、《A100000 企业所得税年度纳税申报表（A 类，2017 年版）》（表 5-38）第 19 行。

2. 减计收入

（1）综合利用资源生产产品取得的收入在计算应纳税所得额时减计收入。企业以《资源综合利用企业所得税优惠目录》规定的资源作为主要原材料，生产国家非限制和禁止并符合国家和行业相关标准的产品所取得的收入，减按 90% 计入收入总额。纳税申报时，该项目填报纳税人综合利用资源生产产品取得的收入总额乘以 10% 的金额。

（2）金融机构取得的涉农贷款利息收入在计算应纳税所得额时减计收入。金融机构取得的涉农贷款利息收入减按 90% 计入收入总额。纳税申报时，该项目填报金融机构取得农户小额贷款利息收入总额乘以 10% 的金额。

（3）保险机构取得的涉农保费收入在计算应纳税所得额时减计收入。保险机构为种植业、养殖业提供保险业务取得的涉农保费收入减按 90% 计入收入总额。纳税申报时，该项目填报保险机构取得的保费收入总额乘以 10% 的金额。

（4）小额贷款公司取得的农户小额贷款利息收入在计算应纳税所得额时减计收入。对经省级金融管理部门（金融办、局等）批准成立的小额贷款公司取得的农户小额贷款利息收入，减按 90% 计入收入总额。纳税申报时，该项目填报小额贷款公司取得的农户小额贷款利息收入乘以 10% 的金额。

（5）取得铁路债券利息收入减半征收企业所得税。根据相关税收政策规定，对企业持有中国铁路建设债券、铁路债券等企业债券取得的利息收入，减半征收企业所得税。该项目填报取得的利息收入乘以 50% 的金额。

（6）取得的社区家庭服务收入在计算应纳税所得额时减计收入。自 2019 年 6 月 1 日至 2025 年 12 月 31 日，为社区提供养老、托育、家政等服务的机构，提供社区养老、托育、家政服务取得的收入，在计算应纳税所得额时，减按 90% 计入收入总额。纳税申报时，该项目填报提供养老、托育、家政等服务的机构取得社区家庭服务收入乘以 10% 的金额。

对于上述减计收入优惠，实行查账征收方式的居民企业纳税人月（季）度预缴纳税申报时应填报《A201010 免税收入、减计收入、所得减免等优惠明细表》（表 5-19）第 16～23 行、《A200000 企业所得税月（季）度预缴纳税申报表（A 类，2018 年版）》（表 5-18）第 6 行；实行查账征收方式的居民企业纳税人年度汇算清缴纳税申报时应填报《A107010 免税收入、减计收入及加计扣除优惠明细表》（表 5-35）第 17～24 行、《A100000 企业所得税年度纳税申报表（A类，2017年版）》（表5-38）第19行。

3. 加计扣除

（1）开发新技术、新产品、新工艺发生的研究开发费用加计扣除。企业为开发新技术、新产品、新工艺发生的研究开发费用，未形成无形资产计入管理费用的，在按照规定据实扣除的基础上再按照研究开发费用的50%加计扣除；形成无形资产的，按照无形资产成本的150%摊销。

（2）科技型中小企业开发新技术、新产品、新工艺发生的研究开发费用加计扣除。科技型中小企业开展研发活动中实际发生的研发费用，未形成无形资产计入当期损益的，在按规定据实扣除的基础上，在2017年1月1日至2019年12月31日期间，再按照实际发生额的75%在税前加计扣除；形成无形资产的，在上述期间按照无形资产成本的175%在税前摊销。

根据财税〔2018〕99号文件规定，2018年至2020年年底，将企业研发费用加计扣除比例提高到75%的政策由科技型中小企业扩大至所有企业。

（3）企业为获得创新性、创意性、突破性的产品进行创意设计活动而发生的相关费用加计扣除。该项目填报纳税人根据财税〔2015〕119号第二条第四项规定，为获得创新性、创意性、突破性的产品进行创意设计活动而发生的相关费用按照规定进行税前加计扣除的金额。

（4）安置残疾人员所支付的工资加计扣除。企业安置残疾人员的，在按照支付给残疾职工工资据实扣除的基础上，按照支付给残疾职工工资的100%加计扣除。本项目填报支付给残疾职工工资的100%加计扣除的金额。

对于上述加计扣除税收优惠，实行查账征收方式的居民企业纳税人年度汇算清缴纳税申报时应填报《A107010免税收入、减计收入及加计扣除优惠明细表》（表5-35）第25～30行，以及《A107012研发费用加计扣除优惠明细表》（表5-34）。

按照目前税收规定，加计扣除优惠政策在汇算清缴时享受，因此查账征收方式的居民企业纳税人月（季）度预缴纳税申报时不填报《A201010免税收入、减计收入、所得减免等优惠明细表》（表5-19）第24～28行。

（二）所得减免

企业从事适用不同企业所得税待遇的项目，其优惠项目应单独计算所得，并合理分摊企业的期间费用。企业免征、减征企业所得税的各类所得，按如下公式计算：

项目减免所得额＝项目收入－项目成本－相关税费－应分摊的期间费用＋纳税调整额

1. 从事农、林、牧、渔业项目的所得

（1）企业从事下列项目的所得，免征企业所得税：① 蔬菜、谷物、薯类、油料、豆类、棉花、麻类、糖料、水果、坚果的种植；② 农作物新品种的选育；③ 中药材的种植；④ 林木的培育和种植；⑤ 畜禽类的饲养；⑥ 林产品的采集；⑦ 灌溉、农产品初加工、兽医、农技推广、农机作业等农、林、牧、渔业项目；⑧ 远洋捕捞。

（2）企业从事下列项目的所得，减半征收企业所得税：① 对花卉、茶及其他饮料作物和香料作物的种植；② 海水养殖、内陆养殖。

对于从事农、林、牧、渔业项目的所得减免优惠，实行查账征收方式的居民企业纳税人月（季）度预缴纳税申报时应填报《A201010 免税收入、减计收入、所得减免等优惠明细表》（表5-19）第30～32行、《A200000 企业所得税月（季）度预缴纳税申报表（A类，2018年版）》（表5-18）第6行；实行查账征收方式的居民企业纳税人年度汇算清缴纳税申报时应填报《A107020 所得减免优惠明细表》第1～3行、《A100000 企业所得税年度纳税申报表（A类，2017年版）》（表5-38）第22行。

【业务解析5-23】

1. 业务资料

甲公司是一家专门从事花卉种植与销售的企业，2019年实现销售收入100万元、营业外收入0.5万元，当年发生销售成本60万元、税金及附加1.5万元、销售费用5万元、管理费用7万元、财务费用2万元，当年利润总额25万元。职工薪酬超过税法规定标准1万元，业务招待费超过税法规定标准1万元。假设不考虑其他因素。

2. 工作要求

计算该公司2019年度减免所得额。

3. 解析过程

项目所得额 $=100-60-(1.5+5+7+2)+(1+1)=26.5$（万元），项目减免所得额 $=26.5\times50\%=13.25$（万元）。

2. 从事国家重点扶持的公共基础设施项目的所得

企业从事国家重点扶持的《公共基础设施项目企业所得税优惠目录》规定的港口码头、机场、铁路、公路、城市公共交通、电力、水利等项目的投资经营的所得，自项目取得第一笔生产经营收入所属纳税年度起，第1年至第3年免征企业所得税，第4年至第6年减半征收企业所得税。不包括企业承包经营、承包建设和内部自建自用该项目的所得。

免税期间，填报从事基础设施项目的所得额；减半征税期间，填报从事基础设施项目的所得额×50%的金额。当项目所得≤0时，本行不填列。纳税人有多个项目的，按前述规则分别确定各项目的金额后，将合计金额填入本行。

对于从事国家重点扶持的公共基础设施项目的所得减免优惠，实行查账征收方式的居民企业纳税人月（季）度预缴纳税申报时应填报《A201010 免税收入、减计收入、所得减免等优惠明细表》（表5-19）第33行、《A200000 企业所得税月（季）度预缴纳税申报表（A类，2018年版）》（表5-18）第6行；实行查账征收方式的居民企业纳税人年度汇算清缴纳税申报时应填报《A107020 所得减免优惠明细表》第4～6行、《A100000 企业所得税年度纳税申报表（A类，2017年版）》（表5-38）第22行。

3. 从事符合条件的环境保护、节能节水项目的所得

企业从事符合条件的公共污水处理、公共垃圾处理、沼气综合开发利用、节能减排技术改造、海水淡化等环境保护、节能节水项目的所得，自项目取得第一笔生产经营收入所属纳税年度起，第1年至第3年免征企业所得税，第4年至第6年减半征收企业所得税。

免税期间，填报从事基础设施项目的所得额；减半征税期间，填报从事基础设施项目的所得额×50%的金额。当项目所得≤0时，本行不填列。纳税人有多个项目的，按前述

规则分别确定各项目的金额后，将合计金额填入本行。

对于符合条件的环境保护、节能节水项目的所得减免优惠，实行查账征收方式的居民企业纳税人月（季）度预缴纳税申报时应填报《A201010 免税收入、减计收入、所得减免等优惠明细表》（表 5-19）第 34 行、《A200000 企业所得税月（季）度预缴纳税申报表（A 类，2018 年版）》（表 5-18）第 6 行；实行查账征收方式的居民企业纳税人年度汇算清缴纳税申报时应填报《A107020 所得减免优惠明细表》第 7～9 行、《A100000 企业所得税年度纳税申报表（A 类，2017 年版）》（表 5-38）第 22 行。

4. 符合条件的技术转让所得

一个纳税年度内，居民企业将其拥有的专利技术、计算机软件著作权、集成电路布图设计权、植物新品种、生物医药新品种，以及财政部和国家税务总局确定的其他技术的所有权或 5 年以上（含 5 年）全球独占许可使用权、5 年以上（含 5 年）非独占许可使用权转让取得的所得，不超过 500 万元的部分，免征企业所得税；超过 500 万元的部分，减半征收企业所得税。居民企业从直接或间接持有股权之和达到 100% 的关联方取得的技术转让所得，不享受技术转让减免企业所得税优惠政策。

对于符合条件的技术转让所得的减免优惠，实行查账征收方式的居民企业纳税人月（季）度预缴纳税申报时应填报《A201010 免税收入、减计收入、所得减免等优惠明细表》（表 5-19）第 35 行、《A200000 企业所得税月（季）度预缴纳税申报表（A 类，2018 年版）》（表 5-18）第 6 行；实行查账征收方式的居民企业纳税人年度汇算清缴纳税申报时应填报《A107020 所得减免优惠明细表》第 10～12 行、《A100000 企业所得税年度纳税申报表（A 类，2017 年版）》（表 5-38）第 22 行。

【业务解析 5-24】

1. 业务资料

甲公司是一家专门从事电子设备与销售的企业，2019 年实现销售收入 2 200 万元（含技术转让收入 1 100 万元），发生销售成本 1 200 万元（含技术转让成本 400 万元）、税金及附加 10 万元、销售费用 30 万元、管理费用 150 万元、财务费用 20 万元。假设不考虑其他因素。

2. 工作要求

计算该公司 2019 年度技术转让所得额以及减免所得额。

3. 解析过程

技术转让收入占总收入比例 = 1 100 ÷ 2 200 = 50%，应分摊的期间费用 = (30 + 150 + 20) × 50% = 100（万元），技术转让所得额 = 1 100 − 400 − 0 − 100 + 0 = 600（万元），项目减免所得额 = 500 + (600 − 500) × 50% = 550（万元）。

5. 实施清洁机制发展项目的所得

对企业实施的将温室气体减排量转让收入的 65% 上缴给国家的氢氟碳化物（HFC）和全氟碳化物（PFC）类清洁发展机制项目（以下简称“CDM 项目”），以及将温室气体减排量转让收入的 30% 上缴给国家的氧化亚氮（N_2O）类 CDM 项目，其实施该类 CDM 项目的所得，自项目取得第一笔减排量转让收入所属纳税年度起，第 1 年至第 3 年免征企业所得税，第 4 年至第 6 年减半征收企业所得税。

企业实施 CDM 项目的所得，是指企业实施 CDM 项目取得的温室气体减排量转让收入扣除上缴国家的部分，再扣除企业实施 CDM 项目发生的相关成本、费用后的净所得。

免税期间，填报项目所得额；减半征税期间，填报项目所得额 ×50% 的金额。当项目所得≤0 时，本行不填列。纳税人有多个项目的，按照前述规则分别确定各项目的金额后，将合计金额填入本行。

对于实施清洁机制发展项目的所得优惠，实行查账征收方式的居民企业纳税人月（季）度预缴纳税申报时应填报《A201010 免税收入、减计收入、所得减免等优惠明细表》（表 5-19）第 36 行、《A200000 企业所得税月（季）度预缴纳税申报表（A 类，2018 年版）》（表 5-18）第 6 行；实行查账征收方式的居民企业纳税人年度汇算清缴纳税申报时应填报《A107020 所得减免优惠明细表》第 13～15 行、《A100000 企业所得税年度纳税申报表（A 类，2017 年版）》（表 5-38）第 22 行。

6. 符合条件的节能服务公司实施合同能源管理项目的所得

符合条件的节能服务公司实施合同能源管理项目，符合企业所得税税法有关规定的，自项目取得第一笔生产经营收入所属纳税年度起，第 1 年至第 3 年免征企业所得税，第 4 年至第 6 年按照 25% 的法定税率减半征收企业所得税。

免税期间，填报项目所得额；减半征税期间，填报项目所得额 ×50% 的金额。当项目所得≤0 时，本行不填列。纳税人有多个项目的，按照前述规则分别确定各项目的金额后，将合计金额填入本行。

对于符合条件的节能服务公司实施合同能源管理项目的所得优惠，实行查账征收方式的居民企业纳税人月（季）度预缴纳税申报时应填报《A201010 免税收入、减计收入、所得减免等优惠明细表》（表 5-19）第 37 行、《A200000 企业所得税月（季）度预缴纳税申报表（A 类，2018 年版）》（表 5-18）第 6 行；实行查账征收方式的居民企业纳税人年度汇算清缴纳税申报时应填报《A107020 所得减免优惠明细表》第 16～18 行、《A100000 企业所得税年度纳税申报表（A 类，2017 年版）》（表 5-38）第 22 行。

7. 线宽小于 130 纳米的集成电路生产项目的所得

2018 年 1 月 1 日后投资新设的集成电路线宽小于 130 纳米，且经营期在 10 年以上的集成电路生产项目，自项目取得第一笔生产经营收入所属纳税年度起第 1 年至第 2 年免征企业所得税，第 3 年至第 5 年按照 25% 的法定税率减半征收企业所得税。

免税期间，填报项目所得额；减半征税期间，填报项目所得额 ×50% 的金额。当项目所得≤0 时，本行不填列。纳税人有多个项目的，按照前述规则分别确定各项目的金额后，将合计金额填入本行。

对于该项所得优惠，实行查账征收方式的居民企业纳税人月（季）度预缴纳税申报时应填报《A201010 免税收入、减计收入、所得减免等优惠明细表》（表 5-19）第 38 行、《A200000 企业所得税月（季）度预缴纳税申报表（A 类，2018 年版）》（表 5-18）第 6 行；实行查账征收方式的居民企业纳税人年度汇算清缴纳税申报时应填报《A107020 所得减免优惠明细表》第 19～21 行、《A100000 企业所得税年度纳税申报表（A 类，2017 年版)》(表5-38)第22行。

8. 线宽小于65纳米或投资额超过150亿元的集成电路生产项目的所得

2018年1月1日后投资新设的集成电路线宽小于65纳米或投资额超过150亿元，且经营期在15年以上的集成电路生产项目，自项目取得第一笔生产经营收入所属纳税年度起第1年至第5年免征企业所得税，第6年至第10年按照25%的法定税率减半征收企业所得税。

免税期间，填报项目所得额；减半征税期间，填报项目所得额×50%的金额。当项目所得≤0时，本行不填列。纳税人有多个项目的，按照前述规则分别确定各项目的金额后，将合计金额填入本行。

对于该项所得优惠，实行查账征收方式的居民企业纳税人月（季）度预缴纳税申报时应填报《A201010免税收入、减计收入、所得减免等优惠明细表》(表5-19)第39行、《A200000企业所得税月（季）度预缴纳税申报表（A类，2018年版)》(表5-18)第6行；实行查账征收方式的居民企业纳税人年度汇算清缴纳税申报时应填报《A107020所得减免优惠明细表》第19～21行、《A100000企业所得税年度纳税申报表（A类，2017年版)》(表5-38)第22行。

（三）创业投资企业投资额抵扣应纳税所得额

1. 创业投资企业直接投资，按投资额一定比例抵扣应纳税所得额

创业投资企业采取股权投资方式投资于未上市的中小高新技术企业2年（24个月）以上的，可以按照其投资额的70%在股权持有满2年的当年抵扣该创业投资企业的应纳税所得额；当年不足抵扣的，可以在以后纳税年度结转抵扣。

公司制创业投资企业采取股权投资方式直接投资于种子期、初创期科技型企业满2年(24个月）的，可以按照投资额的70%在股权持有满2年的当年抵扣该公司制创业投资企业的应纳税所得额；当年不足抵扣的，可以在以后纳税年度结转抵扣。

2. 通过有限合伙制创业投资企业投资，按一定比例抵扣分得的应纳税所得额

有限合伙制创业投资企业采取股权投资方式投资于未上市的中小高新技术企业满2年(24个月）的，其法人合伙人可按照对未上市中小高新技术企业投资额的70%抵扣法人合伙人从有限合伙制创业投资企业分得的应纳税所得额；当年不足抵扣的，可以在以后纳税年度结转抵扣。

有限合伙制创业投资企业采取股权投资方式直接投资于种子期、初创期科技型企业满2年的，其法人合伙人可以按照投资额的70%抵扣法人合伙人从有限合伙制创业投资企业分得的所得；当年不足抵扣的，可以在以后纳税年度结转抵扣。

享受抵扣应纳税所得额优惠的实行查账征收方式的居民企业纳税人，月（季）度预缴纳税申报时应填报《A201010免税收入、减计收入、所得减免等优惠明细表》(表5-19)第40行、《A200000企业所得税月（季）度预缴纳税申报表（A类，2018年版)》(表5-18)第6行；年度汇算清缴纳税申报时应填报《A107030抵扣应纳税所得额明细表》(表5-9)、《A100000企业所得税年度纳税申报表（A类，2017年版)》(表5-38)第22行。

【业务解析 5-25】

1. 业务资料

甲创业投资企业于2017年11月1日向乙企业（未上市的中小高新技术企业）投资1 000万元，2019年10月31日满2年，符合税法规定的抵扣条件。甲企业2019年度纳税调整后所得额为3 500万元，减免所得额为1 200万元，以前年度亏损300万元。不考虑其他因素。

2. 工作要求

（1）计算甲企业2019年度可用于抵扣的应纳税所得额。

（2）填制《A107030抵扣应纳税所得额明细表》。

3. 解析过程

（1）2019年度可用于抵扣的应纳税所得额 = 纳税调整后所得额 − 减免所得额 − 弥补以前年度亏损 = 3 500 − 1 200 − 300 = 2 000（万元）。

（2）《A107030抵扣应纳税所得额明细表》的填制结果，如表5-9所示。

表5-9　A107030抵扣应纳税所得额明细表

金额单位：元

行次	项目	合计金额	投资于未上市中小高新技术企业	投资于种子期、初创期科技型企业
		1 = 2 + 3	2	3
一、创业投资企业直接投资按投资额一定比例抵扣应纳税所得额				
1	本年新增的符合条件的股权投资额	10 000 000	10 000 000	
2	税收规定的抵扣率	70%	70%	70%
3	本年新增的可抵扣的股权投资额（1×2）	7000 000	7000 000	
4	以前年度结转的尚未抵扣的股权投资余额		*	*
5	本年可抵扣的股权投资额（3 + 4）		*	*
6	本年可用于抵扣的应纳税所得额		*	*
7	本年实际抵扣应纳税所得额	7000 000	7000 000	
8	结转以后年度抵扣的股权投资余额		*	*
二、通过有限合伙制创业投资企业投资按一定比例抵扣分得的应纳税所得额				
9	本年从有限合伙创投企业应分得的应纳税所得额			
10	本年新增的可抵扣投资额			
11	以前年度结转的可抵扣投资额余额		*	*
12	本年可抵扣投资额（10 + 11）		*	*
13	本年实际抵扣应分得的应纳税所得额			
14	结转以后年度抵扣的投资额余额		*	*
三、抵扣应纳税所得额合计				
15	合计（7 + 13）	7000 000		

（四）减免所得税额

享受减免所得税额优惠的实行查账征收方式的居民企业纳税人，在预缴纳税申报时应填报《A201030 减免所得税优惠明细表》（表 5-21）、《A200000 企业所得税月（季）度预缴纳税申报表（A 类，2018 年版）》（表 5-18）第 12 行；在汇算清缴纳税申报时应填报《A107040 减免所得税优惠明细表》（表 5-36）、《A100000 企业所得税年度纳税申报表（A 类，2017 年版）》（表 5-38）第 28 行。

1. 符合条件的小型微利企业减免企业所得税

符合条件的小型微利企业是指从事国家非限制和禁止行业，且同时符合下列条件的企业：一是资产总额不超过 3000 万元，二是从业人数不超过 300 人，三是年度应纳税所得额不超过 300 万元。

2018 年 1 月 1 日至 2018 年 12 月 31 日，对年应纳税所得额低于 100 万元（含 100 万元）的小型微利企业，其所得减按 50% 计入应纳税所得额，按 20% 的税率缴纳企业所得税。

2019 年 1 月 1 日至 2021 年 12 月 31 日，对小型微利企业年应纳税所得额不超过 100 万元的部分，减按 25% 计入应纳税所得额，按 20% 的税率缴纳企业所得税；对年应纳税所得额超过 100 万元但不超过 300 万元的部分，减按 50% 计入应纳税所得额，按 20% 的税率缴纳企业所得税。

符合规定条件的小型微利企业，无论按查账征收方式或核定征收方式缴纳企业所得税，均可享受上述优惠政策。

2. 国家需要重点扶持的高新技术企业减按 15% 的税率征收企业所得税

国家需要重点扶持的高新技术企业，减按 15% 的税率征收企业所得税。企业获得高新技术企业资格后，自高新技术企业证书注明的发证时间所在年度起申报享受税收优惠，汇算清缴时需同时填报《A107041 高新技术企业优惠情况及明细表》。

（五）专用设备投资额抵免所得税额

企业购置并实际使用符合《环境保护专用设备企业所得税优惠目录（2017 年版）》《节能节水专用设备企业所得税优惠目录（2017 年版）》《安全生产专用设备企业所得税优惠目录（2018 年版）》规定的环境保护、节能节水、安全生产等专用设备的，可按专用设备投资额的 10% 抵免当年企业所得税应纳税额；当年应纳税额不足抵免的，可以在以后 5 个纳税年度结转抵免。

“当年应纳税额”是指企业当年的应纳税所得额乘以适用税率，扣除减免所得税额后的余额，用公式表示为：

本年抵免前应纳税额 = 主表第 27 行“应纳所得税额” – 主表第 28 行“减免所得税额”

增值税一般纳税人购进固定资产发生的进项税额允许抵扣的，其专用设备投资额不再包括增值税进项税额；如果增值税进项税额不允许抵扣，其专用设备投资额应为增值税专用发票上的价税合计金额。企业购买专用设备取得普通发票的，其专用设备投资额为普通发票上注明的金额。

例如，某公司 2019 年不考虑税额抵免时的应纳企业所得税税额为 100 万元，当年该公司购买并实际投入使用的安全生产专用设备一台，投资额 200 万元。则投资额的 10% 即 20 万元可抵免当年应纳税额，这样该公司当年应缴纳的所得税税款 = 100 – 20 = 80（万元）。

上述专用设备投资所享受的税额抵免优惠，应当填报《A107050 税额抵免优惠明细表》（表 5-37）。

（六）优惠事项的办理

企业享受企业所得税优惠事项采取“自行判别、申报享受、相关资料留存备查”的办理方式。

企业应当根据自身经营情况以及相关税收规定自行判断是否符合优惠事项规定的条件，符合条件的可以按照《企业所得税优惠事项管理目录》列示的时间自行计算减免税额，并通过填报企业所得税纳税申报表享受税收优惠，无须再向税务机关办理相关备案手续。企业享受税收优惠的，应当按照规定做好归集、留存相关资料备查的工作。

企业留存备查资料应从企业享受优惠事项当年的企业所得税汇算清缴期结束次日起保留 10 年。

三、亏损的弥补

企业某一年度发生的亏损，可以用下一年度的所得弥补；下一年度的所得不足以弥补的，可以逐年延续弥补，但最长不得超过 5 年。5 年内不论是盈利还是亏损，都作为实际弥补期限计算。

自 2018 年 1 月 1 日起，当年具备高新技术企业或科技型中小企业资格的企业，其具备资格年度之前 5 个年度发生的尚未弥补完的亏损，准予结转收后年度弥补，最长结转年限由 5 年延长至 10 年。

关于亏损的弥补，年终汇算清缴纳税申报时应填报《A100000 企业所得税年度纳税申报表（A 类，2017 年版）》（表 5-38）第 23 行，及其附表《A106000 企业所得税弥补亏损明细表》；月（季）度预缴纳税申报时，应填报《A200000 企业所得税月（季）度预缴纳税申报表（A 类，2018 年版）》（表 5-18）第 8 行。

【选项辨析 5-9】

某一符合条件的小型微利企业，2019 年应纳税所得额为 186 万元，经主管税务机关核定 2018 年度的亏损为 6 万元。则该企业 2019 年应纳所得税额为（　　）万元。

A. 45　　B. 18　　C. 13　　D. 36

四、应纳税所得额的计算

计算企业应纳所得税额，必须首先确定应纳税所得额，应纳税所得额是企业所得税的计税依据。

实际工作中，居民企业纳税人采用间接法计算应纳税所得额。在计算应纳税所得额及应纳所得税额时，企业财务、会计处理办法与税法规定不一致的，应当按照税法规定来计算。

根据《A100000 企业所得税年度纳税申报表（A 类，2017 年版）》（表 5-38）项目及其填报要求，应纳税所得额的计算大致分为两个步骤：第一步，计算“纳税调整后所得”；

第二步，计算“年度应纳税所得额”。用公式表示如下：

（1）纳税调整后所得＝利润总额＋纳税调整增加额－纳税调整减少额－免税、减计收入及加计扣除

（2）年度应纳税所得额＝纳税调整后所得－所得减免－弥补以前年度亏损－抵扣应纳税所得额

上述公式（1）中，“利润总额”是指企业年度利润表中的会计利润总额；“纳税调整增加额”是指纳税人会计处理与税收规定不一致，进行纳税调整增加的金额，它等于《A105000 纳税调整项目明细表》（表 5-32）的“调增金额”列合计；“纳税调整减少额”是指纳税人会计处理与税收规定不一致，进行纳税调整减少的金额，它等于《A105000 纳税调整项目明细表》（表 5-32）的“调减金额”列合计；“免税、减计收入及加计扣除”是指企业发生的免税收入、减计收入及加计扣除等优惠情况，具体内容详见“二、税收优惠—(一）免税、减计收入及加计扣除”（230 页），它等于《A107010 免税收入、减计收入及加计扣除优惠明细表》（表 5-35）的“金额”列合计。

公式（2）中，“所得减免”是指企业发生的减免所得额优惠情况，包括“农、林、牧、渔业项目”“国家重点扶持的公共基础设施项目”“符合条件的环境保护、节能节水项目”“符合条件的技术转让项目”等，具体内容详见“二、税收优惠—(二）所得减免”（232 页）。关于“弥补以前年度亏损”，详见“三、亏损的弥补”（239 页）；“抵扣应纳税所得额”是指创业投资企业发生的抵扣应纳税所得额优惠情况，具体内容详见“二、税收优惠—(三）创业投资企业投资额抵扣应纳税所得额”（236 页）。年度应纳税所得额的计算结果为负数时，主表的本行填零。

【业务解析 5-26】

1. 业务资料

山东达美生物科技有限公司（以下简称“达美公司”），属于国家重点扶持的一家高新技术企业，该公司 2018 年实现的会计利润总额为 1 440 万元。达美公司不存在以前年度未弥补亏损。

（1）年度《利润表》中有关项目的明细资料。

①“营业收入”项目金额为 4 538 万元，其中：包装物出租收入为 8 万元，材料销售收入 30 万元，销售货物收入 4 500 万元。

②“营业成本”项目金额为 2 560 万元，其中：包装物出租成本为 5 万元，材料销售成本为 25 万元，销售货物成本为 2 530 万元。

③“税金及附加”项目金额为 102 万元。

④“销售费用”项目金额为 215 万元，包括广告费和业务宣传费 80 万元，因商品售后修理服务计提的预计负债 5 万元，职工薪酬 68 万元，资产折旧摊销费 40 万元，办公费 15 万元，差旅费 7 万元。

⑤“管理费用”项目金额为 167 万元，包括业务招待费 40.05 万元，自主研发新技术“WD 项目”研究开发费用 20 万元，职工薪酬 59.9 万元，资产折旧摊销费 30 万元，办公费 9.05 万元，董事会费 3 万元，差旅费 5 万元。

⑥“财务费用”项目金额为37万元，包括向非金融机构借款的利息支出10万元，该笔生产经营借款为200万元，银行同期同类贷款利率为6%，借款期限6个月。

⑦“资产减值损失”项目金额为32万元，其中：坏账准备为4万元，无形资产减值准备为8万元，固定资产减值准备为20万元。

⑧“公允价值变动收益”项目金额为10万元，全部为交易性金融资产公允价值变动净收益。

⑨“投资收益”项目金额为20万元，其中：2017年向山东长泰实业有限公司直接投资400万元，投资比例30%，2018年被投资企业利润分配中归属达美公司的权益性投资收益为15万元（3月份收到），另有国债利息收益5万元（12月份收到）。

⑩“资产处置收益”项目金额为3万元，为出售一台设备实现的净收益。

⑪“营业外收入”项目金额为6万元，为接受捐赠的收入。

⑫“营业外支出”项目金额为24万元，其中：自产产品用于对关联企业赞助发生支出6万元，合同违约支付罚款2万元，通过市民政局向青海省玉树地区青川希望小学捐款16万元。

（2）其他相关资料。

① 达美公司会计核算计入成本、费用的全年实发工资总额为500万元（属于合理范围），全年会计核算在成本费用中列支职工福利费为90万元、职工教育经费为71万元、工会经费为12万元，当年拨缴的工会经费为10万元，已取得《工会经费收入专用收据》。本年度“应付职工薪酬”科目借方登记的工资薪金实际发生额为500万元、职工福利费实际发生额为80万元、职工教育经费实际发生额为68万元、工会经费实际发生额为11万元。

② 当年6月，达美公司从国内购入并实际使用符合《安全生产专用设备企业所得税优惠目录》规定的安全生产专用设备1台，增值税专用发票注明价款100万元、税额16万元。该公司采用直线法按5年计提折旧，残值率为8%（经税务机关认可）。税法规定，该设备按照10年采用直线法计提折旧。除此之外，其他固定资产的折旧费与按税法规定计算的折旧费没有差异。

③ 2016年1月该公司购入一项非专利技术，初始入账成本50万元，属于使用寿命不确定的无形资产。2018年年末，经减值测试，计提了8万元的无形资产减值准备，“无形资产减值准备”账户无年初余额。税法规定，无形资产采取直线法摊销，摊销年限为10年。

④ 年末，该公司为一笔拖欠40万元的应收账款，计提了4万元的坏账准备，该笔应收账款上年年末已计提了2万元坏账准备。

⑤ 该公司的一条生产线经减值测试，计提了20万元的减值准备。该条生产线原值为500万元，截至2018年年末，累计计提折旧200万元，与按照税法规定计提的累计折旧额相同。

⑥ 因商品售后服务确认的预计负债为5万元，计入了当年销售费用，当年年末发生保修费用支出。税法规定，因商品售后服务预提的销售费用不得税前扣除，于实际发生时允许扣除。

⑦ 用于对外赞助的自产产品成本为6万元，市场销售价格为12万元。

⑧ 税法规定，以公允价值计量的金融资产在持有期间的公允价值变动不计入应纳税所得额，在实际处置或结算时，处置所得的价款扣除其历史成本后的差额计入处置或结算期间的应纳税所得额中。

2. 工作要求

(1) 按照《企业所得税法》规定，计算达美公司的应税销售（营业）收入总额。

(2) 计算达美公司的应税销售（营业）成本总额。

(3) 结合上述资料，逐项分析纳税调整项目及其金额。

(4) 合计计算纳税调整增加额。

(5) 合计计算纳税调整减少额。

(6) 合计计算免税、减计收入及加计扣除金额。

(7) 计算纳税调整后所得。

(8) 计算达美公司2018年应纳税所得额。

3. 解析过程

(1) 根据规定，企业将货物、财产、劳务用于捐赠、偿债、赞助、集资、广告、样品、职工福利或者利润分配等用途的，应当视同销售货物、转让财产或者提供劳务。因此，自产产品用于对关联企业的赞助应视同销售。视同销售收入=12（万元），应税销售（营业）收入总额=4 538+12=4 550（万元）。

(2) 视同销售成本=6（万元），应税销售（营业）成本总额=2 560+6=2 566（万元）。

(3) 逐项分析纳税调整项目及其金额。

①“销售费用”项目。

广告费和业务宣传费的扣除限额=4 550×15%=682.5（万元），其实际发生额80万元未超过扣除限额，不需纳税调整。

因商品售后服务确认的预计负债5万元计入了销售费用，并未实际发生支出，因此不允许税前扣除，调增应纳税所得额=5（万元）。

②“管理费用”项目。

业务招待费的60%=40.05×60%=24.03（万元），最高限额=4 550×5‰=22.75（万元），允许的扣除限额为22.75万元，调增应纳税所得额=40.05-22.75=17.3（万元）。

开发新技术的研发费用允许加计扣除75%，加计扣除金额=20×75%=15（万元）。

③“财务费用”项目。

利息支出扣除限额=200×6%÷12×6=6（万元），实际发生利息支出10万元，超过了扣除限额，调增应纳税所得额=10-6=4（万元）。

④“资产减值损失”项目。

计提的坏账准备4万元、无形资产减值准备8万元、固定资产减值准备20万元，均属于未经核定的准备金支出，不得扣除，调增应纳税所得额=4+8+20=32（万元）。

⑤“公允价值变动收益”项目。

公允价值变动收益10万元，属于投资浮盈，在交易性金融资产持有期间不计算所得税，应调减应纳税所得额=10（万元）。

⑥“投资收益”项目。

投资于其他居民企业获得的权益性投资收益15万元，国债利息收益5万元，均属于免税收入。

⑦“营业外支出”项目。

赞助支出6万元，不得扣除，应做调增处理。

对外赞助支出视同销售，视同销售收入12万元应调增应纳税所得额，视同销售成本6万元应调减应纳税所得额。

合同违约罚款允许税前扣除。

公益性捐赠支出扣除限额=1 440×12%=172.8（万元），公益性捐赠16万元未超过扣除限额，允许据实扣除。

⑧对“三项经费”的调整。

职工福利费的扣除限额=500×14%=70（万元），会计核算计入成本费用的90万元超过扣除限额，调增应纳税所得额=90－70=20（万元）。

职工教育经费的扣除限额=500×8%=40（万元），会计核算计入成本费用的71万元超过扣除限额，调增应纳税所得额=71－40=31（万元），超过限额的31万元可以在以后纳税年度结转扣除。

工会经费的扣除限额=500×2%=10（万元），拨缴的工会经费10万元不超过扣除限额，准予扣除，会计核算计入成本费用的工会经费12万元超过拨缴数10万元，应调增应纳税所得额=12－10=2（万元）。

⑨对折旧费、摊销费的调整。

对于安全生产专用设备，会计年折旧额=100×(1－8%)÷5÷12×6=9.2（万元），税收年折旧额=100×(1－8%)÷10÷12×6=4.6（万元），会计折旧大于税法折旧，调增应纳税所得额=9.2－4.6=4.6（万元）。

对于使用寿命不确定的非专利技术，会计上不进行摊销，不存在摊销额；按税法规定，允许扣除的年摊销额=50÷10=5（万元），应做调减处理。

资产折旧、摊销合计调减额=5－4.6=0.4（万元）。

（4）纳税调整增加额=5+17.3+4+32+6+12+20+31+2=129.3（万元）。

（5）纳税调整减少额=10+6+0.4=16.4（万元）。

（6）免税、减计收入及加计扣除金额=15+5+15=35（万元）。

（7）纳税调整后所得额=会计利润总额+纳税调整增加额－纳税调整减少额－免税、减计收入及加计扣除=1 440+129.30－16.40－35=1 517.9（万元）。

（8）2018年应纳税所得额=纳税调整后所得额－所得减免－弥补以前年度亏损－抵扣应纳税所得额=1 517.90－0－0－0=1 517.9（万元）。

五、查账征收应纳税额的计算

实行查账征收企业所得税的居民企业纳税人，按年计征企业所得税，分月或者分季预缴，年终汇算清缴，多退少补。

（一）预缴税额的计算

实行查账征收方式申报缴纳企业所得税的居民企业纳税人，预缴所得税税款时，有3种预缴方式：① 按照实际利润额预缴，② 按照上一纳税年度应纳税所得额平均额预缴，③ 按照税务机关确定的其他方法预缴。从《企业所得税法》的规定上来看，居民企业应当首先选用第1种方法。第2、第3种预缴方式属于税务行政许可事项，企业需要履行行政许可相关程序。

1. 按照实际利润额预缴

预缴方式选择“按照实际利润额预缴”的企业，应当填报《A200000 企业所得税月（季）度预缴纳税申报表（A类，2018年版）》（表5-18）的第1～15行。预缴税款的计算公式如下：

（1）截至本月（季）末累计实际利润额＝利润总额＋特定业务计算的应纳税所得额－不征税收入－免税收入、减计收入、所得减免等优惠金额－固定资产加速折旧（扣除）调减额－弥补以前年度亏损

即表5-18中的第9行＝第3＋4－5－6－7－8行。

（2）本月（季）应补（退）的所得税额＝截至本月（季）末累计实际利润额×25%－减免所得税额－实际已缴纳所得税额－特定业务预缴（征）所得税额

即表5-18中的第15行＝第9×10－12－13－14行。

公式（1）中，“利润总额”是指截至本税款所属期末，按照国家统一会计制度规定核算的本年累计利润总额。“特定业务计算的应纳税所得额”是指从事房地产开发等特定业务的纳税人，按照税收规定计算的特定业务的应纳税所得额。例如，房地产开发企业销售未完工开发产品取得的预售收入，按照税收规定的预计计税毛利率计算的预计毛利额。“不征税收入”是指已经计入本表“利润总额”行次但属于税收规定的不征税收入的本年累计金额。“免税收入、减计收入、所得减免等优惠金额”是指属于税收规定的免税收入、减计收入、所得减免等优惠的本年累计金额。“固定资产加速折旧（扣除）调减额”是指固定资产税收上享受加速折旧优惠计算的折旧额大于同期会计折旧额期间，发生纳税调减的本年累计金额。“弥补以前年度亏损”是指截至税款所属期末，按照税收规定在企业所得税税前弥补的以前年度尚未弥补亏损的本年累计金额。

公式（2）中，税率统一按照《企业所得税法》规定的25%计算。“减免所得税额”是指截至税款所属期末，按照税收规定享受的减免企业所得税的本年累计金额，包括按照税收规定符合条件的小型微利企业可享受的减免税、国家需要重点扶持的高新技术企业可享受的减免税等。“实际已缴纳所得税额”是指按照税收规定已在此前月（季）度申报预缴企业所得税的本年累计金额。“特定业务预缴（征）所得税额”是指建筑企业总机构直接管理的跨地区设立的项目部，按照税收规定已经向项目所在地主管税务机关预缴企业所得税的本年累计金额。

2. 按照上一纳税年度应纳税所得额平均额预缴

预缴方式选择"按照上一纳税年度应纳税所得额平均额预缴"的企业，应当填报表5-18 的第9、第10、第11、第12、第13、第15 行。预缴税款的计算公式如下：

第9 行"按照上一纳税年度应纳税所得额平均额确定的应纳税所得额"= 按照上一纳税年度应纳税所得额平均额计算的本年累计金额

本月（季）应补（退）的所得税额 = 按照上一纳税年度应纳税所得额平均额计算的本年累计金额 ×25% − 减免所得税额 − 实际已缴纳所得税额

即表5-18 中的第15 行 = 第9 × 第10 − 第12 − 第13 行。

上述两种预缴企业所得税的计算方法中，按照实际利润额计算预缴的各月（季）度税款一般是不相等的，而按照上一纳税年度应纳税所得额平均额计算预缴的各月（季）度税额一般是相等的。实际工作中，企业一般按季度预缴企业所得税，并且选用按照实际利润额预缴。对第三种预缴方式在此不展开介绍。

【业务解析 5-27】

1. 业务资料

山东达美生物科技有限公司（以下简称"达美公司"），属于国家重点扶持的一家高新技术企业，企业所得税实行按季度依据当期实际利润额预缴的办法。

2018 年，该公司实现全年利润总额为1 440 万元，第一至第四季度的利润总额分别为325.2 万元、377.6 万元、398.9 万元、338.3 万元。本年度利润表中"投资收益"项目金额为20 万元，包括3 月份收到的被投资企业分配的利润15 万元，12 月份收到的国债利息收益5 万元。

2. 工作要求

（1）计算该公司第一季度应纳所得税额。

（2）计算该公司第二季度应纳所得税额。

（3）计算该公司第三季度应纳所得税额。

（4）计算该公司第四季度应纳所得税额。

（5）计算该公司全年累计已预缴所得税额。

3. 解析过程

第一季度收到的被投资企业分配的利润15 万元和第四季度收到的国债利息收益5 万元，都属于免税收入。

（1）截至第一季度末实际利润额 = 325.2 − 15 = 310.2（万元）

第一季度应纳所得税额 = 310.2 × 25% − 310.2 ×（25% − 15%）− 0 − 0 = 77.55 − 31.02 − 0 − 0 = 46.53（万元）

（2）截至第二季度末实际利润额 =（325.2 + 377.6）− 15 = 687.8（万元）

第二季度应纳所得税额 = 687.8 × 25% − 687.8 ×（25% − 15%）− 46.53 − 0 = 171.95 − 68.78 − 46.53 − 0 = 56.64（万元）

（3）截至第三季度末实际利润额 =（325.2 + 377.6 + 398.9）− 15 = 1 086.7（万元）

第三季度应纳所得税额 = 1 086.7 × 25% − 1 086.7 × (25% − 15%) − (46.53 + 56.64) − 0 = 271.675 − 108.67 − 103.17 − 0 = 59.835（万元）

（4）截至第四季度末实际利润额 = (325.2 + 377.6 + 398.9 + 338.3) − (15 + 5) = 1 420（万元）

第四季度应纳所得税额 = 1 420 × 25% − 1 420 × (25% − 15%) − (46.53 + 56.64 + 59.835) − 0 = 355 − 142 − 163.005 − 0 = 49.995（万元）

（5）全年累计已预缴所得税额 = 46.53 + 56.64 + 59.835 + 49.995 = 213（万元）

（二）汇算清缴税额的计算

企业在已按季度（月份）预缴税款的基础上，年度终了时进行汇算清缴，计算全年应纳所得税额和应补（退）税额。

1. 全年应纳所得税额的计算

应纳所得税额的计算，主要取决于应纳税所得额和适用税率两个因素。

汇算清缴时，全年应纳所得税额的计算公式如下：

全年实际应纳所得税额 = 年度应纳税所得额 × 25% − 减免所得税额 − 抵免所得税额

（1）减免所得税额。

上述公式中的“减免所得税额”，主要包括小型微利企业的减免税额、高新技术企业的减免税额等，详见“二、税收优惠—（四）减免所得税额”（238 页）。

① 符合条件的小型微利企业，其所得减按 20% 的税率征收企业所得税，其享受的减免所得税额的计算公式为：

小型微利企业的减免税额 = 年度应纳税所得额 × (25% − 20%)

2018 年 1 月 1 日至 2020 年 12 月 31 日期间，年度应纳税所得额低于 100 万元（含 100 万元）的小型微利企业享受的减免税额 = 年度应纳税所得额 × 15%。

② 居民企业从事国家需要重点扶持的高新技术企业，减按 15% 的税率征收企业所得税，其享受的减免所得税额的计算公式为：

高新技术企业的减免税额 = 年度应纳税所得额 × (25% − 15%)

上述“减免所得税额”的计算情况及结果，应当填报《A107040 减免所得税优惠明细表》（表 5-36），并根据“金额”列合计填报《A100000 企业所得税年度纳税申报表（A 类，2017 年版）》（表 5-38）的第 28 行。

（2）抵免所得税额。

上述公式中的“抵免所得税额”，是指居民企业购置符合《专用设备企业所得税优惠目录》规定，用于环境保护、节能节水和安全生产的专用设备，其投资额的 10% 可从当年应纳税额中抵免；当年不足抵免的，可在以后 5 个纳税年度结转抵免。具体内容详见“二、税收优惠—（五）专用设备投资额抵免所得税额”（238 页）。

“抵免所得税额”的计算情况及结果，应当填报《A107050 税额抵免优惠明细表》（表 5-37），并根据本表第 7 行第 11 列的金额填报《A100000 企业所得税年度纳税申报表（A 类，2017 年版）》（表 5-38）的第 29 行。

2. 应补（退）税额的计算

汇算清缴时，本年应补（退）所得税额的计算公式如下：

本年应补（退）的所得税额＝

全年实际应纳所得税额－本年累计实际已缴纳的所得税额

上述公式中，“本年累计实际已缴纳的所得税额”是指纳税人按照税法规定本纳税年度已在月（季）度累计缴纳的所得税额。根据公式的计算结果填报《A100000 企业所得税年度纳税申报表（A 类，2017 年版）》（表 5-38）的第 35 行。

【业务解析 5-28】

1. 业务资料

山东达美生物科技有限公司（以下简称“达美公司”），属于国家重点扶持的一家高新技术企业，适用 15% 的优惠税率。

（1）2018 年 6 月，达美公司从国内购入并实际使用符合规定的安全生产专用设备 1 台，增值税专用发票注明价款 100 万元、税额 16 万元。

（2）达美公司 2018 年的应纳税所得额，见【业务解析 5-26】。

（3）达美公司 2018 年全年累计实际已预缴的所得税额，见【业务解析 5-27】。

2. 工作要求

（1）计算达美公司本年享受的减免所得税额。

（2）计算达美公司本年享受的抵免所得税额。

（3）计算达美公司全年应纳所得税额。

（4）计算达美公司本年汇算清缴时应补（退）的所得税税额。

3. 解析过程

（1）高新技术企业应享受的减免所得税额＝1 517.9×(25%－15%)＝151.79（万元）

（2）专用设备投资应享受的抵免所得税额＝100×10%＝10（万元）

（3）全年实际应纳所得税额＝1 517.9×25%－151.79＝217.685（万元）

（4）汇算清缴时应补（退）的所得税税额＝217.685－213＝4.685（万元）

六、核定征收应纳税额的计算

（一）核定征收的范围

纳税人具有下列情形之一的，由税务机关核定征收企业所得税。

（1）依照法律、行政法规的规定可以不设置账簿的。

（2）依照法律、行政法规的规定应当设置但未设置账簿的。

（3）擅自销毁账簿或者拒不提供纳税资料的。

（4）虽设置账簿，但账目混乱或者成本资料、收入凭证、费用凭证残缺不全，难以查账的。

（5）发生纳税义务，未按照规定的期限办理纳税申报，经税务机关责令限期申报，逾期仍不申报的。

(6) 申报的计税依据明显偏低，又无正当理由的。

(二) 核定征收的办法

1. 核定应税所得率

具有下列情形之一的，核定其应税所得率：① 能正确核算（查实）收入总额，但不能正确核算（查实）成本费用总额的；② 能正确核算（查实）成本费用总额，但不能正确核算（查实）收入总额的；③ 通过合理方法，能计算和推定纳税人收入总额或成本费用总额的。

采用核定应税所得率的方式征收企业所得税时，计算公式如下：

(1) 应纳税所得额 = 应税收入额 × 应税所得率

= (收入总额 − 不征税收入 − 免税收入) × 应税所得率

或 应纳税所得额 = 成本费用总额 ÷ (1 − 应税所得率) × 应税所得率

(2) 应纳所得税额 = 应纳税所得额 ×25%

(3) 应补（退）所得税额 = 应纳所得税额 − 符合条件的小型微利企业减免企业所得税 − 实际已缴纳所得税额

公式（1）中，“收入总额”是指企业本年度累计取得的各项收入金额；“不征税收入”是指企业计入收入总额，但属于税收规定不征税的财政拨款、依法收取并纳入财政管理的行政事业性收费，以及政府性基金和国务院规定的其他不征税收入的累计金额；“免税收入”是指企业计入利润总额，但属于税收规定免税的收入或收益的累计金额；“成本费用总额”是指企业本年度累计发生的各项成本费用金额。

公式（3）中，“符合条件的小型微利企业减免企业所得税”是指按照税法规定符合条件的小型微利企业可享受的减免税金额。享受减半征税政策的小型微利企业，减免所得税额 = 应纳税所得额 ×15%。“实际已缴纳所得税额”是指企业已在此前月（季）度预缴企业所得税的本年累计金额。

上述核定征收企业所得税的计算公式，可以结合《B100000 企业所得税月（季）度预缴和年度纳税申报表（B 类，2018 年版）》（表 5-17）来加深理解。

2. 核定应纳所得税额

纳税人不属于以上情形的，核定其应纳所得税额。税务机关采用下列方法核定征收企业所得税：① 参照当地同类行业或者类似行业中经营规模和收入水平相近的纳税人的税负水平核定；② 按照应税收入额或成本费用支出额定率核定；③ 按照耗用的原材料、燃料、动力等推算或测算核定；④ 按照其他合理方法核定。

【业务解析 5-29】

1. 业务资料

山东临江仙食品有限公司是一家从事农副食品加工业的民营企业，2018 年度企业所得税经主管税务机关鉴定为按收入总额定率征收，核定应税所得率为 10%。该公司 2018 年度的收入资料如下。

产品销售收入700万元，运输业务收入20万元，长期股权投资转让收益50万元，银行存款利息收入0.5万元，国库券利息收入0.6万元，对外房屋租赁收入0.8万元，非专利技术使用费收入1万元，取得财政部门贷款贴息5万元（符合不征税收入条件），接受有关单位捐款2万元，从非上市公司取得股权持有收益10万元。

假设2018年第1至第4季度累计已预缴所得税76 000元，公司符合小型微利企业减半征收企业所得税条件。

2. 工作要求

（1）计算该公司2018年度收入总额、应税收入额、应纳税所得额。

（2）计算该公司2018年度应纳所得税额。

（3）计算该公司2018年度汇算清缴时的减免所得税额、应补（退）所得税额。

3. 解析过程

（1）收入总额＝7 000 000＋200 000＋500 000＋5 000＋6 000＋8 000＋10 000＋50 000＋20 000＋100 000＝7 899 000（元）

不征税收入为50 000元，免税收入为106 000元（6 000＋100 000），应税收入额＝7 899 000－50 000－106 000＝7 743 000（元）

应纳税所得额＝7 743 000×10%＝774 300（元）

（2）应纳所得税额＝774 300×25%＝193 575（元）

（3）符合条件的小型微利企业减免所得税额＝774 300×15%＝116 145（元）

应补（退）所得税额＝193 575－116 145－76 000＝1 430（元）

任务5-3　企业所得税会计核算

企业应纳税所得额、应纳所得税额，必须按照税法的规定计算；而企业所得税的会计核算，则必须依据会计准则的规定。

我国所得税会计准则规定，通过比较各项资产、负债按照会计准则确定的账面价值与按照税法确定的计税基础之间存在的暂时性差异，确认与暂时性相关的递延所得税负债与递延所得税资产，在确认递延所得税的基础上计算确定所得税费用。

一、资产的暂时性差异

（一）资产的账面价值与计税基础

资产的计税基础的确定，与《企业所得税法》的规定密切相关。企业在取得资产时，应当确定其计税基础。资产计税基础的确定，见“任务5-1”。

资产的计税基础是指企业收回资产账面价值的过程中，计算应纳税所得额时按照税法规定可以自应税经济利益中抵扣的金额。

资产在初始确认时，其计税基础一般为取得成本。在资产持续持有过程中，其计税基础是指资产取得成本减去以前年度依据税法规定已税前扣除金额后的余额。用公式描述如下：

取得时资产的计税基础=未来可税前列支的金额

资产负债表日资产的计税基础=未来可税前列支的金额-以前期间已税前列支的金额

1. 固定资产

以各种方式取得的固定资产，取得时其账面价值一般等于计税基础。

固定资产持有期间，因会计准则与税法对折旧方法、折旧年限以及减值准备提取的不同规定，会导致其账面价值与其计税基础之间产生暂时性差异。

(1) 折旧方法、折旧年限产生的差异。

会计准则规定，企业可以根据与固定资产有关的经济利益的实现方式合理选择折旧方法计提固定资产折旧，如年数总和法、双倍余额递减法、直线法等。税法规定，除一些特殊资产可以采用加速折旧外，其他固定资产应当按照直线法计提折旧。

税法对每一类固定资产的最低使用年限做出了规定，而会计准则规定折旧年限是由企业根据固定资产的性质和使用情况合理确定的，如果两者确定的使用年限不同，也会产生固定资产持有期间的账面价值与计税基础的差异。

(2) 因计提减值准备产生的差异。

按照会计准则规定，企业在持有固定资产期间可以对固定资产计提减值准备；而税法规定，企业计提减值准备在发生实质性损失前不允许税前扣除，这将导致固定资产的账面价值与计税基础产生差异。

企业应按照会计准则规定，确定持有期间固定资产的账面价值，其计算公式为：

① 固定资产账面价值=初始实际成本-累计折旧-固定资产减值准备

企业应按照税法规定，确定持有期间固定资产的计税基础，其计算公式为：

② 固定资产计税基础=初始实际成本-税法累计折旧

公式①中的“累计折旧”和“固定资产减值准备”是依据会计准则的规定计算的，公式②中的“税法累计折旧”则是依据税法规定计算的。固定资产持有期间，只要企业采用的折旧方法、折旧年限等与税法规定不一致，就会导致固定资产的账面价值与计税基础之间产生暂时性差异。

【业务解析 5-30】

1. 业务资料

某公司于2018年年末购入一项生产用固定资产，其取得成本为750万元，估计其使用寿命为10年，净残值为零，采用直线法计提折旧。2019年12月31日，企业估计该项固定资产的可收回金额为650万元。

按照税法规定，固定资产最低折旧年限为5年，按照5年计算确定的折旧额可税前扣除。假定税法规定的折旧方法和净残值与企业相同。

2. 工作要求

(1) 计算2019年12月31日固定资产的账面净值。

(2) 计算2019年12月31日应计提的固定资产减值准备。

(3) 计算2019年12月31日固定资产的账面价值。

(4) 计算2019年12月31日固定资产的计税基础。

(5) 分析2019年12月31日该项固定资产产生的暂时性差异。

3. 解析过程

(1) 计提减值前，固定资产的账面净值 = 实际成本 - 累计折旧 = 750 - 750 ÷ 10 = 675（万元）

(2) 应计提的固定资产减值准备 = 675 - 650 = 25（万元）

(3) 计提减值后，固定资产的账面价值 = 实际成本 - 累计折旧 - 固定资产减值准备 = 750 - 750 ÷ 10 - 25 = 650（万元）

(4) 固定资产的计税基础 = 实际成本 - 税法累计折旧 = 750 - 750 ÷ 5 = 600（万元）

(5) 2019年12月31日，该项固定资产的账面价值650万元，大于其计税基础600万元，两者之间产生了50万元的暂时性差异，该差异在未来期间转回时会增加未来期间的应纳税所得额。

2. 无形资产

除内部研究开发形成的无形资产以外，以其他方式取得的无形资产，初始确认时按照会计准则确定的入账价值与按照税法规定确定的计税基础之间一般不存在差异。

无形资产存在的差异主要产生于后续计量时对无形资产是否需要摊销、摊销方法、摊销年限的不同及无形资产减值准备的提取。

会计准则规定，使用寿命有限的无形资产可以采取直线法或产量法进行摊销，使用寿命不确定的无形资产不进行摊销。税法规定，所有无形资产都应在一定期限内采用直线法摊销。这会造成无形资产持有期间的账面价值与计税基础之间产生差异。

会计准则规定，企业可以对无形资产进行减值测试，如果发生减值可以计提减值准备。税法规定，企业计提的无形资产减值准备在转化为实质性损失前不允许税前扣除。这也会造成无形资产的账面价值与计税基础产生差异。

对于使用寿命有限的无形资产，其账面价值和计税基础的计算公式如下：

无形资产账面价值 = 初始实际成本 - 会计累计摊销 - 无形资产减值准备

无形资产计税基础 = 初始实际成本 - 税法累计摊销

对于使用寿命不确定的无形资产，其账面价值和计税基础的计算公式如下：

无形资产账面价值 = 初始实际成本 - 无形资产减值准备

无形资产计税基础 = 初始实际成本 - 税法累计摊销

上式公式中的“会计累计摊销”和“无形资产减值准备”是依据会计准则的规定计算的，“税法累计摊销”则是依据税法规定计算的。无形资产持有期间，只要企业采用的摊销方法、摊销年限等与税法规定不一致，就会导致无形资产的账面价值与计税基础之间产生暂时性差异。

【业务解析 5-31】

1. 业务资料

某公司于2018年1月1日取得一项无形资产，其成本为1500万元，该公司无法合理预计其使用期限，将其作为使用寿命不确定的无形资产。对该项无形资产进行减值测试表明其未发生减值。税法规定，该项无形资产按照10年期限、采用直线法计算的摊销额允许税前扣除。

2. 工作要求

（1）计算2019年12月31日该项无形资产的账面价值。

（2）计算2019年12月31日该项无形资产的计税基础。

（3）分析2019年12月31日该项无形资产产生的暂时性差异。

3. 解析过程

（1）会计上将该项无形资产作为使用寿命不确定的无形资产，因未发生减值，所以其在2019年12月31日的账面价值为取得成本1 500万元。

（2）2019年12月31日，该项无形资产的计税基础 = 实际成本 − 税法累计摊销 = 1 500 − 1 500 ÷ 10 × 2 = 1 200（万元）。

（3）该项无形资产账面价值1 500万元，大于其计税基础1 200万元，两者之间产生了300万元的暂时性差异，该差异在未来期间转回时会增加未来期间的应纳税所得额。

3. 以公允价值计量的资产

会计准则规定，企业持有的交易性金融资产和可供出售金融资产的公允价值变动，需增减资产账面价值，其在资产负债表日的账面价值等于其公允价值；投资性房地产采用公允价值模式进行后续计量的，不对其计提折旧或进行摊销，应当以资产负债表日的公允价值为基础调整其账面价值，其在资产负债表日的账面价值即为其公允价值。根据税法规定，企业持有各项资产期间产生资产增值或减值，除国务院财政、税务主管部门规定可以确认损益外，不得调整该资产的计税基础。因此，资产负债表日上述三项资产的账面价值与其计税基础之间存在暂时性差异。

例如，2019年7月18日，长江公司自公开市场取得一项交易性金融资产，支付买价120 000元、交易费用1 000元。12月31日，该资产的市价为118 000元。7月18日，该资产取得时的账面价值120 000元小于计税基础121 000元，产生可抵扣暂时性差异1 000元；资产负债表日该资产账面价值118 000元小于计税基础121 000元，两者之间产生了3 000元的可抵扣暂时性差异，该差异会减少企业在未来期间的应纳税所得额。

4. 长期股权投资

会计准则规定，采用成本法核算的长期股权投资应当按照初始投资成本计价，除追加或收回投资应当调整长期股权投资的成本外，长期股权投资的入账价值保持不变。被投资单位宣告分派的现金股利或利润，应当确认为当期投资收益。按照税法规定，除追加或收回投资应当调整长期股权投资的计税基础外，长期股权投资的计税基础保持不变。因此，在成本法下，长期股权投资的入账价值与其计税基础是一致的，不存在差异，除非计提长期股权投资减值准备。

会计准则规定，在权益法核算下，投资方应当按照应享有或应分担的被投资单位实现的净损益和其他综合收益的份额，分别确认投资收益和其他综合收益，同时调整长期股权投资的账面价值；投资方按照被投资单位宣告分派的利润或现金股利计算应享有的部分，相应减少长期股权投资的账面价值；投资方对于被投资单位除净损益、其他综合收益和利润分配以外所有者权益的其他变动，应当调整长期股权投资的账面价值并计入所有者权益。按照税法规定，长期股权投资的计税基础在投资期间保持不变。因此，长期股权投资的账面价值与其计税基础之间存在差异。计提长期股权投资减值准备，也会导致长期股权投资账面价值与其计税基础之间存在差异。

例如，长江公司于2019年1月1日，以银行存款1 000万元取得甲公司30%的股权，取得投资时被投资单位可辨认净资产的公允价值为3 500万元。甲公司实现的2019年度净利润中，长江公司按30%股权计算应享有10万元。则2019年12月31日长期股权投资的计税基础为1 000万元，账面价值为1 060（=3 500×30%+10）万元，账面价值大于计税基础，产生了60万元的暂时性差异，该差异会增加企业在未来期间的应纳税所得额。

5. 计提了减值准备的资产

资产计提了减值准备后，其账面价值会随之下降；而税法规定资产在发生实质性损失之前，减值准备不允许扣除，因此资产的计税基础不会发生变化，这就造成计提减值准备以后，资产的账面价值与计税基础之间产生差异。如果存货计提跌价准备、应收账款计提坏账准备、固定资产计提减值准备、无形资产计提减值准备、长期股权投资计提减值准备等，均会造成资产的账面价值下降，从而与其计税基础产生差异。

例如，2019年12月31日，某公司一项应收账款账面余额为600万元，年末对其计提了30万元的坏账准备（无年初余额），则应收账款在资产负债表日的账面价值为570万元。由于坏账准备在实际发生前不允许税前扣除，应收账款的计税基础不因减值准备的提取而发生变化，因此，应收账款的计税基础为600万元。账面价值570万元小于计税基础600万元，两者之间产生了30万元的暂时性差异，该差异会减少企业在未来期间的应纳税所得额。

（二）资产产生的暂时性差异

暂时性差异是指资产或负债的账面价值与其计税基础之间的差额。根据暂时性差异对未来期间应纳税所得额的影响不同，暂时性差异分为应纳税暂时性差异和可抵扣暂时性差异。

1. 应纳税暂时性差异

应纳税暂时性差异是指在确定未来收回资产或清偿负债期间的应纳税所得额时，将导致产生应税金额的暂时性差异。

应纳税暂时性差异通常产生于资产账面价值大于计税基础的情况下。资产的账面价值代表的是资产在持续持有期间及最终处置时为企业带来未来经济利益的总额，而计税基础代表的是按照税法规定该项资产在未来期间可作为费用予以税前扣除的总金额。资产的账面价值大于计税基础，说明该项资产按照会计准则的规定在税前扣除的金额超过按照税法规定在税前扣除的金额，两者之间的差额会增加未来期间的应纳税所得额，形成应纳税暂时性差异。

2. 可抵扣暂时性差异

可抵扣暂时性差异是指在确定未来收回资产或清偿负债期间的应纳税所得额时，将导致产生可抵扣金额的暂时性差异。

可抵扣暂时性差异一般产生于资产账面价值小于计税基础的情况下。资产账面价值小于计税基础，意味着资产在未来期间按照会计准则规定计入费用的金额少于按照税法规定允许税前扣除的金额，两者之间的差额可以减少企业在未来期间的应纳税所得额，形成可抵扣暂时性差异。

【选项辨析 5-10】

某公司 2019 年 6 月从国内购入安全生产专用设备 2 台，增值税专用发票注明价款为 400 万元、税额为 64 万元。该公司采用直线法按 5 年计提折旧，残值率为 8%（经主管税务机关认可）。税法规定该设备直线法折旧年限为 10 年。2019 年 12 月 31 日该设备产生的暂时性差异余额为（　　）万元。

A. 33.25　　B. 18.40　　C. 43.01　　D. 36.80

【选项辨析 5-11】

2018 年 1 月 1 日，宏利公司采用分期收款方式销售一套大型设备，合同约定的销售价格为 600 万元，分 3 次于 2018 年 12 月 31 日、2019 年 12 月 31 日、2020 年 12 月 31 日等额收取。该大型设备成本为 300 万元。在现销方式下，该大型设备的销售价格为 534.6024 万元。假定不考虑增值税。其他资料见【业务解析 5-7】和【业务解析 5-17】。

2018 年 12 月 31 日，“长期应收款”项目的暂时性差异余额为（　　）元、“存货”项目的暂时性差异余额为（　　）元。

A. 4 000 000，3 000 000　　B. 3 666 785，2 000 000

C. 2 000 000，3 666 785　　D. 653 976，1 000 000

二、负债的暂时性差异

（一）负债的账面价值与计税基础

负债的计税基础的确定，与《企业所得税法》的规定密切相关。企业在取得负债时，应当确定其计税基础。负债的计税基础是指负债的账面价值减去未来期间计算应纳税所得额时按照税法规定可予抵扣的金额。负债计税基础的计算公式如下：

负债的计税基础 = 负债的账面价值 − 未来期间按照税法规定可予税前扣除的金额

在某些情况下，负债的确认可能会影响企业的损益，进而影响不同期间的应纳税所得额，使得其计税基础与账面价值之间产生差异，如按照会计规定确认的预计负债等。

1. 预计负债

按照或有事项准则规定，企业对于预计提供售后服务将发生的支出在满足有关确认条件时，在销售当期应确认为费用，同时确认预计负债；但是税法规定，与销售有关支出应于实际发生时税前扣除。该类事项产生的预计负债在期末的计税基础等于其账面价值与未来期间可税前扣除金额的差额，即为零。

例如，甲公司2018年因销售产品承诺提供3年的保修服务，在当年年度《利润表》中确认了500万元的销售费用，同时在当年《资产负债表》中确认了500万元的预计负债，当年未发生任何保修支出。按照税法规定，与产品售后服务相关的费用在实际发生时允许税前扣除。则该项预计负债在2018年12月31日的账面价值为500万元，负债的计税基础＝账面价值－未来期间按照税法规定可予抵扣的金额＝500－500＝0（万元）。该项预计负债的账面价值500万元大于其计税基础0，两者之间产生了500万元的暂时性差异，该差异会减少企业未来期间的应纳税所得额。

未决诉讼、债务担保、亏损合同等其他交易或事项中确认的预计负债，应按照税法规定的计税原则确定计税基础。某些事项确认的预计负债，因税法规定其支出无论是否实际发生均不允许税前扣除，即未来期间按照税法规定可予抵扣的金额为零，此时账面价值等于计税基础。

2. 预收账款

企业在收到客户预付的款项时，因不符合收入确认条件，会计上将其确认为负债。税法中对于收入的确认原则一般与会计规定相同，即会计上未确认收入时，计税时一般也不计入应纳税所得额，该部分经济利益在未来期间计税时可予税前扣除的金额为零，计税基础等于账面价值减零，此时该负债的账面价值等于计税基础。例如，一般商品销售业务中销货方预售的货款。

【选项辨析5-12】

云顶公司2019年1月1日“预计负债——产品质量保证费用”科目贷方余额为100万元，当年实际发生产品质量保证费用支出90万元，本年计提产品质量保证费用110万元。年末云顶公司因一项未决诉讼确认预计负债1 000万元。其他资料详见【业务解析5-19】。则该公司预计负债在2019年12月31日的计税基础为（　　）万元。

A. 0　　B. 1 120　　C. 90　　D. 110

如果不符合企业会计准则规定的收入确认条件，但是按税法规定应计入当期应纳税所得额时，则有关预收账款的计税基础为零，此时该负债的账面价值大于计税基础。例如，房地产企业销售未完工产品取得的预收账款、【选项辨析5-13】中的预收账款。

3. 应付职工薪酬

企业会计准则规定，企业为获得职工提供的服务给予的各种形式的报酬以及其他相关支出均应作为企业的成本费用，在未支付之前确认为负债。税法规定，企业支付给职工的合理的工资薪金性质的支出可税前扣除，但税法中如果规定了税前扣除标准的，按照会计准则规定计入成本费用支出的金额超过规定标准的部分，应进行纳税调整。因超过部分在发生当期不允许税前扣除，在以后期间也不允许税前扣除，即该部分差额对未来期间计税不产生影响，所以应付职工薪酬负债的账面价值等于计税基础。

4. 其他负债

其他负债如企业应交的罚款和滞纳金等，在尚未支付之前，按照会计准则规定确认为费用（营业外支出），同时作为负债（其他应付款）反映。税法规定，罚款和税款滞纳金不得税前扣除。所以，其他应付款的计税基础为账面价值减去未来期间计税时可予税前扣除的金额零之间的差额，即计税基础等于账面价值。

（二）负债产生的暂时性差异

负债产生的暂时性差异，实质上是税法规定就该项负债可以在未来期间税前扣除的金额。其计算公式如下：

负债产生的暂时性差异 = 负债的账面价值 − 负债的计税基础 = 负债的账面价值 −（负债的账面价值 − 未来期间按照税法规定可予税前扣除的金额）= 未来期间按照税法规定可予税前扣除的金额

负债的账面价值为企业预计在未来期间清偿该负债时经济利益的流出，而其计税基础代表的是账面价值在扣除税法规定未来期间允许税前扣除的金额后的差额。负债的账面价值与计税基础不同产生的差异，实质上是税法规定就该项负债未来期间可以税前扣除的金额。

1. 应纳税暂时性差异

负债的账面价值小于其计税基础时，产生应纳税暂时性差异。负债的账面价值小于其计税基础的差额，则意味着该项负债在未来期间可以税前抵扣的金额为负数，应当调增应纳税所得额。

2. 可抵扣暂时性差异

负债的账面价值大于计税基础时，产生可抵扣暂时性差异。负债的账面价值大于计税基础的差额，意味着未来期间按照税法规定与负债相关的全部或部分支出可以从未来应税经济利益中扣除，会减少未来期间的应纳税所得额。

【选项辨析 5-13】

凯利公司于 2019 年 6 月 1 日与木易公司签订租赁合同，合同约定：凯利公司将拥有的一处房产租赁给木易公司，租期 5 年，木易公司每年 6 月 1 日支付下一年度（12 个月）的租赁费 24 万元。合同签订当日，凯利公司收到第一年的租金 24 万元。根据权责发生制要求，凯利公司将第一年租金中的 10（$=24 \div 12 \times 5$）万元作为“预收账款”核算。根据税法规定，租金收入按照合同约定的承租人应付租金的日期确认收入的实现，24 万元应计入当年应纳税所得额。则“预收账款”项目在 2019 年 12 月 31 日产生的暂时性差异余额为（　　）万元。

A. 0　　B. 120　　C. 90　　D. 10

三、与暂时性差异相关的递延所得税

（一）递延所得税负债的确认和计量

递延所得税负债产生于应纳税暂时性差异。资产、负债的账面价值与其计税基础不同产生应纳税暂时性差异的，该差异在转回期间会增加未来期间的应纳税所得额和应交所得税，导致企业经济利益的流出，从其发生当期来看，构成企业应支付税金的义务，因此应在当期作为递延所得税负债确认。

除企业会计准则中明确规定可不确认递延所得税负债的情况以外，企业对于所有的应纳税暂时性差异均应确认相关的递延所得税负债。除直接计入所有者权益的交易或事项以及企业合并外，企业在确认递延所得税负债的同时，应增加《利润表》中的所得税费用。

递延所得税负债应以相关应纳税暂时性差异转回期间适用的所得税税率计量，其计算公式为：

递延所得税负债 = 应纳税暂时性差异 × 适用所得税税率

在我国，除享受优惠政策的情况以外，企业适用的所得税税率在不同年度之间一般不会发生变化，企业在确认递延所得税负债时，可以现行适用税率为基础计算确定。

【业务解析 5-32】

1. 业务资料

山东达美生物科技有限公司属于国家重点扶持的一家高新技术企业，适用的企业所得税税率为 15%。2018 年度的部分业务资料如下。

（1）2016 年 1 月，该公司购入一项非专利技术，初始入账成本为 50 万元，属于使用寿命不确定的无形资产。2018 年年末，经减值测试，计提减值准备 8 万元，之前未曾计提减值准备。税法规定，无形资产采取直线法摊销，摊销年限为 10 年。

（2）2017 年购入一项交易性金融资产，取得成本为 90 万元，当年年末公允价值 96 万元，2018 年年末公允价值 106 万元。

2. 工作要求

（1）计算 2018 年 12 月 31 日上述两项资产产生的暂时性差异。

（2）计算与暂时性差异相关的递延所得税。

3. 解析过程

（1）暂时性差异。

① 无形资产。

2018 年 12 月 31 日，无形资产账面价值 = 50 − 8 = 42（万元），计税基础 = 50 − 50 ÷ 10 × 3 = 50 − 15 = 35（万元），其账面价值大于计税基础，应纳税暂时性差异余额 = 42 − 35 = 7（万元）。

② 交易性金融资产。

2018 年 12 月 31 日，交易性金融资产的账面价值 = 106（万元），计税基础 = 90（万元）其账面价值大于计税基础，应纳税暂时性差异余额 = 106 − 90 = 16（万元）。

（2）递延所得税。

① 与无形资产应纳税暂时性差异相关的递延所得税负债余额 = 7 × 15% = 1.05（万元）。

② 与交易性金融资产应纳税差异相关的递延所得税负债余额 = 16 × 15% = 2.4（万元）。

（二）递延所得税资产的确认和计量

递延所得税资产产生于可抵扣暂时性差异。资产、负债的账面价值与其计税基础不同产生可抵扣暂时性差异的，该差异会减少未来期间的应纳税所得额和应交所得税，减少未来期间经济利益的流出，从其发生当期来看，形成企业的一项资产。在估计未来期间能够取得足够的应纳税所得额用以利用该可抵扣暂时性差异时，应当以用来抵扣可抵扣暂时性差异的应纳税所得额为限，确认相关的递延所得税资产。递延所得税资产的计算公式为：

递延所得税资产 = 可抵扣暂时性差异 × 适用所得税税率

按照税法规定可以结转以后年度的未弥补亏损和税款抵减，应视同可抵扣暂时性差异处理。

【业务解析5-33】

1. 业务资料

山东达美生物科技有限公司属于国家重点扶持的一家高新技术企业，适用的企业所得税税率为15%。2018年度的部分业务资料如下。

（1）2018年6月，达美公司从国内购入并实际使用符合规定的安全生产专用设备1台，入账成本100万元，采用直线法按5年计提折旧，残值率为8%（经税务机关认可）。税法规定，该设备按照10年直线法计提折旧。除此之外，其他固定资产的折旧费与按税法规定计算的折旧费没有差异。

（2）该公司一条生产线经减值测试，计提了20万元的减值准备。该条生产线原值500万元，截至2018年年末，累计计提折旧200万元，与按照税法规定计提的累计折旧额相同。

（3）2018年年末，该公司为一笔拖欠40万元的应收账款，计提了4万元的坏账准备，该笔应收账款上年年末已计提了2万元坏账准备。

（4）因商品售后服务确认的预计负债5万元，计入了当年销售费用，当年未发生保修费用支出。税法规定，因商品售后服务预提的销售费用不得税前扣除，于实际发生时允许扣除。

2. 工作要求

（1）计算2018年12月31日上述资产、负债产生的暂时性差异。

（2）计算2018年12月31日与暂时性差异相关的递延所得税。

3. 解析过程

（1）暂时性差异。

① 固定资产。

专用设备的账面价值 = 100 − 100 × (1 − 8%) ÷ 5 ÷ 12 × 6 = 100 − 9.2 = 90.8（万元），计税基础 = 100 − 100 × (1 − 8%) ÷ 10 ÷ 12 × 6 = 100 − 4.6 = 95.4（万元），专用设备的账面价值小于计税基础，产生可抵扣暂时性差异余额 = 95.4 − 90.8 = 4.6（万元）。

生产线的账面价值 = 500 − 200 − 20 = 280（万元），计税基础 = 500 − 200 = 300（万元），生产线的账面价值小于计税基础，产生可抵扣暂时性差异余额 = 300 − 280 = 20（万元）。

② 应收账款。

账面价值 =40 - (4 +2) =34 (万元)，计税基础 =40 (万元)，应收账款的账面价值小于计税基础，产生可抵扣暂时性差异余额 =40 - 34 =6 (万元)。

③ 预计负债。

账面价值 =5 (万元)，计税基础 =0 (万元)，预计负债的账面价值大于计税基础，产生可抵扣暂时性差异余额 =5 - 0 =5 (万元)。

(2) 递延所得税。

与固定资产可抵扣暂时性差异相关的递延所得税资产余额 = (4.60 +20) ×15% =3.69 (万元)。

与应收账款可抵扣暂时性差异相关的递延所得税资产余额 =6 ×15% =0.9 (万元)。

与预计负债可抵扣暂时性差异相关的递延所得税资产余额 =5 ×15% =0.75 (万元)。

四、所得税费用

年度《利润表》中的所得税费用由两个部分组成，即当期所得税和递延所得税。

(一) 当期所得税

当期所得税是指企业按照税法规定计算确定的，应缴纳给税务机关的所得税金额，即当期应交所得税。应交所得税的计算，见“任务 5-2”。

(二) 递延所得税

递延所得税是指按照所得税准则规定，应予确认的递延所得税资产和递延所得税负债在期末应有的金额相对于原已确认金额之间的差额，即递延所得税资产及递延所得税负债的当期发生额，但不包括计入所有者权益的交易或事项及企业合并的所得税影响。

递延所得税的计算公式表示为：

递延所得税 = (递延所得税负债的年末余额 - 递延所得税负债的年初余额) - (递延所得税资产的年末余额 - 递延所得税资产的年初余额) = 递延所得税负债的本年发生额 - 递延所得税资产的本年发生额

(三) 所得税费用

计算确定了当期所得税及递延所得税以后，应予确认的所得税费用为两者之和。

所得税费用的计算公式如下：

所得税费用 = 当期所得税 + 递延所得税

= 当期所得税 (应交所得税) + [(递延所得税负债的年末余额 - 递延所得税负债的年初余额) - (递延所得税资产的年末余额 - 递延所得税资产的年初余额)]

= 当期所得税 (应交所得税) + (递延所得税负债的本年发生额 - 递延所得税资产的本年发生额)

五、会计科目设置

企业所得税会计核算，涉及的主要科目包括“应交税费——应交所得税”“递延所得税资产”“递延所得税负债”“所得税费用”等。

（一）“应交税费——应交所得税”科目

实际工作中，企业所得税按月计提、按季度预缴、按年度汇算清缴。

按月计提时，根据计算的应交所得税额，借记“所得税费用”科目，贷记本科目。按季度预缴时，借记本科目，贷记“银行存款”科目。

年终汇算清缴时，按照应补缴的所得税额，借记有关科目，贷记本科目；实际上缴时，借记本科目，贷记“银行存款”科目。

（二）“递延所得税资产”科目

“递延所得税资产”科目核算企业根据所得税会计准则确认的可抵扣暂时性差异产生的所得税资产。根据税法规定，可用以后年度税前利润弥补的亏损产生的所得税资产，也在本科目核算。本科目应当按照可抵扣暂时性差异等项目进行明细核算。

资产负债表日，企业根据所得税准则应予确认的递延所得税资产大于本科目余额的，借记本科目，贷记“所得税费用”等科目；应予确认的递延所得税资产小于本科目余额的，做相反的会计分录。

（三）“递延所得税负债”科目

“递延所得税负债”科目核算企业根据所得税会计准则确认的应纳税暂时性差异产生的所得税负债。本科目应当按照应纳税暂时性差异项目进行明细核算。

资产负债表日，企业根据所得税准则应予确认的递延所得税负债大于本科目余额的，借记“所得税费用”等科目，贷记本科目；应予确认的递延所得税负债小于本科目余额的，做相反的会计分录。

（四）“所得税费用”科目

“所得税费用”科目核算企业根据所得税会计准则确认的应从当期利润总额中扣除的所得税费用。本科目应按“当期所得税费用”“递延所得税费用”进行明细核算。期末，应将本科目的余额转入“本年利润”科目。

与“应交税费——应交所得税”的金额必须按税法规定计算不同，所得税费用应按会计准则计算确认。

【实务操作 5-1】

1. 实务资料

山东达美生物科技有限公司（以下简称“达美公司”），属于国家重点扶持的一家高新技术企业，适用的企业所得税税率为 15%。达美公司企业所得税实行查账征收方式，根据当期实际利润额按月计提、按季度预缴、年终汇算清缴。

2018 年度的有关资料如下。

（1）该公司 2018 年 10 月至 12 月的利润总额分别为 113.3 万元、110 万元、115 万元。四个季度的利润总额详见【业务解析 5-27】，假设第一至第三季度计提的应交所得税已经缴纳。2019 年 1 月 12 日，缴纳了第四季度的应交所得税，取得“电子缴税付款凭证”（表 5-10）。

表 5-10 中国工商银行电子缴税付款凭证

转账日期：2019 年 1 月 12 日 凭证字号：20190112460251232

纳税人全称及统一社会信用代码：	山东达美生物科技有限公司 913707293060134589		
付款人全称：	山东达美生物科技有限公司		
付款人账号：	3700233000824560135	征收机关名称：	国家税务总局潍坊市西城区税务局长松分局
付款人开户银行：	中国工商银行潍坊市长松路支行	收款国库名称：	国家金库潍坊西城区支库
小写（金额）合计：	¥499 950.00	缴款书交易流水号：	2019011200021237
大写（金额）合计：	人民币肆拾玖万玖仟玖佰伍拾元整	税票号码：	320190112050242151
税（费）种名称	所属时期		实缴金额
企业所得税	20181001—20181231		¥499 950.00

（2）达美公司 2018 年度的应纳税所得额，详见【业务解析 5-26】。

（3）达美公司 2018 年度应补缴的企业所得税，详见【业务解析 5-28】。

（4）“递延所得税资产”科目年初借方余额 0.3 万元，“递延所得税负债”科目年初贷方余额 2.4 万元。

“固定资产减值准备”科目年初贷方余额为 0，年末贷方余额为 20 万元；“无形资产减值准备”科目年初贷方余额为 0，年末贷方余额为 8 万元；“坏账准备”科目年初贷方余额 2 万元，年末贷方余额 6 万元；“预计负债”科目年初贷方余额为 0，年末贷方余额为 5 万元；“交易性金融资产——成本”科目借方余额 90 万元（等于计税基础），“交易性金融资产——公允价值变动”科目年初借方余额 6 万元，年末借方余额 16 万元。

与上述科目相关的数据资料，详见【业务解析 5-26】中“1. 业务资料—(2) 其他相关资料”。

（5）2019 年 4 月 30 日，达美公司完成了所得税汇算清缴，取得了补缴所得税的“电子缴税付款凭证”（表 5-11）。

表 5-11 中国工商银行电子缴税付款凭证

转账日期：2019 年 4 月 30 日 凭证字号：20190430302631239

纳税人全称及统一社会信用代码：	山东达美生物科技有限公司 913707293060134589		
付款人全称：	山东达美生物科技有限公司		
付款人账号：	3700233000824560135	征收机关名称：	国家税务总局潍坊市西城区税务局长松分局
付款人开户银行：	中国工商银行潍坊市长松路支行	收款国库名称：	国家金库潍坊西城区支库
小写（金额）合计：	¥46 850.00	缴款书交易流水号：	2019043002011430
大写（金额）合计：	人民币肆万陆仟捌佰伍拾元整	税票号码：	320190430031293161
税（费）种名称	所属时期		实缴金额
企业所得税	20180101—20181231		¥46 850.00

2. 操作要求

(1) 填制10月、11月、12月的《计提应交所得税计算表》，并编制计提12月份应交所得税的记账凭证。

(2) 根据第四季度的所得税“电子缴税付款凭证”，编制记账凭证。

(3) 填制2018年《年度应交所得税计算表》。

(4) 分析各项资产、负债产生的暂时性差异，以及与其相关的递延所得税。

(5) 计算本年度应确认的递延所得税资产和递延所得税负债的发生额、应确认的所得税费用。

(6) 填制《年度递延所得税与所得税费用计算表》，并编制记账凭证。

(7) 编制补缴所得税的记账凭证。

(8) 计算2018年度《利润表》中的所得税费用、净利润。

3. 操作过程

(1) 填制10月至12月的《计提应交所得税计算表》，如表5-12～表5-14所示。

根据【业务解析5-27】，截至三季度末实际利润额 = 1 086.7（万元）

截至10月末实际利润额 = 1 086.7 + 113.3 = 1 200（万元）

截至11月末实际利润额 = 1 200 + 110 = 1 310（万元）

截至12月末实际利润额 = 1 310 + 115 − 5 = 1 420（万元）

表5-12　计提应交所得税计算表

2018年10月　　金额单位：元

累计实际利润 1	适用税率 2	计提所得税 3 = 1 × 2	累计已计提的 所得税4	当月应计提 所得税 5 = 3 − 4	当季累计计提的 所得税6
12 000 000	15%	1 800 000	1 630 050	169 950	169 950

会计主管：李小梅　　制单：张尚志

表5-13　计提应交所得税计算表

2018年11月　　金额单位：元

累计实际利润 1	适用税率 2	计提所得税 3 = 1 × 2	累计已计提的 所得税4	当月应计提 所得税 5 = 3 − 4	当季累计计提的 所得税6
13 100 000	15%	1 965 000	1 800 000	165 000	334 950

会计主管：李小梅　　制单：张尚志

表5-14　计提应交所得税计算表

2018年12月　　金额单位：元

累计实际利润 1	适用税率 2	计提所得税 3 = 1 × 2	累计已计提的 所得税4	当月应计提 所得税 5 = 3 − 4	当季累计计提的 所得税6
14 200 000	15%	2 130 000	1 965 000	165 000	499 950

会计主管：李小梅　　制单：张尚志

以表5-14为原始凭证编制记账凭证，其会计分录如下：

借：所得税费用　　165 000

　　贷：应交税费——应交所得税　　165 000

（2）以表5-10为原始凭证编制记账凭证，其会计分录如下：

借：应交税费——应交所得税　　499 950

　　贷：银行存款　　499 950

（3）填制2018年《年度应交所得税计算表》，如表5-15所示。

表5-15　年度应交所得税计算表

2018年度　　金额单位：元

行次	项目	金额
1	利润总额	14 400 000
2	加：纳税调增项目金额（3+4+5+6+7+8+9）	1 293 000
3	其中：跨期扣除项目（预计负债）	50 000
4	业务招待费支出	173 000
5	利息支出	40 000
6	资产减值准备金	320 000
7	赞助支出	60 000
8	职工薪酬	530 000
9	视同销售收入	120 000
10	减：纳税调减项目的金额（11+12+13）	164 000
11	其中：公允价值变动收益	100 000
12	视同销售成本	60 000
13	资产折旧、摊销	4 000
14	减：免税、减税收入及加计扣除（15+16+17）	300 000
15	其中：国债利息收入	50 000
16	符合条件的居民企业之间的股息、红利等权益性投资收益	150 000
17	研究开发费用加计扣除	100 000
18	应纳税所得额（1+2-10-14）	15 229 000
19	税率	25%
20	应纳所得税额（18×19）	3 807 250
21	减：减免所得税额	1 522 900
22	减：抵免所得税额	100 000
23	应纳税额（17-18-19）	2 184 350
24	减：1至4季度累计实际已预缴的所得税额	2 130 000
25	本年汇算清缴应补（退）的所得税额（20-21）	54 350

会计主管：李小梅　　制单：张尚志

(4) 分析各项资产、负债产生的暂时性差异，以及与其相关的递延所得税。

① 安全生产专用设备。

账面价值 =100 - 100 ×(1 - 8%) ÷5 ÷12 ×6 =100 - 9.2 =90.8 (万元)

计税基础 =100 - 100 ×(1 - 8%) ÷10 ÷12 ×6 =100 - 4.6 =95.4 (万元)

固定资产的账面价值小于计税基础，产生可抵扣暂时性差异 =95.4 - 90.8 =4.6 (万元)，与其相关的递延所得税资产 =4.6 ×15% =0.69 (万元)。

② 生产线。

账面价值 =500 - 200 - 20 =280 (万元)

计税基础 =500 - 200 =300 (万元)

生产线的账面价值小于计税基础，产生可抵扣暂时性差异 =300 - 280 =20 (万元)，与其相关的递延所得税资产 =20 ×15% =3 (万元)。

③ 非专利技术。

账面价值 =50 - 8 =42 (万元)

计税基础 =50 - 50 ÷10 ×3 =50 - 15 =35 (万元)

无形资产的账面价值大于计税基础，产生应纳税暂时性差异 =42 - 35 =7 (万元)，与其相关的递延所得税负债 =7 ×15% =1.05 (万元)。

④ 应收账款。

账面价值 =40 - 6 =34 (万元)

计税基础 =40 (万元)

应收账款的账面价值小于计税基础，产生可抵扣暂时性差异 =40 - 34 =6 (万元)，与其相关的递延所得税资产 =6 ×15% =0.9 (万元)。

⑤ 预计负债。

账面价值 =5 (万元)

计税基础 =0 (万元)

预计负债的账面价值大于计税基础，产生可抵扣暂时性差异 =5 - 0 =5 (万元)，与其相关的递延所得税资产 =5 ×15% =0.75 (万元)。

⑥ 交易性金融资产。

账面价值 =90 +16 =106 (万元)

计税基础 =90 (万元)

交易性金融资产的账面价值大于计税基础，产生应纳税暂时性差异 =106 - 90 =16 (万元)，与其相关的递延所得税负债 =16 ×15% =2.4 (万元)。

(5) 计算递延所得税资产和递延所得税负债的发生额、应确认的所得税费用。

①“递延所得税资产”科目年末余额 =0.69 +3 +0.9 +0.75 =5.34 (万元)，“递延所得税资产”科目的本年发生额 =5.34 - 0.3 =5.04 (万元)

②“递延所得税负债”科目年末余额 =1.05 +2.4 =3.45 (万元)，“递延所得税负债”科目的本年发生额 =3.45 - 2.4 =1.05 (万元)

③ 应确认的所得税费用 = 本年应补的所得税额 + 递延所得税负债的本年发生额 - 递延所得税资产的本年发生额 =2.435 +1.05 - 5.04 = - 1.555 (万元)

(6) 填制《年度递延所得税与所得税费用计算表》，如表 5-16 所示。

表 5-16　年度递延所得税与所得税费用计算表

2018 年度　　　　金额单位：元

项目	账面价值	计税基础	暂时性差异		递延所得税负债年末数	递延所得税资产年末数
			应纳税差异	可抵扣差异		
应收账款	340 000	400 000		60 000		9 000
交易性金融资产	1 060 000	900 000	160 000		24 000	
固定资产	3 708 000	3 954 000		246 000		36 900
无形资产	420 000	350 000	70 000		10 500	
预计负债	50 000	0		50 000		7 500
合计	—	—	230 000	356 000	34 500	53 400

应补交所得税额 (a)	递延所得税负债		递延所得税资产		所得税费用 (f =a +b -c -d +e)
	年末数（b）	年初数（c）	年末数（d）	年初数（e）	
46 850	34 500	24 000	53 400	3 000	6 950

会计主管：李小梅　　　　制单：张尚志

以表 5-15 和表 5-16 为原始凭证编制记账凭证，其会计分录如下：

借：递延所得税资产　　50 400

　　所得税费用　　6 950

　　贷：递延所得税负债　　10 500

　　　　应交税费——应交所得税　　46 850

(7) 以表 5-11 为原始凭证编制记账凭证，其会计分录如下：

借：应交税费——应交所得税　　46 850

　　贷：银行存款　　46 850

(8) 计算 2018 年度《利润表》中的所得税费用、净利润。

全年所得税费用 =(46.53 +56.64 +59.835 +49.995) +0.695 =213.695（万元）= 2 136 950（元）

全年净利润 =14 400 000 -2 136 950 =12 263 050（元）

任务 5-4　企业所得税纳税申报

一、纳税地点

(1) 除另有规定外，居民企业以企业登记注册地为纳税地点；但登记注册地在境外的，以实际管理机构所在地为纳税地点。

(2) 居民企业在中国境内设立不具有法人资格的营业机构的，应当汇总计算并缴纳企业所得税。

(3) 除国务院另有规定外，企业之间不得合并缴纳企业所得税。

二、纳税期限

企业所得税按年计征，分月或分季预缴，年终汇算清缴，多退少补。

企业所得税的纳税年度，自公历1月1日起至12月31日止。企业在一个纳税年度的中间开业，或者合并、关闭等原因终止经营活动，使该纳税年度的实际经营期限不足12个月的，应当以其实际经营期为1个纳税年度。

按季度或月份预缴所得税的，企业应当自季度或月份终了之日起15日内，向税务机关报送《企业所得税月（季）度预缴纳税申报表（A类，2018年版）》（表5-18）或《企业所得税月（季）度预缴和年度纳税申报表（B类，2018年版）》（表5-17），预缴所得税款。

企业应当自年度终了之日起5个月内，向税务机关报送《企业所得税年度纳税申报表（A类，2017年版）》（表5-38）或《企业所得税月（季）度预缴和年度纳税申报表（B类，2018年版）》（表5-17）、财务会计报告和其他有关资料，办理汇算清缴，结清应缴应退税款。

符合条件的小型微利企业，统一实行按季度预缴企业所得税。

三、纳税申报

企业在纳税年度内无论盈利或亏损，都应当依照《企业所得税法》规定的期限，向税务机关报送预缴纳税申报表、年度纳税申报表、财务会计报告和税务机关规定应当报送的其他有关资料。

（一）核定征收企业所得税的纳税申报

1. 纳税申报表表样

实行核定征收企业所得税的纳税人，由税务机关核定其应税所得率，纳税人应填报《企业所得税月（季）度预缴和年度纳税申报表（B类，2018年版）》，本表的样式如表5-17所示。

表5-17由实行核定征收企业所得税的居民企业纳税人在月（季）度预缴纳税申报时填报。实行核定应税所得率方式的纳税人，在年度纳税申报时填报本表。

2. 申报表填报说明

填报表5-17时，核定征收方式选择“核定应税所得率（能核算收入总额的）”的纳税人填报第1～21行，核定征收方式选择“核定应税所得率（能核算成本费用总额的）”的纳税人填报第12～21行，核定征收方式选择“核定应纳所得税额”的纳税人填报第19～21行。

表5-17的主要项目的填报方法，简要说明如下。

（1）第1行“收入总额”：填报纳税人各项收入的本年累计金额。

（2）第2行“不征税收入”：填报纳税人已经计入本表“收入总额”行次但属于税收规定的不征税收入的本年累计金额。

（3）第3行“免税收入”：填报属于税收规定的免税收入优惠的本年累计金额。根据相关行次计算结果填报，本行的金额 = 第4 + 第5 + 第10 + 第11行的金额。

（4）第4行“国债利息收入免征企业所得税”：填报纳税人根据相关税收政策规定的，持有国务院财政部门发行的国债取得的利息收入。本行填报金额为本年累计金额。

（5）第5行"符合条件的居民企业之间的股息、红利等权益性投资收益免征企业所得税"：填报本期发生的符合条件的居民企业之间的股息、红利等权益性投资收益情况，不包括连续持有居民企业公开发行并上市流通的股票不足12个月取得的投资收益。本行填报金额为本年累计金额。

（6）第10行"应税收入额/成本费用总额"：核定征收方式选择"核定应税所得率（能核算收入总额的）"的纳税人，本行的金额＝第1－第2－第3行的金额。核定征收方式选择"核定应税所得率（能核算成本费用总额的）"的纳税人，本行填报纳税人各项成本费用的本年累计金额。

（7）第14行"应纳税所得额"：根据相关行次计算结果填报。核定征收方式选择"核定应税所得率（能核算收入总额的）"的纳税人，本行的金额＝第12×第13行的金额；核定征收方式选择"核定应税所得率（能核算成本费用总额的）"的纳税人，本行的金额＝第12行÷（1－第13行）×第13行的金额。

（8）第17行"符合条件的小型微利企业减免企业所得税"：填报纳税人享受小型微利企业普惠性所得税减免政策减免企业所得税的金额。本行填报根据本表第14行计算的减免企业所得税的本年累计金额。

（9）第18行"实际已缴纳所得税额"：填报纳税人按照税收规定已在此前月（季）度预缴企业所得税的本年累计金额。

（10）第19行"本期应补（退）所得税额/税务机关核定本期应纳所得税额"：核定征收方式选择"核定应税所得率（能核算收入总额的）""核定应税所得率（能核算成本费用总额的）"的纳税人，根据相关行次计算结果填报，本行的金额＝第16－第17－第18行的金额。月（季）度预缴纳税申报时，当第16－第17－第18行的金额＜0，本行填0。核定征收方式选择"核定应纳所得税额"的纳税人，本行填报税务机关核定的本期应纳所得税额（如果纳税人符合小型微利企业条件，本行填报的金额应为税务机关按照程序调减定额后的本期应纳所得税额）。

【实务操作5-2】

1. 实务资料

山东临江仙食品有限公司（以下简称"临江仙公司"）是一家从事农副食品加工业的民营企业。临江仙公司的法定代表人：晏有道，会计主管：王怀先，公司资产总额2 000万元，从业人数60人，纳税人识别号：913707234060934519。

2018年度的有关数据资料，详见【业务解析5-29】。

2019年3月20日，临江仙公司完成了2018年度的企业所得税年度申报。

2. 操作要求

为临江仙公司填制2018年《B100000企业所得税月（季）度预缴和年度纳税申报表（B类，2018年版）》，进行年度汇算清缴。

3. 操作过程

根据【业务解析5-29】的计算分析结果，填制2018年度《B100000企业所得税月（季）度预缴和年度纳税申报表（B类，2018年版）》，填制结果如表5-17所示。

表 5-17 B100000 企业所得税月（季）度预缴和年度纳税申报表（B 类，2018 年版）

税款所属期间：2018 年 1 月 1 日至 2018 年 12 月 31 日

纳税人识别号（统一社会信用代码）：| 9 | 1 | 3 | 7 | 0 | 7 | 2 | 3 | 4 | 0 | 6 | 0 | 9 | 3 | 4 | 5 | 1 | 9 |

纳税人名称：山东临江仙食品有限公司　　　　金额单位：人民币元（列至角分）

核定征收方式	☑ 核定应税所得率（能核算收入总额的）☐ 核定应税所得率（能核算成本费用总额的） ☐ 核定应纳所得税额	
行次	项目	本年累计金额
1	收入总额	7 899 000
2	减：不征税收入	50 000
3	减：免税收入（4+5+10+11）	106 000
4	国债利息收入免征企业所得税	6 000
5	符合条件的居民企业之间的股息、红利等权益性投资收益免征企业所得税	100 000
6	其中：通过沪港通投资且连续持有 H 股满 12 个月取得的股息红利所得免征企业所得税	
7	通过深港通投资且连续持有 H 股满 12 个月取得的股息红利所得免征企业所得税	
8	居民企业持有创新企业 CDR 取得的股息红利所得免征企业所得税	
9	符合条件的居民企业之间属于股息、红利性质的永续债利息收入免征企业所得税	
10	投资者从证券投资基金分配中取得的收入免征企业所得税	
11	取得的地方政府债券利息收入免征企业所得税	
12	应税收入额（1-2-3）/成本费用总额	7 743 000
13	税务机关核定的应税所得率（%）	10%
14	应纳税所得额（第 12×13 行）/[第 12 行÷（1-第 13 行）×第 13 行]	774 300
15	税率（25%）	25%
16	应纳所得税额（14×15）	193 575
17	减：符合条件的小型微利企业减免企业所得税	116 145
18	减：实际已缴纳所得税额	76 000
19	本期应补（退）所得税额（16-17-18）/税务机关核定本期应纳所得税额	1 430
20	民族自治地方的自治机关对本民族自治地方的企业应缴纳的企业所得税中属于地方分享的部分减征或免征（☐免征 ☐减征：减征幅度____%）	
21	本期实际应补（退）所得税额	

按季度填报信息			
季初从业人数		季末从业人数	
季初资产总额（万元）		季末资产总额（万元）	
国家限制或禁止行业	☐是 ☐否	小型微利企业	☐是 ☐否
按年度填报信息			
小型微利企业	☐是 ☐否		

谨声明：本纳税申报表是根据国家税收法律法规及相关规定填报的，是真实的、可靠的、完整的。

纳税人（签章）：山东临江仙食品有限公司　　2019 年 3 月 20 日

经办人： 经办人身份证号： 代理机构签章： 代理机构统一社会信用代码：	受理人： 受理税务机关（章）： 受理日期：　　年　　月　　日

（二）查账征收企业所得税的纳税申报

1. 预缴申报

实行查账征收企业所得税的居民纳税人，根据税法规定分月或分季预缴企业所得税时，应当填报《A200000 企业所得税月（季）度预缴纳税申报表（A 类，2018 年版）》，本表的样式如表 5-18 所示。

表 5-18　A200000 企业所得税月（季）度预缴纳税申报表（A 类，2018 年版）

税款所属期间：2018 年 10 月 1 日 至 2018 年 12 月 31 日

纳税人识别号（统一社会信用代码）：9 1 3 7 0 7 2 9 3 0 6 0 1 3 4 5 8 9

纳税人名称：山东达美生物科技有限公司　　　　金额单位：人民币元（列至角分）

预缴方式	☑按照实际利润额预缴　☐按照上一纳税年度应纳税所得额平均额预缴 ☐按照税务机关确定的其他方法预缴
企业类型	☑一般企业　☐跨地区经营汇总纳税企业总机构 ☐跨地区经营汇总纳税企业分支机构

预缴税款计算

行次	项目	本年累计金额
1	营业收入	45 380 000
2	营业成本	25 600 000
3	利润总额	14 400 000
4	加：特定业务计算的应纳税所得额	0
5	减：不征税收入	0
6	减：免税收入、减计收入、所得减免等优惠金额（填写 A201010）	200 000
7	减：固定资产加速折旧（扣除）调减额（填写 A201020）	0
8	减：弥补以前年度亏损	0
9	实际利润额（3＋4－5－6－7－8）/按照上一纳税年度应纳税所得额平均额确定的应纳税所得额	14 200 000
10	税率（25%）	25%
11	应纳所得税额（9×10）	3 550 000
12	减：减免所得税额（填写 A201030）	1 420 000
13	减：实际已缴纳所得税额	1 630 050
14	减：特定业务预缴（征）所得税额	0
15	本期应补（退）所得税额（11－12－13－14）/税务机关确定的本期应纳所得税额	499 950

汇总纳税企业总分机构税款计算

行次		项目	金额
16	总机构填报	总机构本期分摊应补（退）所得税额（17＋18＋19）	
17		其中：总机构分摊应补（退）所得税额（15×总机构分摊比例__%）	
18		财政集中分配应补（退）所得税额（15×财政集中分配比例__%）	
19		总机构具有主体生产经营职能的部门分摊所得税额（15×全部分支机构分摊比例__%×总机构具有主体生产经营职能部门分摊比例__%）	
20	分支机构填报	分支机构本期分摊比例	
21		分支机构本期分摊应补（退）所得税额	

续表

<table>
<tr><td colspan="4">附报信息</td></tr>
<tr><td>小型微利企业</td><td>□是 ☑否</td><td>科技型中小企业</td><td>□是 ☑否</td></tr>
<tr><td>高新技术企业</td><td>☑是 □否</td><td>技术入股递延纳税事项</td><td>□是 ☑否</td></tr>
<tr><td>期末从业人数</td><td colspan="3">1818 人</td></tr>
<tr><td colspan="4">谨声明：此纳税申报表是根据《中华人民共和国企业所得税法》《中华人民共和国企业所得税法实施条例》以及有关税收政策和国家统一会计制度的规定填报的，是真实的、可靠的、完整的。
法定代表人（签章）：王佳成　　2019 年 1 月 12 日</td></tr>
<tr><td colspan="2">纳税人公章：山东达美生物科技有限公司
会计主管：李小梅
填表日期：2019 年 1 月 12 日</td><td>代理申报中介机构公章：
经办人：
经办人执业证件号码：
代理申报日期：　年　月　日</td><td>主管税务机关受理专用章：
受理人：
受理日期：　年　月　日</td></tr>
</table>

国家税务总局监制

填报表 5-18 时，预缴方式选择“按照实际利润额预缴”的纳税人填报第 1～第 15 行，预缴方式选择“按照上一纳税年度应纳税所得额平均额预缴”的纳税人填报第 9、第 10、第 11、第 12、第 13、第 15 行，预缴方式选择“按照税务机关确定的其他方法预缴”的纳税人填报第 15 行。

表 5-18 的主要项目的填报方法，简要说明如下。

（1）第 1 行“营业收入”：填报纳税人截至本税款所属期末，按照国家统一会计制度规定核算的本年累计营业收入。例如，以前年度已经开始经营且按季度预缴纳税申报的纳税人，第二季度预缴纳税申报时本行填报本年 1 月 1 日至 6 月 30 日期间的累计营业收入。

（2）第 2 行“营业成本”：填报纳税人截至本税款所属期末，按照国家统一会计制度规定核算的本年累计营业成本。

（3）第 3 行“利润总额”：填报纳税人截至本税款所属期末，按照国家统一会计制度规定核算的本年累计利润总额。

（4）第 4 行“特定业务计算的应纳税所得额”：从事房地产开发等特定业务的纳税人，填报按照税收规定计算的特定业务的应纳税所得额。房地产开发企业销售未完工开发产品取得的预售收入，按照税收规定的预计计税毛利率计算的预计毛利额填入此行。

（5）第 5 行“不征税收入”：填报纳税人已经计入本表“利润总额”行次但属于税收规定的不征税收入的本年累计金额。

（6）第 6 行“免税收入、减计收入、所得减免等优惠金额”：填报属于税收规定的免税收入、减计收入、所得减免等优惠的本年累计金额。

本行的金额 =《A201010 免税收入、减计收入、所得减免等优惠明细表》（表 5-19）的第 41 行的金额。

（7）第 7 行“固定资产加速折旧（扣除）调减额”：填报固定资产税收上享受加速折旧优惠计算的折旧额大于同期会计折旧额期间，发生纳税调减的本年累计金额。

本行的金额 =《A201020 固定资产加速折旧（扣除）明细表》（表 5-20）的第 5 行第 5 列的金额。

（8）第 8 行"弥补以前年度亏损"：填报纳税人截至税款所属期末，按照税收规定在企业所得税税前弥补的以前年度尚未弥补亏损的本年累计金额。当本表第 3 + 第 4 − 第 5 − 第 6 − 第 7 行的金额≤0 时，本行的金额 = 0。

（9）第 9 行"实际利润额/按照上一纳税年度应纳税所得额平均额确定的应纳税所得额"：预缴方式选择"按照实际利润额预缴"的企业，根据本表相关行次计算结果填报，第 9 行的金额 = 第 3 + 第 4 − 第 5 − 第 6 − 第 7 − 第 8 行的金额；预缴方式选择"按照上一纳税年度应纳税所得额平均额预缴"的企业，填报按照上一纳税年度应纳税所得额平均额计算的本年累计金额。

（10）第 11 行"应纳所得税额"：根据相关行次计算结果填报，第 11 行的金额 = 第 9 × 第 10 行的金额，且第 11 行的金额≥0。

（11）第 12 行"减免所得税额"：填报纳税人截至税款所属期末，按照税收规定享受的减免企业所得税的本年累计金额。

本行的金额 =《A201030 减免所得税优惠明细表》（表 5-21）的第 30 行的金额。

（12）第 13 行"实际已缴纳所得税额"：填报纳税人按照税收规定已在此前月（季）度申报预缴企业所得税的本年累计金额。建筑企业总机构直接管理的跨地区设立的项目部，按照税收规定已经向项目所在地主管税务机关预缴企业所得税的金额不填本行，而是填入本表第 14 行。

（13）第 14 行"特定业务预缴（征）所得税额"：填报建筑企业总机构直接管理的跨地区设立的项目部，按照税收规定已经向项目所在地主管税务机关预缴企业所得税的本年累计金额。本行本期填报金额不得小于本年上期申报的金额。

（14）第 15 行"本期应补（退）所得税额/税务机关确定的本期应纳所得税额"：按照不同预缴方式，分情况填报。

预缴方式选择"按照实际利润额预缴"或"按照上一纳税年度应纳税所得额平均额预缴"的纳税人，根据本表相关行次计算填报。第 15 行的金额 = 第 11 − 第 12 − 第 13 − 第 14 行的金额，当第 11 − 第 12 − 第 13 − 第 14 行的金额＜0 时，本行的金额填 0。

预缴方式选择"按照税务机关确定的其他方法预缴"的纳税人填报本期应纳企业所得税的金额。

2. 年终汇算清缴申报

企业所得税的汇算清缴，应当填报《企业所得税年度纳税申报表（A 类，2017 年版）》及其附表。

修订后的申报表共 37 张，包括 1 张基础信息表、1 张主表、6 张收入费用明细表、13 张纳税调整表、1 张亏损弥补表、9 张税收优惠表、4 张境外所得抵免表和 2 张汇总纳税表。企业可以根据自身的业务情况，上述种类表格凡涉及的，选择填报；不涉及的，就无须填报。

新的申报表围绕主表（《企业所得税年度纳税申报表（A 类，2018 年版）》）进行填报，主表数据大部分由附表自动生成。实际工作中，企业是通过网络进行电子纳税申报的。

年终汇算清缴申报的申报表表样及其填报方法，详见【实务操作 5-3】。

【实务操作5-3】

1. 实务资料

山东达美生物科技有限公司（以下简称"达美公司"），属于国家重点扶持的一家高新技术企业，适用的企业所得税税率为15%。

达美公司的纳税人统一社会信用代码：913707293060134589，开户银行：中国工商银行潍坊市长松路支行，账号：3700233000824560135。法定代表人：王佳成，会计主管：李小梅，办税员：张尚志。

达美公司2018年度的收入、成本费用、纳税调整事项、预缴所得税、应补缴所得税等有关数据资料，详见【业务解析5-26】【业务解析5-27】【业务解析5-28】。

2019年4月28日，达美公司完成了所得税汇算清缴纳税申报。

2. 操作要求

（1）填制达美公司2018年第四季度《A200000企业所得税月（季）度预缴纳税申报表（A类，2018年版)》及其附表。

（2）填制达美公司2018年度《A100000企业所得税年度纳税申报表（A类，2017年版)》及其附表。

3. 操作过程

（1）填制第四季度《A200000企业所得税月（季）度预缴纳税申报表（A类，2018年版)》及其附表。

第一步：填制《A201010免税收入、减计收入、所得减免等优惠明细表》。

根据【业务解析5-26】中"1. 业务资料—(1)年度《利润表》中有关项目的明细资料⑨"，国债利息收益免征企业所得税为5万元，符合条件的居民企业之间的股息、红利等权益性投资收益免征企业所得税为15万元，填制结果如表5-19所示。

第二步：填制《A201020固定资产加速折旧（扣除）优惠明细表》。

本年度该公司对固定资产未采取加速折旧，所以固定资产加速折旧（扣除）优惠金额为0，即固定资产加速折旧（扣除）纳税调减金额为0，如表5-20所示。

表5-19　A201010免税收入、减计收入、所得减免等优惠明细表

行次	项目	本年累计金额/元
1	一、免税收入（2+3+8+9+…+15）	200 000
2	（一）国债利息收入免征企业所得税	50 000
3	（二）符合条件的居民企业之间的股息、红利等权益性投资收益免征企业所得税	150 000
4	其中：内地居民企业通过沪港通投资且连续持有H股满12个月取得的股息红利所得免征企业所得税	
5	内地居民企业通过深港通投资且连续持有H股满12个月取得的股息红利所得免征企业所得税	
6	居民企业持有创新企业CDR取得的股息红利所得免征企业所得税	
7	符合条件的居民企业之间属于股息、红利性质的永续债利息收入免征企业所得税	

续表

行次	项目	本年累计金额/元
8	（三）符合条件的非营利组织的收入免征企业所得税	
9	（四）中国清洁发展机制基金取得的收入免征企业所得税	
10	（五）投资者从证券投资基金分配中取得的收入免征企业所得税	
11	（六）取得的地方政府债券利息收入免征企业所得税	
12	（七）中国保险保障基金有限责任公司取得的保险保障基金等收入免征企业所得税	
13	（八）中国奥委会取得北京冬奥组委支付的收入免征企业所得税	
14	（九）中国残奥委会取得北京冬奥组委分期支付的收入免征企业所得税	
15	（十）其他	
16	二、减计收入（17+18+22+23）	
17	（一）综合利用资源生产产品取得的收入在计算应纳税所得额时减计收入	
18	（二）金融、保险等机构取得的涉农利息、保费减计收入（19+20+21）	
19	1. 金融机构取得的涉农贷款利息收入在计算应纳税所得额时减计收入	
20	2. 保险机构取得的涉农保费收入在计算应纳税所得额时减计收入	
21	3. 小额贷款公司取得的农户小额贷款利息收入在计算应纳税所得额时减计收入	
22	（三）取得铁路债券利息收入减半征收企业所得税	
23	（四）其他（23.1+23.2）	
23.1	1. 取得的社区家庭服务收入在计算应纳税所得额时减计收入	
23.2	2. 其他	
24	三、加计扣除（25+26+27+28）	*
25	（一）开发新技术、新产品、新工艺发生的研究开发费用加计扣除	*
26	（二）科技型中小企业开发新技术、新产品、新工艺发生的研究开发费用加计扣除	*
27	（三）企业为获得创新性、创意性、突破性的产品进行创意设计活动而发生的相关费用加计扣除	*
28	（四）安置残疾人员所支付的工资加计扣除	*
29	四、所得减免（30+33+34+35+36+37+38+39+40）	
30	（一）从事农、林、牧、渔业项目的所得减免征收企业所得税（31+32）	
31	1. 免税项目	
32	2. 减半征收项目	
33	（二）从事国家重点扶持的公共基础设施项目投资经营的所得定期减免企业所得税	
33.1	其中：从事农村饮水安全工程新建项目投资经营的所得定期减免企业所得税	
34	（三）从事符合条件的环境保护、节能节水项目的所得定期减免企业所得税	

续表

行次	项目	本年累计金额/元
35	（四）符合条件的技术转让所得减免征收企业所得税	
36	（五）实施清洁机制发展项目的所得定期减免企业所得税	
37	（六）符合条件的节能服务公司实施合同能源管理项目的所得定期减免企业所得税	
38	（七）线宽小于130纳米的集成电路生产项目的所得减免企业所得税	
39	（八）线宽小于65纳米或投资额超过150亿元的集成电路生产项目的所得减免企业所得税	
40	（九）其他	
41	合计（1+16+24+29）	200 000

表5-20　A201020 固定资产加速折旧（扣除）优惠明细表

行次	项目	资产原值/元	本年累计折旧（扣除）金额/元				
			账载折旧金额	按照税收一般规定计算的折旧金额	享受加速折旧优惠计算的折旧金额	纳税调减金额	享受加速折旧优惠金额
		1	2	3	4	5	6（4－3）
1	一、固定资产加速折旧（不含一次性扣除，2+3）						
2	（一）重要行业固定资产加速折旧						
3	（二）其他行业研发设备加速折旧						
4	二、固定资产一次性扣除						
5	合计（1+4）					0	

第三步：填制《A201030减免所得税优惠明细表》。

根据【业务解析5-27】，截至第四季度末的累计实际利润额为1 420万元，截至第四季度末的累计减免所得税金额＝1 420×(25%－15%)＝142（万元），填制结果如表5-21所示。

表5-21　A201030 减免所得税优惠明细表

行次	项目	本年累计金额/元
1	一、符合条件的小型微利企业减免企业所得税	
2	二、国家需要重点扶持的高新技术企业减按15%的税率征收企业所得税	1 420 000
3	三、经济特区和上海浦东新区新设立的高新技术企业在区内取得的所得定期减免企业所得税	
4	四、受灾地区农村信用社免征企业所得税	
5	五、动漫企业自主开发、生产动漫产品定期减免企业所得税	
6	六、线宽小于0.8微米（含）的集成电路生产企业减免企业所得税	
7	七、线宽小于0.25微米的集成电路生产企业减按15%税率征收企业所得税	

续表

行次	项目	本年累计金额/元
8	八、投资额超过 80 亿元的集成电路生产企业减按 15% 税率征收企业所得税	
9	九、线宽小于 0.25 微米的集成电路生产企业减免企业所得税	
10	十、投资额超过 80 亿元的集成电路生产企业减免企业所得税	
11	十一、线宽小于 130 纳米的集成电路生产企业减免企业所得税	
12	十二、线宽小于 65 纳米或投资额超过 150 亿元的集成电路生产企业减免企业所得税	
13	十三、新办集成电路设计企业减免企业所得税	
14	十四、国家规划布局内集成电路设计企业可减按 10% 的税率征收企业所得税	
15	十五、符合条件的软件企业减免企业所得税	
16	十六、国家规划布局内重点软件企业可减按 10% 的税率征收企业所得税	
17	十七、符合条件的集成电路封装、测试企业定期减免企业所得税	
18	十八、符合条件的集成电路关键专用材料生产企业、集成电路专用设备生产企业定期减免企业所得税	
19	十九、经营性文化事业单位转制为企业的免征企业所得税	
20	二十、符合条件的生产和装配伤残人员专门用品企业免征企业所得税	
21	二十一、技术先进型服务企业（服务外包类）减按 15% 的税率征收企业所得税	
22	二十二、技术先进型服务企业（服务贸易类）减按 15% 的税率征收企业所得税	
23	二十三、设在西部地区的鼓励类产业企业减按 15% 的税率征收企业所得税	
24	二十四、新疆困难地区新办企业定期减免企业所得税	
25	二十五、新疆喀什、霍尔果斯特殊经济开发区新办企业定期免征企业所得税	
26	二十六、广东横琴、福建平潭、深圳前海等地区的鼓励类产业企业减按 15% 税率征收企业所得税	
27	二十七、北京冬奥组委、北京冬奥会测试赛赛事组委会免征企业所得税	
28	二十八、其他	
28.1	1. 从事污染防治的第三方企业减按 15% 的税率征收企业所得税	
28.2	2. 其他	
29	二十九、民族自治地方的自治机关对本民族自治地方的企业应缴纳的企业所得税中属于地方分享的部分减征或免征（□免征　□减征：减征幅度____%）	
30	合计（1+2+3+4+5+6+…+29）	1 420 000

第四步：填制第四季度的《A200000 企业所得税月（季）度预缴纳税申报表（A 类，2018 年版）》。

根据【业务解析 5-26】【业务解析 5-27】以及表 5-19～表 5-21，填制结果如表 5-18 所示。其中，第 6 行的金额 = 表 5-19 的第 41 行的金额 = 200 000（元），第 7 行的金额 = 表 5-20 的第 5 行第 5 列的金额 = 0（元），第 12 行的金额 = 表 5-21 的第 30 行的金额 = 1 420 000（元）。

（2）填制 2018 年度《A100000 企业所得税年度纳税申报表（A 类，2017 年版）》及其附表。

第一步：填制《A000000 企业基础信息表》《企业所得税年度纳税申报表填报表单》。填制情况如表 5-22 和表 5-23 所示。

表 5-22　A000000 企业所得税年度纳税申报基础信息表

<table>
<tr><td colspan="6">基本经营情况（必填项目）</td></tr>
<tr><td colspan="2">101 纳税申报企业类型（填写代码）</td><td>100</td><td colspan="2">102 分支机构就地纳税比例（%）</td><td></td></tr>
<tr><td colspan="2">103 资产总额（填写平均值，单位：万元）</td><td>21348.23</td><td colspan="2">104 从业人数（填写平均值，单位：人）</td><td>1818</td></tr>
<tr><td colspan="2">105 所属国民经济行业（填写代码）</td><td>7512</td><td colspan="2">106 从事国家限制或禁止行业</td><td>□是 ☑否</td></tr>
<tr><td colspan="2">107 适用会计准则或会计制度（填写代码）</td><td>110</td><td colspan="2">108 采用一般企业财务报表格式（2018 年版）</td><td>☑是 □否</td></tr>
<tr><td colspan="2">109 小型微利企业</td><td>□是 ☑否</td><td>110 上市公司</td><td colspan="2">是（□境内 □境外）☑否</td></tr>
<tr><td colspan="6">有关涉税事项情况（存在或者发生下列事项时必填）</td></tr>
<tr><td colspan="2">201 从事股权投资业务</td><td>☑是</td><td colspan="2">202 存在境外关联交易</td><td>□是</td></tr>
<tr><td colspan="2">203 选择采用的境外所得抵免方式</td><td colspan="4">□分国（地区）不分项　□不分国（地区）不分项</td></tr>
<tr><td colspan="2">204 有限合伙制创业投资企业的法人合伙人</td><td>□是</td><td colspan="2">205 创业投资企业</td><td>□是</td></tr>
<tr><td colspan="2">206 技术先进型服务企业类型（填写代码）</td><td></td><td colspan="2">207 非营利组织</td><td>□是</td></tr>
<tr><td colspan="2">208 软件、集成电路企业类型（填写代码）</td><td></td><td>209 集成电路生产项目类型</td><td colspan="2">□130 纳米 □65 纳米</td></tr>
<tr><td rowspan="2">210 科技型中小企业</td><td>210-1 __年（申报所属期年度）入库编号 1</td><td></td><td>210-2 入库时间 1</td><td colspan="2"></td></tr>
<tr><td>210-3 __年（所属期下一年度）入库编号 2</td><td></td><td>210-4 入库时间 2</td><td colspan="2"></td></tr>
<tr><td rowspan="2">211 高新技术企业申报所属期年度有效的高新技术企业证书</td><td>211-1 证书编号 1</td><td></td><td>211-2 发证时间 1</td><td colspan="2"></td></tr>
<tr><td>211-3 证书编号 2</td><td></td><td>211-4 发证时间 2</td><td colspan="2"></td></tr>
<tr><td>212 重组事项税务处理方式</td><td colspan="2">□一般性□特殊性</td><td colspan="2">213 重组交易类型（填写代码）</td><td></td></tr>
<tr><td>214 重组当事方类型（填写代码）</td><td colspan="2"></td><td colspan="2">215 政策性搬迁开始时间</td><td>____年__月</td></tr>
<tr><td colspan="2">216 发生政策性搬迁且停止生产经营无所得年度</td><td>□是</td><td colspan="2">217 政策性搬迁损失分期扣除年度</td><td>□是</td></tr>
<tr><td colspan="2">218 发生非货币性资产对外投资递延纳税事项</td><td>□是</td><td colspan="2">219 非货币性资产对外投资转让所得递延纳税年度</td><td>□是</td></tr>
<tr><td colspan="2">220 发生技术成果投资入股递延纳税事项</td><td>□是</td><td colspan="2">221 技术成果投资入股递延纳税年度</td><td>□是</td></tr>
<tr><td colspan="2">222 发生资产（股权）划转特殊性税务处理事项</td><td>□是</td><td colspan="2">223 债务重组所得递延纳税年度</td><td>□是</td></tr>
<tr><td colspan="6">主要股东及分红情况（必填项目）</td></tr>
<tr><td>股东名称</td><td>证件种类</td><td>证件号码</td><td>投资比例（%）</td><td>当年（决议日）分配的股息、红利等权益性投资收益金额</td><td>国籍（注册地址）</td></tr>
<tr><td>略</td><td></td><td></td><td></td><td></td><td></td></tr>
<tr><td></td><td></td><td></td><td></td><td></td><td></td></tr>
<tr><td></td><td></td><td></td><td></td><td></td><td></td></tr>
<tr><td></td><td></td><td></td><td></td><td></td><td></td></tr>
<tr><td></td><td></td><td></td><td></td><td></td><td></td></tr>
<tr><td></td><td></td><td></td><td></td><td></td><td></td></tr>
<tr><td></td><td></td><td></td><td></td><td></td><td></td></tr>
<tr><td>其余股东合计</td><td>——</td><td>——</td><td></td><td></td><td>——</td></tr>
</table>

表 5-23　企业所得税年度纳税申报表填报表单

表单编号	表单名称	是否填报
A000000	企业所得税年度纳税申报基础信息表	√
A100000	中华人民共和国企业所得税年度纳税申报表（A 类）	√
A101010	一般企业收入明细表	☑
A101020	金融企业收入明细表	□
A102010	一般企业成本支出明细表	☑
A102020	金融企业支出明细表	□
A103000	事业单位、民间非营利组织收入、支出明细表	□
A104000	期间费用明细表	☑
A105000	纳税调整项目明细表	☑
A105010	视同销售和房地产开发企业特定业务纳税调整明细表	☑
A105020	未按权责发生制确认收入纳税调整明细表	□
A105030	投资收益纳税调整明细表	□
A105040	专项用途财政性资金纳税调整明细表	□
A105050	职工薪酬支出及纳税调整明细表	☑
A105060	广告费和业务宣传费跨年度纳税调整明细表	☑
A105070	捐赠支出及纳税调整明细表	☑
A105080	资产折旧、摊销及纳税调整明细表	☑
A105090	资产损失税前扣除及纳税调整明细表	□
A105100	企业重组及递延纳税事项纳税调整明细表	□
A105110	政策性搬迁纳税调整明细表	□
A105120	特殊行业准备金及纳税调整明细表	□
A106000	企业所得税弥补亏损明细表	□
A107010	免税、减计收入及加计扣除优惠明细表	☑
A107011	符合条件的居民企业之间的股息、红利等权益性投资收益优惠明细表	☑
A107012	研发费用加计扣除优惠明细表	☑
A107020	所得减免优惠明细表	□
A107030	抵扣应纳税所得额明细表	□
A107040	减免所得税优惠明细表	☑
A107041	高新技术企业优惠情况及明细表	☑
A107042	软件、集成电路企业优惠情况及明细表	□

续表

表单编号	表单名称	是否填报
A107050	税额抵免优惠明细表	☑
A108000	境外所得税收抵免明细表	□
A108010	境外所得纳税调整后所得明细表	□
A108020	境外分支机构弥补亏损明细表	□
A108030	跨年度结转抵免境外所得税明细表	□
A109000	跨地区经营汇总纳税企业年度分摊企业所得税明细表	□
A109010	企业所得税汇总纳税分支机构所得税分配表	□
说明：企业应当根据实际情况选择需要填报的表单。		

第二步：填制《A101010 一般企业收入明细表》《A102010 一般企业成本支出明细表》和《A104000 期间费用明细表》。

根据【业务解析 5-26】中的"1. 业务资料—(1) 年度《利润表》中有关项目的明细资料①、⑩和⑪"，填制《A101010 一般企业收入明细表》，填制结果如表 5-24 所示。

表 5-24 A101010 一般企业收入明细表

行次	项目	金额/元
1	一、营业收入（2+9）	45 380 000
2	（一）主营业务收入（3+5+6+7+8）	45 000 000
3	1. 销售商品收入	45 000 000
4	其中：非货币性资产交换收入	
5	2. 提供劳务收入	
6	3. 建造合同收入	
7	4. 让渡资产使用权收入	
8	5. 其他	
9	（二）其他业务收入（10+12+13+14+15）	380 000
10	1. 销售材料收入	300 000
11	其中：非货币性资产交换收入	
12	2. 出租固定资产收入	
13	3. 出租无形资产收入	
14	4. 出租包装物和商品收入	80 000
15	5. 其他	
16	二、营业外收入（17+18+19+20+21+22+23+24+25+26）	90 000
17	（一）非流动资产处置利得	30 000
18	（二）非货币性资产交换利得	

续表

行次	项目	金额/元
19	（三）债务重组利得	
20	（四）政府补助利得	
21	（五）盘盈利得	
22	（六）捐赠利得	60 000
23	（七）罚没利得	
24	（八）确实无法偿付的应付款项	
25	（九）汇兑收益	
26	（十）其他	

根据【业务解析 5-26】中的“1. 业务资料—(1)年度《利润表》中有关项目的明细资料②和⑫”，填制《A102010 一般企业成本支出明细表》，填制结果如表 5-25 所示。

表 5-25　A102010 一般企业成本支出明细表

行次	项目	金额/元
1	一、营业成本（2+9）	25 600 000
2	（一）主营业务成本（3+5+6+7+8）	25 300 000
3	1. 销售商品成本	25 300 000
4	其中：非货币性资产交换成本	
5	2. 提供劳务成本	
6	3. 建造合同成本	
7	4. 让渡资产使用权成本	
8	5. 其他	
9	（二）其他业务成本（10+12+13+14+15）	300 000
10	1. 材料销售成本	250 000
11	其中：非货币性资产交换成本	
12	2. 出租固定资产成本	
13	3. 出租无形资产成本	
14	4. 包装物出租成本	50 000
15	5. 其他	
16	二、营业外支出（17+18+19+20+21+22+23+24+25+26）	240 000
17	（一）非流动资产处置损失	
18	（二）非货币性资产交换损失	
19	（三）债务重组损失	
20	（四）非常损失	

续表

行次	项目	金额/元
21	（五）捐赠支出	160 000
22	（六）赞助支出	60 000
23	（七）罚没支出	20 000
24	（八）坏账损失	
25	（九）无法收回的债券股权投资损失	
26	（十）其他	

根据【业务解析5-26】中的“1. 业务资料—(1) 年度《利润表》中有关项目的明细资料④、⑤、⑥”，填制《A104000期间费用明细表》，填制结果如表5-26所示。

表5-26　A104000期间费用明细表　　金额单位：元

行次	项目	销售费用	其中：境外支付	管理费用	其中：境外支付	财务费用	其中：境外支付
		1	2	3	4	5	6
1	一、职工薪酬	680 000	*	599 000	*	*	*
2	二、劳务费					*	*
3	三、咨询顾问费					*	*
4	四、业务招待费		*	400 500	*	*	*
5	五、广告费和业务宣传费	800 000	*		*	*	*
6	六、佣金和手续费						
7	七、资产折旧摊销费	400 000	*	300 000	*	*	*
8	八、财产损耗、盘亏及毁损损失		*		*	*	*
9	九、办公费	150 000	*	90 500	*	*	*
10	十、董事会费		*	30 000	*	*	*
11	十一、租赁费					*	*
12	十二、诉讼费		*		*	*	*
13	十三、差旅费	70 000	*	50 000	*	*	*
14	十四、保险费		*		*	*	*
15	十五、运输、仓储费					*	*
16	十六、修理费	50 000				*	*
17	十七、包装费		*		*	*	*
18	十八、技术转让费					*	*
19	十九、研究费用			200 000		*	*
20	二十、各项税费		*		*	*	*
21	二十一、利息收支	*	*	*	*	370 000	

续表

行次	项目	销售费用	其中：境外支付	管理费用	其中：境外支付	财务费用	其中：境外支付
		1	2	3	4	5	6
22	二十二、汇兑差额	*	*	*	*		
23	二十三、现金折扣	*	*	*	*		*
24	二十四、党组织工作经费	*	*		*	*	*
25	二十五、其他						
26	合计（1+2+3+…+24+25）	2 150 000		1 670 000		370 000	

第三步：填制《A105010 视同销售和房地产开发企业特定业务纳税调整明细表》《A105050 职工薪酬支出及纳税调整明细表》《A105060 广告费和业务宣传费跨年度纳税调整明细表》《A105070 捐赠支出及纳税调整明细表》《A105080 资产折旧、摊销及纳税调整明细表》《A105000 纳税调整项目明细表》。

根据【业务解析 5-26】中的“1. 业务资料—(1)年度《利润表》中有关项目的明细资料⑩”和“(2) 其他相关资料⑦”，填制《A105010 视同销售和房地产开发企业特定业务纳税调整明细表》，填制结果如表 5-27 所示。

根据【业务解析 5-26】中的“1. 业务资料—(2)其他相关资料①”及其业务解析过程，填制《A105050 职工薪酬支出及纳税调整明细表》，填制结果如表 5-28 所示。

根据【业务解析 5-26】中的“1. 业务资料—(1)年度《利润表》中有关项目的明细资料①、④”及其业务解析过程，填制《A105060 广告费和业务宣传费跨年度纳税调整明细表》，填制结果如表 5-29 所示。

根据【业务解析 5-26】中的“1. 业务资料—(1)年度《利润表》中有关项目的明细资料⑫”及其业务解析过程，填制《A105070 捐赠支出及纳税调整明细表》，填制结果如表 5-30 所示。

根据【业务解析 5-26】中的“1. 业务资料—(2)其他相关资料②、③”及其业务解析过程，填制《A105080 资产折旧、摊销及纳税调整明细表》，填制结果如表 5-31 所示。

根据表 5-27～表 5-31，填制《A105000 纳税调整项目明细表》的第 2、第 13、第 14、第 16、第 17、第 32 行；同时，根据【业务解析 5-26】中“3. 解析过程—(3) 逐项分析纳税调整项目及其金额⑤、②、⑦、①、④”，分别填制《A105000 纳税调整项目明细表》的第 7、第 15、第 21、第 26、第 33 行。填制结果如表 5-32 所示。

第四步：填制《A107011 符合条件的居民企业之间的股息、红利等权益性投资收益优惠明细表》《A107012 研发费用加计扣除优惠明细表》《A107010 免税收入、减计收入及加计扣除优惠明细表》。

根据【业务解析 5-26】中的“1. 业务资料—(1) 年度《利润表》中有关项目的明细资料⑨”及“3. 解析过程—(3) 逐项分析纳税调整项目及其金额⑥”，填制《A107011 符合条件的居民企业之间的股息、红利等权益性投资收益优惠明细表》，填制结果如表 5-33 所示。

根据【业务解析 5-26】中的“1. 业务资料—(1) 年度《利润表》中有关项目的明细

资料⑤”及“3. 解析过程中—(3) 逐项分析纳税调整项目及其金额②”，填制《A107012研发费用加计扣除优惠明细表》，填制结果如表5-34所示。

根据表5-33和表5-34，填制《A107010免税收入、减计收入及加计扣除优惠明细表》的第3、26行；同时，根据【业务解析5-26】中的“1. 业务资料—(1) 年度利润表中有关项目的明细资料⑨”及“3. 解析过程—(3) 逐项分析纳税调整项目及其金额⑥”，填制《A107010免税收入、减计收入及加计扣除优惠明细表》的第2行。填制结果如表5-35所示。

第五步：填制《A107040减免所得税优惠明细表》《A107050税额抵免优惠明细表》。

根据【业务解析5-28】的解析过程及结果，填制《A107040减免所得税优惠明细表》的第2行，填制结果如表5-36所示。

根据【业务解析5-28】的解析过程及结果，填制《A107050税额抵免优惠明细表》，填制结果如表5-37所示。

第六步：填制《A100000企业所得税年度纳税申报表（A类，2017年版)》(主表)。

根据表5-24～表5-26，填制主表的第1、第2、第4、第5、第6、第10、第11、第13、第14行；根据【业务解析5-26】中的业务资料，填制主表的第3、第7、第8、第9行；根据项目行次关系，计算第12行“二、营业利润”、第15行“三、利润总额”。填制结果如表5-38所示的“利润总额计算”部分。

根据表5-32，填制主表的第17、18行；根据表5-35，填制主表的第19行；根据项目行次关系，计算第21行“四、纳税调整后所得”、第25行“五、应纳税所得额”。填制结果如表5-38所示的“应纳税所得额计算”部分。

根据表5-36，填制主表的第28行；根据表5-37，填制主表的第29行；根据【业务解析5-27】中的解析过程及结果，填制主表的第34行；根据项目行次关系，计算第27行“六、应纳所得税额”、第30行“七、应纳税额”、第33行“八、实际应纳所得税额”、第35行“九、本年应补（退）所得税额”。填制结果如表5-38所示的“应纳税额计算”部分。

第七步：填制“企业所得税年度纳税申报表封面”。封面的填制情况如表5-39所示。

最后，将填制完毕的表格按照“表单编号”整理排序，将《企业所得税年度纳税申报表填报表单》置于《A000000企业基础信息表》之上，再加具“封面”，装订成册即可。

表5-27　A105010视同销售和房地产开发企业特定业务纳税调整明细表

金额单位：元

行次	项目	税收金额	纳税调整金额
		1	2
1	一、视同销售（营业）收入（2+3+4+5+6+7+8+9+10）	120 000	120 000
2	（一）非货币性资产交换视同销售收入		
3	（二）用于市场推广或销售视同销售收入		
4	（三）用于交际应酬视同销售收入		
5	（四）用于职工奖励或福利视同销售收入		
6	（五）用于股息分配视同销售收入		

续表

行次	项目	税收金额	纳税调整金额
		1	2
7	（六）用于对外捐赠视同销售收入	120 000	120 000
8	（七）用于对外投资项目视同销售收入		
9	（八）提供劳务视同销售收入		
10	（九）其他		
11	二、视同销售（营业）成本（12 + 13 + 14 + 15 + 16 + 17 + 18 + 19 + 20）	60 000	-60 000
12	（一）非货币性资产交换视同销售成本		
13	（二）用于市场推广或销售视同销售成本		
14	（三）用于交际应酬视同销售成本		
15	（四）用于职工奖励或福利视同销售成本		
16	（五）用于股息分配视同销售成本		
17	（六）用于对外捐赠视同销售成本	60 000	-60 000
18	（七）用于对外投资项目视同销售成本		
19	（八）提供劳务视同销售成本		
20	（九）其他		
21	三、房地产开发企业特定业务计算的纳税调整额（22 - 26）		
22	（一）房地产企业销售未完工开发产品特定业务计算的纳税调整额（24 - 25）		
23	1. 销售未完工产品的收入		*
24	2. 销售未完工产品预计毛利额		
25	3. 实际发生的营业税金及附加、土地增值税		
26	（二）房地产企业销售的未完工产品转完工产品特定业务计算的纳税调整额（28 - 29）		
27	1. 销售未完工产品转完工产品确认的销售收入		*
28	2. 转回的销售未完工产品预计毛利额		
29	3. 转回实际发生的营业税金及附加、土地增值税		

表 5-28　A105050 职工薪酬支出及纳税调整明细表

金额单位：元

行次	项目	账载金额	实际发生额	税收规定扣除率	以前年度累计结转扣除额	税收金额	纳税调整金额	累计结转以后年度扣除额
		1	2	3	4	5	6（1－5）	7（2＋4－5）
1	一、工资薪金支出	5 000 000	5 000 000	*	*	5 000 000	0	*
2	其中：股权激励			*	*			*
3	二、职工福利费支出	900 000	800 000	14%	*	700 000	200 000	*
4	三、职工教育经费支出	710 000	680 000	*	0	400 000	310 000	280 000
5	其中：按税收规定比例扣除的职工教育经费	710 000	680 000	8%	0	400 000	310 000	280 000
6	按税收规定全额扣除的职工培训费用				*			*
7	四、工会经费支出	120 000	110 000	2%	*	100 000	20 000	*
8	五、各类基本社会保障性缴款			*	*			*
9	六、住房公积金			*	*			*
10	七、补充养老保险				*			*
11	八、补充医疗保险				*			*
12	九、其他			*				
13	合计（1＋3＋4＋7＋8＋9＋10＋11＋12）	6 730 000	6 590 000	*	0	6 200 000	530 000	280 000

表 5-29　A105060 广告费和业务宣传费跨年度纳税调整明细表

行次	项目	金额/元
1	一、本年广告费和业务宣传费支出	800 000
2	减：不允许扣除的广告费和业务宣传费支出	0
3	二、本年符合条件的广告费和业务宣传费支出（1－2）	800 000
4	三、本年计算广告费和业务宣传费扣除限额的销售（营业）收入	45 500 000
5	乘：税收规定扣除率	15%
6	四、本企业计算的广告费和业务宣传费扣除限额（4×5）	6 825 000
7	五、本年结转以后年度扣除额（3>6，本行=3－6；3≤6，本行=0）	0
8	加：以前年度累计结转扣除额	0
9	减：本年扣除的以前年度结转额［3>6，本行=0；3≤6，本行=8或（6－3）孰小值］	0
10	六、按照分摊协议归集至其他关联方的广告费和业务宣传费（10≤3与6孰小值）	0
11	按照分摊协议从其他关联方归集至本企业的广告费和业务宣传费	0
12	七、本年广告费和业务宣传费支出纳税调整金额（3>6，本行=2+3－6+10－11；3≤6，本行=2+10－11－9）	0
13	八、累计结转以后年度扣除额（7+8－9）	0

表 5-30 A105070 捐赠支出及纳税调整明细表

金额单位：元

行次	项目	账载金额	以前年度结转可扣除的捐赠额	按税收规定计算的扣除限额	税收金额	纳税调增金额	纳税调减金额	可结转以后年度扣除的捐赠额
		1	2	3	4	5	6	7
1	一、非公益性捐赠		*	*	*		*	*
2	二、全额扣除的公益性捐赠	160 000	*	*	160 000	*	*	*
3	三、限额扣除的公益性捐赠（4＋5＋6＋7）							
4	前三年度（　　年）	*		*	*	*		*
5	前二年度（　　年）	*		*	*	*		
6	前一年度（　　年）	*		*	*	*		
7	本　年（　　年）		*				*	
8	合计（1＋2＋3）	160 000	0	0	160 000	0	0	0

表 5-31　A105080 资产折旧、摊销及纳税调整明细表

金额单位：元

行次	项目		账载金额			税收金额					纳税调整金额
			资产原值	本年折旧、摊销额	累计折旧、摊销额	资产计税基础	税收折旧额	享受加速折旧政策的资产按税收一般规定计算的折旧、摊销额	加速折旧统计额	累计折旧、摊销额	
			1	2	3	4	5	6	7=5-6	8	9（2-5）
1	一、固定资产（2+3+4+5+6+7）		1 000 000	92 000	92 000	1 000 000	46 000	*	*	46 000	46 000
2	所有固定资产	（一）房屋、建筑物						*	*		
3		（二）飞机、火车、轮船、机器、机械和其他生产设备	1 000 000	92 000	92 000	1 000 000	46 000	*	*	46 000	46 000
4		（三）与生产经营活动有关的器具、工具、家具等						*	*		
5		（四）飞机、火车、轮船以外的运输工具						*	*		
6		（五）电子设备						*	*		
7		（六）其他						*	*		
8	其中：享受固定资产加速折旧及一次性扣除政策的资产加速折旧额大于一般折旧额的部分	（一）重要行业固定资产加速折旧（不含一次性扣除）									*
9		（二）其他行业研发设备加速折旧									*
10		（三）固定资产一次性扣除									*
11		（四）技术进步、更新换代固定资产									*
12		（五）常年强震动、高腐蚀固定资产									*
13		（六）外购软件折旧									*
14		（七）集成电路企业生产设备									*

续表

行次	项目	账载金额			税收金额					纳税调整金额
		资产原值	本年折旧、摊销额	累计折旧、摊销额	资产计税基础	税收折旧额	享受加速折旧政策的资产按税收一般规定计算的折旧、摊销额	加速折旧统计额	累计折旧、摊销额	
		1	2	3	4	5	6	7＝5－6	8	9（2－5）
15	二、生产性生物资产（16＋17）						*	*		
16	（一）林木类						*	*		
17	（二）畜类						*	*		
18	三、无形资产（19＋20＋21＋22＋23＋24＋25＋27）	500 000	0	0	500 000	50 000	*	*		
19	（一）专利权						*	*		
20	（二）商标权						*	*		
21	（三）著作权						*	*		
22	（四）土地使用权						*	*		
23	（五）非专利技术	500 000	0	0	500 000	50 000	*	*	150 000	－50 000
24	（六）特许权使用费						*	*		
25	（七）软件						*	*		
26	其中：享受企业外购软件加速摊销政策									*
27	（八）其他						*	*		

续表

行次	项目	账载金额			税收金额					纳税调整金额
		资产原值	本年折旧、摊销额	累计折旧、摊销额	资产计税基础	税收折旧额	享受加速折旧政策的资产按税收一般规定计算的折旧、摊销额	加速折旧统计额	累计折旧、摊销额	
		1	2	3	4	5	6	7=5-6	8	9（2-5）
28	四、长期待摊费用（29+30+31+32+33）						*	*		
29	（一）已足额提取折旧的固定资产的改建支出						*	*		
30	（二）租入固定资产的改建支出						*	*		
31	（三）固定资产的大修理支出						*	*		
32	（四）开办费						*	*		
33	（五）其他						*	*		
34	五、油气勘探投资						*	*		
35	六、油气开发投资						*	*		
36	合计（1+15+18+28+34+35）	1 500 000	92 000	92 000	1 500 000	96 000			196 000	-4 000
附列资料	全民所有制改制资产评估增值政策资产						*	*		

表 5-32 A105000 纳税调整项目明细表 金额单位：元

行次	项目	账载金额	税收金额	调增金额	调减金额
		1	2	3	4
1	一、收入类调整项目（2 + 3 + …8 + 10 + 11）	*	*	120 000	100 000
2	（一）视同销售收入（填写 A105010）	*	120 000	120 000	*
3	（二）未按权责发生制原则确认的收入（填写 A105020）				
4	（三）投资收益（填写 A105030）				
5	（四）按权益法核算长期股权投资对初始投资成本调整确认收益	*	*	*	
6	（五）交易性金融资产初始投资调整	*	*		*
7	（六）公允价值变动净损益	100 000	*		100 000
8	（七）不征税收入	*	*		
9	其中：专项用途财政性资金（填写 A105040）	*	*		
10	（八）销售折扣、折让和退回				
11	（九）其他				
12	二、扣除类调整项目（13 + 14 + …24 + 26 + 27 + 28 + 29 + 30）	*	*	853 000	60 000
13	（一）视同销售成本（填写 A105010）	*	60 000	*	60 000
14	（二）职工薪酬（填写 A105050）	6 730 000	6 200 000	530 000	
15	（三）业务招待费支出	400 500	227 500	173 000	*
16	（四）广告费和业务宣传费支出（填写 A105060）	*	*	0	0
17	（五）捐赠支出（填写 A105070）	160 000	160 000	0	0
18	（六）利息支出	100 000	60 000	40 000	
19	（七）罚金、罚款和被没收财物的损失		*		*
20	（八）税收滞纳金、加收利息		*		*
21	（九）赞助支出	60 000	*	60 000	*
22	（十）与未实现融资收益相关在当期确认的财务费用				
23	（十一）佣金和手续费支出				*
24	（十二）不征税收入用于支出所形成的费用	*	*		*
25	其中：专项用途财政性资金用于支出所形成的费用（填写 A105040）	*	*		*

续表

行次	项目	账载金额	税收金额	调增金额	调减金额
		1	2	3	4
26	（十三）跨期扣除项目	50 000	0	50 000	
27	（十四）与取得收入无关的支出		*		*
28	（十五）境外所得分摊的共同支出	*	*		*
29	（十六）党组织工作经费				
30	（十七）其他				
31	三、资产类调整项目（32+33+34+35）	*	*	320 000	4 000
32	（一）资产折旧、摊销（填写A105080）	92 000	96 000		4 000
33	（二）资产减值准备金	320 000	*	320 000	
34	（三）资产损失（填写A105090）				
35	（四）其他				
36	四、特殊事项调整项目（37+38+…+42）	*	*	0	0
37	（一）企业重组及递延纳税事项（填写A105100）				
38	（二）政策性搬迁（填写A105110）	*	*		
39	（三）特殊行业准备金（填写A105120）				
40	（四）房地产开发企业特定业务计算的纳税调整额（填写A105010）	*			
41	（五）有限合伙企业法人合伙方应分得的应纳税所得额				
42	（六）其他	*	*		
43	五、特别纳税调整应税所得	*	*		
44	六、其他	*	*		
45	合计（1+12+31+36+43+44）	*	*	1 293 000	164 000

表 5-33　A107011 符合条件的居民企业之间的股息、红利等权益性投资收益优惠明细表

金额单位：元

行次	被投资企业	被投资企业统一社会信用代码（纳税人识别号）	投资性质	投资成本	投资比例	被投资企业利润分配确认金额		被投资企业清算确认金额			撤回或减少投资确认金额						合计
						被投资企业做出利润分配或转股决定时间	依决定归属于本公司的股息、红利等权益性投资收益金额	分得的被投资企业清算剩余资产	被清算企业累计未分配利润和累计盈余公积应享有部分	应确认的股息所得	从被投资企业撤回或减少投资取得的资产	减少投资比例	收回初始投资成本	取得资产中超过收回初始投资成本部分	撤回或减少投资应享有被投资企业累计未分配利润和累计盈余公积	应确认的股息所得	
	1	2	3	4	5	6	7	8	9	10（8与9孰小）	11	12	13（4×12）	14（11－13）	15	16（14与15孰小）	17（7＋10＋16）
1	山东长泰实业有限公司		直接投资	4 000 000	30%		150 000										150 000
2																	
3																	
4																	
5																	
6																	
7																	
8	合计																150 000
9	其中：股票投资—沪港通 H 股																
10	股票投资—深港通 H 股																

表 5-34　A107012 研发费用加计扣除优惠明细表

行次	项　　目	金额/元
1	本年可享受研发费用加计扣除项目数量（单位：个）	1
2	一、自主研发、合作研发、集中研发（3+7+16+19+23+34）	200 000
3	（一）人员人工费用（4+5+6）	
4	1. 直接从事研发活动人员工资薪金	
5	2. 直接从事研发活动人员五险一金	
6	3. 外聘研发人员的劳务费用	
7	（二）直接投入费用（8+9+10+11+12+13+14+15）	
8	1. 研发活动直接消耗材料费用	
9	2. 研发活动直接消耗燃料费用	
10	3. 研发活动直接消耗动力费用	
11	4. 用于中间试验和产品试制的模具、工艺装备开发及制造费	
12	5. 用于不构成固定资产的样品、样机及一般测试手段购置费	
13	6. 用于试制产品的检验费	
14	7. 用于研发活动的仪器、设备的运行维护、调整、检验、维修等费用	
15	8. 通过经营租赁方式租入的用于研发活动的仪器、设备租赁费	
16	（三）折旧费用（17+18）	
17	1. 用于研发活动的仪器的折旧费	
18	2. 用于研发活动的设备的折旧费	
19	（四）无形资产摊销（20+21+22）	
20	1. 用于研发活动的软件的摊销费用	
21	2. 用于研发活动的专利权的摊销费用	
22	3. 用于研发活动的非专利技术（包括许可证、专有技术、设计和计算方法等）的摊销费用	
23	（五）新产品设计费等（24+25+26+27）	
24	1. 新产品设计费	
25	2. 新工艺规程制定费	
26	3. 新药研制的临床试验费	
27	4. 勘探开发技术的现场试验费	
28	（六）其他相关费用（29+30+31+32+33）	
29	1. 技术图书资料费、资料翻译费、专家咨询费、高新科技研发保险费	
30	2. 研发成果的检索、分析、评议、论证、鉴定、评审、评估、验收费用	
31	3. 知识产权的申请费、注册费、代理费	
32	4. 职工福利费、补充养老保险费、补充医疗保险费	

续表

行次	项　目	金额/元
33	5. 差旅费、会议费	
34	（七）经限额调整后的其他相关费用	
35	二、委托研发（36+37+39）	0
36	（一）委托境内机构或个人进行研发活动所发生的费用	
37	（二）委托境外机构进行研发活动发生的费用	
38	其中：允许加计扣除的委托境外机构进行研发活动发生的费用	
39	（三）委托境外个人进行研发活动发生的费用	
40	三、年度研发费用小计（2+36×80%+38）	200 000
41	（一）本年费用化金额	200 000
42	（二）本年资本化金额	
43	四、本年形成无形资产摊销额	0
44	五、以前年度形成无形资产本年摊销额	0
45	六、允许扣除的研发费用合计（41+43+44）	200 000
46	减：特殊收入部分	0
47	七、允许扣除的研发费用抵减特殊收入后的金额（45－46）	200 000
48	减：当年销售研发活动直接形成产品（包括组成部分）对应的材料部分	0
49	减：以前年度销售研发活动直接形成产品（包括组成部分）对应材料部分结转金额	0
50	八、加计扣除比例（%）	75%
51	九、本年研发费用加计扣除总额（47－48－49）×50	150 000
52	十、销售研发活动直接形成产品（包括组成部分）对应材料部分结转以后年度扣减金额（当47－48－49≥0，本行=0；当47－48－49<0，本行=47－48－49的绝对值）	

表5-35　A107010免税收入、减计收入及加计扣除优惠明细表

行次	项　目	金额/元
1	一、免税收入（2+3+6+7+8+9+10+11+12+13+14+15+16）	200 000
2	（一）国债利息收入免征企业所得税	50 000
3	（二）符合条件的居民企业之间的股息、红利等权益性投资收益免征企业所得税（填写A107011）	150 000
4	其中：内地居民企业通过沪港通投资且连续持有H股满12个月取得的股息红利所得免征企业所得税（填写A107011）	
5	内地居民企业通过深港通投资且连续持有H股满12个月取得的股息红利所得免征企业所得税（填写A107011）	
6	（三）符合条件的非营利组织的收入免征企业所得税	
7	（四）符合条件的非营利组织（科技企业孵化器）的收入免征企业所得税	

续表

行次	项 目	金额/元
8	（五）符合条件的非营利组织（国家大学科技园）的收入免征企业所得税	
9	（六）中国清洁发展机制基金取得的收入免征企业所得税	
10	（七）投资者从证券投资基金分配中取得的收入免征企业所得税	
11	（八）取得的地方政府债券利息收入免征企业所得税	
12	（九）中国保险保障基金有限责任公司取得的保险保障基金等收入免征企业所得税	
13	（十）中国奥委会取得北京冬奥组委支付的收入免征企业所得税	
14	（十一）中国残奥委会取得北京冬奥组委分期支付的收入免征企业所得税	
15	（十二）其他1	
16	（十三）其他2	
17	二、减计收入（18+19+23+24）	
18	（一）综合利用资源生产产品取得的收入在计算应纳税所得额时减计收入	
19	（二）金融、保险等机构取得的涉农利息、保费减计收入（20+21+22）	
20	1. 金融机构取得的涉农贷款利息收入在计算应纳税所得额时减计收入	
21	2. 保险机构取得的涉农保费收入在计算应纳税所得额时减计收入	
22	3. 小额贷款公司取得的农户小额贷款利息收入在计算应纳税所得额时减计收入	
23	（三）取得铁路债券利息收入减半征收企业所得税	
24	（四）其他	
25	三、加计扣除（26+27+28+29+30）	150 000
26	（一）开发新技术、新产品、新工艺发生的研究开发费用加计扣除（填写A107012）	150 000
27	（二）科技型中小企业开发新技术、新产品、新工艺发生的研究开发费用加计扣除（填写A107012）	
28	（三）企业为获得创新性、创意性、突破性的产品进行创意设计活动而发生的相关费用加计扣除	
29	（四）安置残疾人员所支付的工资加计扣除	
30	（五）其他	
31	合计（1+17+25）	350 000

表5-36 A107040减免所得税优惠明细表

行次	项 目	金额/元
1	一、符合条件的小型微利企业减免企业所得税	
2	二、国家需要重点扶持的高新技术企业减按15%的税率征收企业所得税（填写A107041）	1 517 900
3	三、经济特区和上海浦东新区新设立的高新技术企业在区内取得的所得定期减免企业所得税（填写A107041）	
4	四、受灾地区农村信用社免征企业所得税	
5	五、动漫企业自主开发、生产动漫产品定期减免企业所得税	

续表

行次	项　　目	金额/元
6	六、线宽小于 0.8 微米（含）的集成电路生产企业减免企业所得税（填写 A107042）	
7	七、线宽小于 0.25 微米的集成电路生产企业减按 15% 税率征收企业所得税（填写 A107042）	
8	八、投资额超过 80 亿元的集成电路生产企业减按 15% 税率征收企业所得税（填写 A107042）	
9	九、线宽小于 0.25 微米的集成电路生产企业减免企业所得税（填写 A107042）	
10	十、投资额超过 80 亿元的集成电路生产企业减免企业所得税（填写 A107042）	
11	十一、新办集成电路设计企业减免企业所得税（填写 A107042）	
12	十二、国家规划布局内集成电路设计企业可减按 10% 的税率征收企业所得税（填写 A107042）	
13	十三、符合条件的软件企业减免企业所得税（填写 A107042）	
14	十四、国家规划布局内重点软件企业可减按 10% 的税率征收企业所得税（填写 A107042）	
15	十五、符合条件的集成电路封装、测试企业定期减免企业所得税（填写 A107042）	
16	十六、符合条件的集成电路关键专用材料生产企业、集成电路专用设备生产企业定期减免企业所得税（填写 A107042）	
17	十七、经营性文化事业单位转制为企业的免征企业所得税	
18	十八、符合条件的生产和装配伤残人员专门用品企业免征企业所得税	
19	十九、技术先进型服务企业减按 15% 的税率征收企业所得税	
20	二十、服务贸易类技术先进型服务企业减按 15% 的税率征收企业所得税	
21	二十一、设在西部地区的鼓励类产业企业减按 15% 的税率征收企业所得税	
22	二十二、新疆困难地区新办企业定期减免企业所得税	
23	二十三、新疆喀什、霍尔果斯特殊经济开发区新办企业定期免征企业所得税	
24	二十四、广东横琴、福建平潭、深圳前海等地区的鼓励类产业企业减按 15% 税率征收企业所得税	
25	二十五、北京冬奥组委、北京冬奥会测试赛赛事组委会免征企业所得税	
26	二十六、线宽小于 130 纳米的集成电路生产企业减免企业所得税（填写 A107042）	
27	二十七、线宽小于 65 纳米或投资额超过 150 亿元的集成电路生产企业减免企业所得税（填写 A107042）	
28	二十八、其他	
29	二十九、减：项目所得额按法定税率减半征收企业所得税叠加享受减免税优惠	
30	三十、支持和促进重点群体创业就业企业限额减征企业所得税（30.1 + 30.2）	
30.1	（一）下岗失业人员再就业	
30.2	（二）高校毕业生就业	
31	三十一、扶持自主就业退役士兵创业就业企业限额减征企业所得税	
32	三十二、民族自治地方的自治机关对本民族自治地方的企业应缴纳的企业所得税中属于地方分享的部分减征或免征（□免征 □减征：减征幅度____%）	
33	合计（1 + 2 + … + 28 − 29 + 30 + 31 + 32）	1 517 900

表 5-37　A107050 **税额抵免优惠明细表**

金额单位：元

行次	项目	年度	本年抵免前应纳税额	本年允许抵免的专用设备投资额	本年可抵免税额	以前年度已抵免额						本年实际抵免的各年度税额	可结转以后年度抵免的税额
						前五年度	前四年度	前三年度	前二年度	前一年度	小计		
		1	2	3	4＝3×10%	5	6	7	8	9	10（5＋…＋9）	11	12（4－10－11）
1	前五年度												*
2	前四年度					*							
3	前三年度					*	*						
4	前二年度					*	*	*					
5	前一年度					*	*	*	*				
6	本年度	2018 年	2 284 350	1 000 000	100 000	*	*	*	*	*	*	100 000	0
7	本年实际抵免税额合计											100 000	*
8	可结转以后年度抵免的税额合计												0
9	用设备投资情况	本年允许抵免的环境保护专用设备投资额											
10		本年允许抵免节能节水的专用设备投资额											
11		本年允许抵免的安全生产专用设备投资额											1 000 000

表 5-38　A100000 企业所得税年度纳税申报表（A 类，2017 年版）

行次	类别	项目	金额/元
1	利润总额计算	一、营业收入（填写 A101010 \ 101020 \ 103000）	45 380 000
2		减：营业成本（填写 A102010 \ 102020 \ 103000）	25 600 000
3		税金及附加	1 020 000
4		销售费用（填写 A104000）	2 150 000
5		管理费用（填写 A104000）	1 670 000
6		财务费用（填写 A104000）	370 000
7		资产减值损失	320 000
8		加：公允价值变动收益	100 000
9		投资收益	200 000
10		资产处置收益	30 000
11		其他收益	0
12		二、营业利润（1－2－3－4－5－6－7＋8＋9＋10＋11）	14 580 000
13		加：营业外收入（填写 A101010 \ 101020 \ 103000）	60 000
14		减：营业外支出（填写 A102010 \ 102020 \ 103000）	240 000
15		三、利润总额（12＋13－14）	14 400 000
16	应纳税所得额计算	减：境外所得（填写 A108010）	0
17		加：纳税调整增加额（填写 A105000）	1 293 000
18		减：纳税调整减少额（填写 A105000）	164 000
19		减：免税、减计收入及加计扣除（填写 A107010）	350 000
20		加：境外应税所得抵减境内亏损（填写 A108000）	0
21		四、纳税调整后所得（15－16＋17－18－19＋20）	15 179 000
22		减：所得减免（填写 A107020）	0
23		减：弥补以前年度亏损（填写 A106000）	0
24		减：抵扣应纳税所得额（填写 A107030）	0
25		五、应纳税所得额（21－22－23－24）	15 179 000
26	应纳税额计算	税率（25%）	25%
27		六、应纳所得税额（25×26）	3 794 750
28		减：减免所得税额（填写 A107040）	1 517 900
29		减：抵免所得税额（填写 A107050）	100 000

续表

行次	类别	项目	金额/元
30	应纳税额计算	七、应纳税额（27－28－29）	2 176 850
31		加：境外所得应纳所得税额（填写 A108000）	0
32		减：境外所得抵免所得税额（填写 A108000）	0
33		八、实际应纳所得税额（30＋31－32）	2 176 850
34		减：本年累计实际已缴纳的所得税额	2 130 000
35		九、本年应补（退）所得税额（33－34）	46 850
36		其中：总机构分摊本年应补（退）所得税额（填写 A109000）	
37		财政集中分配本年应补（退）所得税额（填写 A109000）	
38		总机构主体生产经营部门分摊本年应补（退）所得税额	

表 5-39　中华人民共和国企业所得税年度纳税申报表（封面）

（A 类，2017 年版）

税款所属期间：2018 年 1 月 1 日至 2018 年 12 月 31 日

纳税人统一社会信用代码：| 9 | 1 | 3 | 7 | 0 | 7 | 2 | 9 | 3 | 0 | 6 | 0 | 1 | 3 | 4 | 5 | 8 | 9 |

（纳税人统一社会信用代码）：

纳税人名称：山东达美生物科技有限公司

金额单位：人民币元（列至角分）

谨声明：本纳税申报表是根据国家税收法律法规及相关规定填报的，是真实的、可靠的、完整的。

法定代表人（签章）：　　　　2019 年 4 月 28 日

经办人：李小梅	受理人：
经办人身份证号：	受理税务机关（章）：
代理机构签章：	受理日期：　　年　月　日

国家税务总局监制

项目五选项辨析答案

项目六　个人所得税核算与申报

【本项目基本知识目标】

- 熟悉个人所得税的纳税义务人、征税范围和税收优惠政策。
- 熟悉个人所得税的纳税期限。
- 熟悉个人所得税自行纳税申报的范围。
- 熟悉扣缴义务人全员全额扣缴申报的范围。
- 掌握综合所得年应纳税所得额和应纳税额的计算。
- 掌握六项专项附加扣除的扣除标准、适用范围和条件、享受扣除对象等规定。
- 掌握经营所得年应纳税所得额和应纳税额的计算。
- 掌握财产租赁所得应纳税所得额和应纳税额的计算。
- 掌握财产转让所得应纳税所得额和应纳税额的计算。
- 掌握利息、股息、红利所得和偶然所得的应纳税所得额和应纳税额的计算。
- 掌握扣缴义务人扣缴个人所得税的会计核算。
- 掌握扣缴义务人对八项居民个人所得扣缴个人所得税的计算。

【本项目工作能力目标】

- 能够准确计算工资薪金所得预扣预缴税额，并正确填报《个人所得税扣缴申报表》。
- 能够准确计算劳务报酬所得、稿酬所得、特许权使用费所得预扣预缴税额，并正确填报《个人所得税扣缴申报表》。
- 能够准确计算利息股息红利所得、财产租赁所得、财产转让所得和偶然所得代扣代缴税额，并正确填报《个人所得税扣缴申报表》。
- 能够正确完成扣缴义务人关于个人所得税业务的账务处理。

任务6-1　个人所得税认知

一、纳税义务人

依据住所和居住时间的不同，个人所得税的纳税义务人分为居民个人和非居民个人。

（一）居民个人

根据《中华人民共和国个人所得税法（2018修正）》（以下简称“新《个人所得税法》”），居民个人是指在中国境内有住所，或者无住所而一个纳税年度内在中国境内居住累计满183天的个人。

居民个人负有无限纳税义务，其从中国境内和境外取得的所得，都要依照规定缴纳个人所得税。

在中国境内有住所，是指因户籍、家庭、经济利益关系而在中国境内习惯性居住。从中国境内和境外取得的所得，分别是指来源于中国境内的所得和来源于中国境外的所得。

（二）非居民个人

非居民个人是指在中国境内无住所又不居住，或者无住所而一个纳税年度内在中国境内居住累计不满183天的个人。

非居民个人承担有限纳税义务，仅就其从中国境内取得的所得依法缴纳个人所得税。

纳税年度，是指自公历1月1日起至12月31日止的公历年度。

【选项辨析6-1】

下列选项中，属于个人所得税居民个人的是（　　）。

A. 在中国境内有住所的个人

B. 在中国境内无住所且不居住的个人

C. 在中国境内无住所，而一个纳税年度内在中国境内居住累计不满183天的个人

D. 在中国境内无住所，但一个纳税年度内在中国境内居住累计满183天的个人

二、征税范围

根据新《个人所得税法》，应当缴纳个人所得税的个人所得共计9项。

（一）工资、薪金所得

工资、薪金所得是指个人因任职或者受雇取得的工资、薪金、奖金、年终加薪、劳动分红、津贴、补贴以及与任职或者受雇有关的其他所得。

除工资、薪金以外，奖金、年终加薪、劳动分红、津贴、补贴也被确定为工资、薪金范畴。其中，年终加薪、劳动分红不分种类和取得情况，一律计入工资、薪金所得。

对于一些不属于工资、薪金性质的补贴、津贴或者不属于纳税人本人工资、薪金所得项目的收入，不予征税，具体包括：① 独生子女补贴；② 执行公务员工资制度未纳入基本工资总额的补贴、津贴差额和家属成员的副食品补贴；③ 托儿补助费；④ 差旅费津贴、误餐补助。

【选项辨析 6-2】

下列选项中，不属于“工资、薪金所得”性质的补贴、津贴的是（　　）。
A. 差旅费津贴　　B. 工龄补贴　　C. 加班补贴　　D. 岗位津贴

（二）劳务报酬所得

劳务报酬所得是指个人从事劳务取得的所得，包括从事设计、装潢、安装、制图、化验、测试、医疗、法律、会计、咨询、讲学、翻译、审稿、书画、雕刻、影视、录音、录像、演出、表演、广告、展览、技术服务、介绍服务、经纪服务、代办服务以及其他劳务取得的所得。

是否存在雇佣与被雇佣关系，是判断一种收入属于劳务报酬所得，还是属于工资、薪金所得的重要标准。劳务报酬所得是个人独立从事某种技艺，独立提供某种劳务而取得的所得；工资、薪金所得则是个人从事非独立劳动，从所在单位领取的报酬。后者存在雇佣与被雇佣的关系，而前者不存在这种关系。

【选项辨析 6-3】

下列选项中，应按“劳务报酬所得”缴纳个人所得税的有（　　）。
A. 某工程师从非雇佣单位取得的咨询收入
B. 某经济学家从非雇佣单位取得的讲学收入
C. 某职员取得的本单位优秀员工奖金
D. 某高校教师从任职学校领取的工资

（三）稿酬所得

稿酬所得是指个人因其作品以图书、报刊等形式出版、发表而取得的所得。作者去世后，财产继承人取得的遗作稿酬，也应征收个人所得税。

（1）任职、受雇于报纸、杂志等单位的记者、编辑等专业人员，因在本单位的报纸、杂志上发表作品取得的所得，属于因任职、受雇而取得的所得，应与其当月工资收入合并，按“工资、薪金所得”项目征收个人所得税。

除上述专业人员以外，其他人员在本单位的报刊、杂志上发表作品取得的所得，应按“稿酬所得”项目征收个人所得税。

（2）出版社的专业作者撰写、编写或翻译的作品，由本社以图书形式出版而取得的稿费收入，应按“稿酬所得”项目计算缴纳个人所得税。

【选项辨析 6-4】

大学教授李某取得的下列收入中，应按“稿酬所得”缴纳个人所得税的有（　　）。
A. 审稿收入　　B. 出版书画作品收入　　C. 作品参展收入　　D. 学术报告收入

（四）特许权使用费所得

特许权使用费所得是指个人提供专利权、商标权、著作权、非专利技术以及其他特许权的使用权取得的所得。提供著作权的使用权取得的所得，不包括稿酬所得。

居民个人取得的上述（一）至（四）项所得称为综合所得，综合所得按纳税年度合并计算个人所得税；非居民个人取得的上述（一）至（四）项所得，按月或者按次分项计算个人所得税。

【选项辨析 6-5】

根据新《个人所得税法》的规定，下列选项中不属于特许权使用费所得的是（　　）。
A. 提供专利权的使用权取得的所得　　B. 提供商标权的使用权取得的所得
C. 提供房屋使用权取得的所得　　D. 提供著作权的使用权取得的所得

（五）经营所得

经营所得具体包括以下四项内容：① 个体工商户从事生产、经营活动取得的所得，个人独资企业投资人、合伙企业的个人合伙人来源于境内注册的个人独资企业、合伙企业生产、经营的所得；② 个人依法从事办学、医疗、咨询以及其他有偿服务活动取得的所得；③ 个人对企业、事业单位承包经营、承租经营以及转包、转租取得的所得；④ 个人从事其他生产、经营活动取得的所得。

（六）利息、股息、红利所得

利息、股息、红利所得是指个人拥有债权、股权等而取得的利息、股息、红利所得。

利息是指个人拥有债权而取得的利息，包括存款利息、贷款利息和各种债券的利息。股息、红利是指个人拥有股权取得的股息、红利。按照一定的比率对每股发给的息金叫股息，公司、企业应分配的利润按股份分配的叫红利。

（七）财产租赁所得

财产租赁所得是指个人出租不动产、机器设备、车船以及其他财产取得的所得。

个人取得的财产转租收入属于“财产租赁所得”的征税范围，由财产转租人缴纳个人所得税。

（八）财产转让所得

财产转让所得是指个人转让有价证券、股权、合伙企业中的财产份额、不动产、机器设备、车船以及其他财产取得的所得。

个人转让专利权、商标权、著作权、非专利技术等的权属所取得的所得，按照“特许权使用费所得”缴纳个人所得税。

【选项辨析 6-6】

下列选项中，按照“财产转让所得”缴纳个人所得税的有（　　）。

A. 转让非专利技术收入　　B. 转让机器设备收入

C. 转让著作权收入　　D. 转让股权收入

（九）偶然所得

偶然所得是指个人得奖、中奖、中彩以及其他偶然性质的所得。

得奖是指参加各种有奖竞赛活动，取得名次得到的奖金；中奖、中彩是指参加各种有奖活动，如有奖销售、有奖储蓄，或者购买彩票，经过规定程序，抽中、摇中号码而取得的奖金。偶然所得应缴纳的个人所得税税款，一律由发奖单位或机构代扣代缴。

三、税收优惠政策

（一）免征项目

（1）省级人民政府、国务院部委和中国人民解放军军以上单位，以及外国组织、国际组织颁发的科学、教育、技术、文化、卫生、体育、环境保护等方面的奖金。

（2）国债和国家发行的金融债券利息。国债利息是指个人持有中华人民共和国财政部发行的债券而取得的利息，国家发行的金融债券利息是指个人持有经国务院批准发行的金融债券而取得的利息。

（3）按照国家统一规定发给的补贴、津贴。即按照国务院规定发给的政府特殊津贴、院士津贴，以及国务院规定免纳个人所得税的其他补贴、津贴。

（4）福利费、抚恤金、救济金。福利费是指根据国家有关规定，从企业、事业单位、国家机关、社会组织提留的福利费或者工会经费中支付给个人的生活补助费；救济金是指各级人民政府民政部门支付给个人的生活困难补助费。

（5）保险赔款。

（6）军人的转业费、复员费、退役金。

（7）按照国家统一规定发给干部、职工的安家费、退职费、基本养老金或者退休费、离休费、离休生活补助费。

（8）依照有关法律规定应予免税的各国驻华使馆、领事馆的外交代表、领事官员和其他人员的所得。

（9）中国政府参加的国际公约、签订的协议中规定免税的所得。

（10）国务院规定的其他免税所得。

【选项辨析 6-7】

根据新《个人所得税法》的规定，下列选项中免征个人所得税的有（　　）。
A. 劳动分红　　B. 军人转业费　　C. 保险赔款　　D. 国债利息

（二）减征项目

有下列情形之一的，可以减征个人所得税，具体幅度和期限由省、自治区、直辖市人民政府规定，并报同级人民代表大会常务委员会备案：① 残疾、孤老人员和烈属的所得；② 因自然灾害遭受重大损失的。

国务院可以规定其他减税情形，报全国人民代表大会常务委员会备案。

任务 6-2　个人所得税税额计算

一、综合所得应纳税额的计算

（一）全年应纳税所得额

居民个人取得的综合所得包括工资薪金所得、劳务报酬所得、稿酬所得、特许权使用费所得。综合所得按纳税年度合并计算个人所得税。

居民个人的综合所得，以每一纳税年度的收入额减除费用 60 000 元（每月 5 000 元）以及专项扣除、专项附加扣除和依法确定的其他扣除后的余额为应纳税所得额。

年度应纳税所得额的计算公式为：

全年应纳税所得额

= 全年收入额 − 60 000 − 专项扣除 − 专项附加扣除 − 依法确定的其他扣除

=（工资薪金所得 + 劳务报酬所得 + 稿酬所得 + 特许权使用费所得）− 60 000 − 专项扣除 − 专项附加扣除 − 依法确定的其他扣除

1. 工资薪金所得

工资薪金所得包括年度内因任职或者受雇取得的工资、薪金、奖金、年终加薪、劳动分红、津贴、补贴以及与任职或者受雇有关的其他所得之和。

2. 劳务报酬所得、稿酬所得、特许权使用费所得

劳务报酬所得、稿酬所得、特许权使用费所得，以收入减除 20% 费用后的余额为收入额。稿酬所得的收入额减按 70% 计算。其计算公式为：

劳务报酬所得 = 劳务报酬收入 ×（1 − 20%）

稿酬所得 = 稿酬收入 ×（1 − 20%）× 70%

特许权使用费所得 = 特许权使用费收入 ×（1 − 20%）

保险营销员、证券经纪人取得的佣金收入，属于劳务报酬所得，以不含增值税的收入减除 20% 费用后的余额为收入额，收入额减去展业成本以及附加税费后，并入当年综合所

得，计算缴纳个人所得税。保险营销员、证券经纪人展业成本按照收入额的25%计算。保险营销员、证券经纪人的佣金收入计入综合所得全年应纳税所得额的公式为：

保险营销员、证券经纪人劳务报酬所得 = 收入额 − 展业成本 − 附加税费

收入额 = 佣金收入 ×（1 − 20%）

展业成本 = 收入额 ×25% = 佣金收入 ×（1 − 20%）×25%

【选项辨析 6-8】

我国某高校黄老师在2019年出版教材一部，当年获得稿酬所得50 000元。则计入“全年应纳税所得额”的稿酬所得应为（　　）元。

A. 28 000　　B. 40 000　　C. 50 000　　D. 35 000

3. 基本费用标准

居民个人的综合所得在计算年度应纳税所得额时，按照每年60 000元的标准予以扣除；扣缴义务人在扣缴工资薪金所得个人所得税时，按照每月5 000元的标准予以扣除。

4. 专项扣除

专项扣除包括居民个人按照国家规定的范围和标准缴纳的基本养老保险、基本医疗保险、失业保险等社会保险费和住房公积金等，简称“三险一金”。

【选项辨析 6-9】

中国公民王某2019年每月从单位获得工资9 000元，其个人负担基本养老保险、基本医疗保险、失业保险等社会保险费1 860元，住房公积金900元。则计算王某本年度综合所得应纳税所得额时，“专项扣除”项目金额应为（　　）元。

A. 93 120　　B. 33 120　　C. 81 600　　D. 21 600

5. 专项附加扣除

专项附加扣除包括子女教育、继续教育、大病医疗、住房贷款利息、住房租金和赡养老人等6项专项附加扣除。

（1）子女教育专项附加扣除。

纳税人的子女接受学前教育和全日制学历教育的相关支出，按照每个子女每月1 000元（每年12 000元）的标准定额扣除。

学前教育阶段，为子女年满3周岁当月至小学入学前一月。全日制学历教育包括义务教育（小学、初中教育），高中阶段教育（普通高中、中等职业、技工教育），高等教育（大学专科、大学本科、硕士研究生、博士研究生教育）。学历教育的起止时间为子女接受全日制学历教育入学的当月至全日制学历教育结束的当月。

父母可以选择由其中一方按扣除标准的100%扣除，也可以选择由双方分别按扣除标准的50%扣除，具体扣除方式在一个纳税年度内不能变更。

子女教育的扣除主体是子女的法定监护人，包括生父母、继父母、养父母，父母之外的其他人担任未成年人的监护人的，比照执行。子女的范围包括婚生子女、非婚生子女、养子女、继子女。无论子女在公办学校或民办学校接受教育都可以享受扣除。

（2）继续教育专项附加扣除。

纳税人在中国境内接受学历（学位）继续教育的支出，在学历（学位）教育期间按照每月400元（每年4 800元）定额扣除。学历（学位）继续教育的起止时间为在中国境内接受继续教育入学的当月至继续教育结束的当月。同一学历（学位）继续教育的扣除期限不能超过48个月。

纳税人接受技能人员职业资格继续教育、专业技术人员职业资格继续教育的支出，在取得相关证书的当年，按照3 600元定额扣除。

个人接受本科及以下学历（学位）继续教育，符合规定扣除条件的，可以选择由其父母扣除，也可以选择由本人扣除，但不得同时扣除。

在一个纳税年度内，一个纳税人可以同时享受一项学历（学位）继续教育支出扣除和一项职业资格继续教育扣除，继续教育支出最多扣除8 400元/年（3 600元/年 +4 800元/年），多个学历（学位）继续教育不可同时享受，多个职业资格继续教育也不可同时享受。

（3）大病医疗专项附加扣除。

在一个纳税年度内，纳税人发生的与基本医保相关的医药费用支出，扣除医保报销后个人负担（指医保目录范围内的自付部分）累计超过15 000元的部分，由纳税人在办理年度汇算清缴时，在80 000元限额内据实扣除。大病医疗专项附加扣除的计算时间为医疗保障信息系统记录的医药费用实际支出的当年。

纳税人发生的医药费用支出可以选择由本人或者其配偶扣除；未成年子女发生的医药费用支出可以选择由其父母一方扣除。

纳税人及其配偶、未成年子女发生的医药费用支出，按照上述限额内据实扣除的规定，分别计算扣除额。

【选项辨析6-10】

中国公民孙某2019年度发生医药费用支出共计120 000元（与基本医保相关），医保报销了45 000元，剩余金额均在医保目录范围内。孙某在办理本年度汇算清缴时，大病医疗专项附加扣除的金额应为（　　）元。

A. 75 000　　B. 45 000　　C. 60 000　　D. 80 000

（4）住房贷款利息专项附加扣除。

纳税人本人或者配偶单独或者共同使用商业银行或者住房公积金个人住房贷款为本人或者其配偶购买中国境内住房，发生的首套住房贷款利息支出，在实际发生贷款利息的年度，按照每月1 000元的标准定额扣除，扣除期限最长不超过240个月。首套住房贷款是指购买住房享受首套住房贷款利率的住房贷款。纳税人只能享受一次首套住房贷款的利息扣除。

经夫妻双方约定，可以选择由其中一方扣除，具体扣除方式在一个纳税年度内不能变更。夫妻双方婚前分别购买住房发生的首套住房贷款，其贷款利息支出，婚后可以选择其中一套购买的住房，由购买方按扣除标准的100%扣除，也可以由夫妻双方对各自购买的住房分别按扣除标准的50%扣除，具体扣除方式在一个纳税年度内不能变更。

住房贷款利息的计算时间为贷款合同约定开始还款的当月至贷款全部归还或贷款合同终止的当月。

（5）住房租金专项附加扣除。

纳税人在主要工作城市没有自有住房而发生的住房租金支出，可以按照以下标准定额扣除：① 直辖市、省会（首府）城市、计划单列市以及国务院确定的其他城市，扣除标准为每月1 500元；② 除上述所列城市以外，市辖区户籍人口超过100万的城市，扣除标准为每月1 100元；市辖区户籍人口不超过100万的城市，扣除标准为每月800元。纳税人的配偶在纳税人的主要工作城市有自有住房的，视同纳税人在主要工作城市有自有住房。

主要工作城市是指纳税人任职受雇的直辖市、计划单列市、副省级城市、地级市（地区、州、盟）全部行政区域范围；纳税人无任职受雇单位的，为受理其综合所得汇算清缴的税务机关所在城市。

夫妻双方主要工作城市相同的，只能由一方扣除住房租金支出。住房租金支出由签订租赁住房合同的承租人扣除。纳税人及其配偶在一个纳税年度内不能同时分别享受住房贷款利息和住房租金专项附加扣除。

住房租金的计算时间为租赁合同（协议）约定的房屋租赁期开始的当月至租赁期结束的当月。

（6）赡养老人专项附加扣除。

纳税人赡养一位及以上被赡养人的赡养支出，统一按照以下标准定额扣除：① 纳税人为独生子女的，按照每月2 000元的标准定额扣除；② 纳税人为非独生子女的，由其与兄弟姐妹分摊每月2 000元的扣除额度，每人分摊的额度不能超过每月1 000元。可以由赡养人均摊或者约定分摊，也可以由被赡养人指定分摊。约定或者指定分摊的须签订书面分摊协议，指定分摊优先于约定分摊。具体分摊方式和额度在一个纳税年度内不能变更。

被赡养人是指年满60岁的父母，以及子女均已去世的年满60岁的祖父母、外祖父母。赡养老人专项附加扣除的计算时间为被赡养人年满60周岁的当月至赡养义务终止的年末。

【选项辨析6-11】

居民个人综合所得的“专项附加扣除”项目中，执行定额扣除标准的有（　　）。

A. 子女教育　　B. 继续教育　　C. 大病医疗　　D. 住房贷款利息

汇总上述6项个人所得税专项附加扣除的扣除标准、适用范围和条件、享受扣除政策的对象、享受环节、纳税人留存备查资料、享受政策的起止时间等内容，如表6-1所示。

表 6-1　个人所得税专项附加扣除政策一览表

专项附加扣除名称	扣除标准		适用范围和条件	享受扣除政策的对象	享受环节	纳税人留存备查资料	享受政策的起止时间
	每年	每月					
子女教育	—	每个子女 1 000 元	学前教育：年满 3 周岁当月至小学入学前一月	父母可以选择由其中一方按扣除标准的 100% 扣除，也可以选择由双方分别按扣除标准的 50% 扣除，扣除方式一个纳税年度内不能变更	预扣预缴时享受或年度汇算清缴时享受	在境外接受教育的，为境外学校录取通知书、留学签证等资料	全日制学历教育入学的当月至全日制学历教育结束的当月
			全日制学历教育：义务教育、高中阶段教育、高等教育				
继续教育	—	400 元	学历（学位）继续教育	接受教育的本人；符合规定条件的本科及以下学历（学位）继续教育，可选择由其父母或本人扣除，但不得同时扣除	预扣预缴时享受或年度汇算清缴时享受	无须留存资料	继续教育入学的当月至继续教育结束的当月，最长不能超过 48 个月
	3 600 元	—	技能人员职业资格继续教育；专业技术人员职业资格继续教育	接受教育本人		职业资格相关证书等	取得相关证书的当年
住房贷款利息	—	1 000 元	本人或配偶单独或共同使用商业银行或住房公积金个人住房贷款为本人或其配偶购买中国境内住房	首套住房贷款利息支出，可约定夫妻一方扣除；婚前分别购买住房，婚后可选择其中一套由购买方扣除，也可由双方对各自购买的住房分别按扣除标准的 50% 扣除	预扣预缴时享受或年度汇算清缴时享受	住房贷款合同、贷款还款支出凭证等资料	贷款合同约定开始还款的当月至贷款全部归还或贷款合同终止的当月，扣除期限最长不超过 240 个月
住房租金	—	1 500 元	直辖市、省会（首府）城市、计划单列市以及国务院确定的其他城市	在主要工作城市无自有住房而发生住房租金支出，且支出由签订租赁住房合同的承租人扣除； 纳税人及其配偶一个纳税年度内不能同时分别享受住房贷款利息和住房租金扣除； 夫妻双方主要工作城市相同的，只能由一方扣除住房租金支出	预扣预缴时享受或年度汇算清缴时享受	住房租赁合同、协议等有关资料	租赁合同（协议）约定的房屋租赁期开始的当月至租赁期结束的当月
	—	1 100 元	除上述城市，市辖区户籍人口超过 100 万的城市				
	—	800 元	市辖区户籍人口不超过 100 万的城市				

续表

专项附加扣除名称	扣除标准		适用范围和条件	享受扣除政策的对象	享受环节	纳税人留存备查资料	享受政策的起止时间
	每年	每月					
赡养老人		2 000 元	独生子女	独生子女本人	预扣预缴时享受或年度汇算清缴时享受	无须留存资料	被赡养人年满60周岁的当月至赡养义务终止的年末
	—	分摊金额≤1 000 元	非独生子女	子女均摊或者约定分摊，也可由被赡养人指定分摊；一经确定一个纳税年度内不能变更		约定或指定分摊的书面分摊协议	
大病医疗	80 000 元限额内据实	—	医保目录范围内，个人负担累计超过15 000元的部分，在80 000元限额内据实扣除	发生的医药费用支出可选择由本人或者其配偶扣除；未成年子女发生的医药费用支出可以选择由其父母一方扣除	年度汇算清缴时享受	大病患者医药服务收费及医保报销票据原件或复印件，或医疗保障部门出具的医药费用清单等	医疗保障信息系统记录的医药费用实际支出的当年

6. 依法确定的其他扣除

依法确定的其他扣除包括个人缴付符合国家规定的企业年金、职业年金，个人购买符合国家规定的商业健康保险、税收递延型商业养老保险的支出，以及国务院规定可以扣除的其他项目。

上述专项扣除、专项附加扣除和依法确定的其他扣除，以居民个人一个纳税年度的应纳税所得额为限额。一个纳税年度扣除不完的，不结转以后年度扣除。

【业务解析 6-1】

1. 业务资料

青岛某公司高级管理人员孙先生2019年每月工资薪金收入均为20 000元，“三险一金”月缴费基数为15 000元。该公司“三险一金”的个人缴存比例为：基本养老保险8%、基本医疗保险2%、失业保险0.5%、住房公积金12%。年内，孙先生利用业余时间为一家旅游公司提供培训服务，获得劳务收入10 000元。

本年度，孙先生正在偿还首套住房的贷款及利息；夫妻二人育有两个孩子，老大读初中一年级，老二读小学三年级；孙先生有一位姐姐，姐姐在另一家公司就职，他的父母均已过60岁。

孙先生夫妻双方约定，子女教育专项附加扣除由双方分别按扣除标准的50%扣除，住房贷款利息专项附加扣除由孙先生一方扣除。孙先生与姐姐均摊赡养老人专项附加扣除。无其他扣除或免税项目。

2. 工作要求

为孙先生计算2019年个人所得税的如下指标数据：

(1) 劳务报酬所得应计入全年应纳税所得额的金额。
(2) 专项扣除的合计金额。
(3) 子女教育专项附加扣除的金额。
(4) 住房贷款利息专项附加扣除的金额。
(5) 赡养老人专项附加扣除的金额。
(6) 专项附加扣除的合计金额。
(7) 全年应纳税所得额。

3. 解析过程

(1) 计入全年应纳税所得额的劳务报酬所得 = 10 000 × (1 − 20%) = 8 000 (元)
(2) 专项扣除的合计金额 = 15 000 × (8% + 2% + 0.5% + 12%) × 12 = 40 500 (元)
(3) 子女教育专项附加扣除的金额 = 1 000 × 50% × 2 × 12 = 12 000 (元)
(4) 住房贷款利息专项附加扣除的金额 = 1 000 × 12 = 12 000 (元)
(5) 赡养老人专项附加扣除的金额 = 2 000 × 50% × 12 = 12 000 (元)
(6) 专项附加扣除的合计金额 = 12 000 + 12 000 + 12 000 = 36 000 (元)
(7) 全年应纳税所得额 = (20 000 × 12 + 8 000) − 60 000 − 40 500 − 36 000 = 111 500 (元)

(二) 税率

居民个人的综合所得适用七级超额累进税率，税率为3%～45%，如表6-2所示。

表6-2　个人所得税税率表

(综合所得适用)

级　数	全年应纳税所得额	税率/%	速算扣除数/元
1	不超过36 000元的	3	0
2	超过36 000元至144 000元的部分	10	2 520
3	超过144 000元至300 000元的部分	20	16 920
4	超过300 000元至420 000元的部分	25	31 920
5	超过420 000元至660 000元的部分	30	52 920
6	超过660 000元至960 000元的部分	35	85 920
7	超过960 000元的部分	45	181 920

(三) 应纳税额

居民个人取得的综合所得，其个人所得税年应纳税额的计算公式为：

年应纳税额 = 全年应纳税所得额 × 适用税率 − 速算扣除数

【业务解析6-2】

1. 业务资料

见【业务解析6-1】。

2. 工作要求

为孙先生计算2019年个人所得税的年应纳税额。

3. 解析过程

【业务解析6-1】中，孙先生全年应纳税所得额为111 500元。对照表6-2，确定适用税率为10%，速算扣除数为2 520元。

年应纳税额＝111 500×10%－2 520＝8 630（元）

二、经营所得应纳税额的计算

（一）应纳税所得额

经营所得，以每一纳税年度的收入总额减除成本、费用以及损失后的余额，为应纳税所得额。年度应纳税所得额的计算公式为：

全年应纳税所得额＝每一纳税年度的收入总额－成本－费用－损失

成本、费用是指个体工商户、个人独资企业、合伙企业以及个人从事生产、经营活动中发生的各项直接支出和分配计入成本的间接费用以及销售费用、管理费用、财务费用；损失是指生产、经营活动中发生的固定资产和存货的盘亏、毁损、报废损失，转让财产损失，坏账损失，自然灾害等不可抗力因素造成的损失以及其他损失。

从事生产、经营活动，未提供完整、准确的纳税资料，不能正确计算应纳税所得额的，由主管税务机关核定应纳税所得额或者应纳税额。

取得经营所得的个人，没有综合所得的，计算其每一纳税年度的应纳税所得额时，应当减除费用6万元、专项扣除、专项附加扣除以及依法确定的其他扣除。专项附加扣除在办理汇算清缴时减除。

（二）税率

经营所得适用5%～35%的五级超额累进税率，如表6-3所示。

表6-3　个人所得税税率表

（经营所得适用）

级　数	全年应纳税所得额	税率/%	速算扣除数/元
1	不超过30 000元的	5	0
2	超过30 000元至90 000元的部分	10	1 500
3	超过90 000元至300 000元的部分	20	10 500
4	超过300 000元至500 000元的部分	30	40 500
5	超过500 000元的部分	35	65 500

（三）应纳税额

居民个人取得的经营所得，其个人所得税应纳税额的计算公式为：

年应纳税额＝全年应纳税所得额×适用税率－速算扣除数

【业务解析 6-3】

1. 业务资料

2017 年，刘晓梅女士开始经营一家小型酒店，属个体经营，账簿资料齐全。2019 年，实现收入总额 2 873 000 元（含投资国债利息收入 6 000 元）；发生成本费用总额 2 500 000 元。刘女士本年度缴存的社会保险费 5 000 元，住房公积金 4 000 元。

本年度，刘女士仍需继续偿还首套住房的贷款及利息；夫妻二人育有一女，女儿正在读大学；刘女士为独生女，父母均已过 60 岁。

刘女士夫妻双方约定，子女教育专项附加扣除和住房贷款利息专项附加扣除均由刘女士一方扣除。无其他扣除或优惠项目。除取得经营所得外，刘女士没有综合所得。

2. 工作要求

为刘女士计算 2019 年度个人所得税汇算清缴时的下列指标数据：

(1) 专项扣除的金额。

(2) 子女教育专项附加扣除的金额。

(3) 住房贷款利息专项附加扣除的金额。

(4) 赡养老人专项附加扣除的金额。

(5) 专项附加扣除的合计金额。

(6) 全年应纳税所得额。

(7) 全年应纳税额。

3. 解析过程

(1) 专项扣除的金额 = 5 000 + 4 000 = 9 000（元）

(2) 子女教育专项附加扣除的金额 = 1 000 × 12 = 12 000（元）

(3) 住房贷款利息专项附加扣除的金额 = 1 000 × 12 = 12 000（元）

(4) 赡养老人专项附加扣除的金额 = 2 000 × 12 = 24 000（元）

(5) 专项附加扣除的合计金额 = 12 000 + 12 000 + 24 000 = 48 000（元）

(6) 全年应纳税所得额 = (2 873 000 − 6 000 − 2 500 000) − 60 000 − 9 000 − 48 000 = 250 000（元）

(7) 根据全年应纳税所得额 250 000 元，对照表 6-3，确定适用税率为 20%，速算扣除数为 10 500 元。全年应纳税额 = 250 000 × 20% − 10 500 = 39 500（元）

三、财产租赁所得应纳税额的计算

（一）应纳税所得额

财产租赁所得，每次收入不超过 4 000 元的，减除费用 800 元；4 000 元以上的，减除 20% 的费用，其余额为应纳税所得额。财产租赁所得，以一个月内取得的收入为一次。

纳税人在出租不动产、机器设备、车船以及其他财产过程中缴纳的税金和教育费附加，可持完税（缴款）凭证，从其财产租赁收入中扣除。准予扣除的项目还包括能提供有效、准确凭证，证明由纳税人负担的该出租财产实际开支的修缮费用。允许扣除的修缮费用，以每次 800 元为限。一次扣除不完的，准予在下一次继续扣除，直到扣完为止。

自2016年5月1日起，营业税改征增值税后个人出租房屋的个人所得税应税收入不含增值税，计算房屋出租所得可扣除的税费不包括本次出租缴纳的增值税。个人转租房屋的，其向房屋出租方支付的租金及增值税额，在计算转租所得时予以扣除。免征增值税的，确定计税依据时，租金收入不扣减增值税额。

财产租赁所得应纳税所得额的计算公式如下。

（1）每次（月）收入不超过4 000元时：

应纳税所得额 = 每次(月)收入额 − 准予扣除项目 − 修缮费用(800元为限) − 800

（2）每次（月）收入超过4 000元时：

应纳税所得额 = [每次(月)收入额 − 准予扣除项目 − 修缮费用(800元为限)] ×（1 − 20%）

（二）税率

财产租赁所得适用20%的比例税率。

对个人按市场价格出租的居民住房取得的所得，暂减按10%的税率征收个人所得税。

【选项辨析6-12】

下列选项中，暂减按10%税率征收个人所得税的是（　　）。

A. 林女士出租商铺取得的所得　　B. 刘先生出租电子设备取得的所得

C. 周女士出租机动车取得的所得　　D. 夏先生出租住房取得的所得

（三）应纳税额

居民个人取得的财产租赁所得，其个人所得税应纳税额的计算公式为：

应纳税额 = 应纳税所得额 × 20%

【业务解析6-4】

1. 业务资料

孙先生于2019年1月将其自有的120平方米的房屋按市场价出租给李先生居住。孙先生每月获得租金收入2 500元（不含增值税），全年获得租金收入30 000元。6月份，孙先生负担的该出租财产实际开支的修缮费用为1 000元（取得合规票据）。

2. 工作要求

计算孙先生2019年此项财产租赁所得应缴纳的个人所得税。

3. 解析过程

财产租赁所得以1个月内取得的收入为一次。允许扣除的修缮费用以每次800元为限，一次扣除不完的，准予在下一次继续扣除。个人按市场价格出租居民住房取得的所得，按10%的税率计算个人所得税。

（1）6月份应纳税额 = [(2 500 − 800) − 800] × 10% = 90（元）

（2）7月份应纳税额 = [(2 500 − 200) − 800] × 10% = 150（元）

（3）其他月份的每月应纳税额 = (2 500 − 800) × 10% = 170（元）

（4）孙先生全年应纳税额 = 90 + 150 + 170 × 10 = 1 940（元）

四、财产转让所得应纳税额的计算

（一）应纳税所得额

财产转让所得，以转让财产的收入额减除财产原值和合理费用后的余额，为应纳税所得额。

财产转让所得应纳税所得额的计算公式为：

应纳税所得额 = 每次转让财产的收入额 − 财产原值 − 合理费用

上式中，“每次转让财产的收入额”中的“每次”是指以一件财产的所有权转让取得的收入为一次。

“财产原值”按照下列方法确定：① 有价证券，为买入价以及买入时按照规定交纳的有关费用；② 建筑物，为建造费或者购进价格以及其他有关费用；③ 土地使用权，为取得土地使用权所支付的金额、开发土地的费用以及其他有关费用；④ 机器设备、车船，为购进价格、运输费、安装费以及其他有关费用。纳税人未提供完整、准确的财产原值凭证，不能按照规定方法确定财产原值的，由主管税务机关核定财产原值。

“合理费用”是指卖出财产时按照规定支付的有关税费。

（二）税率

财产转让所得适用 20% 的比例税率。

（三）应纳税额

1. 一般情况下财产转让所得应纳税额

居民个人取得的财产转让所得，其个人所得税应纳税额的计算公式为：

应纳税额 = 应纳税所得额 × 20%

2. 个人住房转让所得应纳税额

个人住房转让以实际成交价格为转让收入，纳税人可凭原购房合同、发票等有效凭证，允许从其转让收入中减除房屋原值、转让住房过程中缴纳的税金及有关合理费用。

自 2016 年 5 月 1 日起，营业税改征增值税后个人转让房屋的个人所得税应税收入不含增值税，其取得房屋时所支付价款中包含的增值税计入财产原值，计算转让所得时可扣除的税费不包括本次转让缴纳的增值税。免征增值税的，确定计税依据时，成交价格、转让房地产取得的收入不扣减增值税额。

个人转让自用达 5 年以上并且是唯一的家庭居住用房取得的所得，暂免征收个人所得税。

3. 个人股权转让所得应纳税额

个人转让境内上市公司股票（非限售股）取得的转让所得，暂免征收个人所得税。对个人转让上市公司限售股取得的所得，按照“1. 一般情况下财产转让所得应纳税额”计征个人所得税。

个人将投资于境内非上市企业（不含个人独资企业和合伙企业）的股权或股份转让给其他个人或法人，按照“1. 一般情况下财产转让所得应纳税额”计征个人所得税。

【业务解析 6-5】

1. 业务资料

文先生于 2019 年 7 月转让私有住房一套（非唯一居住用房），取得转让收入 2 000 000 元（不含增值税）。该套住房购进时的原值为 1 600 000 元（含增值税，能够提供完整、准确的财产原值凭证），转让时支付有关税费 15 000 元（不包括本次转让缴纳的增值税）。

2. 工作要求

为计算文先生计算财产转让所得的有关指标数据：

（1）财产转让所得的应纳税所得额。

（2）财产转让所得应缴纳的个人所得税。

3. 解析过程

（1）应纳税所得额 = 2 000 000 − 1 600 000 − 15 000 = 385 000（元）

（2）个人所得税应纳税额 = 385 000 × 20% = 77 000（元）

五、利息、股息、红利所得和偶然所得应纳税额的计算

（一）应纳税所得额

利息、股息、红利所得和偶然所得，以每次收入额为应纳税所得额，不得从收入额中扣除任何费用。

利息、股息、红利所得，以支付利息、股息、红利时取得的收入为一次。偶然所得，以每次取得该项收入为一次。

自 2015 年 9 月 8 日起，个人从公开发行和转让市场取得的上市公司股票，持股期限超过 1 年的，股息红利所得暂免征收个人所得税；持股期限在 1 个月以内（含 1 个月）的，其股息红利所得全额计入应纳税所得额；持股期限在 1 个月以上至 1 年（含 1 年）的，暂减按 50% 计入应纳税所得额。

下列偶然所得，按规定免缴个人所得税：

（1）个人举报、协查各种违法、犯罪行为而获得的奖金。

（2）个人购买福利彩票、赈灾彩票、体育彩票，一次中奖收入在 1 万元以下的（含 1 万元），暂免征收个人所得税；超过 1 万元的，全额征收个人所得税。

（3）个人取得单张有奖发票奖金所得不超过 800 元（含 800 元）的，暂免征收个人所得税；个人取得单张有奖发票奖金所得超过 800 元的，应全额征收个人所得税。

（二）税率

利息、股息、红利所得和偶然所得，适用 20% 的比例税率。

（三）应纳税额

居民个人取得利息、股息、红利所得和偶然所得，个人所得税应纳税额的计算公式为：

应纳税额 = 应纳税所得额 × 20% = 每次收入额 × 20%

自 2008 年 10 月 9 日（含）起，暂免征储蓄存款利息个人所得税。

【业务解析6-6】

1. 业务资料

毛女士为自由职业者，2019年8月取得如下所得：

(1) 从一家上市公司取得股息所得18 000元，已持有该股票6个月，9月转让该股票，实际持有时间为7个月。

(2) 从一家非上市公司取得股息所得5 000元。

(3) 8月19日到期的2年期银行储蓄存款利率所得3 000元。

2. 工作要求

计算毛女士应缴纳的个人所得税税额。

3. 解析过程

(1) 从上市公司取得的股息，由于持股期限超过1个月但不足1年，应按50%计入应纳税所得额。

上市公司股息所得应纳税额 =18 000×50% ×20% =1 800（元）。

(2) 取得非上市公司的股息所得，应全额纳税。

非上市公司股息所得应纳税额 = 5 000×20% =1 000（元）。

(3) 取得的银行储蓄存款利息所得，暂免征储蓄存款利息个人所得税。

毛女士应缴纳的个人所得税 =1 800 +1 000 =2 800（元）。

个人将其所得（综合所得、经营所得、财产租赁所得、财产转让所得、利息股息红利所得、偶然所得）对教育、扶贫、济困等公益慈善事业进行捐赠，捐赠额未超过纳税人申报的应纳税所得额30%的部分，可以从其应纳税所得额中扣除；国务院规定对公益慈善事业捐赠实行全额税前扣除的，从其规定。

对公益慈善事业进行捐赠，是指个人将其所得通过中国境内的公益性社会组织、国家机关向教育、扶贫、济困等公益慈善事业的捐赠；而应纳税所得额是指计算扣除捐赠额之前的应纳税所得额。

【业务解析6-7】

1. 业务资料

杨先生在参加所在城市某商场的有奖销售过程中，中奖所得金额20 000元。杨先生领奖时告知商场，从中奖收入中拿出4 000元通过教育部门捐赠给当地希望小学。

2. 工作要求

计算商场代扣代缴个人所得税后，杨先生实际可得的中奖金额。

3. 解析过程

(1) 根据税法有关规定，个人将其所得通过中国境内的公益性社会组织、国家机关向教育、扶贫、济困等公益慈善事业的捐赠，捐赠额未超过纳税人申报的应纳税所得额30%的部分，可以从其应纳税所得额中扣除。

因为4 000÷20 000×100% =20%，小于捐赠扣除比例30%，所以杨先生的捐赠额可以全部从应纳税所得额中扣除。

（2）应纳税所得额 = 偶然所得 − 捐赠额 = 20 000 − 4 000 = 16 000（元）

（3）应纳税额（商场代扣税款）= 16 000 × 20% = 3 200（元）

（4）杨先生实际可得金额 = 20 000 − 4 000 − 3 200 = 12 800（元）

任务 6-3　个人所得税会计核算

一、个体工商户经营所得缴纳个人所得税的会计核算

个体工商户的个人所得税，通过“所得税费用”“应交税费——应交个人所得税”等科目进行会计核算。

在计算应纳个人所得税时，借记“所得税费用”科目，贷记“应交税费——应交个人所得税”科目；实际上缴税款时，借记“应交税费——应交个人所得税”科目，贷记“银行存款”科目。

二、扣缴义务人扣缴个人所得税的会计核算

（一）预扣预缴工资薪金所得个人所得税的会计核算

企业作为个人所得税的扣缴义务人，应按规定方法计算扣缴职工应缴纳的个人所得税。扣缴义务人预扣个人所得税、社会保险费、住房公积金时，应借记“应付职工薪酬——工资、奖金、津贴和补贴”科目，贷记“应交税费——应交个人所得税”“应交税费——应交社会保险费”“应交税费——应交住房公积金”科目。

实际缴纳税款时，借记“应交税费——应交个人所得税”“应交税费——应交社会保险费”“应交税费——应交住房公积金”科目，贷记“银行存款”科目。

（二）代扣代缴其他所得个人所得税的会计核算

企业支付劳务报酬所得，稿酬所得，特许权使用费所得，财产租赁所得，财产转让所得，利息、股息、红利所得和偶然所得时，一般由支付单位作为扣缴义务人为纳税人代扣代缴税款。

企业在代扣个人所得税时，借记“管理费用”“销售费用”等科目，贷记“应交税费——应交个人所得税”“银行存款”等科目；实际代缴个人所得税时，借记“应交税费——应交个人所得税”科目，贷记“银行存款”科目。

（三）取得扣缴个人所得税手续费时的会计核算

根据税法规定，对扣缴义务人按照所扣缴的税款付给 2% 的手续费。扣缴义务人取得的手续费作为其他收益处理，借记“银行存款”科目，贷记“其他收益”科目。

任务6-4 个人所得税纳税申报

一、纳税期限

居民个人取得综合所得，按年计算个人所得税；有扣缴义务人的，由扣缴义务人按月或按次预扣预缴税款；需要办理汇算清缴的，应当在取得所得的次年3月1日至6月30日内办理汇算清缴。

非居民个人取得工资、薪金所得，劳务报酬所得，稿酬所得和特许权使用费所得，有扣缴义务人的，由扣缴义务人按月或按次代扣代缴税款，不办理汇算清缴。

纳税人取得经营所得，按年计算个人所得税，由纳税人在月度或者季度终了后15日内向税务机关报送纳税申报表，并预缴税款；在取得所得的次年3月31日前办理汇算清缴。

纳税人取得利息、股息、红利所得，财产租赁所得，财产转让所得和偶然所得，按月或按次计算个人所得税，有扣缴义务人的，由扣缴义务人按月或按次代扣代缴税款。

纳税人取得应税所得没有扣缴义务人的，应当在取得所得的次月15日内向税务机关报送纳税申报表，并缴纳税款。

纳税人取得应税所得，扣缴义务人未扣缴税款的，纳税人应当在取得所得的次年6月30日前，缴纳税款；税务机关通知限期缴纳的，纳税人应当按照期限缴纳税款。

二、自行纳税申报

根据新《个人所得税法》及其实施条例，纳税人具有下列情形之一的，应当办理个人所得税的自行纳税申报。

(一) 取得综合所得需要办理汇算清缴的纳税申报

取得综合所得且符合下列情形之一的纳税人，应当依法办理汇算清缴：① 从两处以上取得综合所得，且综合所得年收入额减除专项扣除后的余额超过6万元；② 取得劳务报酬所得、稿酬所得、特许权使用费所得中一项或者多项所得，且综合所得年收入额减除专项扣除的余额超过6万元；③ 纳税年度内预缴税额低于应纳税额；④ 纳税人申请退税。

需要办理汇算清缴的纳税人，应当在取得所得的次年3月1日至6月30日内，向任职、受雇单位所在地主管税务机关办理纳税申报，并报送《个人所得税年度自行纳税申报表》。

(二) 取得经营所得的纳税申报

纳税人取得经营所得，按年计算个人所得税，由纳税人在月度或季度终了后15日内，向经营管理所在地主管税务机关办理预缴纳税申报，并报送《个人所得税经营所得纳税申报表（A表）》。在取得所得的次年3月31日前，向经营管理所在地主管税务机关办理汇算清缴，并报送《个人所得税经营所得纳税申报表（B表）》；从两处以上取得经营所得的，选择向其中一处经营管理所在地主管税务机关办理年度汇总申报，并报送《个人所得税经营所得纳税申报表（C表)》。

个体工商户业主、个人独资企业投资者、合伙企业个人合伙人、承包承租经营者个人以及其他从事生产、经营活动的个人取得经营所得，包括以下情形：① 个体工商户从事生产、经营活动取得的所得，个人独资企业投资人、合伙企业的个人合伙人来源于境内注册的个人独资企业、合伙企业生产、经营的所得；② 个人依法从事办学、医疗、咨询以及其他有偿服务活动取得的所得；③ 个人对企业、事业单位承包经营、承租经营以及转包、转租取得的所得；④ 个人从事其他生产、经营活动取得的所得。

（三）取得应税所得，扣缴义务人未扣缴税款的纳税申报

纳税人取得应税所得，扣缴义务人未扣缴税款的，应当区别以下情形办理纳税申报。

(1) 居民个人取得综合所得的，按照上述“（一）取得综合所得需要办理汇算清缴的纳税申报”的规定办理。

(2) 非居民个人取得工资、薪金所得，劳务报酬所得，稿酬所得，特许权使用费所得的，应当在取得所得的次年6月30日前，向扣缴义务人所在地主管税务机关办理纳税申报，并报送《个人所得税自行纳税申报表（A表)》。有两个以上扣缴义务人均未扣缴税款的，选择向其中一处扣缴义务人所在地主管税务机关办理纳税申报。

(3) 纳税人取得利息、股息、红利所得，财产租赁所得，财产转让所得和偶然所得的，应当在取得所得的次年6月30日前，按相关规定向主管税务机关办理纳税申报，并报送《个人所得税自行纳税申报表（A表)》。

（四）取得境外所得的纳税申报

居民个人从中国境外取得所得的，应当在取得所得的次年3月1日至6月30日内，向中国境内任职、受雇单位所在地主管税务机关办理纳税申报；在中国境内没有任职、受雇单位的，向户籍所在地或中国境内经常居住地主管税务机关办理纳税申报；户籍所在地与中国境内经常居住地不一致的，选择其中一地主管税务机关办理纳税申报；在中国境内没有户籍的，向中国境内经常居住地主管税务机关办理纳税申报。

（五）因移居境外注销中国户籍的纳税申报

纳税人因移居境外注销中国户籍的，应当在申请注销中国户籍前，向户籍所在地主管税务机关办理纳税申报，进行税款清算。

（六）非居民个人在中国境内从两处以上取得工资、薪金所得的纳税申报

非居民个人在中国境内从两处以上取得工资、薪金所得的，应当在取得所得的次月15日内，向其中一处任职、受雇单位所在地主管税务机关办理纳税申报，并报送《个人所得税自行纳税申报表（A表)》。

纳税人可以采用远程办税端、邮寄等方式申报，也可以直接到主管税务机关申报。纳税人办理自行纳税申报时，应当一并报送税务机关要求报送的其他有关资料。首次申报或者个人基础信息发生变化的，还应报送《个人所得税基础信息表（B表)》。

【选项辨析 6-13】

下列选项中，纳税人应当依法办理个人所得税自行纳税申报的有（　　）。
A. 取得综合所得需要办理汇算清缴的
B. 取得境外所得的
C. 非居民个人在中国境内从两处以上取得工资、薪金所得的
D. 取得应税所得，扣缴义务人未扣缴税款的

三、扣缴纳税申报

（一）扣缴义务人

扣缴义务人是指向个人支付所得的单位或者个人。扣缴义务人应当依法办理全员全额扣缴申报。

全员全额扣缴申报是指扣缴义务人应当在代扣税款的次月 15 日内，向主管税务机关报送其支付所得的所有个人的有关信息、支付所得数额、扣除事项和数额、扣缴税款的具体数额和总额以及其他相关涉税信息资料。

（二）扣缴范围

扣缴义务人应扣缴的应税所得包括：① 工资、薪金所得；② 劳务报酬所得；③ 稿酬所得；④ 特许权使用费所得；⑤ 利息、股息、红利所得；⑥ 财产租赁所得；⑦ 财产转让所得；⑧ 偶然所得。除了经营所得，其他所得项目均需办理全员全额扣缴申报。

扣缴义务人首次向纳税人支付所得时，应当按照纳税人提供的纳税人识别号等基础信息，填写《个人所得税基础信息表（A 表）》，并于次月扣缴申报时向税务机关报送。

（三）扣缴期限

扣缴义务人每月或者每次预扣、代扣的税款，应当在次月 15 日内缴入国库，并向税务机关报送《个人所得税扣缴申报表》（表 6-6）。

（四）居民个人应税所得的扣缴方法

扣缴义务人向居民个人支付工资薪金所得，劳务报酬所得，稿酬所得，特许权使用费所得，利息、股息、红利所得，财产租赁所得，财产转让所得或者偶然所得时，应当依法办理税款的扣缴。

1. 工资薪金所得的预扣预缴

扣缴义务人向居民个人支付工资、薪金所得时，应当按照“累计预扣法”计算预扣税款，按月办理全员全额扣缴申报，并向主管税务机关报送《个人所得税扣缴申报表》（表 6-6）。

居民个人工资、薪金所得“累计预扣法”的具体方法如下。

（1）累计预扣预缴应纳税所得额的计算。

对居民个人，按照其在本单位截至当前月份工资、薪金所得的累计收入，减除累计免税收入、累计减除费用、累计专项扣除、累计专项附加扣除和累计依法确定的其他扣除后，计算累计预扣预缴应纳税所得额。其计算公式如下：

累计预扣预缴应纳税所得额＝累计收入－累计免税收入－累计减除费用－累计专项扣除－累计专项附加扣除－累计依法确定的其他扣除

上述公式中，累计减除费用按照5 000元/月乘以纳税人当年截至本月在本单位的任职受雇月份数计算。

上述公式中，员工当期可扣除的累计专项附加扣除金额，为该员工在本单位截至当前月份符合政策条件的扣除金额。以子女教育为例，某员工2019年5月份向单位首次报送其正在上幼儿园的4岁女儿的相关信息，则5月份该员工可在本单位发工资时扣除子女教育支出5 000元（1 000元/月×5个月）。如果另一员工2019年7月份向单位首次报送其正在上幼儿园的女儿相关信息，且女儿7月份刚满3周岁，则可以扣除子女教育支出仅为1 000元（1 000元/月×1个月）。

（2）本月应预扣预缴税额的计算。

根据累计预扣预缴应纳税所得额，对照表6-4，查找适用预扣率和速算扣除数，据此计算累计应预扣预缴税额，再减除累计减免税额和累计已预扣预缴税额。其计算公式如下：

本月应预扣预缴税额＝(累计预扣预缴应纳税所得额×预扣率－速算扣除数)－累计减免税额－累计已预扣预缴税额

如果计算本月应预扣预缴税额为负值时，暂不退税。纳税年度终了后余额仍为负值时，由纳税人通过办理综合所得年度汇算清缴，税款多退少补。

居民个人工资、薪金所得预扣预缴适用的预扣率和速算扣除数，如表6-4所示。

表6-4　个人所得税预扣率表

（居民个人工资、薪金所得预扣预缴适用）

级　数	累计预扣预缴应纳税所得额	预扣率/%	速算扣除数/元
1	不超过36 000元	3	0
2	超过36 000元至144 000元的部分	10	2 520
3	超过144 000元至300 000元的部分	20	16 920
4	超过300 000元至420 000元的部分	25	31 920
5	超过420 000元至660 000元的部分	30	52 920
6	超过660 000元至960 000元的部分	35	85 920
7	超过960 000元的部分	45	181 920

【业务解析6-8】

1. 业务资料

郁先生2014年入职，2019年每月应发工资均为10 000元，“三险一金”等专项扣除为1 500元，从1月起享受子女教育专项附加扣除1 000元，假设没有其他扣除项目及减免税额等情况。

2. 工作要求

计算郁先生供职单位2019年1月至3月预扣预缴的个人所得税税额。

3. 解析过程

1月：(10 000 − 5 000 − 1 500 − 1 000) ×3% −0 =2 500 ×3% −0 =75 (元)

2月：(10 000 ×2 −5 000 ×2 −1 500 ×2 −1 000 ×2) ×3% −75 =5 000 ×3% −75 = 75 (元)

3月：(10 000 ×3 −5 000 ×3 −1 500 ×3 −1 000 ×3) ×3% −75 −75 =7 500 ×3% − 150 =75 (元)

进一步计算可知，全年累计预扣预缴应纳税所得额为30 000元，一直适用3%的税率，因此各月应预扣预缴的个人所得税税额相同。

【业务解析6-9】

1. 业务资料

彭女士2011年入职，2019年每月应发工资均为30 000元，“三险一金”等专项扣除为4 500元，享受子女教育、赡养老人两项专项附加扣除共计2 000元，假设没有其他扣除项目及减免税额等情况。

2. 工作要求

计算彭女士供职单位2019年1月至3月预扣预缴的个人所得税税额。

3. 解析过程

1月：(30 000 − 5 000 −4 500 −2 000) ×3% −0 =555 (元)

2月：(30 000 ×2 −5 000 ×2 −4 500 ×2 −2 000 ×2) ×10% −2 520 −555 =37 000 × 10% −2 520 −555 =625 (元)

3月份：(30 000 ×3 −5 000 ×3 −4 500 ×3 −2 000 ×3) ×10% −2 520 −555 −625 = 55 500 ×10% −2 520 −555 −625 =1 850 (元)

由于2月份累计预扣预缴应纳税所得额为37 000元，已适用10%的税率，因此2月和3月应预扣预缴的个人所得税税额有所增加。

2. 劳务报酬所得、稿酬所得、特许权使用费所得的预扣预缴

扣缴义务人向居民个人支付劳务报酬所得、稿酬所得、特许权使用费所得时（以下简称“三项综合所得”），应当按次或按月预扣预缴个人所得税，并报送《个人所得税扣缴申报表》（表6-6）。

三项综合所得的预扣预缴方法为：三项综合所得以每次收入减除费用后的余额为收入额；其中，稿酬所得的收入额减按70%计算。三项综合所得每次收入不超过4 000元的，减除费用按800元计算；每次收入4 000元以上的，减除费用按收入的20%计算。三项综合所得以每次收入额为预扣预缴应纳税所得额。

劳务报酬所得适用超额累计预扣率，如表6-5所示。稿酬所得、特许权使用费所得适用20%的比例预扣率。

表 6-5　个人所得税预扣率表

（居民个人劳务报酬所得预扣预缴适用）

级　数	预扣预缴应纳税所得额	预扣率/%	速算扣除数/元
1	不超过 20 000 元	20	0
2	超过 20 000 元至 50 000 元的部分	30	2 000
3	超过 50 000 元的部分	40	7 000

三项综合所得预扣预缴税额的计算公式如下。

（1）每次收入不超过 4 000 元：

劳务报酬所得应预扣预缴税额 = 预扣预缴应纳税所得额 × 预扣率 − 速算扣除数

= (每次收入 − 800) × 预扣率 − 速算扣除数

稿酬所得应预扣预缴税额 = 预扣预缴应纳税所得额 × 20%

= (每次收入 − 800) × 70% × 20%

特许权使用费所得应预扣预缴税额 = 预扣预缴应纳税所得额 × 20%

= (每次收入 − 800) × 20%

（2）每次收入超过 4 000 元：

劳务报酬所得应预扣预缴税额 = 预扣预缴应纳税所得额 × 预扣率 − 速算扣除数

= 每次收入 × (1 − 20%) × 预扣率 − 速算扣除数

稿酬所得应预扣预缴税额 = 预扣预缴应纳税所得额 × 20%

= 每次收入 × (1 − 20%) × 70% × 20%

特许权使用费所得应预扣预缴税额 = 预扣预缴应纳税所得额 × 20%

= 每次收入 × (1 − 20%) × 20%

居民个人办理年度综合所得汇算清缴时，应当依法计算劳务报酬所得、稿酬所得、特许权使用费所得的收入额，并入年度综合所得计算应纳税款，税款多退少补。

假如某居民个人取得劳务报酬所得 2 000 元，则该笔所得的预扣预缴应纳税所得额 = 2 000 − 800 = 1 200（元），应预扣预缴税额 = 1 200 × 20% − 0 = 240（元）。

假如某居民个人取得稿酬所得 40 000 元，则该笔所得的预扣预缴应纳税所得额 = 40 000 × (1 − 20%) × 70% = 22 400（元），应预扣预缴税额 = 22 400 × 20% = 4 480（元）。

三项综合所得预扣预缴税款的计算，和年度汇算清缴税款的计算是有区别的，主要表现为：

① 收入额的计算方法不同。年度汇算清缴时，收入额为收入减除 20% 费用后的余额；预扣预缴时，收入额为每次收入减除费用后的余额，其中，“收入不超过 4 000 元的，费用按 800 元计算；每次收入 4 000 元以上的，费用按 20% 计算”。

② 可扣除的项目不同。居民个人的上述三项综合所得和工资、薪金所得属于综合所得，年度汇算清缴时以四项所得的合计收入额减除费用 60 000 元、专项扣除、专项附加扣除和依法确定的其他扣除后的余额，为应纳税所得额。而上述三项综合所得日常预扣预缴税款时暂不减除专项附加扣除。

③ 适用的税率或预扣率不同。年度汇算清缴时，各项所得合并适用 3%～45% 的超额

累进税率；预扣预缴时，劳务报酬所得适用超额累计预扣率（表6-5），稿酬所得、特许权使用费所得适用20%的比例预扣率。

3. 利息股息红利所得、财产租赁所得、财产转让所得和偶然所得的代扣代缴

扣缴义务人支付利息、股息、红利所得，财产租赁所得，财产转让所得或者偶然所得时，应当依法按次或按月代扣代缴税款，并报送《个人所得税扣缴申报表》（表6-6）。

（1）财产租赁所得。

支付财产租赁所得的，每次收入不超过4 000元的，减除费用800元；4 000元以上的，减除20%的费用，其余额为应纳税所得额，再乘以20%的比例税率计算税款。

（2）财产转让所得。

支付财产转让所得的，以转让财产的收入额减除财产原值和合理费用后的余额为应纳税所得额，再乘以20%的比例税率计算税款。

（3）利息、股息、红利所得和偶然所得。

支付利息、股息、红利所得和偶然所得的，以每次收入额为应纳税所得额，再乘以20%的比例税率计算税款。

四、《个人所得税扣缴申报表》的填制

《个人所得税扣缴申报表》的表样，如表6-6所示。

（一）适用范围

《个人所得税扣缴申报表》的适用范围包括：① 扣缴义务人向居民个人支付工资、薪金所得，劳务报酬所得，稿酬所得和特许权使用费所得的全员全额预扣预缴申报；② 扣缴义务人向非居民个人支付工资、薪金所得，劳务报酬所得，稿酬所得和特许权使用费所得的全员全额扣缴申报；③ 扣缴义务人向纳税人（居民个人和非居民个人）支付利息、股息、红利所得，财产租赁所得，财产转让所得和偶然所得的全员全额扣缴申报。

（二）各栏次填写说明

1. 表头项目

（1）“税款所属期”：填写扣缴义务人代扣税款当月的第一日至最后一日。如2019年3月20日发放工资时代扣的税款，税款所属期填写“2019年3月1日至2019年3月31日”。

（2）“扣缴义务人名称”：填写扣缴义务人的法定名称全称。

（3）“扣缴义务人纳税人识别号（统一社会信用代码）”：填写扣缴义务人的纳税人识别号或统一社会信用代码。

2. 表内栏目

（1）第7列“所得项目”：填写纳税人取得的个人所得税法第二条规定的应税所得项目名称。同一纳税人取得多项或多次所得的，应分行填写。

（2）第8～21列“本月（次）情况”：填写扣缴义务人当月（次）支付给纳税人的所得，以及按规定各所得项目当月（次）可扣除的减除费用、专项扣除、其他扣除等。

表 6-6　个人所得税扣缴申报表

税款所属期：　　年　　月　　日至　　年　　月　　日

扣缴义务人名称：

扣缴义务人纳税人识别号（统一社会信用代码）：□□□□□□□□□□□□□□□□□□□□□□　　　　金额单位：人民币元（列至角分）

序号	姓名	身份证件类型	身份证件号码	纳税人识别号	是否为非居民个人	所得项目	本月（次）情况														累计情况（工资、薪金）									减按计税比例	准予扣除的捐赠额	税款计算							备注
							收入额计算			减除费用	专项扣除				其他扣除						累计收入额	累计减除费用	累计专项扣除	累计专用附加扣除					累计其他扣除			应纳税所得额	税率／预扣率	速算扣除数	应纳税额	减免税额	已扣缴税额	应补（退）税额	
							收入	费用	免税收入		基本养老保险费	基本医疗保险费	失业保险费	住房公积金	年金	商业健康保险	税延养老保险	财产原值	允许扣除的税费	其他				子女教育	赡养老人	住房贷款利息	住房租金	继续教育											
1	2	3	4	5	6	7	8	9	10	11	12	13	14	15	16	17	18	19	20	21	22	23	24	25	26	27	28	29	30	31	32	33	34	35	36	37	38	39	40
合计																																							

谨声明：本扣缴申报表是根据国家税收法律法规及相关规定填报的，是真实的、可靠的、完整的。

扣缴义务人（签章）：　　　　年　　月　　日

代理机构签章： 代理机构统一社会信用代码： 经办人签字： 经办人身份证件号码：	受理人： 受理税务机关（章）： 受理日期：　　年　　月　　日

(3) 第 8 ~10 列“收入额计算”。其计算公式为：

收入额 = 收入 − 费用 − 免税收入

① 第 8 列“收入”：填写当月（次）扣缴义务人支付给纳税人所得的总额。

② 第 9 列“费用”：仅限支付三项综合所得时填写，支付其他各项所得时无须填写本列。预扣预缴居民个人上述三项综合所得个人所得税时，每次收入不超过 4 000 元的，费用填写“800”元；每次收入 4 000 元以上的，费用按收入的 20% 填写。

③ 第 10 列“免税收入”：填写纳税人各所得项目收入总额中包含的税法规定的免税收入金额。其中，税法规定“稿酬所得的收入额减按 70% 计算”，对稿酬所得的收入额减计的 30% 部分，填入本列。

(4) 第 11 列“减除费用”：仅限支付工资、薪金所得时填写。具体按税法规定的减除费用标准填写，如：2019 年为 5000 元/月。

(5) 第 12～15 列“专项扣除”：分别填写按规定允许扣除的基本养老保险费、基本医疗保险费、失业保险费、住房公积金的金额。

(6) 第 16～21 列“其他扣除”：分别填写按规定允许扣除的项目金额。

(7) 第 22～30 列“累计情况（工资、薪金)”：仅适用于居民个人取得工资、薪金所得预扣预缴的情形，工资、薪金所得以外的项目无须填写。下面的具体各列，按照纳税年度内居民个人在该任职受雇单位截至当前月份累计情况填报。

① 第 22 列“累计收入额”：填写本纳税年度截至当前月份，扣缴义务人支付给纳税人的工资、薪金所得的累计收入额。

② 第 23 列“累计减除费用”：按照 5000 元/月乘以纳税人当年在本单位的任职受雇月份数计算。

③ 第 24 列“累计专项扣除”：填写本年度截至当前月份，按规定允许扣除的“三险一金”的累计金额。

④ 第 25～29 列“累计专项附加扣除”：分别填写截至当前月份，纳税人按规定可享受的子女教育、赡养老人、住房贷款利息或住房租金、继续教育扣除的累计金额。大病医疗扣除由纳税人在年度汇算清缴时办理，此处无须填报。

⑤ 第 30 列“累计其他扣除”：填写本年度截至当前月份，按规定允许扣除的年金(包括企业年金、职业年金)、商业健康保险、税延养老保险及其他扣除项目的累计金额。

(8) 第 31 列“减按计税比例”：填写按规定实行应纳税所得额减计税收优惠的减计比例。无减计规定的，可不填，系统默认为 100%。如：某项税收政策实行减按 60% 计入应纳税所得额，则本列填 60%。

(9) 第 32 列“准予扣除的捐赠额”：是指按照税法及相关法规、政策规定，可以在税前扣除的捐赠额。

(10) 第 33～39 列“税款计算”。

① 第 33 列“应纳税所得额”：根据相关列次计算填报。

居民个人取得工资、薪金所得，填写累计收入额减除累计减除费用、累计专项扣除、累计专项附加扣除、累计其他扣除、准予扣除的捐赠额后的余额。

居民个人取得劳务报酬所得、稿酬所得、特许权使用费所得，填写本月（次）收入额减除可以扣除的税费、准予扣除的捐赠额后的余额。

居民个人取得利息、股息、红利所得和偶然所得，填写本月（次）收入额减除准予扣除的捐赠额后的余额。

居民个人取得财产租赁所得，填写本月（次）收入额减除允许扣除的税费、准予扣除的捐赠额后的余额。

居民个人取得财产转让所得，填写本月（次）收入额减除财产原值、允许扣除的税费、准予扣除的捐赠额后的余额。

其中，适用“减按计税比例”的所得项目，其应纳税所得额按上述方法计算后乘以减按计税比例的金额填报。

② 第34～35列“税率/预扣率”和“速算扣除数”：填写各所得项目按规定适用的税率（或预扣率）和速算扣除数。没有速算扣除数的，则不填。

③ 第36列“应纳税额”：根据相关列次计算填报。其计算公式为：

应纳税额＝应纳税所得额×税率（预扣率）－速算扣除数

④ 第37列“减免税额”：填写符合税法规定可减免的税额。居民个人工资、薪金所得，填写本年度累计减免税额；居民个人取得工资、薪金以外的所得，填写本月（次）减免税额。

⑤ 第38列“已扣缴税额”：填写本年或本月（次）纳税人同一所得项目，已由扣缴义务人实际扣缴的税款金额。

⑥ 第39列“应补（退）税额”：根据相关列次计算填报。其计算公式为：

应补（退）税额＝应纳税额－减免税额－已扣缴税额

【实务操作6-1】

1. 实务资料

山东佳兴会计师事务所成立于2016年，现有员工共9人。该事务所作为扣缴义务人，负责办理个人所得税全员全额扣缴申报。同时，为全体员工代扣代缴基本养老保险费、基本医疗保险费、失业保险费和住房公积金。2019年1月开始，全体员工均选择预扣预缴申报。

该事务所账簿资料齐全，全体员工的个人所得税基础数据如表6-7所示。

假设全体员工提报的专项附加扣除项目仅涉及表6-7中的三项，且均自2019年1月开始扣除。每位员工的各月工资总额相同，不存在其他扣除或减免项目。

2. 操作要求

（1）为扣缴义务人填制2019年10月的《个人所得税扣缴申报表》。

（2）编制10月预扣个人所得税、社会保险费和住房公积金的会计分录。

（3）编制次月缴纳个人所得税、社会保险费和住房公积金的会计分录。

（4）编制以银行转账方式发放员工工资的会计分录。

表 6-7　个人所得税基础数据一览表

2019 年 10 月　　　　金额单位：元

姓名	月工资总额	养老保险	医疗保险	失业保险	住房公积金	子女教育	赡养老人	住房贷款利息
申志伟	10 200	688	172	43	1 032	1 000	1 000	1 000
孙素花	9 600	640	160	40	960	0	2 000	0
王贵芳	9 200	608	152	38	912	0	2 000	0
段慧丹	9 800	656	164	41	984	0	2 000	0
徐洪光	9 400	624	156	39	936	0	0	1 000
郭露露	8 800	576	144	36	864	1 000	1 000	0
高丹丹	8 600	560	140	35	840	1 000	0	0
王朝旭	10 400	704	176	44	1 056	1 000	1 000	1 000
解文静	10 000	672	168	42	1 008	1 000	1 000	0
合计	86 000	5 728	1 432	358	8 592	5 000	10 000	3 000

3. 操作过程

(1) 填制《个人所得税扣缴申报表》。

以员工申志伟为例，计算该员工 10 月的个人所得税预扣预缴相关指标数据。

累计收入额 =10 200 ×10 =102 000（元），填写第 22 列。

累计减除费用 =5 000 ×10 =50 000（元），填写第 23 列。

累计专项扣除 =(688 +172 +43 +1 032) ×10 =19 350（元），填写第 24 列。

累计专项附加扣除（子女教育） =1 000 ×10 =10 000（元），填写第 25 列。

累计专项附加扣除（赡养老人） =1 000 ×10 =10 000（元），填写第 26 列。

累计专项附加扣除（住房贷款利息） =1 000 ×10 =10 000（元），填写第 27 列。

累计预扣预缴应纳税所得额 =102 000 －50 000 －19 350 －(10 000 +10 000 +10 000) = 2 650（元），据此填写第 33 列“应纳税所得额”。

对照表 6-4，确定适用税率为 3%，速算扣除数为 0，则截至 10 月累计应纳税额 = 2 650 ×3% －0 =79. 50（元），据此填写第 36 列“应纳税额”。

截至 9 月累计已扣缴税额 =［10 200 －5 000 －(688 +172 +43 +1 032) －(1 000 +1 000 + 1 000)］×3% ×9 =265 ×3% ×9 =7. 95 ×9 =71. 55（元），据此填写第 38 列“已扣缴税额”。

10 月应纳税额 =79. 5 －71. 55 =7. 95（元），据此填写第 39 列“应补（退）税额”。

《个人所得税扣缴申报表》的最终填制结果，如表 6-8 所示。10 月，该扣缴义务人应预扣个人所得税合计金额为 206. 7 元。

(2) 10 月预扣个人所得税、社会保险费和住房公积金的会计分录如下：

借：应付职工薪酬——工资、奖金、津贴和补贴　　16 316. 7

　　贷：应交税费——应交社会保险费（基本养老保险）　　5 728

　　　　　　　——应交社会保险费（基本医疗保险）　　1 432

　　　　　　　——应交社会保险费（失业保险）　　358

　　　　　　　——应交住房公积金　　8 592

　　　　　　　——应交个人所得税　　206. 7

表 6-8　个人所得税扣缴申报表

税款所属期：2019 年 10 月 1 日至 2019 年 10 月 31 日

扣缴义务人名称：山东佳兴会计师事务所有限公司

扣缴义务人纳税人识别号（统一社会信用代码）：□□□□□□□□□□□□□□□□□□

金额单位：人民币元（列至角分）

姓名	所得项目	本月（次）情况							累计情况（工资、薪金）						税款计算					
		收入额计算		减除费用	专项扣除				累计收入额	累计减除费用	累计专项扣除	累计专项附加扣除			应纳税所得额	税率/预扣率	速算扣除数	应纳税额	已扣缴税额	应补（退）税额
		收入	费用		基本养老保险费	基本医疗保险费	失业保险费	住房公积金				子女教育	赡养老人	住房贷款利息						
2	7	8	9	11	12	13	14	15	22	23	24	25	26	27	33	34	35	36	38	39
申志伟	工资薪金	10 200		5 000	688	172	43	1 032	102 000	50 000	19 350	10 000	10 000	10 000	2 650	3%	0	79.5	71.55	7.95
孙素花	工资薪金	9 600		5 000	640	160	40	960	96 000	50 000	18 000	0	20 000	0	8 000	3%	0	240	216	24
王贵芳	工资薪金	9 200		5 000	608	152	38	912	92 000	50 000	17 100	0	20 000	0	4 900	3%	0	147	132.3	14.7
段慧丹	工资薪金	9 800		5 000	656	164	41	984	98 000	50 000	18 450	0	20 000	0	9 550	3%	0	286.5	257.85	28.65
徐洪光	工资薪金	9 400		5 000	624	156	39	936	94 000	50 000	17 550	0	0	10 000	16 450	3%	0	493.5	444.15	49.35
郭露露	工资薪金	8 800		5 000	576	144	36	864	88 000	50 000	16 200	10 000	10 000	0	1 800	3%	0	54	48.6	5.4
高丹丹	工资薪金	8 600		5 000	560	140	35	840	86 000	50 000	15 750	10 000	0	0	10 250	3%	0	307.5	276.75	30.75
王朝旭	工资薪金	10 400		5 000	704	176	44	1 056	104 000	50 000	19 800	10 000	10 000	10 000	4 200	3%	0	126	113.4	12.6
解文静	工资薪金	10 000		5 000	672	168	42	1 008	100 000	50 000	18 900	10 000	10 000	0	11 100	3%	0	333	299.7	33.3
合计		86 000		45 000	5 728	1 432	358	8 592	860 000	450 000	161 100	50 000	100 000	30 000	68 900	3%	0	2 067	1 860.3	206.7

谨声明：本扣缴申报表是根据国家税收法律法规及相关规定填报的，是真实的、可靠的、完整的。

扣缴义务人（签章）：　　2019 年 10 月 31 日

代理机构签章：
代理机构统一社会信用代码：
经办人签字：
经办人身份证件号码：

受理人：
受理税务机关（章）：
受理日期：　年　月　日

注：因篇幅有限，略去表中无须填写的栏目，完整表样见表 6-6。

(3) 次月缴纳个人所得税、社会保险费和住房公积金的会计分录如下：

借：应交税费——应交社会保险费（基本养老保险）　　5 728
　　　　　　——应交社会保险费（基本医疗保险）　　1 432
　　　　　　——应交社会保险费（失业保险）　　358
　　　　　　——应交住房公积金　　8 592
　　　　　　——应交个人所得税　　206.7
　　贷：银行存款　　16 316.7

(4) 以银行转账方式发放员工工资的会计分录如下：

实际发放工资总额 = 86 000 − (5 728 + 1 432 + 358 + 8 592) − 206.7 = 69 683.3（元）。

借：应付职工薪酬——工资、奖金、津贴和补贴　　69 683.3
　　贷：银行存款　　69 683.3

项目六选项
辨析答案

项目七 其他税种核算与申报

子项目7-1 房产税

【本项目基本知识目标】

- 了解房产税的征税范围、纳税人。
- 了解房产税的减免税优惠政策。
- 熟悉房产税的税率规定。
- 熟悉房产税的计税依据。
- 掌握房产税应纳税额的计算。
- 掌握房产税计提和缴纳的会计核算。

【本项目工作能力目标】

- 能够合理设计原始凭证《应交房产税计算表》。
- 能够规范、完整地填制《应交房产税计算表》，准确计算当期应纳税额。
- 能够准确、完整地填写《房产税纳税申报表》。
- 能够及时、无误地办理房产税的纳税申报、税款缴纳工作。
- 能够根据《应交房产税计算表》、房产税“电子缴税付款凭证”等原始凭证，运用正确的会计科目，准确完成相关账务处理。

任务 7-1-1 房产税认知

房产税是指以房产为征税对象，以房产余值或房产租金收入为计税依据，向房产所有人或经营管理人等征收的一种财产税。

一、纳税人

房产税的纳税人，是指在我国城市、县城、建制镇和工矿区内拥有房屋产权的单位和个人，具体包括产权所有人、承典人、房产代管人或者使用人。

(1) 产权属国家所有的，其经营管理单位为纳税人；产权属于集体和个人的，集体单位和个人为纳税人。

(2) 产权出典的，承典人为纳税人。产权出典，是指产权所有人为了某种需要，将自己的房屋的产权，在一定期限内转让（典当）给他人使用而取得出典价款的一种融资行为。产权所有人（房主）称为房屋出典人。在房屋出典期间，产权所有人已无权支配房屋，因此，对房屋具有支配权的承典人为纳税人。

(3) 产权所有人、承典人均不在房产所在地的，房产代管人或者使用人为纳税人。

(4) 产权未确定以及租典纠纷未解决的，房产代管人或者使用人为纳税人。

(5) 纳税单位和个人无租使用房产管理部门、免税单位及纳税单位的房产，应由使用人代为缴纳房产税。

房地产开发企业建造的商品房，在出售前，不征收房产税，但对出售前房地产开发企业已使用或出租、出借的商品房应按规定征收房产税。

【选项辨析 7-1】

关于房产税纳税人的表述，下列选项中不正确的是（　　）。

A. 房屋产权所有人不在房产所在地的，房产代管人或者使用人为纳税人

B. 房屋产权属国家所有的，其经营管理单位为纳税人

C. 房屋产权未确定，房产代管人或者使用人为纳税人

D. 房屋对外出租的，承租人为纳税人

二、征税范围

房产税的征税范围为城市、县城、建制镇和工矿区内的房屋，不包括农村房屋。

城市是指国务院批准设立的市。县城是指县人民政府所在地。建制镇是指经省、自治区、直辖市人民政府批准设立的建制镇，为镇人民政府所在地。工矿区是指工商业比较发达、人口比较集中、符合国务院规定的建制镇的标准，但尚未设立建制镇的大中型工矿企业所在地。工矿区开征房产税须经省级人民政府批准。

三、税率

房产税采用比例税率，根据计税依据的不同，采用 1.2% 和 12% 两种税率。

（1）依据房产余值从价计征的，税率为1.2%。

（2）依据房产租金收入从租计征的，税率为12%。

对个人出租住房的，按4%的税率征收房产税。企事业单位、社会团体以及其他组织，按照市场价格向个人出租用于居住的住房，减按4%的税率征收房产税。

四、计税依据

房产税以房产的计税价值或房产租金收入为计税依据。按房产计税价值征税的，称为从价计征；按房产租金收入征税的，称为从租计征。

（一）对经营自用的房屋，以房产余值作为计税依据

房产余值是指依照税法规定按房产原值一次减除10%～30%的损耗价值以后的剩余价值。具体扣减比例由省、自治区、直辖市人民政府确定。

房产原值是按会计制度规定在账簿“固定资产”科目中记载的房屋原价，包括与房屋不可分割的各种附属设备或一般不单独计算价值的配套设施，如暖气、通风等设备。纳税人对原有房屋进行改建、扩建的，要相应增加房屋的原值。

凡在房产税征收范围内的具备房屋功能的地下建筑，包括与地上房屋相连的地下建筑以及完全建在地面以下的建筑、地下人防设施等，均应当依照有关规定征收房产税。

（二）对于出租的房屋，以租金收入为计税依据

房产的租金收入，是房屋产权所有人出租房产使用权取得的报酬，包括货币收入和实物收入。房产出租的，计征房产税的租金收入不含增值税。

对以劳务或其他形式作为报酬抵付房租收入的，应根据当地同类房产的租金水平，确定一个标准租金额，依率从租计征。

（三）投资联营房产的计税依据

以房产投资联营，投资者参与投资利润分红、共担风险的，应按房产余值作为计税依据计征房产税。

以房产投资，收取固定收入，不承担联营风险的，实际是以联营名义取得房产租金，应由出租方以租金收入为计税依据计算缴纳房产税。

（四）融资租赁房产的计税依据

对融资租赁房屋的情况，在计征房产税时应以房产余值为计税依据。由承租人自融资租赁合同约定开始日的次月起，依照房产余值从价计征房产税。

（五）业主共有经营性房产的计税依据

居民住宅内业主共有的经营性房产，由实际经营（包括自营和出租）的代管人或使用人缴纳房产税。其中，自营的房产，依照房产原值减除10%～30%后的余值计征；出租的房产，按照租金收入计征。

五、税收优惠

（1）国家机关、人民团体、军队自用的房产免征房产税。

（2）由国家财政部门拨付事业经费（全额或差额）的单位（学校、医疗卫生单位、托儿所、幼儿园、敬老院以及文化、体育、艺术类单位）所有的、本身业务范围内使用的房产免征房产税。

（3）宗教寺庙、公园、名胜古迹自用的房产免征房产税。但经营用的房产不免房产税。

（4）个人所有非营业用的房产免征房产税。但个人拥有的营业用房或出租的房产，应照章纳税。

（5）对行使国家行政管理职能的中国人民银行总行所属分支机构自用的房地产，免征房产税。

（6）经财政部批准免税的其他房产，如房管部门向居民出租的公有住房、企业向职工出租的单位自有住房、高校学生公寓、老年服务机构自用的房产、非营利性卫生机构自用的房产等。

（7）自2019年6月1日至2025年12月31日，为社区提供养老、托育、家政等服务的机构自有或其通过承租、无偿使用等方式取得并用于提供社区养老、托育、家政服务的房产、土地，免征房产税。

【选项辨析7-2】

下列选项中，经财政部批准可以免征房产税的有（　　）。

A. 房管部门向居民出租的公有住房

B. 老年服务机构自用的房产

C. 企业向职工出租的单位自有住房

D. 个人对外出租的自有住房

任务7-1-2　房产税税额计算及会计核算

一、房产税税额的计算

（一）从价计征

从价计征就是以房产余值为计税依据，按照1.2%的税率征收房产税，其计算公式为：

房产税应纳税额＝房产余值×1.2%

房产余值＝房产原值×(1－原值扣除比例)

房产原值的具体扣除比例，由省、自治区、直辖市人民政府在税法规定的减除幅度10%～30%范围内自行确定。如山东省确定的房产原值扣除比例为30%。

（二）从租计征

从租计征就是以房产的租金收入为计税依据，按照12%的税率征收房产税。其计算公式为：

房产税应纳税额＝房产租金收入×12%（或4%）

【业务解析7-1】

1. 业务资料

山东某企业2019年1月1日拥有各类房产原值为3 000万元。3月31日将其中原值为1 000万元的临街房出租给某连锁酒店，月租金5万元。当地省政府规定的房产原值扣除比例为30%。

2. 工作要求

(1) 计算从价计征房产税的应纳税额。

(2) 计算从租计征房产税的应纳税额。

(3) 计算该企业2019年度房产税应纳税额。

3. 解析过程

(1) 对经营自用的房产，以房产余值作为计税依据，适用税率为1.2%，从价计征房产税的年应纳税额 =2 000×(1－30%)×1.2% +1 000×(1－30%)×1.2%×3÷12 =18.9（万元）。

(2) 对于出租的房产，以其租金收入为计税依据，适用税率为12%，自交付出租房产之次月起，缴纳房产税，从租计征房产税的年应纳税额 =5×9×12% =5.4（万元）。

(3) 该企业2019年房产税应纳税额 =18.9 +5.4 =24.3（万元）。

二、房产税的会计核算

企业缴纳的房产税应在“税金及附加”科目中核算。企业按月计提房产税时，根据原始凭证《应交房产税计算表》，借记“税金及附加”科目，贷记“应交税费——应交房产税”科目。

实际缴纳房产税时，根据原始凭证“电子缴税付款凭证”，借记“应交税费——应交房产税”科目，贷记“银行存款”科目。

任务7-1-3 房产税纳税申报

一、纳税义务发生时间

(1) 纳税人将原有房产用于生产经营，从生产经营之月起，缴纳房产税。

(2) 纳税人自行新建房屋用于生产经营，从建成之次月起，缴纳房产税。

(3) 纳税人委托施工企业建设的房屋，从办理验收手续之次月起，缴纳房产税。

(4) 纳税人购置新建商品房，自房屋交付使用之次月起，缴纳房产税。

(5) 纳税人购置存量房，自办理房屋权属转移、变更登记手续，房地产权属登记机关签发房屋权属证书之次月起，缴纳房产税。

(6) 纳税人出租、出借房产，自交付出租、出借房产之次月起，缴纳房产税。

(7) 房地产开发企业自用、出租、出借本企业建造的商品房，自房屋使用或交付之次月起，缴纳房产税。

(8) 纳税人因房产的实物或权利状态发生变化而依法终止房产税纳税义务的，其应纳税款的计算截止到房产实物或权利状态发生变化的当月末。

【选项辨析 7-3】

某企业 2019 年房产原值共计 1 100 万元，2020 年 1 月 1 日将一项原值 100 万元的房产对外出租，每年收取租金 60 万元，该地省政府规定的房产原值减除比例为 30%。该企业 2020 年应纳房产税为（　　）万元。

A. 21.84　　B. 16.07　　C. 12.4　　D. 13.13

二、纳税地点

房产税在房产所在地缴纳，由房产所在地的地方税务局负责征收。

房产不在同一地方的纳税人，应按房产的坐落地点分别向房产所在地的税务机关申报纳税。

三、纳税期限

房产税实行按年计算、分期缴纳的征收办法，具体纳税期限由省、自治区、直辖市人民政府确定。各地一般按季或半年征收。

四、纳税申报和缴纳税款

（一）纳税申报

房产税的纳税申报表共 4 张，包括 1 张主表和 3 张附表。1 张主表是指《房产税纳税申报表》（表 7-2），或者《房产税纳税申报表（汇总版）》；3 张附表包括《房产税减免税明细申报表》《从价计征房产税税源明细表》《从租计征房产税税源明细表》。

首次申报或变更申报时，纳税人提交《从价计征房产税税源明细表》和《从租计征房产税税源明细表》后，主表由系统自动生成，无须纳税人手工填写，仅需签章确认。申报房产数量大于 10 个（不含 10 个）的纳税人，建议采用网络申报方式，并可选用主表的汇总版进行申报。

后续申报，纳税人税源明细无变更的，税务机关提供免填单服务。根据纳税人识别号，系统依据当期有效的房产税源明细信息自动生成主表，纳税人签章确认即可完成申报。

（二）缴纳税款

纳税人在建立银税网络的银行网点开设税款结算账户的，纳税申报成功后，由税务机关通知授权银行及时扣缴税款并开具房产税“电子缴税付款凭证”（表 7-3）。

纳税人以取得的房产税“电子缴税付款凭证”作为完税凭证，据此完成税款缴纳的账务处理。

【实务操作7-1】

1. 实务资料

山东省潍坊兴成服装有限公司是一家大型服装生产企业，所在地址：潍坊市中山路99号，纳税人识别号：913707013458293069，开户银行：中国银行潍坊市中山路支行，账号：3700233456013500082。

2018年12月，该公司办公楼、厂房、仓库等房产的账面原值分别为80万元、100万元、30万元，总计为210万元；当月，将原值为10万元的临街门面房（办公区）出租给某商场经营，租期5年，月租金6万元。山东省政府规定的房产原值扣除比率为30%。当地税务机关采取按年计算、分季度缴纳方式征收房产税。

2. 操作要求

（1）计算该公司2019年房产税的年应纳税额。

（2）计算2019年12月份的房产税应纳税额。

（3）计算2019年第四季度的房产税应纳税额。

（4）填制2019年12月份的原始凭证《应交房产税计算表》，并做出相应账务处理。

（5）填制《房产税纳税申报表》。

（6）缴纳2019年第四季度的房产税，并做出相应账务处理。

3. 操作过程

（1）2019年房产税应纳税额 $=200\times(1-30\%)\times1.2\%+6\times12\times12\%=1.68+8.64=10.32$（万元）

（2）自用房产的房产税月应纳税额 $=[200\times(1-30\%)\times1.2\%]\div12=0.14$（万元）

出租房产的房产税月应纳税额 $=6\times12\%=0.72$（万元）

12月份的房产税应纳税额 $=0.14+0.72=0.86$（万元）

（3）第四季度的房产税应纳税额 $=0.86\times3=2.58$（万元）

（4）12月31日，原始凭证《应交房产税计算表》填制结果，如表7-1所示。

表7-1　应交房产税计算表

2019年12月31日　　　　金额单位：元

房产计税方式	计税依据				适用税率（%）		本月应纳税额
	房产原值	扣除比例	房产余值	租金收入			
从价计征	2 000 000	30%	1400 000		1.2		1400
从租计征				60 000		12	7 200
合计	–	–	–	–	–	–	8 600

会计主管：李佳梅　　　　制单：孙铭

以表7-1为原始凭证，根据月应纳税额编制会计分录如下：

借：税金及附加　　8 600

　　贷：应交税费——应交房产税　　8 600

（5）2019年第四季度的《房产税纳税申报表》的填制结果，如表7-2所示。

表 7-2　房产税纳税申报表

税款所属期：自 2019 年 10 月 1 日至 2019 年 12 月 31 日

纳税人识别号（统一社会信用代码）：913707013458293069

纳税人名称：潍坊兴成服装有限公司　　　　金额单位：人民币元（列至角分）；面积单位：平方米

本期是否适用增值税小规模纳税人减征政策（减免性质代码：08049901）	□是 ☑否	本期适用增值税小规模纳税人减征政策起始时间	年 月	减征比例（%）	
		本期适用增值税小规模纳税人减征政策终止时间	年 月		

一、从价计征房产税

	房产编号	房产原值	其中：出租房产原值	计税比例	税率	所属期起	所属期止	本期应纳税额	本期减免税额	本期小规模纳税人减征额	本期已缴税额	本期应补（退）税额
1	*	800 000	100 000	70%	1.2%	10	12	1 470	0		0	1 470
2	*	1 000 000		70%	1.2%	10	12	2 100	0		0	2 100
3	*	300 000		70%	1.2%	10	12	630	0		0	630
4	*											
5	*											
6	*											
合计	*	*	*	*	*	*	*	4 200	0		0	4 200

二、从租计征房产税

	本期申报租金收入	税率	本期应纳税额	本期减免税额	本期小规模纳税人减征额	本期已缴税额	本期应补（退）税额
1	180 000	12%	21 600	0	0	0	21 600
2							
3							
合计	180 000	12%	21 600	0	0	0	21 600

谨声明：本纳税申报表是根据国家税收法律法规及相关规定填报的，是真实的、可靠的、完整的。

纳税人（签章）：潍坊兴成服装有限公司　2020 年 1 月 10 日

经办人： 经办人身份证号： 代理机构签章： 代理机构统一社会信用代码：	受理人： 受理税务机关（章）： 受理日期：　年　月　日

表7-2中相关栏目之间的逻辑关系，列示如下。

① 从价计征房产税的本期应纳税额＝[（房产原值－出租房产原值）×计税比例×税率]÷12×（所属期止月份－所属期起月份＋1）

② 从价计征房产税的本期应补（退）税额＝本期应纳税额－本期减免税额－本期已缴税额

③ 从租计征房产税的本期应纳税额＝本期应税租金收入×适用税率

④ 从租计征房产税的本期应补（退）税额＝本期应纳税额－本期减免税额－本期已缴税额

⑤ 计税比例＝1－房产原值扣除比例＝1－30%＝70%

（6）纳税人在建立银税网络的银行网点开设税款结算账户，纳税申报成功后，由税务机关通知授权银行及时扣缴税款。纳税人取得的第四季度房产税“电子缴税付款凭证”，如表7-3所示。

表7-3　　**中国银行电子缴税付款凭证**

转账日期：2020年1月10日　　凭证字号：20200110302631231

纳税人全称及纳税人识别号：	潍坊兴成服装有限公司 913707013458293069		
付款人全称：	潍坊兴成服装有限公司		
付款人账号：	3700233456013500082	征收机关名称：	国家税务总局潍坊市东城区税务局中山分局
付款人开户银行：	中国银行潍坊市中山路支行	收款国库名称：	国家金库潍坊东城区支库
小写（金额）合计：	¥25 800.00	缴款书交易流水号：	2020011002011410
大写（金额）合计：	人民币贰万伍仟捌佰元整	税票号码：	320200110031293101
税（费）种名称	所属时期	实缴金额	
房产税	20191001—20191231	¥25 800.00	

以表7-3为原始凭证，以其载明的实缴税额编制会计分录如下：

借：应交税费——应交房产税　　25 800

　　贷：银行存款　　25 800

子项目7-2　城镇土地使用税

【本项目基本知识目标】

- ◆ 了解城镇土地使用税的纳税人和征税范围。
- ◆ 了解城镇土地使用税的减免优惠。
- ◆ 了解城镇土地使用税的年税额标准和计税依据。
- ◆ 掌握城镇土地使用税应纳税额的计算。
- ◆ 掌握城镇土地使用税计提和缴纳的会计核算。

【本项目工作能力目标】

- ◆ 能够合理设计原始凭证《应交城镇土地使用税计算表》。
- ◆ 能够规范、完整地填制《应交城镇土地使用税计算表》，准确计算当期应纳税额。
- ◆ 能够准确、完整地填写《城镇土地使用税纳税申报表》。
- ◆ 能够及时、无误地办理城镇土地使用税的纳税申报、税款缴纳工作。
- ◆ 能够根据《应交城镇土地使用税计算表》、城镇土地使用税“电子缴税付款凭证”等原始凭证，运用正确的会计科目，准确地完成相关账务处理。

任务7-2-1　城镇土地使用税认知

城镇土地使用税是指国家在城市、县城、建制镇和工矿区范围内，对使用土地的单位和个人，以其实际占用的土地面积为计税依据，按照规定的税额计算征收的一种税。

一、纳税人

凡在城市、县城、建制镇、工矿区范围内使用土地的单位和个人，为城镇土地使用税的纳税义务人。

根据用地者的不同情况，对纳税人有如下具体规定。

（1）城镇土地使用税由拥有土地使用权的单位或个人缴纳。

（2）土地使用权未确定或权属纠纷未解决的，由实际使用人纳税。

（3）土地使用权共有的，共有各方均为纳税人，由共有各方按各自占用的土地面积分别纳税。

二、征税范围

城镇土地使用税的征税范围为城市、县城、建制镇和工矿区。凡在城市、县城、建制镇和工矿区范围内的土地，不论是属于国家所有的土地，还是集体所有的土地，都属于城镇土地使用税的征税范围。

位于城市、县城、建制镇和工矿区以外的土地不征收城镇土地使用税。对农村的土地不征收城镇土地使用税。

【选项辨析 7-4】

下列选项中，属于城镇土地使用税征税范围的有（　　）。

A. 集体所有的位于农村的土地

B. 集体所有的位于建制镇的土地

C. 集体所有的位于城市的土地

D. 国家所有的位于城市农村的土地

三、税率

城镇土地使用税实行地区差别幅度的定额税率。每平方米土地年税额标准规定如下：① 大城市 1.5 元至 30 元；② 中等城市 1.2 元至 24 元；③ 小城市 0.9 元至 18 元；④ 县城、建制镇、工矿区 0.6 元至 12 元。

省、自治区、直辖市人民政府，在上述规定的税额幅度内，确定所辖地区的适用税额幅度。

上述大、中、小城市以公安部门登记在册的非农业正式户口人数为依据，其中，市区及郊区非农业人口在 50 万以上的为大城市，市区及郊区非农业人口在 20 万至 50 万的为中等城市，市区及郊区非农业人口在 20 万以下的为小城市。

四、计税依据

城镇土地使用税以纳税人实际占用的土地面积（平方米）为计税依据。

纳税人实际占用的土地面积，按以下办法确定。

（1）凡由省级人民政府确定的单位组织测定土地面积的，以测定的土地面积为准。

（2）尚未组织测定，但纳税人持有政府部门核发的土地使用证书的，以证书确定的土地面积为准。

（3）尚未核发土地使用证书的，应由纳税人据实申报土地面积，并据以纳税，待核发土地使用证书以后再作调整。

五、税收优惠

（一）免税项目

城镇土地使用税的免税项目有以下几项。

（1）国家机关、人民团体、军队自用的土地。

（2）由国家财政部门拨付事业经费的单位自用的土地。

（3）宗教寺庙、公园、名胜古迹自用的土地，但公园、名胜古迹内的索道公司经营用地，应按规定缴纳城镇土地使用税。

（4）市政街道、广场、绿化地带等公共用地。

（5）直接用于农、林、牧、渔业的生产用地。

（6）开山填海整治的土地。自行开山填海整治的土地和改造的废弃土地，从使用的月份起免缴城镇土地使用税5年至10年。

（7）由财政部另行规定免税的能源、交通、水利设施用地和其他用地。

（8）自2019年6月1日至2025年12月31日，为社区提供养老、托育、家政等服务的机构自有或其通过承租、无偿使用等方式取得并用于提供社区养老、托育、家政服务的房产、土地，免征城镇土地使用税。

（二）减税项目

城镇土地使用税的减税项目是：2018年5月1日至2019年12月31日，对物流企业承租的大宗商品仓储设施用地减半征收城镇土地使用税。

任务7-2-2　城镇土地使用税税额计算及会计核算

一、城镇土地使用税税额的计算

城镇土地使用税的应纳税额，依据纳税人实际占用的土地面积和规定的适用税额计算征收。其应纳税额计算公式为：

年应纳税额＝实际占用应税土地面积（平方米）×适用税率

若分季或分月缴纳时：

季度应纳税额＝年应纳税额÷4，月应纳税额＝年应纳税额÷12

土地使用权由几方共有的，由共有各方按照各自实际使用的土地面积占总面积的比例，分别计算缴纳土地使用税。

二、城镇土地使用税的会计核算

企业缴纳的城镇土地使用税在“税金及附加”科目中核算。企业按月计提的应交城镇土地使用税，借记“税金及附加”科目，贷记“应交税费——应交城镇土地使用税”科目。

实际缴纳时，根据原始凭证“电子缴税付款凭证”中的金额，借记“应交税费——应交城镇土地使用税”科目，贷记“银行存款”科目。

【业务解析 7-2】

1. 业务资料

2019 年，潍坊兴成服装有限公司占用二等地段土地 6 000 平方米，三等地段土地 12 000 平方米（其中 1 200 平方米为该公司幼儿园用地）；同年 8 月，在城郊征用非耕地 5 000 平方米。每平方米土地年税额规定如下：二等地段 7 元，三等地段 4 元，城郊征用的非耕地 1.2 元。

2. 工作要求

（1）计算二等地段土地的城镇土地使用税应纳税额。

（2）计算三等地段土地的城镇土地使用税应纳税额。

（3）计算新征用非耕地的城镇土地使用税应纳税额。

（4）计算该公司 2019 年城镇土地使用税的应纳税额。

3. 解析过程

（1）二等地段土地应纳税额 = 6 000 × 7 = 42 000（元）

（2）三等地段土地应纳税额 =（12 000 − 1 200）× 4 = 43 200（元）

（3）纳税人新征用的非耕地，自批准征用之次月起，缴纳城镇土地使用税。

非耕地应纳税额 = 5 000 × 1.2 × 4 ÷ 12 = 2 000（元）。

（4）2019 年城镇土地使用税应纳税额 = 42 000 + 43 200 + 2 000 = 87 200（元）

任务 7-2-3　城镇土地使用税纳税申报

一、纳税义务发生时间

（1）纳税人购置新建商品房，自房屋交付使用之次月起，缴纳城镇土地使用税。

（2）纳税人购置存量房，自办理房屋权属转移、变更登记手续，房地产权属登记机关签发房屋权属证书之次月起，缴纳城镇土地使用税。

（3）纳税人出租、出借房产，自交付出租、出借房产之次月起，缴纳城镇土地使用税。

（4）以出让或转让方式有偿取得土地使用权的，应由受让方从合同约定交付土地时间的次月起缴纳城镇土地使用税；合同未约定交付土地时间的，应由受让方从合同签订的次月起缴纳城镇土地使用税。

（5）纳税人新征用的耕地，自批准征用之日起满 1 年时，开始缴纳城镇土地使用税。

（6）纳税人新征用的非耕地，自批准征用之次月起，缴纳城镇土地使用税。

二、纳税期限

城镇土地使用税按年计算，分期缴纳，具体缴纳期限由省、自治区、直辖市人民政府确定。

三、纳税地点

城镇土地使用税的纳税地点为土地所在地，由土地所在地的地方税务局负责征收。

纳税人使用的土地不属于同一省（自治区、直辖市）管辖内的，由纳税人分别向土地所在地的地方税务局申报缴纳；在同一省（自治区、直辖市）管辖范围内，纳税人跨地区使用的土地，由各省、自治区、直辖市税务局确定纳税地点。

四、纳税申报与税款缴纳

（一）纳税申报

城镇土地使用税的纳税申报表共3张，包括1张主表和2张附表。1张主表是《城镇土地使用税纳税申报表》（表7-5），或者《城镇土地使用税纳税申报表（汇总版）》；2张附表包括《城镇土地使用税减免税明细申报表》《城镇土地使用税税源明细表》。

首次申报或变更申报时纳税人提交《城镇土地使用税税源明细表》后，主表由系统自动生成，无须纳税人手工填写，仅需签章确认。申报土地数量大于10个（不含10个）的纳税人，建议采用网络申报方式，并可选用主表的汇总版进行确认，完成申报。

后续申报，纳税人税源明细无变更的，税务机关提供免填单服务，根据纳税人识别号，系统自动生成主表，纳税人签章确认即可完成申报。

（二）缴纳税款

纳税人在建立银税网络的银行网点开设税款结算账户的，纳税申报成功后，由税务机关通知授权银行及时扣缴税款并开具城镇土地使用税“电子缴税付款凭证”（表7-6）。

纳税人以取得的城镇土地使用税“电子缴税付款凭证”作为完税凭证，以此为依据完成税款缴纳的账务处理。

【实务操作7-2】

1. 实务资料

潍坊兴成服装有限公司拥有土地的数据资料，详见【业务解析7-2】。城镇土地使用税按年计算，每月预提，按季度缴纳。

2. 操作要求

（1）计算该公司2019年城镇土地使用税的年应纳税额。

（2）计算2019年第四季度的城镇土地使用税应纳税额。

（3）填制2019年12月份的《应交城镇土地使用税计算表》，并做出相应账务处理。

（4）填制《城镇土地使用税纳税申报表》。

（5）依据表7-6，做出缴纳第四季度城镇土地使用税的账务处理。

3. 操作过程

（1）城镇土地使用税年应纳税额 $=6\,000\times7+(12\,000-1\,200)\times4+5\,000\times1.2\div12\times4=42\,000+43\,200+2\,000=87\,200$（元）

（2）第四季度的城镇土地使用税应纳税额 $=6\,000\times7\times3\div12+(12\,000-1\,200)\times4\times3\div12+5\,000\times1.2\times3\div12=10\,500+10\,800+1\,500=22\,800$（元）

（3）计提12月份的应交城镇土地使用税，原始凭证填制结果，如表7-4所示。

表 7-4　应交城镇土地使用税计算表

2019 年 12 月 31 日

土地等级	应税面积/m^2	当年拥有月数/个	年税额标准/（元/m^2）	年度应纳税额/元	本月应纳税额/元
二等	6 000	12	7	42 000	3 500
三等	10 800	12	4	43 200	3 600
非耕地	5 000	4	1.2	2 000	500
合计	21 800	—	—	87 200	7 600

会计主管：李佳梅　　　　制单：孙铭

以表 7-4 为原始凭证，编制计提城镇土地使用税的会计分录如下：

借：税金及附加　　7 600

　　贷：应交税费——应交城镇土地使用税　　7 600

(4)《城镇土地使用税纳税申报表》的填制结果，如表 7-5 所示。

表 7-5 中的部分项目，填列说明如下。

①“土地总面积”为全部面积，包括减免税面积。

②“本期应纳税额”根据《城镇土地使用税税源明细表》有关数据项自动计算生成。

本期应纳税额 = ∑[占用土地面积 × 税额标准 ÷ 12 ×（所属期止月份 − 所属期起月份 +1)]。

③“本期减免税额”根据《城镇土地使用税税源明细表》月减免税额与税款所属期实际包含的月份数自动计算生成。

本期减免税额 = ∑[《城镇土地使用税税源明细表》月减免税额 ×（所属期止月份 − 所属期起月份 +1)]

④ 表中逻辑关系为：

本期应补（退）税额 = 本期应纳税额 − 本期减免税额 − 本期已缴税额

(5) 纳税人在建立银税网络的银行网点开设税款结算账户，申报成功后，税务机关通知授权银行及时扣缴税款。

纳税人取得的城镇土地使用税“电子缴税付款凭证”，如表 7-6 所示。

表 7-5　城镇土地使用税纳税申报表

税款所属期：自 2019 年 10 月 1 日至 2019 年 12 月 31 日

纳税人识别号（统一社会信用代码）：| 9 | 1 | 3 | 7 | 0 | 7 | 0 | 1 | 3 | 4 | 5 | 8 | 2 | 9 | 3 | 0 | 6 | 9 |

纳税人名称：潍坊兴成服装有限公司　　　　金额单位：人民币元（列至角分）；面积单位：平方米

本期是否适用增值税小规模纳税人减征政策（减免性质代码：10049901）	□是　☑否	本期适用增值税小规模纳税人减征政策起始时间	年　月	减征比例（%）	
		本期适用增值税小规模纳税人减征政策终止时间	年　月		
联系人		联系方式			

土地编号	宗地的地号	土地等级	税额标准	土地总面积	所属期起	所属期止	本期应纳税额	本期减免税额	本期增值税小规模纳税人减征额	本期已缴税额	本期应补（退）税额
*		二等	7.0	6 000	10	12	10 500	0		0	10 500
*		三等	4.0	12 000	10	12	12 000	1 200		0	10 800
*		非耕地	1.20	5 000	10	12	1 500	0		0	1 500
*											
*											
*											
合计			*		*	*	24 000	1 200		0	22 800

谨声明：本纳税申报表是根据国家税收法律法规及相关规定填报的，是真实的、可靠的、完整的。

纳税人（签章）：潍坊兴成服装有限公司　2020 年 1 月 12 日

经办人： 经办人身份证号： 代理机构签章： 代理机构统一社会信用代码：	受理人： 受理税务机关（章）： 受理日期：　　年　月　日

表 7-6　　　　**中国银行电子缴税付款凭证**

转账日期：2020 年 1 月 12 日　　　　凭证字号：20200112302631009

纳税人全称及纳税人识别号：	潍坊兴成服装有限公司 913707013458293069		
付款人全称：	潍坊兴成服装有限公司		
付款人账号：	3700233456013500082	征收机关名称：	国家税务总局潍坊市东城区税务局中山分局
付款人开户银行：	中国银行潍坊市中山路支行	收款国库名称：	国家金库潍坊市东城区支库
小写（金额）合计：	¥22 800.00	缴款书交易流水号：	2020011202011001
大写（金额）合计：	人民币贰万贰仟捌佰元整	税票号码：	320200112034293221
税（费）种名称	所属时期		实缴金额
城镇土地使用税	20191001—20191231		¥22 800.00

以表 7-6 为原始凭证，编制缴纳第四季度城镇土地使用税的会计分录如下：

借：应交税费——应交城镇土地使用税　　　　22 800

　　贷：银行存款　　　　22 800

子项目 7-3　车船税

【本项目基本知识目标】

- 了解车船税的征税范围、纳税人。
- 了解车船税的减免税优惠政策。
- 熟悉车船税的税目、计税单位及税额。
- 掌握车船税应纳税额的计算。
- 掌握车船税计提和缴纳的会计核算。

【本项目工作能力目标】

- 能够合理设计原始凭证《应交车船税计算表》。
- 能够规范、完整地填制《应交车船税计算表》，准确计算当期应纳税额。
- 能够准确、完整地填写《车船税纳税申报表》。
- 能够及时、无误地办理车船税的纳税申报、税款缴纳工作。
- 能够根据应交车船税计算表、车船税增值税发票等原始凭证，运用正确的会计科目，准确完成相关账务处理。

任务 7-3-1　车船税认知

车船税是指对在中国境内车船管理部门登记的车辆、船舶（或简称“车船”）依法征收的一种税。

一、纳税人

在中华人民共和国境内属于《中华人民共和国车船税法》（以下简称《车船税法》）所附《车船税税目税额表》规定的车辆、船舶的所有人或者管理人，为车船税的纳税人，应当依照《车船税法》《中华人民共和国车船税法实施条例》缴纳车船税。管理人是指对车船具有管理权或者使用权，不具有所有权的单位和个人。

二、征税范围

车船税的征税范围是指《车船税法》所附《车船税税目税额表》所规定的车辆和船舶。车辆、船舶是指：① 依法应当在车船登记管理部门登记的机动车辆和船舶；

② 依法不需要在车船管理部门登记、在单位内部场所行驶或者作业的机动车辆和船舶。

三、税率

车船税采用定额税率，又称固定税额，即对征税的车船实行有幅度的定额税率。

车辆的具体适用税额由省、自治区、直辖市人民政府依照《车船税税目税额表》规定的税额幅度和国务院的规定确定，报国务院备案。

船舶的具体适用税额由国务院依照《车船税税目税额表》规定的税额幅度内确定。

车船税的税目税额表如表 7-7 所示。

表 7-7　车船税的税目税额表

税目		计税单位	年基准税额	备注
一、乘用车［按发动机汽缸容量（排气量）分档］	1.0 升（含）以下的	每辆	60 元至 360 元	核定载客人数 9 人（含）以下
	1.0 升以上至 1.6 升（含）的		300 元至 540 元	
	1.6 升以上至 2.0 升（含）的		360 元至 660 元	
	2.0 升以上至 2.5 升（含）的		660 元至 1 200 元	
	2.5 升以上至 3.0 升（含）的		1 200 元至 2 400 元	
	3.0 升以上至 4.0 升（含）的		2 400 元至 3 600 元	
	4.0 升以上的		3 600 元至 5 400 元	
二、商用车	客车	每辆	480 元至 1 440 元	核定载客人数 9 人以上（包括电车）
	货车	整备质量每吨	16 元至 120 元	① 包括半挂牵引车、三轮汽车和低速载货汽车等 ② 挂车按照货车税额的 50% 计算
三、其他车辆	专用作业车	整备质量每吨	16 元至 120 元	不包括拖拉机
	轮式专用机械车		16 元至 120 元	
四、摩托车	—	每辆	36 元至 180 元	—
五、船舶	机动船舶	净吨位每吨	3 元至 6 元	拖船、非机动驳船分别按照机动船舶税额的 50% 计算；游艇的税额另行规定
	游艇	艇身长度每米	600 元至 2 000 元	

【选项辨析 7-5】

下列选项中，属于车船税征税范围的有（　　）。

A. 用于接送员工的客车　　B. 用于休闲娱乐的游艇

C. 用于耕地的拖拉机　　D. 供企业经理使用的小汽车

四、计税依据

车船税的计税依据为车船的计税单位数量。按照车船的种类和性能，计税单位分别为每辆、整备质量每吨、净吨位每吨、艇身长度每米。具体介绍如下。

（1）乘用车、商用客车和摩托车，以辆数为计税依据。

（2）商用货车、专用作业车、轮式专用机械车，以整备质量吨位数为计税依据。

（3）机动船舶、拖船、非机动驳船，以净吨位数为计税依据。

（4）游艇以艇身长度米数为计税依据。

【选项辨析 7-6】

下列选项中，属于以“辆数”为计税依据的有（　　）。

A. 机动船舶　　B. 商用客车　　C. 商用货车　　D. 摩托车

五、税收优惠

（一）法定减免

下列车船免征车船税。

（1）捕捞、养殖渔船。

（2）军队、武装警察部队专用的车船。

（3）警用车船。

（4）依照法律规定应当予以免税的外国驻华使领馆、国际组织驻华代表机构及其有关人员的车船。

（5）对新能源车船免征车船税。免征车船税的新能源汽车是指纯电动商用车、插电式（含增程式）混合动力汽车、燃料电池商用车。纯电动乘用车和燃料电池车不属于车船税征税范围，对其不征车船税。免征车船税的新能源船舶应当是船舶的主推进动力装置为纯天然发动机。

（二）特定减免

（1）经批准临时入境的外国车船和香港特别行政区、澳门特别行政区、台湾地区的车船，不征收车船税。

（2）按照规定缴纳船舶吨税的机动船舶，自《车船税法》实施之日起 5 年内免征车船税。

（3）机场、港口、铁路站场内部行驶或作业的车船，自《车船税法》实施之日起 5

年内免征车船税。

（4）对节能汽车，减半征收车船税。减半征收车船税的节能乘用车、节能商用车，必须符合国家规定标准。

（5）省、自治区、直辖市人民政府根据当地实际情况，可以对公共交通车船，农村居民拥有并主要在农村地区使用的摩托车、三轮汽车和低速载货汽车定期减征或者免征车船税。

（6）对受地震、洪涝等严重自然灾害影响纳税困难，以及其他特殊原因确需减免税的车船，可以在一定期限内减征或免征车船税。

【选项辨析 7-7】

下列车辆（均非新能源车辆），免交车船税的有（　　）。

A. 救护车　　B. 市政公务车　　C. 人民法院警车　　D. 公共汽车

任务 7-3-2　车船税税额计算及会计核算

一、车船税税额的计算

纳税人按照纳税地点所在省、自治区、直辖市人民政府确定的具体适用税额，计算缴纳车船税。

（1）车船税各税目应纳税额的计算公式为：

乘用车、客车和摩托车的应纳税额 = 辆数 × 适用年基准税额

货车、专用作业车和轮式专用机械车的应纳税额 = 整备质量吨位数 × 适用年基准税额

机动船舶的应纳税额 = 净吨位数 × 适用年基准税额

拖船和非机动驳船的应纳税额 = 净吨位数 × 适用年基准税额 × 50%

游艇应纳税额 = 艇身长度(米数) × 适用年基准税额

（2）购置的新车船，购置当年的应纳税额自纳税义务发生的当月起按月计算。其计算公式为：

应纳税额 = (适用年基准税额 ÷ 12) × 应纳税月份数

【业务解析 7-3】

1. 业务资料

山东省某运输公司 2019 年年初拥有载货汽车 15 辆（整备质量吨位均为 10 吨），乘人大客车 20 辆、中客车 10 辆。该公司车船税分月计算，按年申报，一次性缴纳。车船税采用自行申报纳税方式。

已知载货汽车年基准税额 72 元，乘人大客车年基准税额 720 元，乘人中客车年基准税额 600 元。

2. 工作要求

（1）计算载货汽车车船税年应纳税额。

（2）计算乘人汽车车船税年应纳税额。

（3）计算2019年该公司车船税应纳税额。

3. 解析过程

（1）载货汽车车船税年应纳税额 $=15\times10\times72=10\,800$（元）

（2）乘人汽车车船税年应纳税额 $=20\times720+10\times600=14\,400+6\,000=20\,400$（元）

（3）2019年该公司车船税应纳税额 $=10\,800+20\,400=31\,200$（元）

二、车船税的会计核算

企业缴纳的车船税应在“税金及附加”科目中核算。企业按月计提应交车船税时，借记“税金及附加”科目，贷记“应交税费——应交车船税”科目。

按年度实际缴纳车船税时，借记“应交税费——应交车船税”科目，贷记“银行存款”科目。

任务7-3-3　车船税纳税申报

一、纳税义务发生时间

车船税纳税义务发生时间为取得车船所有权或者管理权的当月。以购买车船的发票或其他证明文件所载日期的当月为准。

车船税的纳税义务发生时间，应为车辆管理部门核发的车船登记证书或者行驶证书所记载日期的当月。纳税人未按照规定到车船管理部门办理应税车船登记手续的，以车船购置发票所载开具时间的当月作为车船税的纳税义务发生时间。对未办理车船登记手续且无法提供车船购置发票的，由主管税务机关核定纳税义务发生时间。

二、纳税地点

扣缴义务人代收代缴车船税的，纳税地点为车船税扣缴义务人所在地。纳税人自行申报缴纳车船税的，纳税地点为车船登记地的主管税务机关。依法不需要办理登记的车船，其车船税的纳税地点为车船的所有人或者管理人所在地。车船税由地方税务机关负责征收。

三、纳税期限

车船税按年申报，分月计算，一次性缴纳。纳税年度为公历1月1日至12月31日。

车船税按年申报缴纳，具体申报纳税期限由省、自治区、直辖市人民政府规定。

四、纳税申报与税款缴纳

（一）纳税申报

1.《车船税纳税申报表》

《车船税纳税申报表》（表 7-8）适用于自行申报车船税的纳税人填报。本表分为 1 张主表和 2 张附表，车辆车船税纳税人填报《车船税纳税申报表》和《车船税税源明细表（车辆）》，船舶车船税纳税人填报《车船税纳税申报表》和《车船税税源明细表（船舶）》。

对首次进行车船税纳税申报的纳税人，需要申报其全部车船的《车船税纳税申报表》的主、附表信息。此后办理纳税申报时，如果纳税人的车船及相关信息未发生变化的，可不再填报信息，仅提供相关证件，由税务机关按上次申报信息生成申报表后，纳税人进行签章确认即可。

对车船或纳税人有关信息发生变化的，纳税人仅就变化的内容进行填报。已获取第三方信息的地区，税务机关可将第三方信息导入纳税申报系统，直接生成申报表由纳税人进行签章确认。

2.《车船税代收代缴报告表》

《车船税代收代缴报告表》（表 7-9）适用于代收代缴车船税的扣缴义务人申报解缴时填报。实际工作中，企业的车船税一般由从事机动车第三者责任强制保险业务的保险机构代收代缴，保险机构应当在收取保险费时依法代收车船税。

表 7-9 中，每条明细数据为一辆车。“税款所属期限”填报纳税年度的 1 月 1 日至 12 月 31 日。“纳税人名称”是单位的，填报组织机构名称；是自然人的，填报姓名。

（二）缴纳税款

车船税每年申报一次，税额一次性缴纳，每年缴纳一次。

从事机动车第三者责任强制保险业务的保险机构，为机动车车船税的扣缴义务人，应当在收取保险费时依法代收车船税，并出具代收税款证明。扣缴义务人已代收代缴车船税的，纳税人不再向车辆登记地的主管税务机关申报缴纳车船税。

自 2016 年 5 月 1 日起，保险机构作为车船税扣缴义务人在开具增值税发票时，应在增值税发票备注栏中注明代收车船税税款信息。其具体包括保险单号、税款所属期（详细至月）、代收车船税税额、滞纳金金额、合计金额等，票样如表 7-10 所示。该增值税发票可作为缴纳车船税及滞纳金的会计核算原始凭证。

没有扣缴义务人的，纳税人应当向税务机关自行申报缴纳车船税。

表 7-8　车船税纳税申报表

税款所属期限：　　年　　月　　日至　　年　　月　　日　　　　填表日期：　　年　　月　　日　　　　金额单位：人民币元（列至角分）

纳税人识别号

纳税人名称							纳税人身份证照类型						
纳税人身份证照号码							居住（单位）地址						
联系人							联系方式						
序号	（车辆）号牌号码/（船舶）登记号码	车船识别代码（车架号/船舶识别号）	征收品目	计税单位	计税单位的数量	单位税额	年应缴税额	本年减免税额	减免性质代码	减免税证明号	当年应缴税额	本年已缴税额	本期年应补（退）税额
	1	2	3	4	5	6	7 = 5 × 6	8	9	10	11 = 7 − 8	12	13 = 11 − 12
合计	—	—	—	—	—	—			—	—			
申报车辆总数（辆）							申报船舶总数（艘）						
以下由申报人填写：													
纳税人声明	此纳税申报表是根据《中华人民共和国车船税法》和国家有关税收规定填报的，是真实的、可靠的、完整的。												
纳税人签章				代理人签章					代理人身份证号				
以下由税务机关填写：													
受理人				受理日期					受理税务机关（签章）				

表 7-9 车船税代收代缴报告表

税款所属期限： 年 月 日至 年 月 日 填表日期： 年 月 日 金额单位：人民币元（列至角分）

纳税人识别号 □□□□□□□□□□□□□□□□□□□□

扣缴义务人名称																			扣缴义务人地址														
联系人																			联系方式														
				保险信息				机动车信息											纳税信息														
序号	纳税人名称	纳税人身份证照类型	纳税人身份证照号码	保险单号	保单起期	保单止期	签单日期	号牌号码	车辆识别代码（车架号）	发动机号码	品牌型号	机动车种类	车辆发票或注册登记日期	使用性质	燃料种类	排（气）量	核定载客	整备质量	征收品目	计税单位	计税单位的数量	单位税额	年应缴税额	本年减免税额	减免税证明号	减免性质代码	完税凭证号	开具税务机关	纳税人拒绝代收信息	当年应缴税额	往年补缴税额	滞纳金	实际缴纳税款滞纳金合计
	1	2	3	4	5	6	7	8	9	10	11	12	13	14	15	16	17	18	19	20	21	22	23 = 21 × 22	24	25	26	27	28	29	30 = 23 − 24	31	32	33 = 30 + 31 + 32
合计	–	–	–	–	–	–	–	–	–	–	–	–	–	–	–	–	–	–	–	–	–	–			–	–	–	–	–				
本期代收代缴车船税车辆总数（辆）																																	
扣缴义务人声明	此代收代缴报告表是根据《中华人民共和国车船税法》和国家有关税收规定填报的，是真实的、可靠的、完整的。 扣缴义务人（公章）																																
以下由税务机关填写：																																	
受理日期														受理人														受理税务机关（盖章）					

【实务操作 7-3】

1. 实务资料

潍坊兴成服装有限公司的车船税采取代收代缴方式，由保险机构每年收取保险费时依法代收车船税。

该公司 2019 年 9 月 17 日购进一辆小轿车，当月办理了车辆登记，取得了行驶证书，9 月 18 日购买了 2019 年 9 月 18 日至 2020 年 9 月 17 日的机动车交通事故责任强制保险费，金额为 1 000 元（含增值税），同时缴纳了 2019 年度小轿车的车船税 140 元。当地省政府规定，该款小轿车每辆年基准税额为 420 元。

该公司填制转账支票，向保险机构支付保险费和车船税共计 1 140 元，并取得了保险公司开具的增值税专用发票，如表 7-10 所示。

表 7-10

山东增值税专用发票　　NO 18112179

开票日期：2019 年 09 月 18 日

购买方	名　　称：潍坊兴成服装有限公司 纳税人识别号：913707013　458293069 地 址 、电 话：潍坊市中山路 99 号 0536-8263038 开户行及账号：中国银行潍坊中山路支行 370028636023306040 1				密码区	8 + > >789 + > >7893 – 6248 < > 8* 1111 <* 49862 +2734898750 < +* 352648 < <6429* 098* 111167		
货物或应税劳务、服务名称	规格型号	单位	数量	单价	金额	税率	税额	
*保险服务*机动车交通事故责任强制保险服务		单		943.40	943.40	6%	56.60	
合计							56.60	
价税合计（大写）	⊗壹仟元整				（小写）¥1 000.00			
销售方	名　　称：中国太平洋财产保险股份有限公司潍坊中心支公司 纳税人识别号：913707007357655061 地 址 、电 话：山东省潍坊市东城区 556 号 0536-2900255 开户行及账号：工商银行潍坊东城支行 37002301350568 00342				备注	保单号：略，代收车船税：140 元，税款所属期：2019-09-01 至 2019-12-31，滞纳金：0 元，车牌号：略，共计 1140 元		

第三联：发票联　购买方记账凭证

收款人：　　复核：　　开票人：秦至丽　　销售方：（章）

2. 操作工作要求

（1）完成该公司缴纳保险费和车船税的账务处理。

（2）计算小轿车 2019 年 9 月份车船税应纳税额。

（3）2019 年 9 月 30 日，填制《应交车船税计算表》，并完成相关账务处理。

3. 操作过程

（1）根据转账支票存根和增值税专用发票编制记账凭证，其会计分录如下：

借：管理费用　　　　　　　　　　　　　　　1 000
　　应交税费——应交车船税　　　　　　　　　140
　　贷：银行存款　　　　　　　　　　　　　　　1 140

（2）2019 年 9 月份小轿车车船税应纳税额 = 420 ÷ 12 = 35（元）

（3）2019 年 9 月份《应交车船税计算表》的填制结果，如表 7-11 所示。

表 7-11　应交车船税计算表

2019 年 9 月 30 日　　　　　　　　金额单位：元

税目	计税单位	车辆数量	吨位	年基准税额	本年应纳税额	当月应纳税额
乘用车	每辆	1		420	140	35
合计					140	35

会计主管：李佳梅　　　　　　　　　　　　制单：孙铭

以表 7-11 为原始凭证编制记账凭证，会计分录如下：

借：税金及附加　　　　　　　　　　35
　　贷：应交税费——应交车船税　　　　　35

子项目 7-4　印花税

【本项目基本知识目标】

- 了解印花税的减免税优惠。
- 熟悉印花税的征税范围和纳税人。
- 熟悉印花税的税率和计税依据。
- 掌握印花税应纳税额的计算。
- 掌握印花税税额的会计核算。

【本项目工作能力目标】

- 能够准确、完整地填写《应交印花税计算表》。
- 能够准确、完整地填写《印花税纳税申报（报告）表》。
- 能够及时、无误地办理印花税的纳税申报和税款缴纳工作。
- 能够根据印花税“电子缴税付款凭证”等原始凭证，运用正确的会计科目，准确完成相关账务处理。

任务 7-4-1　印花税认知

印花税是对经济活动和经济交往中书立、领受、使用的应税经济凭证所征收的一种税。因纳税人主要是通过在应税凭证上粘贴印花税票来完成纳税义务，所以称为印花税。

一、纳税人

订立、领受在中华人民共和国境内具有法律效力的应税凭证，或者在中华人民共和国境内进行证券交易的单位和个人，为印花税的纳税人。

【选项辨析 7-8】

甲向乙购买一批商品，合同约定丙为担保人，丁为鉴定人，关于该合同印花税纳税人的下列选项中，正确的是（　　）。

A. 甲和丙为纳税人　　B. 乙和丁为纳税人

C. 甲和丁为纳税人　　D. 甲和乙为纳税人

二、征税范围

（一）合同

在《印花税税目税率表》中列举了11大类合同，具体包括买卖合同、承揽合同、建设工程合同、融资租赁合同、运输合同、仓储合同、保管合同、借款合同、财产保险合同、技术合同。

（二）产权转移书据

征收印花税的产权转移书据包括：土地使用权出让和转让书据；房屋等建筑物、构筑物所有权、股权（不包括上市和挂牌公司股票）、商标专用权、著作权、专利权、专有技术使用权转让书据。

（三）营业账簿

印花税税目中的营业账簿是指纳税人记载“实收资本（股本）”和“资本公积”金额的账簿。对除“实收资本（股本）”和“资本公积”之外的其他账簿不征收印花税。

（四）权利、许可证照

权利、许可证照是政府授予单位、个人某种法定权利和准予从事特定经济活动的各种证照的统称，包括政府部门发给的不动产权证书、营业执照、商标注册证、专利证书等。

（五）证券交易

证券交易是指在依法设立的证券交易所上市交易或者在国务院批准的其他证券交易场所转让公司股票和以股票为基础发行的存托凭证。

【选项辨析7-9】

下列选项中，属于印花税征税范围的是（　　）。

A. 财产保险合同　　B. 人身保险合同

C. 委托代理合同　　D. 买卖合同

三、税率

现行印花税税率有比例税率和定额税率两种形式。

（一）比例税率

印花税的比例税率分为5档，即0.5‰、2.5‰、3‰、5‰、1‰。

（1）借款合同、融资租赁合同，适用税率为0.5‰。

（2）资金账簿，适用税率为2.5‰。

（3）买卖合同、承揽合同、建设工程合同、运输合同、技术合同等，适用税率为3‰。

（4）土地使用权出让和转让书据，房屋等建筑物、构筑物所有权、股权（不包括上市和挂牌公司股票）、商标专用权、著作权、专利权、专用技术使用权转让书据，适用税率为5‰。

（5）租赁合同、保管合同、仓储合同、财产保险合同、证券交易，适用税率为1‰。

（二）定额税率

适用定额税率的是权利、许可证照，如不动产权证书、营业执照、商标注册证、专利证书均按件定额征税，单位税额为每件 5 元。

四、计税依据

印花税的计税依据，按照下列方法确定。

（1）应税合同的计税依据，为合同列明的价款或者报酬，不包括增值税税款；合同中价款或者报酬与增值税税款未分开列明的，按照合计金额确定。

（2）应税产权转移书据的计税依据，为产权转移书据列明的价款，不包括增值税税款；产权转移书据中价款与增值税税款未分开列明的，按照合计金额确定。

（3）应税营业账簿的计税依据，为营业账簿记载的实收资本（股本）、资本公积合计金额。

（4）应税权利、许可证照的计税依据，按件确定。

（5）证券交易的计税依据，为成交金额。

同一应税凭证载有两个或者两个以上经济事项并分别列明价款或者报酬的，按照各自适用的税目税率计算应纳税额；未分别列明价款或者报酬的，按税率高的计算应纳税额。

综合上述内容，印花税的税目、范围、税率等详细情况，汇总如表 7-12 所示。

表 7-12　印花税税目税率表

税目		税率	备注
合同	买卖合同	支付价款的 3‰	指动产买卖合同
	借款合同	借款金额的 0.5‰	指银行业金融机构和借款人（不包括银行同业拆借）订立的借款合同
	融资租赁合同	租金的 0.5‰	—
	租赁合同	租金的 1‰	—
	承揽合同	支付报酬的 3‰	—
	建设工程合同	支付价款的 3‰	—
	运输合同	运输费用的 3‰	指货运合同和多式联运合同（不包括管道运输合同）
	技术合同	支付价款、报酬或者使用费的 3‰	—
	保管合同	保管费的 1‰	—
	仓储合同	仓储费的 1‰	—
	财产保险合同	保险费的 1‰	不包括再保险合同

续表

税目		税率	备注
产权转移书据	土地使用权出让和转让书据；房屋等建筑物、构筑物所有权、股权（不包括上市和挂牌公司股票）、商标专用权、著作权、专利权、专有技术使用权转让书据	支付价款的5‱	—
权利、许可证照	不动产权证书、营业执照、商标注册证、专利证书	每件5元	—
营业账簿		实收资本（股本）、资本公积合计金额的2.5‱	—
证券交易		成交金额的1‰	对证券交易的出让方征收，不对证券交易的受让方征收

五、税收优惠

下列情形，免征或者减征印花税。

（1）应税凭证的副本或者抄本，免征印花税。

（2）农民、农民专业合作社、农村集体经济组织、村民委员会购买农业生产资料或者销售自产农产品订立的买卖合同和农业保险合同，免征印花税。

（3）无息或者贴息借款合同、国际金融组织向我国提供优惠贷款订立的借款合同、金融机构与小型微型企业订立的借款合同，免征印花税。

（4）财产所有权人将财产赠予政府、学校、社会福利机构订立的产权转移书据，免征印花税。

（5）军队、武警部队订立、领受的应税凭证，免征印花税。

（6）转让、租赁住房订立的应税凭证，免征个人（不包括个体工商户）应当缴纳的印花税。

（7）国务院规定免征或者减征印花税的其他情形。免征或者减征印花税的其他情形，由国务院报全国人民代表大会常务委员会备案。

任务7-4-2　印花税税额计算及会计核算

一、印花税税额的计算

（一）按比例税率计算应纳税额

应纳税额＝应税凭证计税金额×适用的比例税率

营业账簿中记载资金的账簿，其印花税应纳税额的计算公式为：

应纳税额＝(实收资本＋资本公积)×适用的比例税率

（二）按定额税率计算应纳税额

应纳税额 = 应税凭证件数 × 单位税额

【选项辨析 7-10】

2019 年 8 月，潍坊兴成服装有限公司发生如下经济业务。

（1）4 日，与其他企业订立转移专有技术使用权书据一件，所载金额为 80 万元。

（2）9 日，订立买卖合同一份，用 40 万元的产品换取 40 万元的原材料。

（3）11 日，向当地交通银行申请一笔借款，订立借款合同一份，所载金额为 40 万元。

（4）16 日，签订房屋租赁合同一份，将一仓库租赁给某公司，租金总额为 10 万元。

（5）20 日，与当地保险公司签订财产保险合同一份，合同中保险费金额为 5 万元。

（6）23 日，与当地一家运输公司签订货物运输合同两份，第一份合同载明的金额为 50 万元（运费和保管费未分别记载）；第二份合同中注明运费 30 万元、保管费 10 万元、装卸费 2 万元。

（7）25 日，为扩大公司规模，增加注册资金 100 万元。

（8）28 日，启用新的现金日记账、银行存款日记账各 1 本、总账 1 本、存货明细账 2 本。

（9）30 日，领受房屋产权证、专利证、土地使用证各 1 件。

对于潍坊兴成服装有限公司 8 月份的上述经济业务，从下列各题中选出正确的选项。

（1）买卖合同的当月应纳印花税税额为（　　）元。

A. 240　　B. 2 400　　C. 1 200　　D. 120

（2）两份运输合同的当月应纳印花税税额为（　　）元。

A. 500　　B. 250　　C. 690　　D. 570

（3）营业账簿的当月应纳印花税税额为（　　）元。

A. 500　　B. 25　　C. 200　　D. 250

二、印花税的会计核算

企业需要预计缴纳的印花税，通过“税金及附加”“应交税费”科目核算。按照预计的印花税额，借记“税金及附加”科目，贷记“应交税费——应交印花税”科目。实际缴纳时，借记“应交税费——应交印花税”科目，贷记“银行存款”科目。

企业不需预计的印花税，无须通过“应交税费”科目核算。购买印花税票时，可直接借记“税金及附加”科目，贷记“银行存款”科目。

任务7-4-3　印花税纳税申报

一、纳税义务发生时间

印花税纳税义务发生时间为纳税人订立、领受应税凭证或者完成证券交易的当日。证券交易印花税扣缴义务发生时间为证券交易完成的当日。

二、纳税地点

单位纳税人应当向其机构所在地的主管税务机关申报缴纳印花税。个人纳税人应当向应税凭证订立、领受地或者居住地的税务机关申报缴纳印花税。

纳税人出让或者转让不动产产权的，应当向不动产所在地的税务机关申报缴纳印花税。

证券交易印花税的扣缴义务人应当向其机构所在地的主管税务机关申报缴纳扣缴的税款。

三、纳税期限

印花税按季、按年或者按次计征。实行按季、按年计征的，纳税人应当于季度、年度终了之日起15日内申报并缴纳税款。实行按次计征的，纳税人应当于纳税义务发生之日起15日内申报并缴纳税款。

证券交易印花税按周解缴。证券交易印花税的扣缴义务人应当于每周终了之日起5日内申报解缴税款及孳息。

四、纳税申报和税款缴纳

根据应纳税额大小、纳税次数多少以及税源控管的需要，印花税可采用自行贴花、汇贴或汇缴和委托代征三种缴纳方法。

自行贴花，一般适用于应税凭证较少或者贴花次数较少的纳税人。汇贴或汇缴，一般适用于应纳税额较大或者贴花次数频繁的纳税人。委托代征，是指经税务机关委托，由发放或办理应税凭证的单位代为征收税款。

印花税纳税人应如实填写修订后的《印花税纳税申报（报告）表》（表7-14）。修订后的新表既适用于印花税普通申报，又适用于采用“自行购花、自行粘贴、自行划销”方式完成纳税义务的纳税人向主管税务机关报告完税情况。

企业应当按照规定及时办理税款缴纳，并取得“电子缴税付款凭证”或《税收缴款书》。

实务操作 7-4

1. 实务资料

2019 年 8 月，潍坊兴成服装有限公司发生的印花税业务数据，见【选项辨析 7-10】。经当地税务机关许可，该公司采用按月汇缴办法缴纳印花税。该公司通过电子银行扣缴税款。

2. 操作要求

（1）填制《应交印花税计算表》，并做出账务处理。

（2）填制《印花税纳税申报（报告）表》。

（3）以表 7-15 为原始凭证，完成缴纳印花税的账务处理。

3. 操作过程

（1）填制《应交印花税计算表》，如表 7-13 所示。

表 7-13　应交印花税计算表

2019 年 8 月 31 日　　　　金额单位：人民币元

应税凭证名称	计税依据	税率	应纳税额
买卖合同	800 000	3‱	240
租赁合同	100 000	1‰	100
运输合同 1	500 000	1‰	500
运输合同 2	100 000 300 000	1‰ 3‱	100 90
借款合同	400 000	0.5‱	20
财产保险合同	50 000	1‰	50
产权转移书据	800 000	5‱	400
资金账簿	1 000 000	2.5‱	250
权利、许可证照	3	5	15
合计	—	—	1 765

会计主管：李佳梅　　　　制单：孙铭

以表 7-13 为原始凭证编制记账凭证，预计 8 月印花税，会计分录如下：

借：税金及附加　　1 765

　　贷：应交税费——应交印花税　　1 765

（2）按表 7-13 的计算结果，填制 8 月《印花税纳税申报（报告）表》，填制结果如表 7-14 所示。

表 7-14　印花税纳税申报（报告）表

税款所属期限：自 2019 年 8 月 1 日至 2019 年 8 月 31 日

纳税人识别号（统一社会信用代码）：913707013458293069

纳税人名称：潍坊兴成服装有限公司　　　　金额单位：人民币元（列至角分）

本期是否适用增值税小规模纳税人减征政策（减免性质代码：09049901）					□是 ☑否		减征比例（%）			
应税凭证	计税金额或件数	核定征收		适用税率	本期应纳税额	本期已缴税额	本期减免税额		本期小规模纳税人减征额	本期应补（退）税额
		核定依据	核定比例				减免性质代码	减免税额		
	1	2	3	4	5 = 1 × 4 + 2 × 3 × 4	6	7	8	9 = (5 − 8) × 减征比例	10 = 5 − 6 − 8 − 9
买卖合同	800 000			3‰	240					240
租赁合同	100 000			1‰	100					100
运输合同	300 000			3‰	90					90
保管合同	600 000			1‰	600					600
借款合同	400 000			0.5‰	20					20
财产保险合同	50 000			1‰	50					50
产权转移书据	800 000			5‰	400					400
营业账簿（记载资金的账簿）	1 000 000	—		2.5‰	250					250
权利、许可证照	3	—		5	15					15
合计	—	—		—	1 765					1 765

谨声明：本纳税申报表是根据国家税收法律法规及相关规定填报的，是真实的、可靠的、完整的。

纳税人（签章）：潍坊兴成服装有限公司　2019 年 8 月 31 日

经办人： 经办人身份证号： 代理机构签章： 代理机构统一社会信用代码：	受理人： 受理税务机关（章）： 受理日期：　　年　月　日

(3) 该公司通过电子银行扣缴税款，并取得印花税“电子缴税付款凭证”，如表 7-15 所示。

表 7-15　　中国银行电子缴税付款凭证

转账日期：2019 年 9 月 9 日　　　　凭证字号：20190909302631230

纳税人全称及纳税人识别号：	潍坊兴成服装有限公司 913707013458293069		
付款人全称：	潍坊兴成服装有限公司		
付款人账号：	3700233456013500082	征收机关名称：	国家税务总局潍坊市东城区税务局中山分局
付款人开户银行：	中国银行潍坊市中山路支行	收款国库名称：	国家金库潍坊东城区支库
小写（金额）合计：	¥1765.00	缴款书交易流水号：	2019090902011431
大写（金额）合计：	人民币壹仟柒佰陆拾伍元整	税票号码：	320190909031293121
税（费）种名称	所属时期		实缴金额
印花税	20190801—20190831		¥1765.00

以表 7-15 为原始凭证编制记账凭证，其会计分录如下：

借：应交税费——应交印花税　　1 765

　　贷：银行存款　　1 765

子项目 7-5　契税

【本项目基本知识目标】

- 了解契税的征税范围和纳税人。
- 了解契税的减免税优惠。
- 熟悉契税的税率和计税依据。
- 掌握契税应纳税额的计算。
- 掌握契税应纳税额的会计核算。

【本项目工作能力目标】

- 能够准确、完整地填写《契税纳税申报表》。
- 能够及时、无误地办理契税的纳税申报和税款缴纳工作。
- 能够根据契税“电子缴税付款凭证”等原始凭证，运用正确的会计科目，准确完成相关账务处理。

任务 7-5-1　契税认知

契税是指国家在土地、房屋权属发生转移时，按照双方当事人签订的合同（契约），以及所确定价格的一定比例，向权属承受人征收的一种税。

一、纳税人

在我国境内承受土地、房屋权属转移的单位和个人，为契税的纳税人。

契税由权属的承受人缴纳。这里所说的“承受”，是指以受让、购买、受赠、交换等方式取得的土地、房屋权属的行为。土地、房屋权属，是指土地使用权和房屋所有权。单位，是指企业单位、事业单位、国家机关、军事单位和社会团体以及其他组织。个人，是指个体经营者和其他个人。

二、征税范围

契税的征税对象为发生土地使用权和房屋所有权权属转移的土地和房屋。其具体征税范围包括以下几项。

（1）国有土地使用权出让。国有土地使用权出让是指土地使用者向国家交付土地使用权出让费用，国家将国有土地使用权在一定年限内让与土地使用者的行为。出让费用包括出让金、土地收益等。

（2）土地使用权转让。土地使用权转让是指土地使用者以出售、赠予、交换或者其他方式将土地使用权转移给其他单位和个人的行为。土地使用权的转让不包括农村集体土地承包经营权的转移。

（3）房屋买卖。房屋买卖是指房屋所有者将其房屋出售，由承受者支付货币、实物、无形资产或其他经济利益的行为。

（4）房屋赠予。房屋赠予是指房屋所有者将其房屋无偿转让给受赠者的行为。

（5）房屋交换。房屋交换是指房屋所有者之间相互交换房屋的行为。

除上述情形外，在实际中以土地、房屋权属作价投资、入股，以土地、房屋权属抵债，以获奖方式承受土地、房屋权属，以预购方式或者预付集资建房款方式承受土地、房屋权属等形式，可以分别视同土地使用权转让、房屋买卖或者房屋赠予征收契税。

土地、房屋权属变动还有其他一些不同的形式，如典当、继承、出租或者抵押等，这些均不属于契税的征税范围。

【选项辨析 7-11】

下列行为中，应当征收契税的是（　　）。

A. 甲公司出租地下停车场　　B. 丁公司购买办公楼

C. 乙公司将房屋抵押给银行　　D. 丙公司承租仓库

三、税率

契税采用比例税率，并实行3%～5%的幅度税率。具体税率由省、自治区、直辖市人民政府在幅度税率规定范围内，按照本地区实际情况确定。

自2016年2月22日起，对个人购买家庭唯一住房（家庭成员范围包括购房人、配偶以及未成年子女），面积为90平方米及以下的，减按1%的税率征收契税；面积为90平方米以上的，减按1.5%的税率征收契税。对个人购买家庭第二套改善性住房，面积为90平方米及以下的，减按1%的税率征收契税；面积为90平方米以上的，减按2%的税率征收契税。

四、计税依据

按照土地、房屋权属转移形式、定价方法的不同，契税的计税依据确定如下。

（1）国有土地使用权出让、土地使用权出售、房屋买卖，以成交价格作为计税依据。成交价格是指土地、房屋权属转移合同确定的价格，包括承受者应交付的货币、实物、无形资产或其他经济利益。

（2）土地使用权赠予、房屋赠予，由征收机关参照土地使用权出售、房屋买卖的市场价格核定。

（3）土地使用权交换、房屋交换，以所交换的土地使用权、房屋的价格差额为计税依据。计税依据只考虑其价格的差额，交换价格不相等的，由多交付货币、实物、无形资产或其他经济利益的一方缴纳契税；交换价格相等的，免征契税。土地使用权与房屋所有权之间相互交换，也应按照上述办法确定计税依据。

（4）房屋买卖的契税计税价格为房屋买卖合同的总价款，买卖装修的房屋，装修费用应包括在内。

自2016年5月1日起，计征契税的成交价格不含增值税。

五、税收优惠

（1）国家机关、事业单位、社会团体、军事单位承受土地、房屋用于办公、教学、医疗、科研和军事设施的，免征契税。

（2）城镇职工按规定第一次购买公有住房的，免征契税。

（3）因不可抗力丧失住房而重新购买住房的，酌情准予减征或者免征契税。

（4）土地、房屋被县级以上人民政府征用、占用后，重新承受土地、房屋权属的，由省级人民政府确定是否减免。

（5）承受荒山、荒沟、荒丘、荒滩土地使用权，并用于农、林、牧、渔业生产的，免征契税。

任务7-5-2　契税税额计算及会计核算

一、契税税额的计算

契税应纳税额的计算公式为：

应纳税额 = 计税依据 × 税率

契税应纳税额依照省、自治区、直辖市人民政府确定的适用税率和税法规定的计税依据计算征收。

【选项辨析7-12】

2019年，张某获得单位奖励房屋一套，王某得到该房屋后又将其与杨某拥有的一套房屋进行交换。房地产评估机构评估奖励张某的房屋价值30万元，杨某的房屋价值36万元。两人协商后，张某向杨某支付房屋交换差价款6万元。税务机关核定奖励张某的房屋价值28万元。已知当地规定的契税税率为4%。则张某2019年应缴纳的契税为（　　）万元。

A. 1.36　　B. 1.32　　C. 1.4　　D. 1.2

二、契税的会计核算

企业按规定计算缴纳的契税，不通过“税金及附加”“应交税费”科目核算，直接借记“在建工程”“固定资产”“无形资产”等科目，贷记“银行存款”科目。

任务 7-5-3　契税纳税申报

一、纳税义务发生时间

契税纳税义务发生的时间是纳税人签订土地、房屋权属转移合同的当天，或者纳税人取得其他具有土地、房屋权属转移合同性质凭证的当天。

二、纳税地点

纳税人发生契税纳税义务时，应向土地、房屋所在地的税收征收机关申报纳税。

三、纳税期限

纳税人应当自纳税义务发生之日起 10 日内，向土地、房屋所在地的主管税务机关办理纳税申报，并在契税征收机关核定的期限内缴纳税款。

四、纳税申报和税款缴纳

纳税人应如实填写《契税纳税申报表》（表 7-16），并在规定的纳税期限内，向土地、房屋所在地税务机关办理纳税申报，提交相关申报材料。

纳税人应在税务机关核定的期限内缴纳税款，取得契税“电子缴税付款凭证”或《税收缴款书》。

实务操作 7-5

1. 实务资料

2019 年 8 月 12 日，潍坊兴成服装有限公司从当地政府购得一块国有土地使用权，面积为 500 000 平方米，支付土地使用权出让费 640 万元，省政府规定的契税税率为 3%。

2. 操作要求

（1）计算国有土地使用权应纳的契税税额。

（2）填制《契税纳税申报表》。

（3）完成契税缴纳工作，并做出相关账务处理。

3. 操作过程

（1）契税应纳税额 = 640 × 3% = 19.2（万元）

（2）填制《契税纳税申报表》的结果，如表 7-16 所示。

表 7-16　契税纳税申报表

填表日期：2019 年 8 月 22 日　　　　金额单位：人民币元（列至角分）；面积单位：平方米

纳税人识别号 | 9 | 1 | 3 | 7 | 0 | 7 | 0 | 1 | 3 | 4 | 5 | 8 | 2 | 9 | 3 | 0 | 6 | 9 | | |

承受方信息	名　称	潍坊兴成服装有限公司			☑单位　□个人			
	登记注册类型				所属行业			
	身份证件类型	身份证□　护照□　其他________			身份证件号码			
	联系人				联系方式			
转让方信息	名称				□单位　□个人			
	纳税人识别号		登记注册类型				所属行业	
	身份证件类型		身份证件号码				联系方式	
土地房屋权属转移信息	合同签订日期		土地房屋坐落地址				权属转移对象	设立下拉列框＊
	权属转移方式	设立下拉列框	用途		设立下拉列框		家庭唯一普通住房	□90 平方米以上 □90 平方米及以下
	权属转移面积	500 000	成交价格		6 400 000		成交单价	12. 8
税款征收信息	评估价格		计税价格		6 400 000		税率	3%
	计征税额	192 000	减免性质代码		减免税额	0	应纳税额	192 000
以下由纳税人填写：								
纳税人声明	此纳税申报表是根据《中华人民共和国契税暂行条例》和国家有关税收规定填报的，是真实的、可靠的、完整的。							
纳税人签章		代理人签章			代理人身份证号			
以下由税务机关填写：								
受理人		受理日期	年　月　日		受理税务机关签章			

(3) 公司会计人员开出转账支票，缴纳契税，并取得契税的《税收缴款书》，如表 7-17 所示。

表 7-17

中华人民共和国税收缴款书

NO 74902382

收入机关：　　　　填发日期：2019 年 8 月 25 日　　　　经济类型：有限责任公司

<table>
<tr><td rowspan="9">税收缴款书无银行收讫章无</td><td rowspan="4">缴款单位（人）</td><td>代码</td><td colspan="3">370701345829306</td><td rowspan="3">预算科目</td><td>编码</td><td colspan="7">×××××××</td><td rowspan="9">第一联（收据）国库收款盖章后退缴款单位（人）作完税凭证</td></tr>
<tr><td>全称</td><td colspan="3">潍坊兴成服装有限公司</td><td>名称</td><td colspan="7">契税</td></tr>
<tr><td>开户银行</td><td colspan="3">中国银行潍坊市中山路支行</td><td>级次</td><td colspan="7">地方 100%</td></tr>
<tr><td>账号</td><td colspan="3">3700233456013500082</td><td colspan="2">收款国库</td><td colspan="7">潍坊市中心国库</td></tr>
<tr><td colspan="5">税款所属日期：2019 年 8 月 1 日至 2019 年 8 月 31 日</td><td colspan="9">税款限缴日期：2019 年 8 月 25 日</td></tr>
<tr><td rowspan="2">项目</td><td rowspan="2">计税依据</td><td rowspan="2">税率</td><td rowspan="2">应纳税额</td><td rowspan="2">已纳税额</td><td colspan="8">实缴税额</td></tr>
<tr><td>十</td><td>万</td><td>千</td><td>百</td><td>十</td><td>元</td><td>角</td><td>分</td></tr>
<tr><td>契税</td><td>6 400 000</td><td>3%</td><td>192 000</td><td></td><td>1</td><td>9</td><td>2</td><td>0</td><td>0</td><td>0</td><td>0</td><td>0</td></tr>
<tr><td colspan="5">金额合计　人民币（大写）壹拾玖万贰仟元整</td><td>1</td><td>9</td><td>2</td><td>0</td><td>0</td><td>0</td><td>0</td><td>0</td></tr>
<tr><td></td><td colspan="2">缴款单位（人）盖章
经办人（章）</td><td colspan="2">税务机关
（盖章）
填票人（章）</td><td colspan="7">上列款项已收妥并划转收款单位账户
（国库银行）盖章
2019 年 8 月 25 日</td><td colspan="2">备注</td><td></td></tr>
</table>

根据支票存根、契税《税收缴款书》，编制会计分录如下：

借：无形资产　　　　　　　　　　192 000

　　贷：银行存款　　　　　　　　　　192 000

项目七选项辨析答案